中国工程院院士

是国家设立的工程科学技术方面的最高学术称号，为终身荣誉。

中国工程院院士传记

扬帆自强：项海帆传

周黎萍　章仁彪　著

人民出版社
同济大学出版社
TONGJI UNIVERSITY PRESS

内容提要

本书是中国工程院院士传记丛书的一个分册，为中国工程院院士、桥梁及结构工程专家项海帆的传记。本书分为上、下两篇，围绕项海帆院士的成长背景、人生经历、爱国情怀、性格志趣、科技创新、教书育人等方面展开叙述，记录了他为新中国桥梁事业的建设和发展耕耘贡献、创新创造的历程以及所取得的成就，展现了他一生心系大桥与大学，致力于中国从桥梁大国到桥梁强国的奋斗历程。

本书可供高等院校科研工作者、学生群体、教育工作者，以及对桥梁工程感兴趣的读者阅读。

图书在版编目（CIP）数据

扬帆自强：项海帆传/周黎萍，章仁彪著. —上海：同济大学出版社，2024.11. —ISBN 978-7-5765-1330-1

Ⅰ. K826.16

中国国家版本馆CIP数据核字第2024AL6429号

中国工程院院士传记丛书

扬帆自强：项海帆传

周黎萍　章仁彪　著

责任编辑：吕　炜　宋　立
助理编辑：陈妮莉
责任校对：徐春莲
排版制作：嵇海丰
封面设计：陈益平

出版发行　同济大学出版社　www. tongjipress. com. cn
（地址：上海市四平路1239号　邮编：200092　电话：021-65985622）
经　　销　全国各地新华书店、建筑书店、网络书店
印　　刷　上海安枫印务有限公司
开　　本　710mm×1000mm　1/16
印　　张　29.25
字　　数　291 000
版　　次　2024年11月第1版
印　　次　2024年11月第1次印刷
书　　号　ISBN 978-7-5765-1330-1
定　　价　98.00元
审图号：GS（2024）4118号

项海帆院士

出国前项海帆与妻子在中山公园合影，1980年

项海帆出国前全家在中山公园合影，1980年

项海帆（后排左二）和歌德学院的同学合影，1981年

项海帆在导师Krätzig教授家，1981年

项海帆在莱茵河桥上，1981年

项海帆在波鸿鲁尔大学计算机房，1981年

项海帆受到德国Carstens总统接见合影，1981年

项海帆和洪堡基金会主席Paul教授合影，1981年

项海帆在德国房东Schreiber家，1981年

项海帆和在德国的同济教师合影，1981年

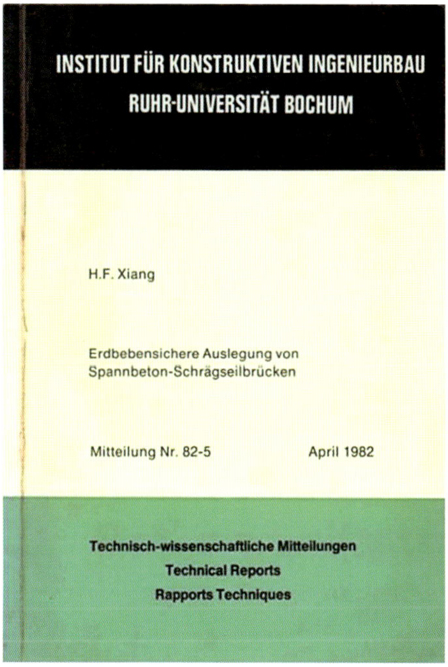

项海帆的博士后论文，1982年

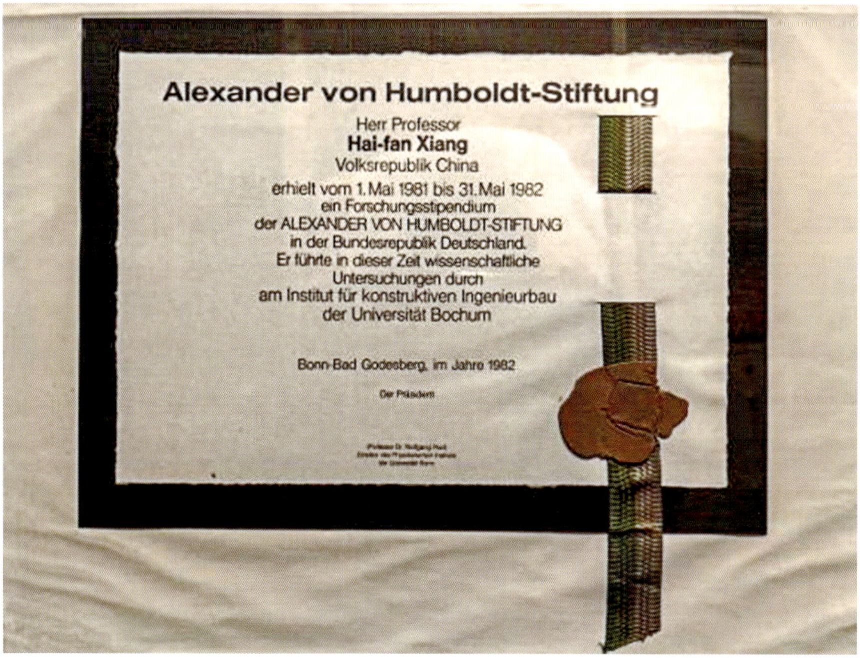

项海帆获得的洪堡证书，1982年

项海帆带第一位研究生谢霁明上机，1984 年

项海帆和李国豪校长在讨论南浦大桥全桥气弹模型，1988 年

土木工程防灾国家重点实验室验收会，1990年

项海帆（左二）与伊藤学、邓文中教授参观合影，1990年

项海帆和Leonhardt教授、Schlaich教授合影，1990年

第三届亚太结构工程会议，1991年

夫人宁蓓蕾在巴黎艾菲尔铁塔留影，
1992年

项海帆夫妇在瑞士日内瓦湖边留影，
1992年

国家重点实验室先进工作者金牛奖，1994年

项海帆入选院士后照，1995年

项海帆和李国豪、范立础、林志兴开展虎门大桥全桥模型风洞试验，1995年

国家重点实验室第二届学术委员会合影，1996年

香港昂船洲大桥评审委员会集体留影，2000年

项海帆夫妻在墨尔本会议宴会上，2002年

国际桥协执委会合影，2004年

桥梁馆落成，2002 年

桥梁馆大厅，2024 年

恩师李国豪校长

六本主要著作

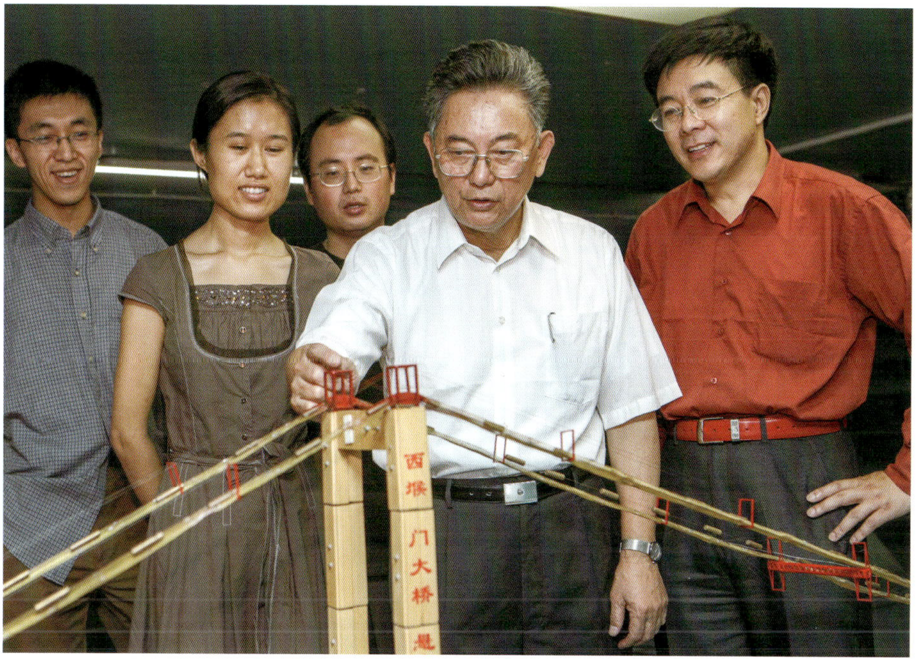

项海帆在风洞试验室（西堠门大桥全模型前），2006年

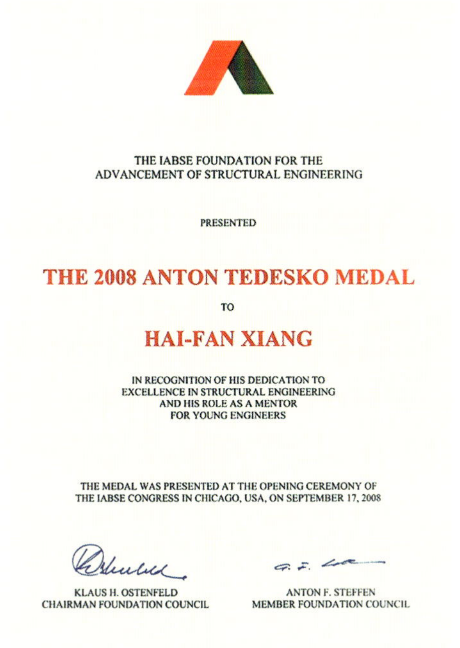

THE IABSE FOUNDATION FOR THE
ADVANCEMENT OF STRUCTURAL ENGINEERING

PRESENTED

THE 2008 ANTON TEDESKO MEDAL

TO

HAI-FAN XIANG

IN RECOGNITION OF HIS DEDICATION TO
EXCELLENCE IN STRUCTURAL ENGINEERING
AND HIS ROLE AS A MENTOR
FOR YOUNG ENGINEERS

THE MEDAL WAS PRESENTED AT THE OPENING CEREMONY OF
THE IABSE CONGRESS IN CHICAGO, USA, ON SEPTEMBER 17, 2008

KLAUS H. OSTENFELD
CHAIRMAN FOUNDATION COUNCIL

ANTON F. STEFFEN
MEMBER FOUNDATION COUNCIL

ANTON TEDESKO奖状与奖章，2008年

AMERICAN SOCIETY OF CIVIL ENGINEERS 1852

THIS IS TO RECOGNIZE THAT

Hai-Fan Xiang, Ph.D.

HAS BEEN AWARDED THE

Robert H. Scanlan Medal

For his lifelong contributions to both theory and its application to the design and construction of signature long span bridges and leadership in wind engineering education and research.

2010

BY AUTHORIZATION OF THE BOARD OF DIRECTION

Patrick J. Natale, P.E., F. ASCE
Executive Director

Blaine Leonard, P.E., D.GE, F.ASCE
ASCE President

ASCE AMERICAN SOCIETY OF CIVIL ENGINEERS

美国土木工程师学会风工程和空气动力学Robert H. Scanlan奖奖状与奖章，2010年

THE INTERNATIONAL ASSOCIATION FOR BRIDGE AND STRUCTURAL ENGINEERING

PRESENTED

THE 2012 INTERNATIONAL AWARD OF MERIT IN STRUCTURAL ENGINEERING

TO

HAI-FAN XIANG

FOR HIS OUTSTANDING CONTRIBUTIONS TO STRUCTURAL ENGINEERING AS A PROFESSOR AND AN ENGINEER, IN PARTICULAR IN THE FIELDS OF LONG-SPAN BRIDGE DESIGN AND WIND RESISTANCE RESEARCH ON BRIDGES AS WELL AS FLEXIBLE STRUCTURES

THE AWARD WAS PRESENTED AT THE IABSE AWARD PRESENTATION CEREMONY IN SEOUL, KOREA, ON SEPTEMBER 19, 2012

PREDRAG L. POPOVIC
PRESIDENT OF IABSE

UELI BRUNNER
EXECUTIVE DIRECTOR OF IABSE

IABSE功绩奖，2012年

International Association for Wind Engineering

THIS IS TO CERTIFY THAT

Haifan Xiang

HAS BEEN AWARDED THE

ALAN G. DAVENPORT MEDAL

For his many contributions to bridge aerodynamics, development of super long bridges and leadership in wind engineering

2013

By Authorization of The IAWE Executive Board

Ahsan Kareem
Awards Committee Chair

Yukio Tamura
President

国际风工程协会Davenport奖奖状、奖章，2013年

院史馆前合影，2014年

李国豪实验室，2014年

李国豪实验室大厅，2014年

街道举办金婚纪念活动留影，2014年

金婚纪念日邀请三位老友在家中聚会，2014年
（前排左一范立础，右二陆宗林，右一潘洪萱）

八十寿辰纪念文集，2014年

八十寿辰纪念活动合影，2014年

《中国桥梁》《中国大桥》系列画册

“光荣在党50年”纪念章，2021年

项海帆八十八岁米寿夫妻合影，2022年

项海帆宁蓓蕾钻石婚合影，2024年

中国工程院院士传记丛书

作者简介

周黎萍，湖南永州人，文学硕士，副研究馆员，现为同济大学图书馆文権堂主任。2009年毕业于同济大学中文系，留校从事校史研究工作近10年，策划、执行“百年脊梁　济忆国豪——纪念李国豪诞辰100周年图片展”“同济大学土木系科百年发展图片展”等大型展览，主编《济忆：历史上的这一周》、作为副主编和执行编撰参编《印象同济：四时光影与校园诗话》《同济大学百年卓越工程教育图史》等书籍，在公开刊物发表30余篇同济大学史研究文章。获“上海市巾帼文明岗”（集体）、同济大学“嘉园—凯晟奖励基金”“同济大学阖家齐飞模范家庭”等。

章仁彪，同济大学教授，哲学、法学博士导师，德国波鸿鲁尔大学哲学所访问学者。跨学科研究涉及公共管理，高等教育及城市研究等领域。1968年起历经下乡，服役，国家机关任职，1982年毕业于复旦大学哲学系，历任同济大学哲学室主任，校改革与发展研究室主任兼高等教育研究所所长，文法学院院长（期间完成学校文科哲社类博士点和国家级基地建设的双突破），法政学院院长等职。兼任过上海市哲学学会秘书长，中国城市社会学研究会副会长及中国高教学会若干分会常务理事，中欧社会论坛的高教、城市分论坛中方组长等。亦曾受聘为教育部高校文化素质教指委委员两届、国家教育中长期发展规划及教育部高校本科教育评估专家，清华大学工程教育研究中心校外学术委员，浙江大学、复旦大学等校博士论文外审专家。科研成果单独或排名第一获省部级奖项5个。

总 序

20世纪是中华民族千载难逢的伟大时代。千百万先烈前贤用鲜血和生命争得了百年巨变、民族复兴，推翻了帝制，肇始了共和，击败了外侮，建立了新中国，独立于世界，赢得了尊严，不再受辱。改革开放，经济腾飞，科教兴国，生产力大发展，告别了饥寒，实现了小康。工业化雷鸣电掣，现代化指日可待。巨潮洪流，不容阻抑。

忆百年前之清末，从慈禧太后到满朝文武开始感到科学技术的重要，办“洋务”，派留学，改教育。但时机瞬逝，清廷被辛亥革命推翻。五四运动，民情激昂，吁求“德、赛”升堂，民主治国，科教兴邦。接踵而来的，是国民大革命、10年内战、14年抗日和解放战争。恃科学救国的青年学子，负笈留学或寒窗苦读，多数未遇机会，辜负了碧血丹心。

1928年6月9日，蔡元培主持建立了中国近代第一个国立综合性科研机构——中央研究院，设理化实业研究所、地质研究院、社会科学研究所和观象台四个研究机构，标志着国家建制科研机构的诞生。20年后，1948年3月26日遴选出81位院士（理工53位，人文28位），几乎都是20世纪初留学海外、卓有成就的科学家。

中国科技事业的大发展是在新中国成立以后。1949年11月1日成立了中国科学院，郭沫若任院长。1950—1960年有2 500多名留学海外的科学家、工程师回到祖国，成为大规模发展中国科技事业的第一批领导骨干。国家按计划向苏联、东欧各国派遣1.8万名各类科技人员留学，全都按期回国，成为建立科研和现代工业的骨干力量。高等学校从新中国成立初期的200所增加到600多所，年招生增至28万人。到21世纪初，高等学校2 263所，年招生600多万人，科技人力总资源量超过5 000万人，具有大学本科以上学历科技人才达1 600万人，已接近最发达国家水平。

新中国成立60多年来，从一穷二白成长为科技大国。年产钢铁从1949年的15万吨增长到2011年的粗钢6.8亿吨、钢材8.8亿吨，几乎是8个最发达国家（G8）总年产量的2倍。水泥年产20亿吨，超过全世界其他国家总产量。中国已是粮、棉、肉、蛋、水产、化肥等第一生产大国，保障了13亿多人口的食品和穿衣安全。制造业、土木、水利、电力、交通、运输、电子通信、超级计算机等领域正迅速逼近世界前沿。“两弹一星”、高峡平湖、南水北调、高公高铁、航空航天等伟大工程的成功实施，无可争议地表明了中国科技事业的进步。

党的十一届三中全会以后，实行改革开放，全国工作转向以经济建设为中心。加速实现工业化是当务之急。大规模社会性基础建设、大科学工程、国防工程等是工业化社会的命脉，是数十年、上百年才能完成的任务。中国科学院张光斗、王大珩、师昌绪、张维、侯祥麟、罗沛霖等学部委员（院士）认为，为了顺利完成中华民族这项历史性任务，必须提高工程科学的地位，加速培养更多的工程科技人才。中国科学院原设的技术科学部已不能满足工程科学发展的时代需要。他们于1992年致书党中央、国务院，建议建立“中国工程科学技术院”，选举那些在工程科学中做出重大的、创造性成就和贡献、热爱祖国、学风正派的科学家和工程师为院士，授予终身荣誉，赋予科研和建设任务，请他们指导学科发展，培养人才，对国家重大工程科学问题提出咨询建议。中央接受了他们的建议，于1993年决定建立中国工程院，聘请30名中国科学院院士和遴选66名院士共96名为中国工程院首批院士。1994年6月3日，召开了中国工程院成立大会，选举朱光亚院士为首任院长。中国工程院成立后，全体院士紧密团结全国工程科技界人士共同奋斗，在各条战线上都发挥了重要作用，做出了新的贡献。

中国的现代科技事业比欧美落后了200年。虽然在20世纪有了巨大进步，但与发达国家相比，还有较大差距。祖国的工业化、现代化建设，任重道远，还需要有数代人的持续奋斗才能实现。况且，世界在进步，科学无止境，社会无终态。欲把中国建设成科技强国，屹立于世界，必须接续培养造就数代以千万计的优秀科学家和工程师，服膺接力，担当使命，开拓创新，更立新功。

中国工程院决定组织出版“中国工程院院士传记”丛书，以记录他们对祖国和社会的丰功伟绩，传承他们治学为人的高尚品德、开拓创新的科学精神。他们是科技战线的功臣，民族振兴的脊梁。我们相信，这套传记的出版，能为史书增添新章，成为史乘中宝贵的科学财富，俾后人传承前贤筚路蓝缕的创业勇气、魄力和为国家、人民舍身奋斗的奉献精神。这就是中国前进的路。

宋健

2012年6月

传主自序

2004年春节，我去华东医院探望李国豪校长，向他汇报那年秋天国际桥协上海会议的筹备情况。会见中，李校长亲切地对我说：“海帆同志，你也70岁了，要注意身体，不要太劳累了。”他还说：“以后有时间可以写点回忆录。”当时，因工作繁忙还顾不上，但我一直把此事放在心上。

2005年元宵节，李校长溘然长逝，我就开始酝酿回忆录的事。我先拟定了一个大纲，计划写一百个小故事，并分成四个时期来写。2006年，我开始动笔，根据初拟好的大纲，每年抽空陆陆续续写下来，并不时予以修改，直到2022年，在我米寿之年基本完成了回忆录的撰写。

2023年3月，中国工程院一局唐海英副局长来沪出差，专程到我家访问，代表工程院提出出版我的传记的希望。我表示自己还不够立传的资格，但已按李校长的嘱咐写了一本回忆录。唐局长翻看以后觉得基础很好，只需再根据传记要求，补充一些业务方面的内容即可，并给了我一份关于编写院士传记的指导性文件。

我考虑再三，决定请曾主编“李国豪教育思想研究丛书”的同济大学原文法学院院长章仁彪教授主持，并请曾从事校史研究的校图书馆文榷堂周黎萍主任执笔，由桥梁系葛耀君教授协助完成此事。我们一起商量确定了传记的名称为《扬帆自强：项海帆传》，“扬帆”

表示我1980年获得德国洪堡研究奖学金去德国留学，学成后回国效力的志向；“自强”则表示我跟随李校长自主建设中国桥梁的决心与所取得的成就。

我于1956年入党，至今已有六十余载，为中国桥梁建设、同济土木工程学院和国家重点实验室建设做出了一定的贡献，也获得了国际同行的认可。最后，我还要特别感谢我的双亲、恩师和爱妻，他们不仅影响了我的一生，也是我动力的源泉。没有他们的教导、培育、支持和关怀，我不一定能走到今天！

项海帆

2023年11月

引 子

2012年9月，当国际桥梁与结构工程协会（IABSE，简称“国际桥协”）在首尔举行的大会上，正式宣布把当年协会的最高奖项——“国际结构工程功绩奖”（International Award of Merit in Structural Engineering）授予中国的项海帆时，全场爆发出了热烈的掌声。这是继1987年李国豪获此终身成就奖后，又一位中国学者获奖。这也是世界同行对中国桥梁的又一次致敬。这个大奖与两年前（2010年）的美国土木工程师学会（ASCE）工程力学分会的“风工程和空气动力学Robert H. Scanlan奖”一起，为我们的传主项海帆院士几十年踔厉奋发的科教生涯画上了一个圆满的句号！然而，令人惊喜的是，一年后又传来了喜讯，传主荣获国际风工程协会（IAWE）2013年度的“杰出成就奖”（Davenport）奖，从而成为中国首位享誉国际风工程学界的代表。再加上国际桥协授予的“工程及教育奖”（Anton Tedesko Medal），这四大国际奖项标志着项海帆为中国桥梁与结构工程界和风工程界在国际上赢得了一席之地。

项海帆（1935— ），祖籍浙江杭州，出生于上海，工程科学家，中国杰出的桥梁工程和风工程专家，1995年当选为中国工程院院士。1955年本科毕业于同济大学桥隧专业，成为李国豪教授的第一位研究生，1958年研究生毕业留校任教。曾任同济大学桥梁系首任主任和土木工程学院首任院长、土木工程防灾国家重点实验室主任、中国土木工程学会副理事长和桥梁与结构工程分会理事长、国际桥协副主席。他从20世纪70年代后期率先在我国开展桥梁抗风研究，通过在80年代的学习与追赶，为1991年建成我国第一座跨度超过400米的大桥——上海南浦大桥在抗风研究方面做出了重大贡献；经过在90年代的提高和跟踪，有力支撑了以我国第一座超千米的特大桥——江阴长江大桥为代表的一批大桥建设；进入21世纪后，他以创新和超越为目标的研究成果为我国特大跨径桥梁建设奠定了基础。他主编的《现代桥梁抗风理论与实践》汇集了国家自然科学基金“九五”重大项目等其他主要成果，内容涵盖了风洞试验、理论分析、数值计算和现场实测等各个方面，被誉为“我国现代桥梁抗风理论与实践里程碑式的著作”，获得了“首届中华优秀出版物（图书）奖”，并入选国家新闻出版总署“三个一百”原创出版工程（科学技术类）。他还在桥梁抗震理论及应用、桥梁结构关键设计理论、大跨度桥梁施工控制方法等方面取得了重要的研究成就。

“桥”与“风”，正是项海帆院士栉风沐雨、跌宕起伏的无悔人生之象征——海阔风满帆，浪涌桥自立：壮心不已家国情，桃李芬芳下成蹊。功成不居感恩师，景行行止启后思。

项海帆具有的爱国自强的高尚情操、严谨治学的踏实作风、开拓创新的科学精神和正直无私的坦荡胸怀，是同事同行的良师与益友，也是后辈学人的楷模典范。

目　录

上　篇

毕生从教感怀——调寄西江月

有幸毕生从教，莘莘弟子盈堂。而今桃李满八方，我自心花怒放。
“同济”声名卓著，“桥梁”成就远扬。后生代代竞争光，不负先辈厚望。

——项海帆

第一章

葆纶堂项：

求知少年敏于学（1935—1951）

知者不惑，仁者不忧，勇者不惧。

——孔子《论语》

1947年项海帆全家合影

（前排：父母；后排左一为项海帆，左二为姐姐项海琦，左三为哥哥项海航）

20世纪30年代的上海，“一·二八”淞沪抗战助推了民族精神的空前高扬。本着“工业救国”“富国强民”的诉求，一大批民族资本企业蓬勃兴起。江浙地区很多书香世家、官宦子弟，在时代的激流与震荡中，告别逐渐没落、衰退的家族荫庇，为国家的前途、家族的兴盛、个人的命运寻找新的出路，逐步投身于工业发展的事业之中。

这一年，出生于没落官僚家庭的项立民，由杭州三友实业社艮山门厂厂长调任为上海织造厂厂长。也是这一年，项立民作出了其一生中最重要的决定：辞去杭州三友实业社上海织造厂厂长职务，创办民光织物社，从一位高级职员变成创业的民族工业厂主。“民”为本，“光”为大，从杭州到上海，一个未来风靡上海滩的知名品牌迎来了新生，一个家庭的生活也迎来了新的变化。对于项立民来说，1935年意义非凡，这一年，诞生在上海十里洋场的民光织物社，是他事业的宏图与抱负；还迎来了和民光织物社同年诞生的儿子。

1935年12月19日上午9点6分，在上海西门妇孺医院（又名红房子医院）的产科手术室，民光织物社27岁的年轻厂长项立民的妻子，剖腹产生下了一个男孩。项立民给他取名为海帆，希望在风雨飘摇中的国家、刚刚萌芽的民光织物社，以及桂溪项氏家族的这一个新生儿，能够一路在海上扬帆，驶向更加广阔的天地。

第一节　青溪项氏的“民族之光”

项海帆是桂溪项氏第三十七世孙，均安门第二十九世，青溪项氏六十三世。《桂溪项氏族谱》记载："项氏本姬姓，原居辽西燕地（今河北北部的北京周围），西周时（前1046—前771）由周武王封于项国（今河南项城县），以国为氏，改姓项，为项氏之始。东周末（前256），项国灭于鲁国，祖先为避难迁居临淮（今安徽凤阳）。东晋咸和二年（公元327年）项胜官越州（今绍兴），为避苏峻乱，由临淮迁睦州青溪（今浙江淳安），此项氏入浙之始。项氏家谱记述也自此始，称青溪项氏。"

从家谱记载来看，项氏世代为书香门第。从西周武王封项国算起，已有一百多世的更替，近三千年的传承记述了项氏家族由辽西燕地经河南、安徽至浙江的迁移史，也记载了一个家族在王朝更迭中不断开枝散叶、瓜瓞四方、读书入仕的磅礴历程。五代时，项氏曾助钱王镠修钱塘江与海塘，筑钱塘门以避潮，有功于民。清代雍正以后，项海帆的先祖因赴官任迁居杭州，仍以读书入仕为主业，直至他曾祖和祖父一代。迁居杭州的项家所在这一支堂名为"葆纶堂"，其家族宴请所用的桌布上印有"葆纶堂项"四个大字。"葆"是维持、保持之意，"纶"是古代文人所戴头巾，寄寓了子孙后代要作读书人的祖训。

项海帆的曾祖父项尔寿（青溪第六十世）生于清咸丰年间，光绪年间官至杭嘉湖道钱粮司（从四品），住在杭州三元坊。杭嘉湖道钱粮司是一个总管杭州、嘉兴和湖州三府财政、税务和粮食的重要官员，他结交了许多当地的豪绅和官吏，在当地颇具影响力。曾祖母钱太夫人出自有着"千年名门望族，两浙第一世家"之称的杭州钱氏，是钱学森的姑祖母。曾祖母育有一子一女，其子便是项海帆的祖父项远堂，其女则嫁给杭州另一名门望族沈家。

19世纪末20世纪初，随着西方列强的入侵，经济和社会的动荡

项氏南迁图

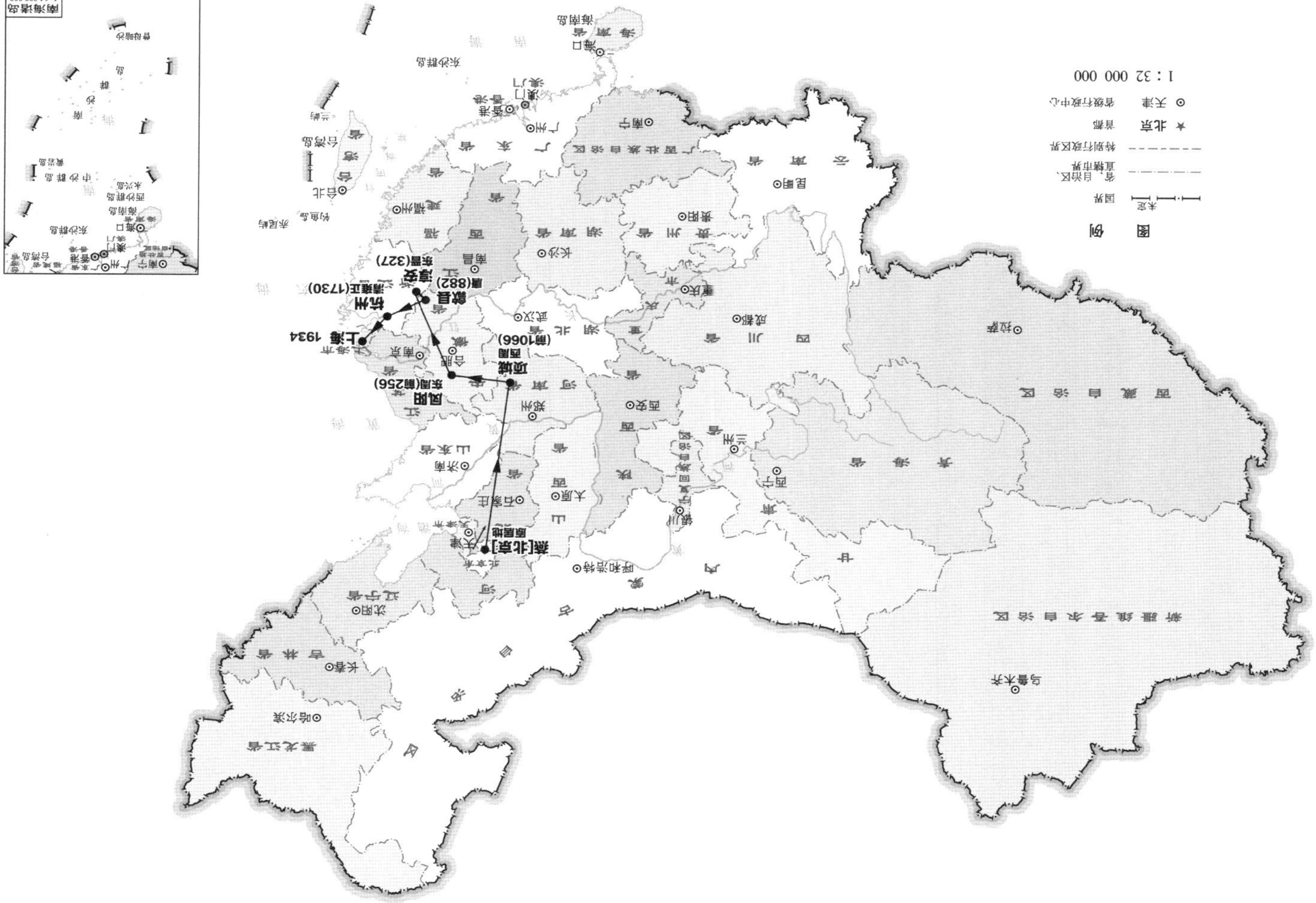
燕[北京]
原居地
项城
西周
(前1066)
凤阳
东周(前256)
歙县
唐(882)
淳安
东晋(327)
杭州
清雍正(1730)
上海 1934
图例
未定
国界
省、自治区、直辖市界
特别行政区界
北京
首都
天津
省级行政中心
1 : 32 000 000
南海诸岛
1:64 000 000

使传统家族制度的根基产生了动摇，随着封建王朝的灭亡，青溪项氏这样德厚源远的世族大家也不可避免地日渐式微。项海帆的曾祖父在清末四大奇案之一的“杨乃武与小白菜”案中，因受余杭知县牵连而被革职查办，从项海帆祖父至父亲一辈，家道逐渐中落。

项海帆的祖父项远堂毕业于浙江法政学堂（清末废除科举后于1906年创办的新式学堂），后并入浙江大学堂（浙江大学前身），是一位接受过新式教育的读书人。父亲项立民于1908年1月出生，因祖父项远堂感染伤寒早逝，家道中落，项家生活逐渐贫困，祖母范氏只得携年幼的儿子和女儿投奔杭州市郊三墩镇的娘家。

清末民国初期的江浙地区，在中西文化的交流与碰撞中，赓续传承数千年的传统家族尽管受到前所未有的冲击，但在由传统的农业社会向近代工业社会转化的时代洪流中，遵循重视教育的祖训，受新旧两种文化的熏陶，孕育出了寄理想于知识救国与实业救国的一代青年。他们或依靠殷实的家境接受当时最先进的西式教育，或因家境暂时困难而得到同族长辈的帮扶，通过读书致仕和投身实业等方式，重新开辟出了一片新天地。项海帆的父母，便是这两种不同出身的一代人的缩影。

项海帆的父亲项立民在父亲过世后，随母亲投奔舅父，在舅父身边长大。项立民的舅父范绎甫是前清秀才，在三墩镇开了一家祖传中药店，兼作中医郎中。民国初年，范绎甫又应聘担任三墩镇完全小学校长。项立民在舅父主持的三墩完全小学完成了小学学业，高小毕业后考入杭州三友实业社开办的职业学校。三友实业社由陈万运、沈九成、沈启涌于1912年（民国元年）创立，在“实业救国”思潮的风起云涌中迅速发展成为我国有史以来第一家具有大机器生产规模的纺织厂①。项立民在三友实业社开办的职业学校织造科就读，毕业后进入三友实业社艮山门织造厂，从练习生做起，通过自己的勤奋努力，18岁便被任命为所在车间主任，后又升任为工程师、纺织部副主任。1928年，年仅20岁的项立民就已担任三友实业社杭州艮山门厂厂长。

项海帆是项立民的次子。项立民于1929年21岁结婚，娶其小学同学三墩镇徐家的女儿为妻，次年生下长子项海航。1931年，项立民的妻子徐氏在生第二个孩子时不幸因难产去世。1932年，经亲戚介绍，项立民认识了在嘉兴王店镇小学任教员的年轻老师戴蕴玉，经过一年多的交往，两人于1934年初在杭州结婚。当时还在国立交通大学（现上海交通大学）读书的钱学森，作为项立民祖母钱太夫人娘家的亲戚也前来喝了喜酒。

项海帆的母亲戴蕴玉出生于1908年1月，和项立民同龄，她出身于嘉兴王店镇的工商阶层家庭。戴蕴玉的父亲是一家绸布店的账房先生，母亲是嘉兴城里人，就住在南湖边上，她在新旧两种教育的熏陶下逐步成长为一位新时代女性。戴蕴玉在王店镇读完小学后考入嘉兴女中，这是一所非常著名的新式中学，除教授中文外还教数学、物理、外语、生物等科目，她学习成绩优异，担任班长之职。上学时，戴蕴玉是一位品学兼优、追求进步的新女性，留着利落的短发，身穿士林布旗袍，参加过1919年五四运动以后的一些学生游行活动。

中学时代，戴蕴玉寄居在嘉兴外婆家，由舅舅家供给吃住。不幸的是，在戴蕴玉念高一时（1925年），父母相继因病亡故，家中的经济状况急剧下降。作为长女，她需要照顾年幼的弟弟和妹妹，于是被迫辍学回到王店镇，依靠一点积蓄和变卖家产维持生活。1930年，戴蕴玉为补贴家用，到她的母校王店镇小学应聘任教。作为小学教员，戴蕴玉一边教书，一边练了一手好字，是位秀外慧中的新时代女性。戴蕴玉对于自己中途辍学没有读大学深感遗憾，和项立民结婚后，曾萌生了继续求学的想法，并且得到了丈夫的支持。可惜在去学校途中，因学费被偷而只能遗憾放弃。

两位从传统旧式家庭中早早独立又彼此扶持的年轻夫妻，在婚后作出了一个重要的人生决定。即便是在风雨飘摇的20世纪30年代，上海从来也不缺乏机遇。新婚第二年，凭借丰富的织物设计、漂染工艺经验，踌躇满志的项立民创办了民光织物社，决心要在上海闯出一番天地。

也是在这个人生的转折点，1935年12月19日，在上海西门妇孺医院（红房子医院），项立民夫妻迎来了他们的第二个孩子——项海帆。当时给项海帆母亲接生的是医院产科主任、英国留学博士、项海帆的表姑母沈诗英医生。戴蕴玉体格娇小，生项海帆时是第二

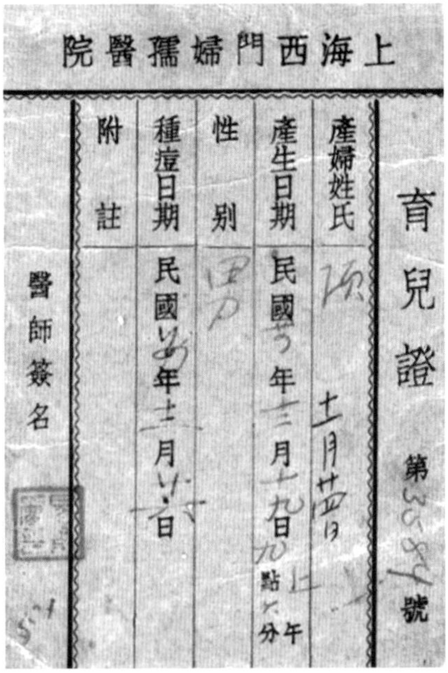
上海西門婦孺醫院

育兒證 第3584號

產婦姓氏 項

產生日期 民國 年 月 日 點 分 午

性別 男

種痘日期 民國 年 月 日

附註

醫師簽名

项海帆的出生证（上海西门妇孺医院3584号），1935年

次剖腹产，不能再有第三次生育，于是在生产同时做了绝育手术。母亲腹部的伤疤，是母爱无私和伟大的勋章，激起了幼年项海帆对母亲强烈的感激和敬爱之心，幼小的他在心里暗暗发誓要一辈子听妈妈的话。

“葆纶堂项”的家学祖训，投身实业的父亲，教书育人的母亲，均对项海帆的成长、成才产生了深远的影响。这个发誓要“一辈子听妈妈话”的男孩，带着家族的希望和父母的期待，一路扬帆，走向祖国的大江、大河与大海，变天堑为通途，在中国现代化的征程扬帆启航，成为我国桥梁工程卓越的启路者和领航人。

出生在上海西门妇孺医院的项海帆，是一位原籍为杭州的“新上海人”。项海帆的父辈，自杭州到上海，从落魄官僚子弟逐步成为民族工业厂主，为子辈在上海开创了一片新天地。项海帆的出生、成长，与父亲的事业发展、国民品牌“民光”的不断壮大交织在一起，汇聚在颠沛流离的战争风云，以及中国亿万家庭的悲欢离合、喜怒哀乐之中，成为时代的回响。

上海公共租界岳州路兴祥里——一条不起眼的弄堂里，有一幢石库门建筑，楼下是工厂，楼上是住宅，十几个工人，几台织毛巾和被单的机器。这个简陋的厂房，既是国民品牌“民光”的发祥地，也是项海帆出生后最初的家。

20世纪30年代，被单行业在中国属新兴产业，各类民族资本创办的纺织企业如雨后春笋般冒出，但大部分企业规模小，其技术、操作工艺和设备都很落后，织物印花也比较简单粗糙。项立民凭借织物设计与漂染工艺技术以及在工厂管理方面的丰富经验，为民光织物社开辟了广阔的市场。织造社创办时，项立民有两位助手，一位管织造，另一位管印染，他自己则负责进料、设计花样和销售。

在创业的艰辛起步阶段，项立民凭着实干拼搏精神，将振兴民族资本的憧憬与抱负寄托于事业，靠着自身的勤奋、聪慧和敬业，使民光织物社从一个名不见经传的小厂发展成为一个家喻户晓的民族品牌企业。

项立民亲自为民光织物社设计了品牌标志，“民”字取自项立民的“民”，“光”隐喻事业发扬光大，圆圈内，一个火炬熊熊燃烧，象征着民族之光、明星之光[②]。尽管当时上海滩的毛巾被单厂多如雨后春笋，但岳州路兴祥里这一弄堂作坊靠着诚实经营和不断创新，得以在那个经济自由、高速发展的年代，成为老上海人心中“床前明月光，床品买民光”的最炫民族风。父亲的言传身教成为童年项海帆最好的榜样。

项海帆出生时，民光织物社已成功向市场推出了“国民床单2465”，“24”代表民国24年，“6”即6尺，“5”为五彩印花，采用油纸花板套色印花，品质直逼床单鼻祖三友实业社的“三角”牌，月产量200条左右，床单供不应求。因此在项海帆出生的第二年，项立民又在兰州路兰桂坊租了2幢石库门房子，添置了10余台织机及漂印设备，雇用了20余名工人，进一步扩大了企业规模。项立民忙于事业，照顾家庭的重任就落在了妻子戴蕴玉肩上，贤惠的她一边照料、安顿全家大人的生活，一边看顾孩子。伴随着父亲的忙碌奔波和母亲的悉心照料，在机器轰鸣中成长的项海帆开始了牙牙学语。

1937年“八一三”淞沪抗战爆发，处于蓬勃发展中的民光织物社遭到破坏，被迫停产。因日寇轰炸，项海帆一家居住的地方变得很不安全。父母便带着2岁半的姐姐和1岁半的项海帆避居到大通路（现静安区大田路）培德里的一位朋友蔡炳勲先生家。项立民和蔡炳

项海帆婴儿照（在妈妈怀里），1936年

勲的哥哥曾是三友实业社的同事，当时蔡先生新婚不久，租了培德里的前楼厢房和亭子间共三间房。蔡炳勲是会计学校毕业的新式会计师，在英商牟德利琴行管账，英文也好，他的新娘蔡家姆妈特别喜欢不到两岁的项海帆，觉得他聪慧可爱，一定要收他作过房儿子，项海帆因而叫她寄娘。虽然只有半年的借住生活，但项家和蔡家结下了深厚的情谊。

战争对城市造成破坏和践踏的现实并没有打败项立民的事业和他的家庭。1938年初，项立民决定将厂房从公共租界搬到相对安全的英租界。他在延平路叶家宅租了一套房屋，先把设备搬了过去，恢复了生产。项海帆一家在培德里借住了半年后，也搬到延平路叶家宅的新家。

1939年夏天，由于民光织物社的业务日益扩大，工人和设备不断增多，叶家宅的地方也不够用了。项立民在胶州路租了一间房作为全家人的住所，把原来叶家宅项家自己租住的二楼也改成了车间。项家在胶州路的住所是一幢楼房的底层，二楼住着二房东一家，楼房前面有一个由小天井搭建而成的厨房，供项家使用。屋内分为两间，内间是项立民夫妻的卧室，外间作起居室，放了一张饭桌，还放了一张项海帆和姐姐睡的小床，以及一些简单的家具。生活虽然简朴，但一家人其乐融融，日子温馨而幸福。因为胶州路住家的寓所离叶家宅工厂很近，只隔了一条路，项海帆和姐姐经常跟着妈妈去看望父亲。充满干劲的父亲、忙碌的工人、机器的轰鸣、缤纷的织物，便是项海帆幼年生活中一抹绚烂的色彩。

父亲成天忙于事业，在学龄前，对项海帆影响最大的要数母亲了。“凯风自南，吹彼棘心。棘心夭夭，母氏劬劳。”母亲是项海帆的启蒙老师，也是对他影响最大的人。戴蕴玉受过新式教育，性情温和，是一位处事从容、遇险不惊的人。在项海帆启蒙阶段，为了给他扣好人生的第一粒扣子，她教育孩子首先要诚实。在项海帆和姐姐牙牙学语的时期，她就经常把孩子抱在怀里，教导他们要“待人如待己”，要真诚待人，不可说谎和弄虚作假，要讲真话，讲实话。

二三岁时，正是孩童充满好奇、探索世界的时候，不免有些淘气。每次项海帆犯了错，妈妈从不打骂，总让他端正地坐在小凳子上，用认真而温和的语气告诉他：“要想一想自己哪里错了？为什么犯错？以后怎么避免？”小小年纪的项海帆，在母亲的教导中，早早学会了遵守规矩，懂得反思，理解了妈妈所说的“知错就改就是好孩子”。

在项海帆幼小的心灵里，母亲早早为他种下了善良的种子。戴蕴玉富有同情心，总是不遗余力地帮助亲人和朋友。亲戚有难，她总会倾囊相助，许多亲戚家的孩子都是在她的帮助下完成了学业。

对待家里的保姆，戴蕴玉也很关心。在日常生活中她教育项海帆要尊重、善待身边的人。天气好的时候，母亲牵着项海帆的小手，走在上海的街巷，带他看每天变化的风景，也给他讲民间的传说和故事。外出看见要饭乞讨的人，母亲会把零钱施舍给他们，并告诉年幼的项海帆生活的不易，注重培养他的爱心和同情心。

对于学龄前的项海帆来说，辛勤工作的父亲，勤俭持家的母亲，还有年纪相仿、兴趣相投的姐姐，一家人是相亲相爱、和和睦睦的。与父亲的忙碌不同，母亲一刻不停地为全家的衣食操劳，家中里里外外，无论大事小事都被母亲打理得井井有条，她是家中无所不能的主心骨。

项海帆记得母亲常常笑着对自己和姐姐说："我是'劳碌命'，你们啊，一定要用功读书，长大了做出一番事业来，这样妈妈越忙就越高兴了。"项海帆和姐姐懵懵懂懂地应着，把这些话牢牢记在心里，在时间的灌溉下生根发芽。诚实、善良和勤劳正是作为启蒙老师的母亲给项海帆最重要的家教，让他终身受益。

第二节　工部局小学的"模范学生"

1928年，我国著名儿童教育家、儿童心理学家、中国现代幼儿教育的奠基人陈鹤琴先生来到上海，在短短几年中先后主持创办了7所小学（附设幼稚园），其中就有项海帆就读的工部局延平路小学及其附设幼稚园。受当时一些教育思想的影响，上海的学前教育和小学教育开明且开放，主张因材施教。项海帆三岁入幼稚园，四岁入小学，他的早慧和当时推崇的“前进的、自动的、活泼的、有生气的教育”理念不无关系。

1939年2月春节后，比项海帆大1岁的姐姐要上幼稚园了。项海帆家附近的工部局延平路小学附设有幼稚园，两年学制，分为小班和大班。妈妈原本就是小学教员，凭借这个得天独厚的条件，项海帆两岁半就和姐姐一起跟着妈妈识字，他记性好，学得也快。到了姐姐要上幼稚园的年龄，妈妈带着项海帆一起去报名。母亲心想，两个孩子年纪只相差1岁，项海帆虽然年龄小但识字多，学东西也很快，不如也报个名，姐弟俩一起上学、放学也热闹。因为他还没到入学年龄，母亲也担心学校通不过，就抱着试试看的心态给姐弟俩一起登记入学。没想到项海帆通过了面试，被学校破格录取。就这样，三岁多一点的项海帆和比他大1岁的姐姐一起进入了幼稚园小班。

一年后，幼稚园大班的小朋友要上小学了，小班中少数拔尖的孩子也可以被推荐跳级报考小学。小班老师对项海帆的妈妈说：“项海帆很聪明，学东西又快又好，可以报名试试看。”

父母觉得老师的建议很好，于是征求项海帆的意见：“帆帆，如果让你不上大班了，直接上一年级，你愿意吗？”在妈妈的影响下，爱读书的项海帆已经阅读了很多启蒙读物，对一年的学校生活非常适应，且知道在小学能学到更多知识，他自然很向往。况且，还能比姐姐高一个年级，听起来好像是一件非常骄傲的事。他很开心，就兴高采烈地跟着大班的孩子去参加一年级的入学考试。

不久，考试结果出来，项海帆顺利通过了入学考试，被录取为工部局延平路小学一年级的学生。当时他刚满四周岁，成了延平路小学年龄最小、个子最矮的小学生，大1岁的姐姐仍留在幼稚园继续大班的学习。妈妈跟两个孩子叮嘱："虽然弟弟先上小学，你们不在同一所学校，但你们姐弟俩仍然要每天一起上学，互相帮助，互相照顾。"姐弟俩向来很听妈妈的话，工部局延平路小学和幼稚园在同一条马路的对面，姐姐每天先把弟弟送到马路对面的小学后，再去幼稚园。在妈妈的关照下，姐弟俩虽然不在同一个班，但感情丝毫没有受影响，他们俩一直是最亲密的小伙伴。

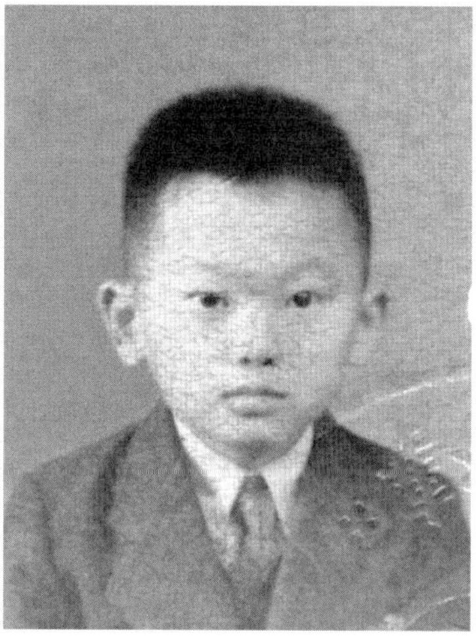

项海帆小学入学照（四岁），1939年

"喂！我的学校，教我们学的是什么？喂！我的学校，教我们做人怎样做？团结活泼，做事勇敢，清洁健康，生活快乐，遵守纪律，和气且恭敬，爱国、爱人，还要爱学问。啊，我的学校，我时时刻刻都爱你！啊，你的教训，我句句都记在心里。"[③]由陈鹤琴先生作词的这首《工部局小学校歌》，便是项海帆小学生活的写照。在学校先进的教育理念、优良的师资和丰富的设备设施的培养下，项海帆在学习知识的同时，也学习怎样做人，同时发展智力，锻炼身体，培养良好品德。

在延平路小学只学习了一年，项海帆又要搬家了。由于项立民的事业发展迅速，叶家宅的厂房很快也不够用了。1937年，抗日战争全面爆发后，上海市区沦陷，英租界成为"孤岛"，但仍由工部局管辖。战争的动荡局势没有过多影响项立民的实业发展，通过合并一些小厂，民光织物社已经发展成为三家合股的中型毛巾被单生产企业。经多方权衡，项立民在通北路买了一块地，开始新建厂房。因为经营状况良好，产品供不应求，他还在南京东路的中国国货公司附近租房设立了事务所来营销。为便于就近管理工厂，项立民在通北路厂房附近的荆州路树诚坊买了几套石库门住宅，项家和合伙人杨先生、马先生三家各居住一套，另一套则作为高级职员的宿舍。

1940年底，项海帆跟随父母搬入了的新居。1941年2月他也从工部局延平路小学转学到工部局荆州路小学，就读二年级。工部局荆州路小学和延平路小学一样，也是英租界工部局开办的学校，按英国学制设立，教师大多是教会大学教育系毕业，教学水平很高。学校的建筑以英式风格为主，有英式标准的宽敞明亮的教室，有按孩子不同身高、不同年级设计的英式课桌椅，走廊中设有沙滤饮水喷嘴和大镜子，厕所也十分干净卫生，硬件设施十分优越。学校除开设国文、算术课程外，自二年级开始设立英文课，除此之外还有体育、科学、艺术等课程以及各种丰富的校园活动。

学校的管理既严谨又规范。每天上学，学生都需要穿着统一的校服，戴鸭舌校帽，帽子上还织有校徽图案和校名。如果是班长，校帽上还会有一圈白色，这是荣耀的标志，非常神气。多姿多彩的小学生活，为项海帆播下了知识的种子。每一门课程，都为他打开了一扇探索世界的大门。对于求知欲本就旺盛的项海帆来说，他在学习上如鱼得水，除了擅长国文，英文和数学也学得非常好，是班上数一数二的尖子生。

项海帆的级任老师彭润心是一位中年女教师，大学毕业，教授英语和音乐课。在彭老师的影响下，项海帆对音乐产生了浓厚的兴趣。工部局小学十分重视音乐教育，学校的音乐课本是按照英国小学教材翻译过来的，主要内容是用五线谱编成的贝多芬、莫扎特和舒伯特的古典艺术歌曲，每首歌曲前还有这些音乐家的小故事。彭润心老师在音乐课上带领大家认识五线谱，教唱外国名曲，还给同学们讲述贝多芬、莫扎特和舒伯特的故事，音乐课是项海帆最喜爱的课程之一。项海帆有非常动听的童声，悟性和音准都很好，每次音乐课彭老师都让他先为大家单独示范唱一遍，再让同学们跟唱。这份特别的“殊荣”，让项海帆非常自豪，也让他从小培养了对音乐的兴趣和爱好。

对音乐的热爱以及对美的感悟，是项海帆在小学阶段培养起来的，并一直伴随着他。尤其是对古典音乐的欣赏，成为项海帆攀登科学高峰时的最好陪伴，那些悠扬动听的乐曲常使他心旷神怡、开阔思路、活跃思维，也给予了他克服困难的启迪、勇气和力量。

项海帆在学校表现优异，二年级升入三年级时，他被彭润心老师指定担任副班长，协助正班长蒲瑞祥同学，负责值日以及收发作业本等工作。值日是各年级正副班长的主要工作，核心任务是轮流在校门口检查同学们的指甲是否过长，是否按时修剪，是否携带了手帕等卫生和习惯问题。作为三年级的副班长，值日时一些高年级同学也要伸出手来让他检查，这让个子小小、年纪小小的项海帆非常自豪。当然，他自己也以身作则，养成了勤剪指甲和随身带手帕的习惯，十分注重个人卫生和仪表整洁，这也是项海帆从小养成的一个良好习惯。

学校教室的后墙有一排书橱，按不同年级陈列着科学家传记、世界著名儿童文学丛书和自然科学丛书等课余读物，副班长的职责之一是作为班级“图书管理员”，负责管理这些书籍的借还。这项“近水楼台”的工作既便于项海帆在知识的海洋中遨游，同时也让他培养了良好的分类习惯和管理能力。

在内忧外患、物质生活相对匮乏的年代，哪怕是作为“十里洋场”的上海，当时也少有博物馆、科技馆和文化馆，知识的获得主要还是依靠阅读。在阅读中，项海帆接受了科学的启蒙教育，他常常被科学家的事迹所感动，为神奇的科学奥秘所吸引。科学知识的浇灌、科学思想的熏陶和科学精神的鼓舞，激发了项海帆探索科学的兴趣，这对他人生的选择产生了深远影响。

1942年，荆州路小学评选“优良学生”，品学兼优的项海帆是三年级学生中的佼佼者，光荣入选。为表彰优秀，学校为“优良学生”颁发了奖状，并在教学楼前合影留念。虽然项海帆年纪比同班同学小，但他的学科成绩非常优秀，艺术爱好广泛，各种体育项目成绩也非常突出，是老师们喜欢的品学兼优、全面发展的模范生。

上海工部局荆州路小学“优良学生”留影（第一排左起第16位为项海帆），1942年

第三节　身处沦陷区的“正气歌”

项海帆受母亲影响，在小学阶段就开始每天练习毛笔字。班上其他同学们大都临摹柳公权的《玄秘塔碑》和颜真卿的《颜勤礼碑》，项海帆的母亲给他买的大楷字帖是清末书法家黄自元所书文天祥的《正气歌》。

“天地有正气，杂然赋流形。下则为河岳，上则为日星。于人曰浩然，沛乎塞苍冥……”项海帆一遍又一遍地临写《正气歌》，这些铿锵有力、奋发向上的诗句浸润着他稚嫩的心田，使他逐渐懂得了做人的道理。文天祥的浩然正气，为他保持心灵的纯洁和人格的独立奠定了基础，使他懂得要怀有爱国之心，为人要正直，要有风骨和气节。

小学放学较早，下午放学后往往是小伙伴们尽情玩耍的时光。但母亲总是告诫项海帆，只有学好才能玩好。戴蕴玉自己写得一手好字，她认为临帖可以锻炼小朋友的心性，要求项海帆每天放学回家必须先完成临帖，然后才能出去玩。正是年少贪玩的年纪，听着楼外小伙伴们踢球、奔跑欢呼和笑闹的声音，项海帆非常焦急，恨不得能赶紧完成临贴加入他们的队伍。欲速则不达，有时候越想早点写完，字写得越不好，连续写好几张都通不过，听着窗外弄堂里的小伙伴一遍遍催叫自己的名字，项海帆急得眼泪都要流出来了。

母亲对项海帆一向和蔼，但对他毅力和好习惯的培养格外重视，要求严格。项海帆知道母亲是为自己好，写字不能糊弄，更没有捷径可走，只好在母亲的严厉督促下，含着泪再写一张，直到符合要求。项海帆遇事从容淡定的心性也是在这种“磨砺”中慢慢养成的。

付出总是会有收获，在妈妈的严厉教导下，项海帆的毛笔字进步很大，到初中时，已成为班上字写得最好的几名学生之一，还被推选为代表参加初中部的书法比赛。

除了温柔而坚定的母亲对项海帆性格的悉心培育，在中华民族遭受屈辱与侵略的年代，父亲则是通过自己的言行对他进行爱国思想的熏陶。1931年“九一八”事变后，全国爆发了抗日声援活动，项立民早在杭州三友实业社任厂长时就积极参加了抵制日货的游行和宣传活动，在上海创业以来，更是力所能及地通过生产改良国货，用过硬的技术打造的产品在工业战线上与列强抗争。在闲暇时光，父亲经常会同项海帆讲一些时局和工作上的事，父亲和他的民光织物社，就是项海帆最好的榜样。在社会风云的飘摇动荡中，父亲坚持实业救国的拳拳爱国之心，使年少的项海帆看到了在黑暗中熊熊燃烧的希望，给了他冲破迷途的力量和坚守初心的勇气。

项海帆和父亲合影，1941年

从1937年11月上海沦陷至1941年12月太平洋战争爆发的4年间，除公共租界的中区、西区（公共租界北区、东区工部局已无力管辖，但不算沦陷区）和法租界日军尚未能进入之外，上海城市中心四周都被沦陷区所包围，形似“孤岛”。此局面一直持续到1941年12月8日日军偷袭美国珍珠港才结束。太平洋战争爆发后，日本对英美宣战，随即日军攻入租界，上海全境被日本占领。全市沦陷后，项海帆生活和学习的地方也都处于日军的残酷镇压和粗暴统治之下。

1942年，日军进驻上海租界后，到处挂着可恨的太阳旗，过外白渡桥时还要向日本哨兵行礼，在老百姓眼里，民族屈辱感十分强烈。仍在小学就读的项海帆，这时也生出了反抗的信念和决心。1943年起，项海帆就读的工部局小学被迫停止上英语课，改上日语课。每周星期一的周会改唱日本国歌，师生们都敢怒不敢言，只得忍气吞声地服从，感到一种沦为亡国奴的屈辱。教项海帆班级日语的是日本人的翻译官，一个出生在台湾的汉奸，举止傲慢，同学们都十分痛恨他。大家都不愿意上日语课，班主任彭润心老师还曾冒险在下午放学后偷偷给同学们上英语课，但随着局势紧张，后来也被迫停止。

为了表达对日本强权的反抗，项海帆和班长蒲瑞祥商量，通过发动大家不交作业、上课大声讲话、故意扰乱课堂等方式来抵制日语课。项海帆带头的这些刻意为之的“捣乱”行径，让教日语的翻译官非常生气，他找到学校训导主任，要求校方一定要严加整顿。

一天下午放学后，训导主任把蒲瑞祥和项海帆找去训话，逼他们在壁角罚站，写检讨认错，否则就不准回家。两个倔强的少年心中不服，坚持自己的正义，都不愿意写检讨，一直僵持着。直到天色暗下来，母亲发现项海帆迟迟没有回家，便来到学校寻找。她了解事情的来龙去脉后，同训导主任讲了很多好话，才把项海帆领回家。

在回家的路上，母亲和项海帆都沉默了，没有说话。项海帆觉得自己没有做错，心中充满了委屈。母亲也觉得项海帆没有错，对孩子满是心疼，却又无可奈何，甚至连宽慰和开解的话都不知道从何说起，只能给儿子一个无言的拥抱。可悲，痛心，可叹的时代！事后项海帆和蒲瑞祥都受到了学校的警告处分，但父母并没有责怪项海帆，反倒在家庭中给予了他更多的关心和慈爱。

这段发生在八岁时的难忘经历，是项海帆少时爱国主义思想的萌芽，对他产生了深远影响。屈辱的亡国奴生活，使项海帆从小就萌生了强国之梦。一个落后的民族必须自尊、自强，只有国家富强，科技进步，才能重新屹立于世界民族之林，才能免受屈辱和欺压。“天下兴亡，匹夫有责”，这些信念孕育了项海帆不服输的性格，让他养成了坚韧不屈、刚正不阿的品质，从小树立了“正心、修身、齐家、治国、平天下”的人生理想，为他后来在科学道路上不懈努力攀登奠定了基础。

小小的挫折并没有成为项海帆成长路上的绊脚石，他仍然保持着优异的成绩和全面发展的兴趣爱好。学业上的收获和荣誉也一扫之前被迫学习日语的阴霾，使他迅速调整到积极乐观的心态，朝着“要让祖国强大起来”的目标坚定前行。

强国先强体。荆州路小学是当时该区域最好的小学之一，隔壁的工部局缉椝中学（市东中学的前身）有一个大足球场，常有比赛，项海帆十分热爱体育运动，经常去看足球比赛。小学的体育设施也很多，如滑梯、秋千、猴子架、篮球场、小足球场、沙坑、单双杠等。项海帆在学习之余，还学会了踏高跷、踢足球、溜冰和骑自行车，这些体育项目富有挑战性，体现了他想拥有健康的体魄、时刻准备为保卫祖国积极奉献的动力和决心。

沦陷时期的生活，虽然充满了屈辱与艰辛，但同样满溢着温情与童年的趣味。1943年初，项海帆的哥哥项海航由于他的外婆去世，被父亲从杭州接到上海，插班进入上海私立澄衷中小学校小学五年级。

私立澄衷中小学的前身是创办于1900年的澄衷蒙学堂，是上海滩的名校，竺可桢、胡适都曾就读于此校。哥哥项海航也很聪明，各科成绩十分优异。因自幼失去母亲，由外婆带大，给他的心理蒙上了一层阴影。到上海以后，继母戴蕴玉对他视如己出，对他的照顾和关心细致入微，使他深受感动，从而打消了顾虑，对继母产生了敬重之心，对同父异母的弟弟也十分亲近，兄弟俩感情深厚。

虹口提篮桥附近是犹太难民的聚居区。哥哥项海航刚到上海，英语稍有落后，独立且有主见的哥哥为了提高英语水平，经常去唐山路找犹太人练习英语和德语。每次回来，都会给弟弟讲他一路的趣闻，还会跟弟弟交流新学到的英文口语和德语单词。项海帆对大5岁的哥哥既佩服又敬重，日常和哥哥亲密无间，是哥哥最忠实的"跟班"。哥哥成绩优秀，在课业中会耐心为项海帆解答难题，并教会他很多新知识，是他不可多得的良师益友。

在哥哥的带领下，项海帆学会了骑自行车，跟着哥哥增长了很多见识。假期，哥哥还会带项海帆去看电影，带他去上海一些从没去过的地方游玩。项海帆的第一枚印章就是哥哥刻的，一枚小小的牛角图章，一直陪伴项海帆到成年，是他十分珍视的礼物。兄长博学豁达，爱好广泛，为项海帆树立了榜样，对项海帆的成长也产生了重要影响。

1943年冬，项海帆的舅父和舅母相继去世，母亲带他去嘉兴王店镇奔丧。这是项海帆第一次乘坐火车出远门。轰隆隆响的绿皮火车，第一次离开上海的新鲜感，淡化了他奔丧的悲痛，多了几分少年心性的跳脱。在王店镇的几天，母亲戴蕴玉料理完舅父、舅母的后事，还带项海帆拜访了姑祖母何家、姨祖母张家等亲戚。此次嘉兴之行，母亲把舅父家的三个遗孤秀琳、瑞祥和秀珠也带回上海抚养，供他们上学。就这样，项海帆在自家哥哥姐姐以外，又多了几个一起生活的表亲。

1944年初，家里有了6个小孩，年纪也都相仿，十分热闹。项家从牟德利琴行买了一台风琴，项海帆称为恬干娘（表姑母）的女儿碧秋姐姐在圣约翰大学英文系念书，母亲请她每周来家里一次教孩子们英文。碧秋姐姐会弹钢琴，常常一边弹风琴，一边教大家唱*The One Hundred and One Best Songs*中的歌曲。项家的周末，伴着风琴声，孩子们围坐一堂，《圣母颂》《可爱的家庭》《祝你生日快乐》《友谊地久天长》等歌曲旋律响起，大家的歌声轻轻和着，美好的音乐和惬意的时光消解了一部分沦陷区的憋屈和苦闷。耳濡目染中，项海帆也学会了用风琴自弹自唱，算是有了乐器启蒙，为他后来学弹钢琴和拉手风琴打下了基础。

男孩子在成长的过程中，总会有些特别淘气的经历。项家所在的树诚坊在“八一三”淞沪抗战时曾遭到日寇轰炸，第一排沿马路的房屋被炸毁，一直没有修复。项海帆家住在第二排，从窗户望出去前面就是一片废墟，弄堂里的孩子常在废墟里玩捉迷藏。有一次，项海帆冒险爬上了废墟的二楼玩，被妈妈在自家窗前看到，担心他的安全，叫他赶快下来。项海帆一向听妈妈的话，看到妈妈担心，就着急回家，想抄近路更快一点，结果一不小心直接从楼上摔了下来。所幸，摔在地上一堆松软的泥土上而不是在尖锐的瓦砾中，因此逃过一劫。母亲在窗口看见了，惊慌不已，一路小跑，脸都吓白了。看见又急又慌、拉着自己左看右看担忧不已的母亲，原本摔下来还满不在乎的项海帆也惊吓到了，母亲那温柔、焦急又关切的眼神他一辈子也忘不了。虽然母亲没有责骂他，但从此以后，项海帆和小伙伴再也不敢去那片废墟玩耍了。

除了冒险，有些生活中的意外也会成为关于童年的深刻记忆。项海帆不喜欢吃鱼，这是有原因的。八岁时，项海帆有次吃饭不小心把鱼刺卡在喉咙口，妈妈让他大口咽饭，想把鱼刺粘下去，不料反而让鱼刺刺得更深，疼得他大哭大叫。父母急忙把他送到提篮桥的医院，医生用钳子把刺取出来才恢复正常。从此，他对刺较多的河鱼就避而远之了。

在沦陷区，生活在日本人的眼皮底下，周围都是令人窒息的压抑氛围。但项海帆毕竟年纪尚小，还是能发现很多新奇有趣的事物。令项海帆最高兴的事就是跟妈妈到南京路永安公司购物。从一个柜台到另一个柜台，琳琅满目的商品令人目不暇接，经常是妈妈在一个柜台挑好东西付了钱，就先去下一个柜台，而让项海帆等找完的零钱和包装好的东西。他相当于是妈妈的购物助理，项海帆非常喜欢这个差事。每次购物结束，妈妈还会赏他几个零钱，或是带他去附近吃点心，这是童年项海帆在学校生活以外最大的乐趣之一。

上海作为中国最繁华的城市之一，在战争的动荡和各种势力的争夺中呈现出独特的政治、经济和社会景象。项海帆在战争的残酷和上海城市繁华的双重图景中，看到的是一个万花筒般的斑斓世界。南京路大新公司（第一百货公司前身）三楼的糖纳子，由自动机器生产，吸引了很多顾客，也深深吸引着小学生项海帆。此外，全上海独有的大新公司的自动扶梯，每次出门，项海帆都忍不住要研究好几遍。

作为一位时髦的“海派儿童”，项海帆特别喜欢看电影。他的第一次观影体验，是跟爸爸去大光明电影院看动画片《白雪公主》。大光明电影院是当时最豪华的电影院，票价很贵，看电影对童年的项海帆来说，是一件十分隆重的事。那次正好遇上一件值得庆祝的喜事，父母先带全家人去南京路吃饭，饭后去看电影。暑期的电影院，开着冷气，第一次进到冷气间的项海帆觉得十分新奇。炎热的夏天，凉飕飕的空调间，从神秘的机器里发射出来的光影，以及白雪公主和七个小矮人的故事让他终生难忘。

在战争的夹缝中生存，除了这些家庭护佑下的温情时刻，更多的是被奴役的屈辱感。1944年的一天，项立民带着家里的6个孩子到四川路底的虹口公园玩。虹口公园旁边就是日军司令部，门口站着日本兵岗哨。他们一行从四川路底的电车下来去公园，必须经过司令部，大家战战兢兢地从马路对面的人行道走过去，内心充满了对太阳旗的憎恨。虹口公园是当时上海最大的公园之一，和兆丰公园（现中山公园）以及法国公园（现复兴公园）齐名。北四川路一带原本就是所谓的“日本人租界”，珍珠港事件后，日本人就更多了。虹口公园的游客中就有许多日本人带着小孩，有的还穿着和服拍照。侵略者占据了原本属于中国人的美丽家园，处处显得优越，在这种环境下，项海帆和家人也没了游玩的兴致，走了一圈就出来了。沦陷区亡国奴的地位令人感到沮丧和愤怒。

更加令人气愤的是，1944年日本宪兵为了搜捕抗日志士，把项海帆一家粗暴地从家中驱赶出来。母亲戴蕴玉带着6个孩子在马路上站了好几个小时。宪警们挨家挨户搜查，保甲长们则逐个检查一家人的“良民证”。这些上海沦陷区的生活经历让项海帆终生难忘，同时为了国家富强、民族强大拼搏奋斗的决心也愈发强烈。

第四节　小学毕业“连中三元”

家里孩子一多，原本的住所就显得局促了。1944年冬，项立民为改善全家的居住条件，在静安区西摩路（现陕西北路）西新别墅租下了一幢西式里弄房屋。1945年1月，在寒假期间，项海帆全家又搬回到静安区。因为搬家的缘故，项海帆又要转学了。好在工部局小学之间转学十分便捷，不需要考试，只需请校长写一封介绍信即可，于是项海帆便从工部局荆州路小学转学到工部局西摩路小学。

新家是两开间三层楼的新式里弄，前面有一个小花园，一楼东间是西式客厅，摆着沙发、钢琴和冰箱，后来还添置了一台带电唱机的落地收音机；壁上有两幅油画，其中一幅是航海的帆船。西间是中式客厅，中轴挂着对联，两张八仙供桌，每逢七月十五和冬至都要供奉祖先；靠窗摆着一张吃饭的红木圆桌，两侧各有三张太师椅和茶几，两面墙上分别挂着镶着玻璃镜框的四幅国画（梅、兰、竹、菊）和四幅字（楷、行、草、隶），其中有一幅沈尹默写的行书十分秀气，项海帆也最喜欢。

二楼里间是父母亲的卧室，外间是起居间。由于项立民长期辛劳导致身体不好，常需要请医生出诊推拿打针，起居间放了一张小床；后窗是一张写字桌，前窗是一张麻将桌，项立民每天都要独自用牌九牌玩“通五关”，在父亲的影响下，项海帆也学会了“通五关”，偶尔还会帮父亲看牌。后窗的写字桌上有一台小收音机，一家人经常于晚饭后聚在一起收听姚慕双和周柏春的滑稽节目。小床对面靠墙有一张三人沙发，是接待亲友的会客之处。

三楼是孩子们的卧室，一共有两个大间，每间有一张大床和一张小床，三男三女6个孩子分居两间。每间还有壁橱用来储物，有一个五斗橱，每人一个抽屉放换洗衣物。女孩子房间有一个四人大写字桌，一人一面，每面都有一排小抽屉放书。男孩子房间只有两个小写字桌，因而有一个男孩得去女孩房间写作业。姐姐和项海帆的感情一直很好，要求项海帆过去跟女孩们一起写作业，向他请教学习上的问题，于是项海帆成了女孩们的“小老师”。

新家每一层都有一个卫生间，三楼的亭子间作储物用。二楼亭子间是保姆的卧室，两个阳台之间架着晒衣服的竹竿，收下来的干净衣服堆在床上，孩子们各自找出自己的衣服叠好放入自己的抽屉中。每层的中间是一个盥洗室，早晨起来，大家抢着洗脸刷牙，十分热闹。

每年夏天，阳台上装了遮阳的竹帘子，是晚上乘凉聊天的地方。哥哥项海航最为年长，知道的事情多，常考弟弟妹妹们，项海帆因此从哥哥那里获得了许多新闻和知识。

静安区的环境比荆州路好多了，附近的南京西路有很多大商店，24路无轨电车经过家门口，出行也很方便。搬新家以后，项海航从缉槼中学转到晋元中学上初二，父亲给哥哥买了一辆自行车，方便他骑车上下学。弟弟海帆十分羡慕，渴望自己也能在小学毕业以后拥有一辆自行车，和哥哥一起骑车上中学。

1945年2月，春节后开学，项海帆作为插班生转入了工部局西摩路小学上六年级。一进教室，坐在门口的刘有钟同学见他生得矮小，又面生，就冲着项海帆说："喂，这里是六年级，你是几年级？是不是走错了？"项海帆见状倒也不慌，说道："我就是六年级的，是插班来的。"

转学过来以后，因为项海帆仍然是全班个子最矮、年纪最小的学生，级任老师张文澍让项海帆坐在第一排第一个座位。因为进教室的这段缘分，刘有钟和项海帆很快就成了好朋友。刘有钟的父亲当时是第六医院院长，刘有钟家和项海帆家相隔只有100多米，他们和另一位住在附近太平花园小区的郭镛同学放学后经常在一起玩耍，暑假也一起打桥牌、踢小皮球、下棋等。郭镛的母亲既慈祥又好客，常给三个男孩准备很多美味的点心。

1945年暑假过后，日本战败投降，抗战胜利，黄浦江两岸一片欢腾。还没来得及庆祝抗战胜利，父亲项立民却因为长期超负荷工作病倒了。项立民患了肾结核，住进了红十字医院，原本计划要切除一侧肾，幸运的是主任医生高日枚是美国宾夕法尼亚大学留学回来的博士，他了解到美国已发明了治疗结核病的特效药——链霉素，告诉项家人："如果设法买到这种药，就不必开刀了。"项立民委托家族世交、杭州胡庆余堂的族人、留美工程师胡家俊买了药，并设法请"美龄号"飞机的机长带到上海。有了特效药，父亲不用做手术，病也很快被治好了，笼罩在家庭里的阴霾也随之消散。

父亲病好了，学校也开学了。新学期，为了庆祝抗战胜利，西摩路小学张灯结彩，一派喜气洋洋的景象。班级原班长叫薛炯辉，副班长叫宣达果，薛炯辉因搬家而转至别的小学。由于项海帆上半年成绩是全班第一名，班主任张文澍知道他在荆州路小学曾担任副班长多年，就任命项海帆接替薛炯辉担任班长，同时主管全校图书室的工作。

抗战胜利了，在新的学校项海帆又担任了班长，且承担了图书室的管理工作，他以更大的热情投入学习中，生活也充满了干劲。半年以后，项海帆以第一名的成绩毕业，他小学毕业证书的编号是001号，这也是抗战胜利后西摩路小学的第一号毕业证书。

关于第一号毕业证书，还有个有趣的故事。1945年暑假，家里请了一位算命先生给大家算命，算命先生说项海帆有贵人相，将“连中三元”。小学毕业时，妈妈说：“你当了班长，毕业成绩第一名，加上第一号证书，正应了这‘连中三元’。”听完妈妈的话，全家人都笑了。小学的这张毕业证书，就像抗战胜利后上海的明媚阳光，不仅给项海帆带来了信心和荣誉，也给全家人增添了很多喜悦。

1945年年底，工部局西摩路小学举行了毕业典礼。在悠扬的毕业歌声中，充满波折又值得怀念的小学生活结束了。每个同学都买了一本纪念册，请老师和同学题字留念，好几位任课老师还向项海帆要了照片作纪念。大家在纪念册上，写下“学而时习之”“三人行则必有我师”“工欲善其事，必先利其器”“任重而道远”“学无止境”等语句互相激励，祝福未来。父亲给项海帆题了“仍须努力”四字，希望他戒骄戒躁。母亲则给他写了“德智体须并重”，希望他注重全面发展。有一位老师，用隶书为项海

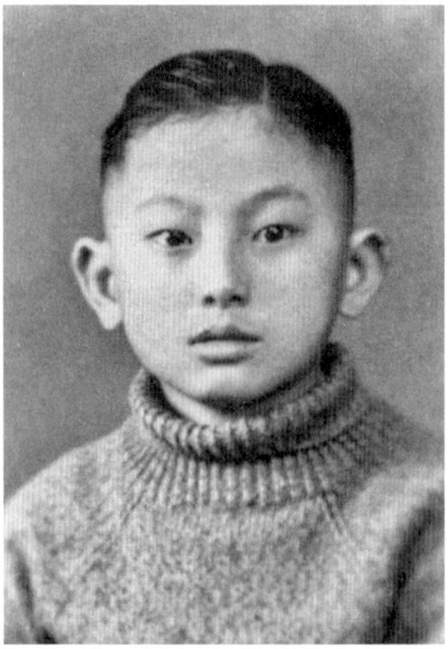

项海帆小学毕业照，1946年

帆写了“取得生命之火，发出灿烂之光”的祝愿。带着师友的祝福、家人的期待，项海帆告别了自己的小学生活，开始了更加充实的初高中生涯。

第五节　晋元中学培养“智仁勇”

1946年初，项海帆考入了哥哥所在的上海市立晋元中学初中一年级。晋元中学是1945年8月抗战胜利后为纪念四行仓库孤军作战的谢晋元团长而命名的中学，其前身是1904年英国人应当时英租界工部局华人纳税会的要求而创办的华童公学。从华童公学到晋元中学，这所学校可以说是近现代上海新式学堂的缩影。作为上海英租界第一所按英国公学模式建立的中学，“华童公学”英文名称为“Public School for Chinese，PSC”，将西方的教育体制引入中国，在晚清时期开创了现代教育的先河。丁关根、张承宗、余秋雨以及中国科学院院士蒋锡夔，中国工程院院士何友声、韩大匡、翁史烈等都是晋元中学的校友。

华童公学的发展与英日殖民国家的利益和在华势力的争夺交织在一起，传播新知识、新文化，又积极融入反帝示威的洪流。淞沪抗战爆发后，华童公学曾多次迁校，几经辗转，最后在马白路（今新会路25号）办学，与当时谢晋元将军驻扎的新加坡路（现余姚路）“孤军营”相距较近，学校学生和谢将军及他所率领的八百壮士往来密切，为学校后来定名为晋元中学打下了基础。

项海帆入学的时候，晋元中学由上海市教育局派来的无党派人士金通尹先生任校长。学校三楼的走廊里，挂满了自1904年建校以来历届毕业生的合影，激励着每一年新入学的同学。晋元中学的前身华童公学原校舍在淞沪抗战中毁于日军的炮火，项海帆入学所在的新会路校舍，原是一座私人的大花园住宅，虽然校舍条件比华童公学时期的欧式宏伟建筑略有逊色，但是无论师资、设施还是教学，都仍然是全上海最优秀的学校之一。每年早春时节，校园内樱花盛开，景色非常美丽。

学生们的课桌椅大部分是原华童公学遗留下来、从英国进口的铁木结构桌椅，斜面的桌板下是一个箱子，可以放个人物品。同学们各自装了一把小锁，将其变成自己的小书柜。教室按年级固定，每学期更换一次。随着教室的更换，课桌的高度也逐渐增高，以适应不同年级同学的身体发育程度。

晋元中学沿袭了注重英文教育的传统，英文课程每周的课时数多于中文课。级任老师胡先雩主要教授英文，兼授初中的代数和三角等数学课程。胡先生喜欢学生，幽默风趣，听他的课对项海帆来说就是一种享受。学校的英语教材是英文版的《泰西五十轶事》和《莎士比亚戏剧故事集》。胡先雩老师发音纯正，将一段段故事娓娓道来，引人入胜，同时他对学生又十分严格。胡老师要求学生每周写一篇英文作文，他都会认真批阅，并在课堂上对学生作业中的典型错误进行详细讲解。

胡老师还为班上每位同学起了英文名字。他根据学生姓名的相近音或义来给大家起名，有John、Jack、Robert、Gary、Gregory，Peter等。对于项海帆的英文名字，胡老师也有讲究，他对项海帆说："你哥哥项海航叫Columbus，用的是哥伦布的姓，你就叫

Christopher（克里斯托弗），用他的名。”项海帆一听，非常高兴，他特别喜欢老师给他取的这个英文名字，后来在求学工作中需要用到英文名时也一直沿用。在英文课上，胡老师提问时就叫项海帆英文名字Christopher的简称Chris（克里斯）。

胡老师经常会在课堂上插讲一些英文格言，教导同学们如何做人。对项海帆来说，有两段格言，几乎陪伴和影响了他的一生。一段是：“Honesty is the best quality（诚实是最好的品质）.”。胡老师讲到这段格言时，结合国内外名人的诚信故事，教育同学们做人要诚实，要讲真话，不要虚伪、说谎、作弊，应当视名誉重于生命。另一段格言是：“Work while you work，play while you play，this is the way，to be happy and gay.”。胡老师教导同学们：工作时要勤奋努力，工作之余也要玩得痛快；要敬业，也不能成为书呆子，这是一条通往幸福和快乐的路。幽默风趣的老师将做人的道理融入课堂，成为项海帆为人处世的标尺和范式。扎实的英语课堂训练为项海帆打下了坚实的英文基础，使他在成年后无论是出国留学还是国际交往，都不存在语言上的障碍。

当时，晋元中学汇聚了众多名师。比如教文史的徐碧波老师，诗文、写作皆优，他曾为《电影月报》的理事编辑，在从事教育工作之前一直从事话剧和电影编导的工作。徐碧波教授项海帆班级《古文观止》和《论语》中的名句，要求学生背诵，背不出就要打手心，罚立壁角。项海帆虽不喜欢背书，但其他功课都很好，徐老师因偏爱而有所宽容，背不出时，也不会惩罚项海帆，而是会轻声地提示他，帮助他背完。在这样温和的教育下，项海帆的古体诗文的基础也打得非常牢固。

教历史课的郑逸梅老师更是声名远扬，他“人澹如菊，品逸于梅”，长期从事教育与写作工作，是著名的文史掌故作家，有“补白大王”之誉。他学识渊博，讲故事娓娓道来，生动有趣，讲课时往往有自己的评论，十分引人入胜，项海帆的历史知识大多得益于郑老师的课堂。

当然，对于热爱科学的项海帆来说，胡先雩老师教的数学课是他最喜欢的。胡老师教得很好，项海帆学得也很快，数学是他成绩最好的一门课。每学期考试，项海帆的总分总能位居前三。

除此之外，教英语语法的乐秀荣先生，教数学的龚伦超、赵文淑先生，教生物的葛士表先生，教物理的曹钟明先生，以及教化学的蒋先生……晋元中学老师们的谆谆教导，授予了项海帆扎实的基础知识和自学能力，更重要的是教导他要做一个诚实的人，一个德智体全面发展的、对社会有益的人。

成绩优秀的孩子总是令父母倍感骄傲。那时的项立民在同业公会担任副会长，会长是李道发，公会每月有一次聚餐会，由理事们轮流做东，讨论行业的发展情况。轮到项立民做东时，他就会带上项海帆一起去，在公会的伯伯叔叔面前开心地夸赞项海帆的学习成绩。与同龄段的孩子相比，项海帆就读的年级高，学习成绩又优秀，让父亲非常自豪。聚餐之后，大人们往往要继续讨论工作，项海帆就拿着父亲给的零花钱去电影院或百货公司玩，玩尽兴之后才回家。学期结束，孩子们把成绩单拿回家，项海帆和哥哥总是最好的，会得到妈妈的特别嘉奖，可以买一样像小足球、跑冰鞋、新皮鞋这类的奖品。

刚上初中，项海帆就想像哥哥一样骑自行车上学。项海航也帮忙说情，并保证一定会带好弟弟骑车上学。妈妈担心项海帆年纪太小，路上不安全，坚持要等一年再说。到了第二年寒假，升入初二，哥哥帮海帆去自行车店找到了一辆26英寸的小号自行车，又帮着他一起说服了母亲。终于，项海帆拥有了一辆属于自己的自行车，可以和哥哥一起骑车上学了！他在车上安装了一个藤篮，平时上学放书包，每天骑着自行车，成为一个追风少年，感觉特别自豪。有了自行车以后，他还继续充当母亲的购物助理，买好东西以后就放在他的车篮里，更方便了。

同住家中的表兄瑞祥和项海帆同年，但还在念小学，十分羡慕项海帆拥有自行车。在项海帆的辅导下，表兄也学会了骑自行车，有时项海帆会把自行车借给他过车瘾。瑞祥平时很节省，把零用钱都积攒起来，并用一个小本子记账。项海帆零用钱花得快，有时不够就向瑞祥借，瑞祥也很愿意帮他。瑞祥遇到学习上的问题，也常向项海帆请教，表兄弟俩感情一直很好，从不争吵打闹。

初中阶段，项海帆的体育特长也逐渐崭露头角。初中二年级时，教体育课的邹老师看到项海帆的跳马和翻跟斗做得不错，动员他加入学校技巧队。在征得母亲同意后，项海帆加入了技巧队，成为队里年龄最小（大部分都是高中生）的队员。在一次全市中学叠罗汉比赛中，项海帆手拿校旗，站在四层罗汉的最高层，该次比赛取得了前三名的佳绩，拿到了一面锦旗。项海帆初三时入选了初中部的足球校队。足球队教练是高三学生方纫秋，他也是高中部足球校队的队长。一次，方纫秋教队员盘带和抢截球技术，他一个人拿球，要项海帆和同伴三人去抢，结果还是未能成功，项海帆十分佩服方队长的球技。在高中时方纫秋已经加盟了上海的一支职业队，参加正式职业比赛，后来成为优秀的国脚和上海著名的足球教练。

参加足球队的经历也让项海帆喜欢上了看足球。1947年夏天，新加坡的星岛足球队和汉城足球队访问上海，并和上海联队在陕西

项海帆（后排左一）初中时足球队合影，1948年秋

南路的逸园足球场开展比赛，十分轰动，一票难求。项海帆和同学买不起黄牛票，只好钻“狗洞”进入。所谓“狗洞”就是逸园的保安在篱笆上开的一个小洞，让小球迷进去，收取五角钱的“过洞费”。项海帆在钻洞时不慎钩破了短裤，只好用手抓住裤子上的破洞看完了整场比赛，其对体育的热爱程度可见一斑。

民国时期，很多学校初中设立童子军课，高中设立军事训练课。童子军课上的训练就是每个学生身穿制服，腰佩一把猎刀、一段粗绳和一个水壶，在军乐队的引领下集体步行去郊外野营。在童子军课上，项海帆和同学们学习架帐篷、打绳结、砍柴和急救常识，参与各种竞赛游戏，也可以说是一种少年的军训活动。童子军帽徽上刻着“智仁勇”三个字，源自论语中“知者不惑，仁者不忧，勇者不惧”的名句，对于培养青少年克服困难的智慧和勇气，以及培养以仁爱为核心的集体主义精神十分有益。

除了丰富充实的学习生活和体育锻炼，上初中时的项海帆还是小影迷。上海自开埠以来，就成为中国人通向世界的门户。上海是世界上最早出现电影的城市之一，也是中国电影的发祥地。在二十世纪三四十年代的上海，看电影逐渐成为上海市民的主要娱乐方式之一。项海帆对充满科技感的电影非常着迷。1948年，项立民的民光厂花钱在电影公司投放了一年的幻灯片广告，每月就有一些免票，请做广告的企业去“监看”。父亲知道项海帆喜欢看电影，就把免票给了他，这样项海帆每周日就可以去看免费的电影。每周日，母亲会给家里的6个孩子发放每周的零花钱，叫作“星规”。已经进入高中的哥哥是10元，上初中的项海帆是5元，其他几个兄弟姐妹都还在上小学，只有3元。项海帆喜欢吃零食，自己的5元钱用于买零食都不够花，到周末就更没有零花钱去看电影了。姐姐平时节省，有时周日就差遣项海帆去买电影票，用她的零花钱请弟弟一起看电影，也算是对项海帆帮她辅导作业的回报。

凭借这些“得天独厚”的条件，项海帆在学生时期就有机会观摩了非常多的中西影片。项海帆喜欢看西部片和侦探片，在他的观影清单上，既有《单刀赴会》《无敌大探长》这样的经典侦探片，也有讲帕格尼尼一生的《一曲难忘》，讲肖邦一生的《剑胆琴心》，讲斯特劳斯一生的《翠堤春晓》等的音乐传记片。哥哥项海航喜欢看文艺片，有时也带他一起去看像《战地钟声》《哈姆雷特》等影片。电影中五彩斑斓的世界，开阔了项海帆的眼界，也让他在少年时培养了豁达的世界观和人生观。他还看了不少原版引进的英美电影，这对锻炼他的英语听力也十分有帮助。

除了看电影这个爱好，项海帆还有十分亲密的动物朋友。因为母亲喜欢小动物的缘故，项海帆也十分喜欢小动物，和家里的小猫小狗相处得极为融洽。母亲喜欢养猫，家里一直有只小猫叫“咪咪”，项海帆从小便喜欢抱咪咪玩耍。1947年，父亲为了夜间安全，买了一条比利时警犬，这条小狗名叫Elley，有着深黄色的背，浅黄色的腹部，还带有一些黑色条纹，很是威风。项海帆非常喜欢Elley，每天都要牵着它出去遛遛。项海帆还负责每天给Elley喂食，还喂它喝牛奶，小狗因此跟他特别亲近。晚上，Elley睡在前门的门洞里守夜，每天一早，项家的车夫友庆去开门，它就会立刻跑上三楼项海帆的卧室，蹲在他的床下，等着他起床来喂它吃早饭。每天早上，项海帆去上学的时候，必须要把Elley拴住，否则它一定会跟着项海帆的自行车小跑出去，是名副其实的小跟班。

遇上周末，全家去兆丰公园（现中山公园）游玩时，也会把Elley带上，它在草地上撒欢地奔跑。每年还要带它去打预防针。一年后，Elley长大了，成为很称职的看家犬，看到生人接近就会吠叫，等主人出来制止才会停下来。不幸的是，1949年的某一天，Elley突然不见了。后来听邻居说，看见几个专门捉狗的人出现，附近几条狗都不知去向。项海帆十分伤心，此后就不再养狗。项海帆一直非常想念Elley，他们曾一起度过了两年多的欢乐时光。

对音乐的喜爱也一直伴随着项海帆。在西摩路项海帆家马路对面就是犹太学校，附近北京西路上有怀恩堂。周日晚上，犹太学校和怀恩堂经常有音乐会，有年轻的学生表演钢琴、小提琴或唱圣歌等。哥哥海航经常带着弟弟去听音乐会，使他受到了音乐的熏陶，更加喜爱西洋古典音乐，为其一生对音乐的欣赏和爱好打下了基础。

1947年，在项海帆12岁时，家里买了一架钢琴，姐姐开始正式学钢琴，钢琴老师是音乐学院的讲师、住在项家后弄堂的杨家姐姐。姐姐上课的时候，每当悠扬的琴声响起，项海帆都会悄悄地坐在旁边听。虽然项海帆没有正规学习过钢琴，但由于小学音乐课就用五线谱教唱，具备了基本的乐理知识，后来家里有风琴，他也能按五线谱弹奏*The One Hundred and One Best Songs*中的曲子，如《可爱的家庭》、*Ave Maria*、《友谊地久天长》、*Silent Night*等。家里有了钢琴后，在姐姐的指导下，“旁听生”项海帆也能按谱弹出几首汤姆森的儿童钢琴曲，使左右手的合奏得到了一些训练。随着姐姐的学习进度，项海帆手指也都愈发娴熟起来。听到姐姐开始练习儿童名曲集(*Children Pieces*)，项海帆觉得有几首特别好听，如《匈牙利舞曲》、《土耳其进行曲》、*Faust Waltz*等，也忍不住随性弹奏起来。母亲曾问他：“帆帆，你想学习小提琴吗？杨家姐姐说她可以请人教你。”

学小提琴？听起来还挺有吸引力的。但毕竟是男孩，正是贪玩的年纪，偶尔跟着姐姐学习是很好玩，可一旦自己要学琴，肯定又要被妈妈每日盯着练琴。项海帆想了想，对妈妈说：“妈妈，你帮我谢谢杨家姐姐。我现在每天要花大量时间学习三角几何，做完题，还约了朋友们去踢足球，实在没有时间。算了吧！”说完，他抱着球就出门了。一边走，一边心里还在想，音乐是挺有趣的，可每天练琴，实在太枯燥了，还是踢球过瘾。

第六节　立志造“永不会被炸毁的桥”

浙江杭州是项海帆的原籍，美丽的西湖根植了他对家族和家乡的思眷，也铸就了他如山一般刚直挺拔、似湖水一般清澄明澈的人生品格。项海帆自小跟父亲和哥哥学说杭州话，能熟背西湖十景，尤其是苏轼咏西湖的七绝名诗：水光潋滟晴方好，山色空蒙雨亦奇。欲把西湖比西子，淡妆浓抹总相宜。故乡的湖光山影，婉约秀美，遗世独立的高远，俯仰自得的豁达，成为他成长路上最美的沿途风光。

项海帆出生后，因为种种缘故，一直没有机会回故乡杭州看看，只是经常听父母讲述杭州的西湖、玉皇山、灵隐寺，还有西湖十景等许多名胜。尤其是父亲跟项海帆讲述的家庭变迁往事，以及杭州各个时期的历史，使项海帆对美丽灵秀的故乡神往不已。

1947年清明，父亲决定带全家回杭州祭祖，十二岁的项海帆第一次回到了祖居地。他上一次出远门，还是4年前跟母亲去嘉兴办理舅父舅母的后事，第一次回故乡的激动心情溢于言表。

杭州市开元路，东起中山中路，西至南山路，长约940米，宽约20米，是杭城一条东西向的道路。因其为南宋宁宗即位前的府邸所在地，在宁宗即位后，府邸改名为开元宫，这条路因此得名开元路。开元路72号，离西湖边不远的一幢中式住宅，就是项家的祖宅所在。时隔多年重回故乡，为加强项海帆对故居的记忆和情感，父亲安排孩子们住在祖宅。由于多年无人精心打理，各种日用设施相对破旧，父母又在西湖边上的一家酒店订了一个房间，让孩子们去洗澡。

八千年孤舟，三万顷碧波。环西湖群山叠翠，水波缱绻，杨柳迎风，众鸟低啭，涌动的湖水里蕴藏着山林气息，更涌动着血液里对故乡的热爱和柔情。项海帆坐在西湖游船上，看碧波荡漾，望远山朦胧，大自然的美和回归故土的情映在少年项海帆的眼里、心里，让他无比幸福和满足。短短的几天，他品尝了杭州美食，饱览了西湖十景，登上了玉皇山和北高峰，到访了岳坟和灵隐寺……故乡，不再是一个遥远的符号，而是可以感受、碰触、回味的美好。

在江浙一带，存在一种特别风俗，叫“坟亲”，就是专门给人营造坟墓、看守坟墓、管理坟山事务的群体。他们大部分是茶农，生活在山上，有的与城里的墓主后人认了坟亲，相互走动，就像亲戚一样。项海帆家的“坟亲”在杨家牌楼，项海帆管这家的孩子叫“苗兴哥”，当时他已经是十八岁的小伙子。苗兴哥挑着担子，带领项海帆第一次来到位于野猫洞的祖坟。那里，有项海帆的祖父、曾祖父以及更早的宗亲的坟墓。站在僻静的山野，看着高高低低、大大小小的青冢，葆纶堂项的祖训和父母的教诲仿佛犹在耳边，终生难忘。

时隔三年，1950年再去上坟时，老坟亲，也就是苗兴的爸爸对项立民说，“野猫洞”的老坟因在空五军司令部征地的范围内，通知要限期搬迁。父亲和坟亲商量后决定把所有的老坟集中迁至杨家牌楼旁边的山上，仍由坟亲照看。除此之外，项立民决定把项海帆祖父和祖母的坟搬迁到玉皇山。那里原是项家的姻亲钱武肃王（钱学森的祖先）的墓园，规模宏大，十分气派，项海帆祖父的墓就选址在钱王墓边上的“南山公墓”。

第二年清明节，新坟建成，项海帆跟着父亲又去了一次杭州。第三次到杭州，他比前两次要熟悉得多。给祖父母的新坟扫墓时，项海帆还体验了传统的“道场”和家族特有的仪式。

项海帆先跟着父母到南山公墓给祖父母扫墓，再坐车去杨家牌楼，在坟亲家吃了午饭后，又去了已集中搬迁好的老坟地。然后父母和家里的女孩子们都坐车去灵隐寺准备第二天的道场。项海帆和瑞祥，还有杭州的几个表兄弟相约翻山步行去灵隐寺。一路风景极好，杨家牌楼村就在北高峰的另一侧，有石级山路可上北高峰，再下山，经韬光寺到南麓的灵隐寺。项海帆等几个十几岁的男孩子走了三个小时山路，在晚饭前才到达灵隐寺，住在寺庙的斋舍中，吃了素斋晚餐。

所谓道场，是旧时代人们为祈福消灾、超度亡灵而设坛祭祀神灵的一种宗教仪式。爸爸让项海帆代表子孙去方丈室接老和尚到佛堂念经，悼念祖宗。项海帆心里并不愿意做这些事，但父母的话不能不听，只得勉强服从。一次道场，上午要请四次，叩了很多次头，拜了很多次佛，一天下来十分劳累，也领教了佛教的水陆道场。做道场那天，还来了许多杭州的亲戚，中午大家一起吃素斋，到下午五时许才结束一天的佛事。这段关于“佛事”的记忆，和祖训、宗族以及家庭一起都留在了十五岁的清明节。

从灵隐寺下山的第二天早上，父亲带家里人一起去羊坝头的一家面馆吃面，这也是父亲记忆里的家乡味道。醉虾、龙井虾仁、西湖醋鱼和东坡肉等杭州名菜，给项海帆留下了许多美好的味蕾记忆。

回上海前，父亲特地叫了辆出租车带海帆去看了六和塔和钱塘江大桥，讲述了当年茅以升先生修桥、炸桥的故事。从立志造桥报国的青年学子，到慨然受命、迎难而上的桥工处长，茅以升的命运与钱塘江大桥紧密联系在一起。作为第一座完全由中国人自行设计和主持施工建造的双层铁路、公路两用桥，钱塘江大桥横跨钱塘江南北，是连接沪杭甬铁路、浙赣铁路的交通要道，打破了只有西方人才能建造钢铁大桥的神话。钱塘江大桥建设曾是杭州市民的牵挂，其通车更是家喻户晓的新闻。造桥为国，炸桥同样为国。抗日战争爆发后，为了阻止日寇铁蹄南下的步伐，在钱塘江大桥使用89天之后，茅以升先生忍着悲痛下令炸毁了这座倾尽人力、物力，凝结着全中国最顶尖人才的智慧，汇聚着两岸无数百姓希望的大桥。

1951年的春天，十五岁的少年项海帆站在钱塘江畔。江水依旧，1937年茅以升先生忍痛炸掉的桥孔尚未修好，仅用临时军用梁辅助通车。钱塘江大桥和茅以升先生的故事，让项海帆久久失神。他在心里默默萌生出一个想法：我日后要像茅以升一样，为祖国造更多更好的，永远不会被炸毁的桥！

第七节 “同等学力”跳级高考

1948年，晋元中学初中三年级每班选出三人参加初中部书法比赛，项海帆作为班级选手之一，在学校礼堂写了一张小楷、一张大楷，他写的十六字大楷是“忠孝仁爱信义和平，礼义廉耻国之四维”，获得了三等奖。1948年年底，在初中毕业会考中，项海帆考取了全校第二名。按照规定，全校前三名可直升高中，无需准备升学考试。学校光荣榜公布以后，项海帆因不需要准备高中入学考试，得以提前在寒假尽情享受假期。1949年2月，刚满十三周岁的项海帆，正式升入晋元中学高中部，成为一名高中生。

抗日战争胜利后，一场事关中国前途命运的决战在国内展开。上海作为国民党重要镇守和把持的政治中心之一，一方面处于国民党政治高压统治的“白色恐怖”之下，受一系列恶性通货膨胀政策的影响，人们生活在水深火热之中；另一方面，上海的地下党领导群众展开了尖锐、激烈而又非常巧妙的大规模斗争，使上海成为反对国民党统治第二条战线的主要战场。

晋元中学是一所具有革命传统、追求进步的学校，也是上海进步学生活动的一个重要堡垒。早在初中时期，项海帆就参加过学校组织的两次有意义的活动。一次是慰问抗战期间谢晋元团长带领的百余勇士，也就是坚守苏州河四行仓库战斗的老兵，项海帆和同学们带去了一些慰问品，还为他们表演节目，使这些幸存的抗日战士十分感动。另一次是去上海提篮桥监狱参观，大家列队经过关押汉奸的牢房时，发出蔑视的骂声。在沦陷区长大的孩子，都怀着对抗日将士的敬仰和对汉奸、卖国贼的痛恨。

项海帆进入高中以后，解放战争正处于紧要关头，自1948年9月起，根据毛泽东和中央军委的部署，中国人民解放军同国民党军队进行了辽沈战役、淮海战役、平津战役三场战略性决战，为中国革命在全国的胜利奠定了基础。其中淮海战役是在以徐州为中心，东起海州、西至商丘、北起临城（今薛城）、南达淮河的广大地区进行的。

经此一役，南线国民党精锐主力被消灭，长江中下游以北的广大地区获得解放，同华北解放区连成一片。当时的上海，局势混乱，物价飞涨，纸币贬值，反对内战、反对专制独裁、反对官僚资本操纵国计民生、要求保护民族工商业等的呼声日益高涨，而国民党的高压统治也逐渐升级，社会环境十分复杂。1948年在地下党学生支部领导下，大学和中学的进步学生参加了“反独裁”“反迫害”运动。虽然项海帆还小，但看着高中部的同学写标语、呼口号、参加游行，也深受感染。晋元中学的龚伦超老师因为需要动手术缺乏资金，地下党领导的学生会在全校发起募捐活动，项海帆的哥哥作为高二的班长积极发动全校同学捐钱，项海帆也积极参与，出了一份力。在兄弟俩的劝说下，他们的父亲提供了较多资助。在这样的校园环境影响下，项海帆对稳定的时局和民主、进步的生活充满了期待。

受当时的政治经济环境影响，1948年底至1949年初，国民党已在上海计划并实施将重要的工厂、学校以及主要的机器设备、原料、物资等迁往台湾、华南和西南地区。上海的许多资本家开始考虑转移财产，搬离上海。项海帆的父亲项立民也受到他人的鼓动和游说，劝其把工厂迁至香港或台湾。作为一名爱国民族资本家，经过一番慎重考虑，项立民决定，他的民光织造厂和李道发的太平洋织造厂一样，都留在上海，静待时局的发展。

在当时社会动荡的时局下，学校上学开始不太正常。国共谈判破裂后，晋元中学金通尹校长被调走，由国民党党员蒋建白担任学校校长。1948年冬，蒋建白先生去台湾。学校暂由葛士表教导主任、乐秀荣训育主任、钟贵扬总务主任3人负责管理④。一时间，学校处于各种势力博弈、新旧交替的动荡之中，学生大部分依靠自学。

1949年4月，中国人民解放军开始发动渡江战役，学校暂时停课。直到5月27日，上海解放，上海市军事管制委员会派姚湘涛任晋元中学校长，蓝尤青任教导主任，在晋元中学升起了第一面红旗，并成立校务委员会。全体教师下里弄动员失学学生返校上学，学校开始全面复课。

1949年暑假后的新学期，万象更新，升入高二年级的项海帆和他的同学们迎来了一位新的级任老师钱国屏先生。钱国屏刚从暨南大学史地系毕业，经过“革命大学”三个月的培训后调来晋元中学。迎来解放的晋元中学在基础课程之外，开始进入了管理和教学的社会主义过渡阶段。钱老师教政治课，给同学们讲马列主义的思想，带领大家到郊区看土改，体验被人民政府接管后上海的新变化与新发展。在土改工作队，项海帆还见到了参加土改的著名歌唱家周小燕老师。周小燕是花腔女高音歌唱家、声乐教育家，曾留学法国，解放前往返于南京、上海、苏州、杭州、武汉等地的剧场、电台演唱，同时还为交通大学等校的进步学生义务演出。知名艺术家“为人民歌唱、为人民教书、为人民做事”的精神也深深感染着项海帆。

钱国屏对学生很亲近，下午放学后时常约几位同学到他宿舍里聊天，讲革命道理。项海帆作为班上年龄最小的学生，当时还不满十四岁，没达到可以参加青年团的年龄，但在班上是老师十分关注的对象。钱老师知道项海帆学习成绩很好，是初中毕业会考第二名直升高中的学习尖子生，就鼓励他好好学习，将来成为一名科学家报效国家，为新中国的社会主义建设贡献力量。

项海帆自小在父母的影响下接受爱国主义思想教育，在学习方面既投入又专注，成绩一向优异，他对科学、艺术和运动都有自己独特的兴趣和理解，可能因他一直是班级上年纪最小的学生，除了学习之外，生活上也总是得到老师和同学的照顾，心思相对单纯，对政治一直持远观态度，并不热衷。钱老师了解到项海帆家境比较富裕，对项海帆说：“人的出身不能选择，但革命的道路是可以由自己选择的，你要积极上进，多看一些进步的书籍。”在钱国屏老师的影响以及晋元中学的政治教育下，项海帆开始对中国共产党以及共产主义青年团有所了解。

上海解放后，项海帆不光在学校接受了进步的政治教育，家庭中的政治环境也有了很大转变。项海帆的哥哥项海航在中学开始接触基督教，1948年正式受了洗礼成为一名基督教徒，他每周参加国际礼拜堂和怀恩堂举行的音乐会，还因为英语水平高被选为国际礼拜堂英文圣经班的班长。哥哥还让父亲帮他自己买了一台打字机，专门学了3个月打字，帮忙出英文简报。

1949年暑假过后，哥哥作为高三春季班的班长当选为学长（相当于学生会主席）后，他的思想也有所改变。为了配合当时的政治教育，学长要在军管会领导下，组织学生参加进步活动。项海航从一名基督徒转向成为追求民主和进步的热血青年，开始阅读一些革命书籍，不再去教堂做礼拜。哥哥的言行举止、兴趣爱好一直对弟弟有很大的影响，在哥哥的带动下，项海帆也开始接触一些革命书籍，参加一些进步活动。

在项海帆的阅读书单上，开始出现《卓娅和舒拉的故事》《青年近卫军》《钢铁是怎样炼成的》《母亲》等苏联小说。除此之外，他开始接触苏联电影，了解共产主义思想。在具体实践方面，他跟着哥哥一起参加了普陀区的斗恶霸、特务和流氓的镇压反革命大会，参观过申新九厂和纺织工人座谈等活动，这些政治活动使项海帆在高中接受了最初的革命教育。

1950年10月，中央做出抗美援朝的重要决策后，上海立即发起了轰轰烈烈的支援抗美援朝、保家卫国的爱国主义运动。中学号召同学“参军参干”，项海帆所在的高二和哥哥所在的高三都在动员范围内。项海帆一位要好的同学孙雁翔决定报名参军，项海帆也想跟他一块去报名。级任老师钱国屏知道后，对项海帆说：“你有这种愿望很好，但你年龄还太小，不满十五周岁，不能报名。”看出项海帆的失落，钱老师还鼓励他：“你在学校努力学习，以后一样有机会为国效力。”“努力学习，为国效力”这几个字深深地镌刻在了项海帆的心中。他继续在知识的海洋中探索，用知识武装自己，寻求为国效力的机会。晋元中学有非常优秀的师资队伍。班上新来的英文老师姓潘，毕业于国立西南联合大学，曾参军去过缅甸作战，担任过美军翻译官。潘老师与项海帆此前在工部局学校老师所教的标准伦敦腔英语不同，能讲一口流利的美式英语。教代数的赵文淑老师毕业于北京大学数学系，讲一口标准的北京普通话。赵老师很喜欢项海帆，觉得他是一棵学习的好苗子，经常邀请他去家里玩，指导他做一些额外的课外难题。教地理的王老师也是北京大学毕业的，嘉兴人，上课时能在黑板上徒手画地图，把各国历史地理讲得活泼生动，趣味横生。这些德才兼备的老师给项海帆开启了一扇求知的大门，让他在知识的世界体会探索的乐趣和奇妙。

1950年春，哥哥项海航高中毕业，因为他是春季班学生，只能等半年到暑假参加全国高考。哥哥的志愿是成为一名济世的医生。上海解放前，项海航非常受国际礼拜堂的普赖斯（Price）牧师赞赏，Price承诺等他高中毕业后，教会会资助送他去美国留学，并由他任选专业。上海解放后，留学不可行了。高考时，父亲要求哥哥学纺织，以继承家业。在学医的理想和父亲的期望两个不同的方向面前，项海帆第一次看到父亲和哥哥发生了争执。最后，哥哥还是服从了父亲的期许，报考了交通大学的纺织系，最终进入了交通大学。

哥哥进入大学后，项海帆的高二下半学年在连续不断的政治运动中度过。政府在加强对中小学进行社会主义改造的同时，对学习也抓得非常紧。项海帆的数学、物理、外语都学得非常扎实。晋元中学的一流师资为项海帆中学阶段的学习打下了坚实的基础。

1951年春，又有一批同学响应上海市政府号召，报名参加政权建设工作。他们放弃了上大学的机会，提前走上了工作岗位。这些政治教育对于出身于资本家家庭的项海帆影响巨大，使他逐渐建立起新的人生观和马克思主义的信仰，成为其1952年入团和1956年入党的思想基础。

1951年夏，期中考试结束后，学校突然宣布春季班高三学生，虽然还有半年课程未学，也可以以同等学力报考大学，如没被录取可继续完成高三学业，第二年再考。那时离大学入学考试不到一个月，同学们都感到准备时间不够，困难很大。但老师积极鼓励项海帆和春季班的同学参加高考，老师说："晋元中学是上海十大中学名校之一，历届毕业生大多能进入大学名校，你们虽然少学了半年，但相信通过你们的努力，一定能考取的。"项海帆因为还不满十六岁，没有达到报考大学的法定年龄，为此学校还专门为他写了介绍信，支持项海帆以"同等学力"报考大学。

为了弟弟顺利考试，哥哥项海航自告奋勇给项海帆补课。哥哥特地去买了一块黑板，在客厅里教项海帆高三下的物理和解析几何等知识。项海帆有两个同班同学也一起来听课。由于哥哥只讲解相关课程的知识点，没有额外时间给他们做练习，项海帆只能学到大概内容，感觉解题还是有一定困难，就默默努力跟上。

到了填报志愿的时候，项海航希望弟弟报考交通大学航空系，因为他所在的纺织系和航空系合班上课，有曹鹤荪、季文美等许多优秀的老师，毕业以后设计飞机前景也很好。哥哥在项海帆眼里，一直都是模范和榜样，项海帆听了哥哥的建议，第一志愿填报了交通大学航空系，第二志愿则填了自己感兴趣的土木工程系。

1951年高考，交通大学航空系只招30人，分数线非常高，因为项海帆是提前半年参加高考，高三有半年的课程还没有学，没能考上第一志愿航空系，而他填报的交通大学第二志愿土木系（招120人），又因第一志愿已经录满也没有录取他。项海帆最后被第二志愿学校同济大学的土木系录取。

拿到录取通知后，西摩路小学的级任老师张文澍邀请项海帆等一批同学到她位于长乐路（原名蒲石路）的寓所去玩，祝贺大家即将升入大学。由于项海帆没能和哥哥一起进入交通大学学习，不免有些失望。但项海帆和同济的缘分早已注定，在项海帆大学入学后不久的院系调整中，交通大学土木系也全部并入同济大学。他只不过早一年在同济认识了影响他一生的恩师李国豪教授。

注释

① 许涤新主编《中国企业家列传 第6册》，北京：经济日报出版社，1993年，100页。

② 审定商标第四八一五七号，《商标公报》1947年第272期，44页。

③ 上海市陈鹤琴教育思想研究会著《陈鹤琴与上海教育》，上海：上海教育出版社，2012年。

④ 胡先雩《从华童公学到晋元中学的变迁》，载自政协上海市普陀区委员会文史资料委员会编《上海市普陀区文史资料》，1991年10月。

第二章

风华正茂：

热血青年险折翅（1951—1959）

假如生活欺骗了你，不要忧郁，也不要愤慨！不顺心的时候暂且容忍，相信吧，快乐的日子就会到来。

——亚历山大·谢尔盖耶维奇·普希金

（查良铮译《普希金抒情诗选集》）

1955年男声小合唱演出前在文远楼排练
（手风琴伴奏者为项海帆）

“丈夫志四海，万里犹比邻。”因为提前参加高考，加之填报志愿的曲折，1951年9月，项海帆进入同济大学就读。同济大学作为19世纪末20世纪初，在中西文化交流与碰撞中仿效德国医科、工科的教育模式建立起来的现代大学，在我国的高等教育史上别具一格，以其严谨、务实，且重基础、重实践著称于世。同济大学的前身是1907年德国医生埃里希·宝隆在中德两国政府和社会各界的支持下，在上海市区白克路（今凤阳路）创办的“德文医学堂”，1908年学校中文名称定为“同济德文医学堂”，寓意“同舟共济”。1912年，德国工程师伯恩哈特·贝伦子创建工学堂，首设机电科，与医学堂共用语言学校，合称“同济德文医工学堂”，确立了同济以“德籍教师、德国学制、德文教材、德语授课”为特色的德国教育模式。

医工两科是同济创校之始，而项海帆就读的同济土木系的历史可以追溯到1914年。1914年，第一次世界大战爆发，中德合办的“青岛特别高等专门学堂”被迫停办，部分教师和30名土木科学生转学来了同济，学校因此增设土木科，成为同济传统的优势学科之一，并以严谨务实、注重社会服务著称。1927年，同济成为南京国民政府成立后确立的第一批国立大学，得到中德两国政府以及工商业界的大力支持，成为“德国科学的一个中心”。

1937年8月，日军进攻上海，同济位于吴淞的校舍被炸成一片废墟，学校被迫六次迁校，辗转沪、浙、赣、粤、湘、桂、滇、黔、川9地和越南，总行程约11 000千米，在浙江金华、江西赣州、广西八步、云南昆明、四川宜宾及李庄西迁办学。在抗战的艰难时期，同济师生同舟共济、自强不息，办学规模不缩反增，培养了李国豪、陶亨咸、王葆仁、朱洪元、王守武、吴式枢、唐有祺、吴孟超等两院院士。

从项海帆入学的1951年往前追溯5年，至抗日战争胜利后的1946年，学校从四川李庄迁回上海，发展成为拥有医、工、理、法、文五大学院的综合性大学。项海帆入学时，同济经过四十余年的建设与发展，是沪上知名的重点大学之一。

第一节　就读同济启土木情缘

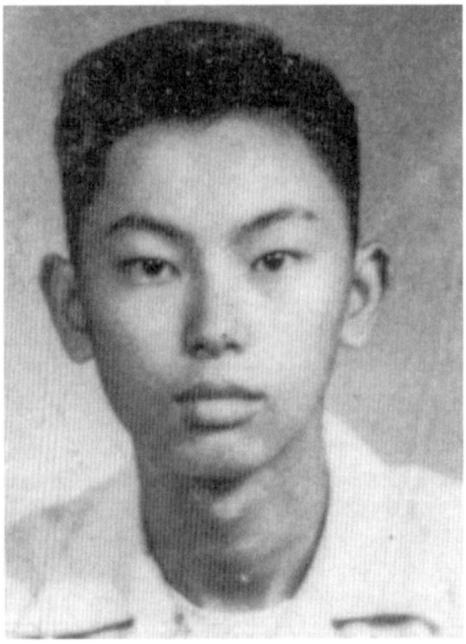

项海帆大学入学照，1951年

位于杨浦区的四平路，是“大上海计划”的重要干道，辟筑于民国19年(1930年)，原名其美路，以纪念国民革命的元老陈其美。1950年5月28日，为纪念著名的“四平战役”被更名为四平路。1951年9月，大一新生项海帆正式入学。

在项海帆的“同济大学注册卡”上，写着学号“245522”，入学资格为“同等学力”，院系一栏有两条叠在一起的信息，手写的“工学院土木系”，以及盖印的“结构系桥梁与隧道专业”，这个变化，恰恰是20世纪50年代初期我国高等教育政策调整的反映。

1951年，同济大学正处在新中国成立后高等教育的风云变幻之中，为适应新中国对人才培养的需要和新中国建设发展专业设置的需求，同济的文学院、法学院已于1949年秋季开学之际被合并为文法学院并入复旦大学，附属中学等其他附设机构也逐渐划归地方管理，医学院及其附属医院亦被整体搬往武汉，工学院则成为学校建制最完整、规模最大、师生人数最多的学院，分为机械、电机、造船、土木和测量五个系，工学院院长兼土木系主任为李国豪教授。

项海帆入学时，仍属于工学院土木系。但在他入学后不久，全国范围内的院系调整开始了。同济大学很快由综合性大学变为以土木、建筑为主的单科性大学。1952年，学校的院系组成变为铁路公路系、上下水道系、结构系、建筑系、测量系[①]，因而项海帆的注册表上加盖了“结构系桥梁与隧道专业”的印章。

再回到项海帆入学同济的第一天。已经是交通大学二年级学生的项海航带着弟弟，来到位于四平路的同济大学工学院所在校舍报到。这是兄弟俩第一次来到同济大学校园。五年前，同济从李庄迁回上海时，原吴淞校舍因在“八一三”淞沪抗战遭受轰炸，已成断壁残垣，或被占为他用，学校四处联系交涉，在上海联系到了十几个地方分散安置师生。工学院所在的四平路校舍原为日本第七国民学校旧址，保留了原有的教学楼、礼堂、体育馆等，校舍相对完整。身为兄长，哥哥不放心不到十六岁的弟弟，特地拜托了在同济大学机械系二年级就读的高中同学代为照看项海帆。

据差不多同时期从南京大学建筑系毕业到同济大学工作的戴复东回忆：“当时同济大学的地址就是日本人的一所中学的扩大，只有一·二九大楼建筑群，其他只是零零星星地盖了解放楼、青年楼、民主楼、和平楼、学生宿舍，文远楼在建造中，建筑系是草棚子教室，教师休息室是利用的老建筑胜利楼，即今逸夫楼位置，大草棚的饭厅兼礼堂，校门旁的一、二、三号草棚就是建筑系一、二、三年级教室。”[2]

项海帆在校园的学习和生活也大致如此。1951年秋季学期，因毕业班尚未离校，宿舍暂未空出，项海帆这届新生只能暂时在学校礼堂打统铺。一·二九礼堂始建于1942年，由日本分离派建筑代表人物石本喜久治（Ishimoto Kikuji）设计，原是日本中学教学楼，共三层，为钢木结构[3]。建筑整体风格简洁，立面白墙黑瓦，高低错落，内部设计精巧，其中的木结构排架极具日本特色。1948年初，同济学生响应全国性“反饥饿、反内战、反迫害”运动，爆发了进步爱国学生运动“一·二九”运动，新中国成立后，为纪念这一事件，更名为“一·二九大楼”。这幢有着悠久历史的特色建筑，是项海帆入学后最初的宿舍。建筑虽然特别，但作为临时宿舍实为不便。在一·二九礼堂没住多久，根据学校统一安排，项海帆又跟同学们一起搬到体育馆，几十张双人床排在一起，颇为热闹，集体生活的苦乐愁趣并行。

作为土生土长的上海人，上大学是项海帆第一次离家过集体生活，一开始不太习惯。学校食堂是大锅饭，每顿饭只有一种菜，虽然吃饭是免费的，但当时条件艰苦，伙食质量无法与现在比，每周只有2~3次“打牙祭”的机会，有红烧肉或狮子头吃。对于正在长身体的项海帆来说，有点过于清淡。因此，一到星期六下午没课，大部分上海本地同学都会回家，项海帆也会骑着他的自行车穿过四平路附近的农田，穿过溧阳路上的房子和街道回家。每当经过海宁路时，有很多小吃店吸引他，他总是要停下来买点东西吃，再往家里骑。

经过一个学期，项海帆才逐渐习惯学校的集体生活。1951年年底，新生统一搬入胜利楼宿舍，8人一间。胜利楼是学校迁回上海后自建的校舍，1947年落成，原坐落于学校大门南侧、南楼东侧，背靠围墙，坐东朝西，是一幢中式、粉墙黛瓦砖木结构的两层建筑(该楼已于1992年拆除，1993年原址处逸夫楼落成)。

根据同济大学土木系1951年的课程设置，大学期间的公共必修课有微积分、普通物理、应用力学、材料力学、木结构设计、钢结构设计，另外还有工厂实习、校外实习和毕业论文等需要完成的学习内容；结构工程组的必修课包括结构学、桥梁工程、道路工程、水利工程、市政工程等课程。一年级的课程主要有政治课、政治讲座、微积分、普通物理、物理实验等④。

项海帆就读时的同济土木系，名师荟萃，大家云集。1951年，华东军政委员会教育部根据中央教育部有关精神和上海市高校教育的具体情况，以光华大学和大夏大学的文理科为基础，调进其他高校的有关系科，合并成立华东师范大学，两校的土木系科因不适于师范大学教育设置而并入同济。光华大学和大夏大学土木系的并入，进一步充实了同济土木系的师资实力。

项海帆所在一年级的德文、物理、数学、制图课都由各系混合自选教师任教。物理课江之永教授要求最为严格，入学的第一次期中考试就给了同学们一个“下马威”。项海帆班上有一半以上学生得了零分，项海帆考了70多分，算是最好的几位同学之一。在严格的学术训练下，下半学期同学们都非常努力地打基础。教制图课的顾善德副教授也很严格，他规定作业不合要求的都要重做。在这批老师严格甚至苛刻的学术训练下，项海帆在大学阶段打下了坚实的基础，为他以后从事创新、前沿的研究创造了条件。大学阶段，项海帆的成绩依旧名列前茅。大学一年级期末测试，他的数学98分，物理95分，是全班分数最高的学生。

在同济，工学院院长、土木系主任、从德国留学回来的李国豪教授是同学们心目中的偶像。一天课间休息，在一·二九大楼底层走廊里，同学们都在说笑闲聊，突然走进一位西装革履、手提黄色公文包、戴浅茶色遮阳眼镜的教授。项海帆和同学们都注视着他，待他走过走廊后，一个同学低声说："那就是我们的院长李国豪教授，从德国留学回来的，被称为'悬索桥李'，在国际上都很出名。"

这是项海帆第一次见到李老师，那时李老师三十八岁，正值壮年，在他最初的印象里，李老师不苟言笑，十分威严。从此，这个名字就在他心里扎了根，后来又陆续听到很多有关李老师的故事，项海帆在心里暗暗期待，能跟李老师多一点接触，成为像他一样杰出的人。

除了学业，品学兼优的项海帆进一步接受进步思想的影响，光荣地加入了新民主主义青年团（简称"新青团"）。同济被誉为"民主堡垒"，也是新中国成立后上海第一个公开党支部和建立团支部的高校。1949年7月9日，新青团同济大学总支部在上海各高校中首批建立，隶属新青团上海市北四川路委员会领导，陈太顺任团总支书记。同济首任团总支书记陈太顺在成立大会上曾说道："这新青团是中国共产党领导我们青年自己的革命组织，我们要把共产党的纯朴、刻苦、耐劳、实事求是的精神带到同济来，唯有我们每个同志，不仅在革命工作上起积极的推动作用，而且要在工作作风上、对人态度上、自然科学的学习上都要起模范作用，成为一名共产党领导下的真正革命青年。"⑤

项海帆在大一加入新青团，也是受到其家庭教育的影响。1951年秋，大学开展了"思想改造运动"，项海帆的哥哥项海航的思想发生了很大变化。哥哥要求进步，放弃了原来的宗教信仰，不再去教堂，积极申请加入新青团。这种思想也影响了项海帆，但在他向团组织靠拢和积极追求进步的过程中，哥哥和项海帆所代表的青年学生的思想和父亲固有的传统思想起了一定的冲突。

父亲项立民让项海航报考交通大学的纺织专业，是希望他将来能接替自己的工作，继承家族产业，因此父亲将自己企业的部分“海记”股份记在项海航名下。项海航一心想入团，向进步同学靠拢，在得知自己有企业的股份、属于资产阶级时，和父亲发生了大学选专业之后的第二次争执。项立民表示，可以把项海航名下所属股份转给自己，项海航却坚决不同意把这部分股份转给父亲，要求上缴国家，以割断资本家的尾巴，成为自食其力的劳动者，以示申请入团的决心。项海帆夹在父亲和哥哥之间，他不愿意看见父亲和哥哥有争执，但他在学校也接受了进步的思想教育，也支持哥哥的做法。项立民在新中国成立后担任上海毛巾被单业同业公会的理事长，还参加了中国民主建国会的杨浦区委，是委员之一，也有了进步倾向。在项海航兄弟的游说下，父亲最终让步了，同意项海航办理退股。项海航因此顺利在交通大学加入新青团，还入选了班干部。在哥哥的影响下，项海帆在1952年也加入了新青团，成为一名光荣的团员。

第二节　选择全国最早的桥隧专业

时间的轨道进入1952年，在新中国建设的时代洪流中，一场全国范围内的高校院系调整拉开序幕。在这次大规模的院系调整后，项海帆就读的土木系变更为结构系桥梁与隧道专业。同济也是全国最早设立桥梁与隧道专业的高校之一。

新中国成立后，国民经济得到迅速恢复和发展，各项建设事业相继展开，对各级人才的需求也日益增长，而当时高等教育与新中国建设事业快速发展的需要极不适应。新的人民政府早在接管高校时就制定了“按照系统，整套接收，调查研究，逐步改造”的方针。

以工学院为主的院系调整是全国性院系调整的开端。1952年7月，教育部推出了《全国高等学校院系调整方案》，全国院系调整方案的原则是根据苏联大学体制，以建设单科性专门学院为主，取消大学中的学院建制，改为校系两级管理。在这次全国性的院系调整中，同济大学自1949年秋文法学院奉命整体搬迁至复旦大学以后，原同济大学理学院数学系、物理系和化学系调整至复旦大学，部分师资调整至华东师范大学；原同济大学机械系、电机系和造船系调整至交通大学；原同济大学土木系水利组调整至华东水利学院（新设暂名），学校进一步被调整为以土木建筑为主的专科性大学。

另外，由同济大学、交通大学、圣约翰大学、大同大学、震旦大学五校的土木系和上海市工业专科学校、中华工商专科学校两校的土木科及上海市工业专科学校市政、结构两科组成了新的同济大学土木系，建筑系则由南京大学、圣约翰大学、之江大学三校的建筑系合组而成。

项海帆作为院系调整中的一代大学生，他的大学教育经历和专业选择有着明显的时代烙印。1952年夏天过后，项海帆迎来了一个全新的学期，校园还是那个校园，身边的老师和同学却有了很大变化。

9月6日，中央教育部和华东教育部下令将交通大学、大同大学、圣约翰大学、震旦大学、之江大学、上海市工业专科学校、华东交通专科学校、中华工商学校和同济大学9所学校的土木、建筑、测量各系、科、组全部集中于同济大学[6]。当日，9校的土木、建筑、测量三个学科的同学举行大联欢。

孙钧就是在这次院系调整中，从交通大学调入同济大学的。据他回忆第一次来同济："一天清早，初秋和煦的凉风伴随我们交通大学土木系从教授到助教一行，集体乘校车到了同济大门口。当时同济的李国豪教务长率同济土木系老师们来迎候我们，去到了一·二九大楼的一间大会议室。李教务长代表同济表示了欢迎，也介绍了一些同济土木系的情况，交大则由杨钦系主任作答。说起正在建设的南楼和北楼，同济那时因院系分散在市内好几处地方，本部其美路（今四平路）校区很小，只有一·二九大楼为主楼，图书馆则是在现址大楼处前面至今仍留存的一栋两层小楼，而教授们住校的就只是住在一·二九楼东侧的一些小平房了，围墙外就是马路。和平楼、民主楼、理化馆和工程材料馆等则都是在我们来了之后才新盖的，更别谈现在的大礼堂了，那时都还没有。"孙钧还回忆："记得那天会议上大家主要商量的是交通大学仪器设备和图书的搬迁事宜。这些当然都是在院系领导的主持下，由我与几位青年教师具体忙着操办了。由于双方都十分客气和谦让，记忆中虽然诸事纷繁，却没有起一点争执和过不去的地方。"[7]

就这样，在历史的潮流中，因第二志愿错失交通大学而就读同济土木的项海帆和当年交通大学入学的土木系学生一起，汇聚在同济校园。调整结束后，学校按苏联模式设立各个系和专业，设立了铁路公路、上下水道、结构、建筑和测量5个系，设房屋建筑学、都市建设与经营、工业与民用建筑、工业与民用建筑结构、桥梁与隧道、汽车公路与城市道路、工程测量、航空摄影测量、上下水道、铁路建筑10个本科专业和铁路公路与城市道路、上下水道、桥涵、工业与民用建筑、普通建筑、建筑设备、大地测量、工程材料试验8个专科专业。

1955年，国务院决定将同济大学测量系迁至武汉，成立武汉测绘学院，同济成为我国规模最大、学科最全的土木和建筑类新型高等学校。

大二新学期开学，每个同学都按照学校要求重新填写志愿，按苏联模式分配到各个专业中去。项海帆在开学前的暑假，在筹备新学期迎新的美术组中认识了从交通大学土木系转来的徐循初，他们一起布置迎新的标语和横幅，成了好朋友。

对于选择专业，徐循初动员好友："海帆，我们一起填报城市建设和经营专业吧，听说有金经昌、冯纪忠、李德华等一大批名师，建设新中国，不正需要这个专业么？"

项海帆想起了自己的故乡杭州，以及父亲带他去看过的钱塘江大桥，想起茅以升先生修桥、炸桥的故事，想起大一听过的李国豪教授的事迹，他立场坚定地告诉徐循初："我想填报桥梁与隧道专业，我想像茅以升先生和李国豪教授那样，为新中国建设很多的桥。"

就这样，两位新认识的好友在新学期选择了不同的专业，一个是新中国第一个独立的城市规划专业，一个是全国高校最早的桥梁与隧道专业。开学后，选择桥梁与隧道专业的50位同学第一次集中上课。因院系调整的缘故，这些同学来自不同大学，以交通大学和同济大学人数最多，少数来自震旦大学、圣约翰大学和苏南工业专科学校（曾为江苏省立苏州工业专科学校，1951年更名为苏南工业专科学校)，男生人数占绝对优势，全专业仅有2名女同学。

新学期，经过院系调整，学校的高年级人数由调整前的1 247人，变为2 589人[8]，学生人数大幅增加，且1952年一年级新生又有扩招，学校原有的校舍远不能满足需要，从各院校调整来的家具，许多都已破烂不堪，加之学科方面的变化，学校的教学设备和家具也难以适应需求。1952年秋季学期，学校开始大兴土木，建造了一批学生宿舍，同时还在四平路校区对面修建了教师宿舍——同济新邨。针对校舍紧缺的情况，学校临时搭建了10多个草棚维持上课。其中1个大草棚兼作食堂和礼堂，全校大会、联欢晚会都在大草棚里举行。项海帆所在的桥梁与隧道专业二年级同学搬入了学一楼新宿舍，教室则分配在一·二九大楼三楼。一年级新生则都在草棚教室上课，吃饭也在大草棚。1960年代同济大学的大草棚，是校园的一个文化符号，也是一种精神传承，是既作为教室又作为礼堂的场所。

1952年，学校修建的大草棚，兼作食堂和礼堂

为节省开支，增强师生员工的劳动观念，学校在1952年开展了劳动建校活动，发动全校师生员工进行义务劳动。项海帆和同系的老师同学以饱满的热情投入了这一活动。劳动分期进行，每期学生停课三四天，具体任务为平整土地、修路、修体育场和挖土铺砖等。通过劳动，提高了师生的思想觉悟，增强相互之间的感情[9]。当时兴建的一批标志性校园建筑，包括文远楼、和平楼、民主楼、理化馆和工程试验馆等，都是师生劳动建校的成果。

新中国成立之初，我国急需大批专门人才，在当时的政治形势下，加上我国缺乏创办高等教育的经验，学习苏联模式成为一个必然选择。自1952年起，同济开始按照苏联教学模式上课，每天早上六节课，四节课后有一刻钟休息，有一个馒头充饥，十二点半下课吃饭，下午一点半又继续上课。课程多、课业重，许多同学都感到吃不消，项海帆因为从小身体素质好，学习专注，感觉自己可以应付，甚至学有余力。

桥梁与隧道专业（简称“桥隧专业”）的班主任兼力学课辅导老师是金成棣，金老师1951年从浙江大学土木系毕业，分配到交通大学工作，院系调整时又随交通大学调入同济，他因为年轻，和项海帆等一批同学有共同话题，跟学生们有很多交流。

进入桥隧专业学习后，项海帆结识了一生的挚友范立础。范立础出生于1933年，比项海帆年长2岁，他和项海帆同在一个小组、同住一个房间，由于出身相近、兴趣相投，两位优等生夜自修时经常一起去图书馆做作业，睡觉前一起去校门口的彰武路吃夜宵，成了好朋友。

在学习上，两位好朋友成绩不相上下，在班上总是排名第一、第二。两位在学习上你追我赶，大学期间在学习上的竞争一直没有停止过。这种有益的竞争使得他们的学习成绩突飞猛进，为他们今后在各自研究领域做出成绩打下了坚实的基础。后来俩人又都成为李国豪教授的弟子，并成为李国豪之后同济桥梁的继任者和接班人，范立础成了桥梁抗震方面的专家，而项海帆则成为桥梁抗风方面的专家。

1953年，西南楼完工后，项海帆从学一楼搬入新宿舍。新建成的西南楼位于校园的西南角，因后来学校在这片区域又陆续建造了一批宿舍，故而最早的这幢又被称为西南一楼。“该楼由吴景祥、朱亚新设计，建筑面积11 215平方米……每层分别设公共盥洗室、厕所和洗澡间。西南楼整体为中国传统建筑风格，平面布置呈山字形，立面简洁，比例和谐；外墙粉刷，色彩明快；底层有腰线，细部装饰精致透着传统文化的内涵。大楼主入口立面三开间，底层为单坡门厅，三层挑出阳台，栏杆、额枋、雀替俱全。建筑主体三层砖混结构，人字形坡屋顶，主入口处四层，顶部为四坡攒尖顶。屋顶平缓，出檐舒缓俊朗，檐下斗拱支撑，补间采用人字拱，颇具唐风遗韵。”[10]

新宿舍8人一间，项海帆和范立础是同宿舍室友，俩人的床挨着，都是下铺。项海帆的上铺是黄植初，他们的室长是严秉谦，同寝室还有小班长黄玉先。室长严秉谦很爱清洁，每天都主动扫地、拖地板，帮大家打开水，小班长黄玉先则以身作则，让大家十分佩服。范立础和项海帆不仅是全班成绩最好的两位同学，整个宿舍也可以说是全班最清洁、最卫生、又最具学习氛围的。

集体生活，总会有大大小小的趣事。睡在项海帆上铺的黄植初是福州人，家里开肉松店。有一年暑假后回校，黄植初用一个大饼干箱带了一箱肉松，是妈妈给他准备的够吃一学期的零食。为着上下铺的情谊，他偷偷给了项海帆一小碗。项海帆不愿独享美食，与隔壁宿舍的陆宗林一起分享，不料被同班的邵容光看到了，一起哄，这一小碗肉松把全班男生都“惊动”了，黄植初够吃一学期的“爱心牌”肉松，被全班同学“一抢而光”。可见，当时的大学生活虽然简单朴实，但充满了温馨和快乐。

为迎接全国第一次人民代表大会的召开，全国举行了第一次人大代表选举，学校年满十八岁的公民都发了选举证。1953年秋季开学后，项海帆这时已经是三年级学生，但他是全校三年级唯一一个未满十八岁的学生，不能领取选举证。这次选举，学校让不满十八岁的一年级同学负责监票工作，项海帆和大二的陈铁迪作为不满十八岁的高年级同学被指定为正副总监票，成为学校一大新闻。

选举那天，项海帆和陈铁迪站在一·二九礼堂的台上，指挥学生选举，其余不满十八岁的一年级学生拿着票箱，在台下的4个角上监看大家投票。投票结束后，项海帆和陈铁迪负责最后的点票统计工作，圆满完成了这一庄严的任务。

一起监票的时候，陈铁迪对项海帆说：“我家里有你小时候的照片。”项海帆非常诧异：“你家怎么会有我小时候的照片？”

陈铁迪告诉项海帆，自己的母亲是西摩路小学教美术课的王老师，毕业时项海帆曾送给她一张毕业照。“我妈妈很喜欢你，给我们看过你的照片，也讲过你小学时候的事。”陈铁迪开心地说，能够和母亲的得意门生一起站在台上监票，她觉得特别有缘分。陈铁迪心想，果然是妈妈念念不忘的学生，和自己一样没满十八岁，可已经是三年级的学长了，可以回家告诉妈妈了。

原来如此！从同校同学处听到自己小学老师的消息，项海帆既高兴又有些不好意思，他忽然感到责任重大，自己一定要更加努力学习，才不会辜负对自己寄予厚望的老师们。

1953年，学校组成由李国豪教务长任团长，杨钦、黄蕴元、朱晓初等组成的代表团赴哈尔滨工业大学、北京农业大学参观，学习兄弟院校“学苏联搞教改”的经验，由此拉开了同济大学全面学习苏联的序幕。根据苏联专家的意见，1953年下半年，教育部批复同济大学桥隧专业的培养计划，称：“你校桥梁隧道专业的业务范围，经我部研究并征询苏联专家意见后，认为可以明确定位为公路建设服务，并以桥梁为主。名称仍可定为‘桥梁与隧道’专业。因为我国是一个多山的国家，公路上除修建桥梁外，隧道的建筑也是必需的。涵洞的修建，实质上就是桥梁建筑工作一部分，故务必要列出名称。”[11]1954年初，教育部批准学校“将桥梁与隧道专业划归公路系，增设桥梁与隧道教研室，并将原系名改为‘道路与桥梁系’”。[12]由此可见，项海帆入学的院系由最初的土木系到结构系，再变为道路与桥梁系，而这种系所专业的变更也体现了新中国成立初期，对高等教育专业设置和人才培养的不断探索。

根据培养计划，项海帆进入三年级后的主要课程是“结构力学(下)”，由王达时教授授课。期终举行年级统考，其中工业与民用结构、工业与民用建筑、桥隧工程和铁道工程四个专业用统一的考题检查教学效果，任课老师比学生更加紧张。

考试那天，项海帆做完了考题，第一个站起来准备交卷，坐在第一排的范立础听见他的脚步声也赶紧抢先交了头卷。这次考试，《范立础传》中详细记载了两个好朋友的“争强好胜”：

“有一次要考试的科目是结构力学。考前监考老师王教授说了一番话：‘第一份交的卷子和最后交的一份卷子，它们的含金量是不一样的。我改卷子的时候，看到上面的卷子（上面的卷子后交）可能要减分，改到下面的卷子（下面的卷子先交）可能要加分。’既然这样，范立础心里打起了‘小九九’。他早早地把试卷答完了，一边坐着检查试卷，一边注意着竞争对手项海帆的动静。因为范立础是近视眼，坐在了教室前面，所以离讲台就近一点，而项海帆不近视，坐在教室的后面。项海帆也答好了试卷，但他看对手范立础同学没有交卷的意思，也坐在那里检查。终于，项海帆有了动静，一听到对方站立起身碰出的声音，范立础抢先一步，把试卷交给了老师。项海帆吃了距离的亏，也没有办法了，谁叫他不近视呢？赢了项海帆，范立础好不得意。走出教室后范立础对项海帆说：‘你争不过我的，谁让你眼睛好，总坐在后面？’说完，两人都哈哈大笑起来。”[13]

王达时教授拿到考卷，当场就在讲台上批阅，给他们两个人都是五分，还写上交卷的时间。他很得意项海帆和范立础这两个学生，为他争了光。后来四个专业的考试成绩出来，桥隧工程专业的成绩是全年级第一名。

1952年至1954年，桥隧工程专业的课程主要集中在基础技术方面，除了王达时老师的结构力学课外，还有朱颐令老师的理论力学和材料力学课，俞调梅老师的土力学地基基础课，黄蕴元老师的钢筋混凝土结构课，陈本端老师的公路工程课和童大埙老师的铁路工程课等，可谓群英荟萃，名师云集，为项海帆这一届学生打下了坚实的理论基础。再加上四年级时周念先老师的桥梁工程课和钱钟毅老师的钢桥设计课，坚实的理论基础加上工程和设计实践，对项海帆这一代同济学生的培养起到了至关重要的作用。同济土木工程有今天的声誉和地位，不能忘记这一批优秀师资所付出的辛勤耕耘和毕生精力。

“强调学以致用，注重实习实践”一直是同济办学的一大特色。在学校课堂学习以外，1953年暑假，项海帆班上的同学去苏州木渎古镇实习。实习期间，同学们在木渎中学住宿，结合所学测绘灵岩山的地形图。实习结束后，大家还游玩了苏州的园林和虎丘等名胜。

1954年暑假，项海帆去了正在修建中的福建南平大桥实习，这也是他第一次去到桥梁工地。这次实习路程较远，先由陆宗林、黄饶杰两位同学随金成棣老师去“打前站”，项海帆和其他同学则先坐火车到上饶，随后坐汽车翻越浙闽的分水岭到达南平，一路上秀丽的风景，以及江浙罕见的险峻的盘山公路给项海帆留下了深刻的印象。

“南平大桥”是新中国成立以来建设的第一批公路大桥。为沟通福建南北交通，1951年夏，华东公路修建委员会计划在南平西溪修建一座永久性大桥取代水南渡[14]。“1952年冬，交通部公路总局成立了南平大桥设计小组，福建派出许道化等四人参加，由苏联专家毕丘金指导。上部构造采用钢筋混凝土双悬臂梁。总预算315亿元，列入1953年公路基本建设项目。为赶在枯水季节前动工，1953年8月省公路修建指挥部成立了南平大桥桥工所，先派张日楷为副主任，继派葛定康为主任，并派毛有伦、许道化工程师等参加工作，以加强技术力量，采取边设计（附属工程设计）、边钻探、边施工的做法，于当年12月16日正式开工。”[15]

项海帆和同学们来到南平大桥工地时，大桥建设正在如火如荼地开展。项海帆刚学完钢筋混凝土结构等课程，还尝试做过大桥设计，积累了一些理论基础，进入工地以后，实地学习了扎钢筋、立模、浇混凝土和养护的全过程。实习期间，许道化、毛有伦等工程师结合施工给同学们现场授课，大家受益匪浅。南平大桥在边钻探、边设计、边施工、边改进中，经历一年零六个月，于1955年5月竣工通车，结束了南平渡口的历史。这是项海帆接触的第一个桥梁工地，这样技术难度较高的大型桥梁建设，是积累设计施工经验，培养技术人才的好场所，也为项海帆毕业以后从事桥梁建设事业坚定了信念。

第三节 “德智皆寄于体”

毛泽东于1917年4月发表在《新青年》上的论文《体育之研究》指出：“体育一道，配德育与智育，而德智皆寄于体，无体是无德智也。”对中国高等教育的体育教育产生了极为深刻的影响。除了学习，体育也是项海帆大学生活的重要陪伴。进入大学后，项海帆彰显出体育特长。1954年春天的全校运动会，他参加了跳高比赛，成功突破了自己。在平时练习时，项海帆的最好成绩只跳过1.60米的高度，而路桥系强手如林，桥三的杨文永、铁四的甄惠政和桥二的翁梦熊都能跳到1.65米以上。比赛那天，最开始，所有选手都跳过了1.60米，接着横竿升到1.64米，翁梦熊跳了三次都没有过。轮到项海帆了，他看着这个自己从未挑战成功的高度，给自己打了打气，轻轻一跃，竟然跳过了，最后获得了第三名。甄惠政跳过了1.68米，获得第二名，杨文永跳过了1.73米，获得冠军。

除了跳高，项海帆在校园运动会上还作为系代表参加了多项比

校队短跑组及跳跃组合影（左一为项海帆），1954年

赛，4×100米接力赛，他跑第三棒，也获得了名次；铅球比赛，掷出了8米多的好成绩，获得第六名。项海帆还因此入选了校田径队。总教练潘瀛初老师看他身高仅1.71米，练跳高的身体条件不够，没有大幅提高的潜力，考虑到项海帆的短跑基础非常不错，100米最好成绩是12.4秒，爆发力也较强，建议他改练短跑。就这样，项海帆参加了校队短跑组。训练了一段时间后，项海帆的短跑成绩有所提升，有一次还跑出了12秒的成绩，但与短跑组其他同学基本都维持在11秒多的成绩相比，还是有一定差距。

校队的同学训练时常在一起吃饭，因为有运动员营养补贴，比一般同学伙食要好一些。除了学习以外，每天清晨要早起参加训练，下午也要按时锻炼。在校队，项海帆和田径队的两位同班同学陆宗林和黄饶杰结下了深厚友谊。

体育训练和竞技精神使项海帆在增强体质、保持身心健康的同时，养成了良好的作息和自律的好习惯，使他对环境有较强的适应能力，能保持旺盛和充沛的精力，提高学习效率。这也是他后来在科研工作和教育事业中取得成功的关键。

四年级时，学校决定在每个班级设立“学生会干事”一职，相当于副班长，项海帆便是他所在班级的学生会干事，帮助班长分管文娱、体育和福利事项。

除了体育，音乐也是项海帆学习之余的主要兴趣和爱好。1953年暑假，上海各高校的文工团员聚集在华东师范大学，参加为期一周的高校夏令营。同济大学由文娱部部长陈铁迪带领文工团的骨干成员参加，作为学校团委宣传部美术组的一名成员，项海帆也参加了这次夏令营，他的主要任务是宣传报道、布置会场和环境。这次夏令营，让项海帆度过了一个非常难忘的夏天，他参加了很多联欢活动，也观看了很多文艺表演。尤其是同济手风琴社社长曾繁民的手风琴独奏，水平很高，项海帆第一次看到曾繁民用手风琴给合唱团伴奏，这使项海帆对手风琴产生了浓厚兴趣。

夏令营结束后，在母亲的支持下，项海帆买了一台手风琴和一些琴谱，开始自学。因小时候家里曾有过风琴和钢琴，在姐姐学琴时，项海帆跟着看或者弹着玩，有一定音乐基础。兴趣是最好的老师，尽管是自学，但项海帆每天都认真钻研曲谱，勤加练习，暑假过后，他已经能用手风琴演奏一些简单的曲子。秋天开学后，项海帆决定报名参加手风琴社。当时手风琴社只有四五个人，社长曾繁民手风琴拉得好，还会弹钢琴。在她的指导下，项海帆进步很大，又自学了一点和声运用技巧，慢慢入了门道。项海帆是个实干派，为了拉好手风琴，他特地去外文书店买了不少苏联的手风琴谱，还着重阅读了一些和声以及演奏技巧方面的书，在丰富理论和科学方

学校手风琴社合影（前排左一为项海帆），1954年

法的指导下，项海帆的手风琴水平进步很大，半年后就能够担任一些合唱表演的伴奏了。就这样，项海帆“速成”为学校手风琴社的骨干和社长曾繁民的主要助手。

曾繁民读的是两年制专科。1954年暑假，曾繁民毕业离校后，莫宝莹和项海帆相继担任手风琴社社长，主要任务是为校文工团的合唱团和舞蹈队担任伴奏。那时学生文体活动十分活跃，各系都成立了合唱团和舞蹈队。新中国成立初期，受苏联音乐的影响，学校很多演出都有手风琴伴奏。伴奏任务日益增多，手风琴社人手不够，忙不过来，于是招募了一批新社员。项海帆还申请买了几架手风琴，给新社员讲和声的基本知识，以及左手如何配和声及如何掌握节奏，并让大家给各系担任伴奏。

项海帆主要负责为校合唱团和校舞蹈队伴奏。合唱团的孙宜宜和舞蹈队的孙红梅经常与项海帆联系排练的事，那时唱得最多的也是苏联和东欧国家的民歌，尤其是女生合唱。当项海帆一拉起《山楂树》《田野静悄悄》《纺织姑娘》等苏联歌曲，她们的眼睛就会发亮，心情也激动起来。项海帆还为舞蹈队伴奏过《马刀舞》《花儿与少年》等节目，都深受同学们欢迎。那时，每周六晚上都举行舞会，手风琴社也参加伴奏。项海帆当时在同学中有很高的知名度。

项海帆为女生四重唱演出伴奏合影，1956年

1955年，项海帆毕业留校读研究生，佩戴上了和教师一样的红校徽，但仍留在手风琴社为合唱团和舞蹈队伴奏。1956年春天，在上海市学生文艺汇演中，他给舞蹈队伴奏的《匈牙利瓶舞》获得了二等奖。由项海帆伴奏的，孙宜宜（工民建58届）、庄筱云（工民建57届）、李淦（城规57届）和钱易（给排水56届）组成的女声小合唱获得了一等奖，后来还应邀到上海电视台（在永安公司东侧的

七重天）的演播厅演出，并向全市转播，在当时非常轰动。

1959年，项海帆应邀参加了教工文工团小乐队，并担任教工合唱团的伴奏。“文革”前，教工文工团小乐队和合唱团经常在同济新邨的工会俱乐部大厅举行周末演出，暑假期间还在外面草坪上举办过几次纳凉晚会。项海帆曾表演过几次手风琴独奏，曲目有约翰·斯特劳斯的《蓝色多瑙河》、肖邦的《升C小调圆舞曲》、罗马尼亚的《多瑙河之波》和俄罗斯的《孤独的手风琴》等，很受同济新邨教工和家属孩子们的喜欢。演出活动一直到“文革”开始才结束。从1953年至1966年13年的文工团生涯，项海帆与手风琴为伴，业余生活因此增添了不少乐趣，更收获了友情和爱情，这也是他同济生涯的一段难忘经历。

法国作家福楼拜有句广为人知的名言：“越往前走，艺术越科学化，科学也越艺术化，两者在山麓分手，回头又在顶峰汇聚。”这句话把艺术和科学的关系表现得淋漓尽致。学习手风琴这一段时光获得的进步，与项海帆以后从事科学事业的探索和创新，都是同一种能力的体现，他能敏锐地感知桥梁发展的前沿，能在系统、理性的科学分析中结合感性的观察和设想，最终成为一位具有科学精神又懂艺术的科学家。正如钱学森所言：“这些艺术上的修养不仅加深了我对艺术作品中那些诗情画意和人生哲理的深刻理解，也（使我）学会了艺术上大跨度的宏观形象思维。我认为，这些东西对启迪一个人在科学上的创新是很重要的。”[16]手风琴和音乐，于项海帆而言，就是这样一种智慧和人生启迪所在。

第四节　首批“三好学生”

新中国成立前后，学习俄文已经成为建设新国家、发展中苏友谊的客观需要。教育部副部长钱俊瑞在1952年明确指出：“俄文，它是列宁、斯大林的语言，它是社会主义大门上的一把钥匙。我们学会俄文，就能打破语言、文字上的隔阂，搬掉放在我们发展中苏友谊大道上的一座大山。”[17]1953年暑假，院系调整时从交通大学搬到华东纺织工学院的哥哥项海航，按国家要求提前一年毕业分配工作。因为成绩好，项海航被工作单位送往哈尔滨俄语专科学校进修一年，准备去苏联留学。离开上海前，项海航把自己那辆英国制造的自行车送给了弟弟。有了哥哥的爱车，项海帆高兴极了，把自己的自行车送给了表兄瑞祥，瑞祥有了心心念念的自行车也兴奋不已，把项海帆的自行车擦得逞亮。两位年轻人的人生追求就像锃亮的自行车轱辘，一圈一圈往前疾驰，随着哥哥的毕业，原本在上海其乐融融的大家庭中的年轻人们，开始各自走向属于自己的远方。

这一年，表姐秀琳被分配到济南山东省财政厅工作，也离开了上海。家中三楼少了哥哥和表姐，项海帆和姐姐又在大学住校，平时只留下表兄瑞祥和表妹秀珠，热热闹闹的一大家子忽然就冷清了很多。

1953年冬天，在哈尔滨俄语专科学校开始新学业的哥哥常给项海帆写信，交流他在哈尔滨学习和生活的点滴。他的经历和阅历不断影响着项海帆。

“亲爱的弟弟，哈尔滨的冬天极其寒冷，亦极其美丽！在这个白雪皑皑的世界，一切似乎都被冰冻了，除了对家的思念，以及我迫切想要加入中国共产党的澎湃的热情……”哥哥告诉项海帆，身边的同学，除了各地送去进修一年俄语的学员外，主要是像自己一样的留苏预备学员，在这里集中学习一年俄语后准备去苏联或者东欧留学，学校的政治气氛很浓。

1954年春天，项海航在信中写道："亲爱的弟弟，你知道，自在交通大学加入了新青团以后，我一直在不断改造自己的思想，积极向党组织靠拢，希望能成为一名光荣的共产党员。在俄语学院，我看到很多留苏预备班的同学递交了入党申请书，非常受触动。怀着激动且热望的心情，我也在1954年春天向组织递交了入党申请书。亲爱的弟弟，希望在这个春天结束的时候，我能给你带来一个光荣的喜讯……"

后来在信中，项海航告诉弟弟，党支部肯定了他的进步要求，但同时也告诉他，由于出身资产阶级，又参加过基督教，组织需要再考察一段时间，希望他在俄语专科学校进修结束回到纺织工业部研究院后继续努力，争取早日通过组织的考察。项海帆受哥哥影响也加入了新青团，通过跟哥哥的交流，他认为入党是一件十分神圣的事。对照哥哥的情况，再联系自己，他明白自己的入党条件肯定不够，虽然很向往入党，但从来没有主动考虑过。

1953年6月30日，毛泽东在接见中国新民主主义青年团第二次全国代表大会主席团时，最早提出了"三好"的新目标："我给青年们讲几句话：一、祝贺他们身体好；二、祝贺他们学习好；三、祝贺他们工作好。"由此，"三好"成为全国教育界的主旋律。1954年秋季开学，同济大学决定试点评选三好学生，评定的条件之一是上半年成绩全部5分的学生，结果全校一共只有三人符合这一条件，分别是项海帆、测量四年级的许厚泽（后也入选院士）和工民建三年级的一位同学。为此，校刊专门介绍了三人的事迹。项海帆除学习成绩优异外，还入选了校田径队，又是手风琴社社长，学习、文娱、体育样样都好，本就是知名度非常高的优秀榜样，作为首批“三好学生”的事迹被报道后，更是成了全校的“明星学生”，十分耀眼。

1954年12月19日，全班决定一起聚会，为项海帆（当时刚满十九岁）庆祝二十岁生日，同时祝贺他荣获“三好学生”称号。生日会由团支部书记郭金琼主持，大班长邵克华作了讲话，同学们纷纷表示对他的祝福。这是项海帆记忆中最美好的一个生日，一张张青春的笑脸，一句句诚挚的祝福，让项海帆感动不已。

1955年春天，学校还进行了一次规模更大的“三好学生”评定。条件还是全5分成绩，但对于有一门4分的可允许申请重考一次。那次评选中，1952年院系调整从交通大学调入同济大学的汪长风还特地找“过来人”项海帆商量，因为他有一门课4分，正在犹豫不决是否申请重考。项海帆支持他申请。后来汪长风也如愿入选了第二批“三好学生”。那一次，全校有三十多人受表扬。

正如很多年后汪长风回忆的那样：“今天看来，那个时候，一群优秀青年，聚集在一起，也形成了五十年代特有的大学文化。这种文化，和中国共产党倡导的社会改革同时兴起，为长期禁锢于封建腐朽落后的社会带来了一线光明。这种文化的特点是：高度的历史责任感和社会责任感；对个人价值的高度肯定和反躬自省、严格律己的结合；热衷于现代科学知识和多元化的艺术修养；温馨友爱和充满人情味的人际关系；标新立异和反叛精神以及其中一部分人的朦朦胧胧的人权思想和民主思想。这一阶段，也是我思想性格品质形成最重要的时期。在往后风云莫测的漫长岁月中，几乎每一件事，寻根问源，都和这个阶段有关。”[18]

对项海帆而言，亦是如此。1955年春节过后，黄饶杰组织自行车队去无锡宜兴游玩，项海帆也参加了。黄饶杰、项海帆、陆宗林、严秉谦加上铁路专业的一位同学一行五人，先坐火车到无锡，五辆自行车随车托运。到了无锡他们住在陈培林家里。第二天就骑车游览了梅园、鼋头渚、蠡园、锡惠山等名胜。在无锡游玩几天后，去了宜兴善卷洞。这是项海帆第二次去无锡，1949年春天他曾随父亲游过一次无锡，那次主要是坐船游太湖，在船上吃船菜，和骑自行车游览的感受完全不一样。就这样充实地度过了惬意的寒假，他们的大学生活即将进入尾声。

第五节　选拔试点做毕业设计

根据教育部1954年7月8日《关于各高等工业学校根据四年制、四年半制本科以及二年制专修科统一的教学计划制定过渡性教学计划以及1955年迎接毕业生是否做毕业设计的通知》："一九五四——一九五五学年的四年级，一般可不做毕业设计，但应积极着手做毕业设计的准备工作（如在部分教师中补做毕业设计，选择部分学生试做毕业设计等），凡不做毕业设计的学校或专业，学校应计划安排补授适当课程。"⑲

根据通知，学校在1955年暑假应届毕业生中，选报了32名作为"同济大学一九五五年暑假应届毕业生中参加毕业设计的学生名单"，并作为学校工作与研究需要，拟留作本校助教或研究生。其中道路与桥梁系“桥梁与隧道专业本科”，选定试做毕业设计的人有黄植初、项海帆、陆宗林、郭金琼、黄饶杰、范立础等10人[20]。

根据一份档案——桥隧教研室钱钟毅主任在校务委员会第四次会议上作的发言《关于毕业设计准备工作的报告》的记载，项海帆等是从毕业班中被挑选出来的10名重点试做毕业设计的学生，4月1日发给他们任务书和题目，从4月7日开始设计，估计在6月底完成，拟在7月18—20日举行答辩，全部设计时间500~600小时。

寒假过后，除了项海帆、郭金琼、陆宗林、范立础、黄饶杰等选为留做毕业设计的10名学生，其余桥梁与隧道专业的毕业生则去武汉长江大桥做毕业实习。项海帆做了一个跨谷混凝土拱桥的设计，范立础做了外白渡桥的改建设计，俩人的毕业设计作业得到了苏联专家的赞赏，认为不低于苏联最优秀的毕业设计作品。后来还印了许多份作为范例让后面几届的学生学习。

比项海帆低几届的学弟余安东入学时就深有感触，据他回忆：“项海帆只比我大两岁，但却早五年大学毕业，并成为李国豪第一个研究生。我进同济第一件印象最深的是桥梁毕业设计展览，他和其他优秀学长的成果，成为我们仿效的榜样。”[21]

转眼，四年的大学生活就要结束了。20世纪50年代初期，我国的教育事业被纳入国家计划，实行高等学校统一招生和毕业分配制度。离别的情绪在同济校园还来不及弥漫开来，就在响应学校号召到祖国最需要的边疆去工作的热情中澎湃起来。班干部和共青团员积极带头，表达自愿支援边疆的决心。范立础在四年级时经项海帆介绍入了团，俩人都表示要服从国家分配，到祖国最需要的地方去工作。

“1955年下半年，高教部学习苏联培养研究生的做法，决定招收副博士研究生。同济当年招收12名，第2年招收6名。当时，学校掀起了向副博士进军的热潮。”[22]同济按苏联制度，试点在1955届毕业生中招收四年制副博士研究生，由教授们根据学生成绩挑选，项海帆有幸被李国豪教授选中做他的第一个研究生。钱钟毅教授征求范立础的意见，问他愿意做研究生还是直接当助教，范立础选择了留校做助教，郭金琼做了钱钟毅的研究生，周念先教授则收了陆宗林做研究生。他们几个就都留在了同济。

在项海帆这一届毕业前夕还遇上了“肃反运动”，一时间，校内政治环境相对高压，项海帆作为班上由学生党支部书记、正副团支部书记和正副班长组成的五人领导小组成员，对“肃反运动”中一些同学的反应感到忧心。好在运动很快就收场了。

桥梁与隧道专业1955届毕业班师生合影
前排坐者从右至左依次为金成棣、周念先、陈超、钱钟毅、李国豪、陈本端、张云亭（项海帆为第三排左六）

在梯形教室宣布毕业分配方案的那天，大家都很紧张。大学毕业时，项海帆还不满二十岁，作为那一届年龄最小的学生，他听到老师在讲台上宣布自己留校攻读副博士研究生，导师是仰慕已久的李国豪教授时，内心又自豪，又激动。多念书并继续提高本就是项海帆自己的意愿，尤其是能够成为李国豪教授的第一位研究生，在项海帆不到二十岁的人生履历里，没有比这更完美的时刻了！这份喜悦，让本应惆怅伤感的离别季多了一些明媚。

“莫愁前路无知己，天下谁人不识君？”怀着深深的祝福，在送走一批又一批的同班同学后，项海帆和留校的陆宗林、郭金琼等人从西南一楼搬到了学一楼研究生宿舍。

第六节 “在听从祖国召唤的那天”

“8月31日，这令人难忘的一天，是祖国向我们——出征的战士发布‘战斗任务’的一天，我激动地听到了‘本校研究生项海帆……’。虽然日夜盼望着到边疆去的心愿成了泡影，我同样很高兴。从此，做个优秀的研究生，就是我的志愿。”1955年新学年开学，项海帆正式开始了研究生学业。这则刊载在1955年9月24日《同济报》，署名桥隧研究生项海帆的文章《在听从祖国召唤的那天》，就是他的心声。

按苏联体制，研究生属于教师系列，待遇也和助教差不多，项海帆的身份从“学生”转变成了“老师”。学生时代佩戴的白色校徽改成了教师才能佩戴的红校徽，走在校园里，看着来来往往的学生，开始有了些少年老成的心境。项海帆所在的研究生团支部也归属教师团总支管理，同宿舍的挚友范立础和曾经一起活跃在文工团的汪长风、徐循初等好友也都毕业留校当了助教，校园里仍然有一群志同道合的伙伴。项海帆和陆宗林继续留在学校田径队，项海帆同时还是校文工团手风琴社社长，继续为合唱团、舞蹈队伴奏。每日仍和同学们一起在大饭厅吃饭，除了身份不一样，校园生活似乎也没有太多变化。

路桥系10个研究生是同一班，除了专业课，学校还开设了哲学课和俄语课等公选课程。项海帆是哲学课代表，负责联系马列主义教研室，教研室的郝敏珍等老师对项海帆的学习和生活都非常关心。

在聽從祖國召喚的那天

橋隧研究生 項海帆

我喜歡一位地質學院畢業同學的詩，因爲這首詩正道出了我同樣的情感，我把它的尾段改成這樣：

我是橋隧建設者，
我是青年團員。
今天，我們長了翅膀，
要想飛得又高又遠，
飛向西藏高原，飛向戈壁灘；
但組織上却把我留在同濟，
也大笑得鼻孔朝天。

八月卅一日，這令人難忘的一天，是祖國向我們——出征的戰士發佈「戰斗任務」的一天，我激動地聽到了「本校研究生項海帆……。」雖然日夜盼望着到邊疆去的心願成了泡影，我同樣很高興。從此，做個優秀的研究生，就是我的志願，因爲這是祖國的召喚。

我回憶起當我第一天背着舖蓋來到學校時，母校像花園一樣迎接了我們這些種子。四年來，祖國在我的身上施了多少肥，澆了多少水，敬愛的老師是花園裏忠實的園丁，向我們輸送着科學。四年來，偉大的黨更教育我們如何做一個忠於祖國的人民大學生，就在這些日以繼夜的慈母般的照顧下，我們這些種子逐漸茁壯成一枝枝幼苗——初步掌握了專業知識，決心把自己獻給祖國建設事業的人。

如今，祖國把我這枝幼苗，仍舊插在同濟這個花園裏，讓我繼續成長，這是多麼幸福啊！

九月二日那天，我興奮地閱讀了「中國科學院關於培養研究生暫行條例。」這個條例對我們高等學校的研究生同樣感到鼓舞。那上面第一條寫着：「科學的發展對於國家建設具有重要意義，科學幹部的培養是決定科學發展的重要環節……。」全國人民是這樣的期待着我們，這是多麼光榮和豪邁的工作啊！我眞正愛上了「研究生」這個閃耀的名稱了。

研究生的三年，意味着艱苦勞動的三年，許許多多的困難等待着我們去克服。今天，我向祖國、向敬愛的黨和毛主席起誓：爲了我們可愛的祖國早日走向社會主義，我要以百倍信心勇猛前進，勝利地完成我的科學研究任務。我要記着馬克思的話：「在科學上面是沒有平坦的大路可走的，只有那在崎嶇小路的攀登上不畏勞苦的人，有希望達到光輝的頂點。」

1955年9月24日《同济报》刊载的项海帆的文章《在听从祖国召唤的那天》

研究生阶段，哲学课程的主要内容是《资本论》中的部分章节，即剩余价值和资本剥削，对项海帆影响很大。与中学阶段的英语基础、科学思维、艺术视野的养成不一样的是，通过社会主义理论和思想的学习，项海帆认识到剥削可耻、劳动光荣的思想。马克思、恩格斯合著的《共产党宣言》，对他的思想产生了极大的震撼力，使项海帆逐渐树立起了共产主义的信仰。恩格斯的《自然辩证法》，总

项海帆大学毕业照（研究生入学），1955年

结了哥白尼的日心说、牛顿的万有引力和达尔文的进化论。其中，牛顿的万有引力定律为哥白尼的日心说解释了地球自转和绕日运动的理论，加上从猿到人的进化论，使他建立了牢固的辩证唯物主义世界观。

作为李国豪教授的第一个研究生，项海帆和敬爱的李老师开始了长达50年栉风沐雨的紧密合作。在李国豪看来，科学研究是一个通过已知探索未知、逐步深化、接近客观真理的过程。从博士论文的研究开始，李国豪对悬索桥理论的追问从未止步。“蒸汽机车通过时产生的多种强迫振动如何对悬索桥发生影响？怎样计算？三跨连续加劲梁不设中间支座的悬索桥弯矩究竟多大？如何计算？诸如此类尚待开垦的‘处女地’，李国豪跟随着自己的疑问不断探索，在结构稳定理论、离散杆系结构的连续化分析方法和桁梁弯曲与扭转理论方面给出了令人信服的答案。”[23]他将自己最新的理论和思考在课堂上与同学们分享，并引导研究生们去寻找答案。

李国豪平时对自己的学生说得最多的一句话就是：“要善于从别人的研究中发现问题。”他要求学生们花大量的时间去自学，然后独立思考。“李国豪在研究工作中逐步形成了一套独特的思路和研究方法，在桥梁力学计算方面开拓了一个新的领域。他从不因循守旧，而是从革新中找方法；他也不随波逐流，而是以搏击寻源头。如果说他过去是这样强调独立思考，那么在后来，他在培养新一代的科技工作者时，他也是特别反对手把手的教育方法，而是鼓励学生走自己的路，要勇于创新。”[24]每周一次的李老师课程对项海帆而言，都是一次重要的升华。但作为李老师的第一个研究生，他对于自己未来的研究方向仍然有些迷茫。

直到开学后的一周，李国豪教授约项海帆去校部所在的旭日楼面谈研究生培养计划。李国豪当时是学校的副校长，第一次被偶像约见，不到二十岁的项海帆内心十分忐忑。到了约定时间，项海帆早早到校办报到。校长办公室秘书刘迈男领着项海帆去了李老师办公室。

怀着不安的心情，项海帆第一次走进了李老师的办公室。当时李国豪教授四十二岁，是学校院系调整以后唯一的一位“一级教授”，并于1955年选聘为中国科学院学部委员，是国际闻名的“悬索桥李”。虽然早就在校园和课堂上见过李老师，但第一次与老师面对面交流，项海帆仍不免有些紧张。

不想，李老师远比意料中更为平易近人。见到项海帆推门进来，就从伏案的文件中抬起头，微笑着走过去迎接项海帆，跟他握了握手，便招呼项海帆坐下，自己也温和地坐在一边。

李老师先问了项海帆在大学时期的学习情况，哪几门课学得最好、最感兴趣，平时都喜欢做些什么。李老师的亲切态度缓解了项海帆的紧张心情，他一一回答，最喜欢数学、力学和桥梁设计课，平时除了去图书馆自习，还喜欢打球，拉手风琴。

李老师满是欣喜，接着问他：“除了课本之外，你还看过其他课外的参考书吗？”

项海帆告诉李老师：“除了专业书，我还看了别辽耶夫（H.M. Belyaev）的《材料力学》，铁摩辛柯（S.Ti moshenko）的《结构理论》等。”

李国豪很意外，别辽耶夫的《材料力学》是苏联高等院校最早使用、在苏联使用广泛、影响最深的教材之一，也是我国50年代初翻译过来的非常重要的一本专业书，铁摩辛柯更是被誉为“工程力学之父”，项海帆都有涉猎，说明他有着非常好的学习基础。

李国豪告诉项海帆：“你的阅读面很广，不仅仅局限于课本，这点非常好。研究生阶段的第一年主要是学习基础课，同时要广泛阅读桥梁稳定与振动领域的经典文献和著作。只有把理论根基筑牢了，你才能在科学探索的道路上走得更稳、更远。”

项海帆非常认真地听取李老师的建议，频频点头。全面学习苏联以后，大学的第一外语课变为俄语，但项海帆在中小学阶段打下了很好的英语基础，大学一年级又学过德语。了解了项海帆的外语情况以后，李老师对他有了进一步的要求，“你的外语基础不错，你要多读原文原著。除了阅读俄文和德文的相关文献外，你可以精读铁摩辛柯写的几本英文经典著作，比如《工程振动问题》《悬索桥》《扭转屈曲》等”。李老师告诉项海帆：“研究生主要靠自学，老师讲课只讲一些重点和难点。大部分时间要靠你自己去主动学习。”

为了让项海帆深刻明白这个道理，李老师还讲述了自己的经验：在德国留学时，每访问一个陌生的小城，他都会先找一份地图，按图走遍大街小巷，先很快熟悉这个城市。“研究学问也一样，只有你熟悉和了解了自己所要研究的领域，你才不会害怕，更不会迷路。做学问的方向感尤为重要”。

谈到未来的研究方向，李国豪教授建议项海帆以桥梁振动问题作为研究方向，当时李老师的研究事业也正聚焦拱桥振动领域。

几十年后的1999年，项海帆在《力学与风工程》一文中谈及桥梁振动问题，写道：

1940年秋，美国华盛顿州建成才四个月的一座主跨为853 m的悬索桥——塔科马海峡大桥（Tacoma Narrow Bridge）在风速不到20 m/s的八级大风作用下发生了当时还难以理解的强烈振动，奇妙的风使桥面扭曲翻腾，而且振幅愈来愈大，直至桥面倾斜到45°，最终因吊杆逐根拉断导致桥面钢梁折断而坠落到峡谷之中。当时一个好莱坞的电影队在以该桥为外景拍摄影片，于是凑巧记录下了桥梁从开始起振到最后风毁的全过程。这一记录后来成为美国联邦公路局调查事故原因的珍贵资料。

塔科马桥的风毁震惊了当时全世界的土木工程界。在为调查这一事故而收集风毁的历史资料时，人们还惊异地发现，从1818年起，风引起的桥梁振动在19世纪至少毁坏了11座悬索桥。但那时根据目击者的陈述所写的报告都缺少科学的分析，而把事故归因于不可捉摸的大自然的肆虐，风神的发怒，带有浓厚的迷信色彩。

第二次世界大战结束后对塔科马桥的风毁展开了研究。由于当时航空工业已有相当高的水平，空气动力学理论也已阐明了机翼的颤振机理，并且通过风洞试验验证了机翼颤振现象。很自然地，一部分航空工程师就认为塔科马桥的振动也类似于机翼的颤振，并通过桥梁模型的风洞试验重现了这种灾难性的风致扭转发散振动。与此同时，以冯·卡门（Von Karman）为代表的流体力学家则认为：塔科马桥的主梁是钝头的H型断面，和流线形机翼不同，存在着明显的涡流脱落，应该用涡激共振机理来解释。在五六十年代，两种假说不断地争论，直至60年代末美国斯坎论（R. Scanlan）教授提出了钝体断面的分离流颤振（更接近于飞机在失速下坠时所发生的大攻角失速颤振）理论，才科学地解释了造成塔科马桥风毁的致振机理，并由此奠定了桥梁颤振的理论基础。[25]

(a) 风致扭转振动　　(b) 桥面折断坠落

美国塔科马海峡桥风毁，1940年

20世纪50年代，正是国际桥梁界聚焦桥梁抗风和抗振问题的时代，李国豪以战略家的视角，为他的学生项海帆规划了一条最前沿，也是新中国未来大规模桥梁建设最需要、最实用的学术之路。在项海帆看来，“恩师严谨的学风和强调独立思考、自学为主的独特指导方式，使我获益匪浅，一辈子受用。从此，我在桥梁振动的研究方向上迈出了第一步，也成了我毕生耕耘的天地”。[26]

这次面谈，李老师要求项海帆把铁摩辛柯的《工程振动问题》一书作为入门，第一学期先把稳定理论学好。李老师跟项海帆说：“你以后每一个月来找我一次，每次我们面谈研究进展，你有什么问题可带来一起讨论。一年以后，我们再确定具体的研究题目。”

根据李老师的指点，项海帆开始去图书馆外文期刊室查阅外国文献资料，把有关桥梁振动和冲击系数的论文都借来阅读，做了卡片，慢慢入了门。铁摩辛柯的《工程振动问题》是一本十分经典的结构振动理论著作，精读以后，项海帆又买了铁摩辛柯的论文选集，对结构动力学和结构稳定理论有了深入理解，有了这些学术理论基础再去看其他学者的论文就方便多了。广泛的阅读和扎实的理论积累，为他后来协助李老师写《桥梁结构稳定与振动》一书奠定了基础。

除此之外，李老师还把家里私藏的德文资料也推荐给项海帆阅读，并在每月一次的指导中解答项海帆的疑问，指出学术理论的重点。《先导——影响中国近现代化的岭南著名人物》一书提及李国豪对学生的严格指导："跟着李先生做研究，没人做得了懒汉。他'严令'研究生和教师，校图书馆所有与桥梁专业有关的书籍和期刊一本不落，全都得看！李先生的两位得意门生——项海帆、范立础，当年都是在老师督促下，做了上千张的读书卡片，这也正是他们后来当选院士的'起步之路'。"[27]正是在老师严格的学术训练下，通过主动学习和训练，项海帆很快就掌握了桥梁振动问题和冲击系数的精髓。

第七节 "海帆同志"的青春之歌

研究生阶段，在学业和研究之余，对新事物怀有好奇心和探索欲的项海帆又发展了新的兴趣和爱好。1949年中华人民共和国成立短短五天后，捷克斯洛伐克与中国建交，是最早承认中华人民共和国的国家之一。当时的捷克斯洛伐克是中欧的工业发达的国家，作为中国的好伙伴，在五六十年代向中国提供了技术设备、各种机械等援助。

1955年，学校购买了10辆捷克佳娃（Jawa）摩托车，准备成立摩托车队，计划从学校各运动队选拔12名校队队员去培训。这在五十年代的同济校园，可谓是一件极其时髦的事。大概是因为从小骑自行车车技过人的缘故，作为校田径队的一员，项海帆被选中了，成了一名飒爽的摩托车队队员。

“因为年轻嘛，所以心思就比较活，喜欢各种各样的新鲜事物：我曾妄想过要加入学校的摩托车队，因为我会骑自行车（是驾驶摩托车必备的基础条件之一），觉得摩托车手们个个都是英姿飒爽、威风凛凛。”[28]在差不多10年以后入学的64级建材系学生秦浩眼中，加入摩托车队，仍然是一件需要“妄想”的事，可见摩托车队在二十世纪五六十年代的时髦程度。

摩托车队的训练场在虹口体育场的上海市军事体育俱乐部，有一位老教练，是一位退役的连长，另外还有两位年轻一点的教练。在30年后的1983年项海帆买了摩托车去参加培训时，居然又碰上了那位教练，教练知道他以前学过骑摩托车就叫他不必多学，参加考试就行了。这也是一段奇遇。

在那个时代，摩托车队队员可是学校的风云人物，但也有意外发生。1956年春节过后，摩托队去杭州拉练，不幸在回上海的公路上出了事故。项海帆原来在车队的第三辆，后来因车有了小故障，便停下来修理，殿后的教练帮他一起修。等项海帆和教练修好车，追赶前面的队员时，才发现出了事故。因为摩托车车速太快，在一个弯道处，领队的老教练技术好，直接绕过了弯道，但后面跟着两位复旦大学摩托队的骑手技术上还未能掌握高速转弯，又因车速太快刹不住车，直接开到对面马路的路肩边上，正好撞上了在路边行走的一老一幼祖孙二人，造成了惨剧。事故发生后，后面跟着的其余几辆车赶紧紧急刹车，造成了追尾，队员都飞了出去，手和脸都擦伤了，车也碰坏了好几辆。项海帆和殿后的教练因为停下来修车，才躲过一劫，他们赶到时立即送人到附近医院抢救，包扎伤口。

事故发生后，拉练立即终止。教练留下处理后事，副教练则带领其余队员当天返沪。项海帆带着另一名轻伤队员回到上海时，已是凌晨三点。

发生车祸后，项海帆心有余悸，加上学习任务日益繁重，他决定退出摩托队和校田径队，但仍继续留在校文工团，为合唱团和舞蹈队伴奏。

1956年2月开学后，原研究生班团支部书记陈德坤调去汪长风担任部长的团委青教部当副部长。在支部改选中，副书记郭金琼不愿接任支部书记，提出辞职。项海帆和同学提名姚祖康担任团支书。姚祖康因哥哥是国民党空军，在“肃反运动”中接受过审查，也不愿意做。最后，在大家的举荐下，项海帆和王哲人分别当选为正副团支书，负责研究生团支部的各项工作。

3月，路桥系教师党支部组织委员朱以敬找项海帆谈话，组织上想培养他入党。不久，项海帆就写了第一份入党申请书，谈了自己的家庭出身，思想发展过程，表示愿意接受党的考察。因为自己的家庭出身，项海帆虽然一心向党组织靠拢，但鉴于哥哥项海航此前的经历，他也做好了长时间接受考察的准备。没有想到的是，申请书交上去没多久，4月的一天，朱以敬和进修教师袁润章就来通知项海帆：“海帆，支部决定发展你入党，我们俩被指定作你的入党介绍人。”

惊喜来得太过突然，项海帆有些忐忑，表示自己出身不好，党悟不够，需要再锻炼一段时间，先把团支部的工作做好，接受组织的考验。朱以敬和袁润章告诉他："党组织让我们作为你的介绍人，就是认为你已经够条件了，入党后可继续提高。"

就这样，项海帆由一名光荣的团员被吸纳为一名中共党员。当然，更有意义的是，项海帆还有幸和自己的老师李国豪教授同一批入党。

早在1956年1月，针对学校在执行知识分子政策方面的一些问题，学校党委召开了知识分子座谈会。会上一些教师提出：会议太多，教师兼职过多，对教师生活上关心不够，发展党员有关门主义，党群关系尚不和谐等问题。在跟随党和国家开展教育的同时，同济大学根据本校实际情况，积极开展了一系列政治教育活动，改进了党群关系，提高了师生员工的思想觉悟。此时，中共上海市委正在知识分子中积极发展党员。李国豪教授在新中国的建设发展中，更加深刻地体会到中国共产党的正确和伟大，为了更好地追求真理，李老师早在1953年2月正式提出了入党申请，经过党的考验，1956年2月，校党委和中共上海市委批准李国豪入党。1956年2月22日，市委学校工作部发出《关于上海高等学校、中专校发展党员的情况和今后发展党员工作的意见》，强调在高级知识分子中积极发展党员。在这样的形势下，许多高知申请入党，杨钦、吴之翰、王龙甫、巢庆临、翟立林、王达时等20多位高级知识分子先后入党。

1956年3月16日《解放日报》刊载了李国豪的署名文章《为共产主义事业奋斗的新的开始》，其中说道："现在我光荣地被批准入党了，这是我更加努力改造自己、更加坚定地为党的事业奋斗的新阶段的开始。在党的督促教育之下，加上自己的主观努力，我自信能够不断地改造自己，提高政治觉悟和思想水平。在党的领导下，自信也能够在发展我国科学的伟大事业以及其他各项工作中贯彻党的政策，贡献个人的一切力量，做一个光荣的共产党员，今天为建设社会主义社会，明天为实现共产主义制度而奋斗到底。”[29]项海帆跟着老师一起，成为了一名光荣的共产党员，自觉为发展党的事业和国家的科学事业继续奋斗。

1956年5月，校党委召开了隆重的新党员入党宣誓大会，李国豪等10位教授和项海帆等10名学生同时在一·二九礼堂入党宣誓，上海报纸报道了这一消息，校刊还出了专刊，在同济引起了强烈的反响。项海帆和自己敬爱的恩师成了同时入党的同志。自那以后，李老师一直亲切地叫他“海帆同志”。

入党后不久，上海市委组织全市党员在福州路市政府礼堂看内部电影，是关于日本广岛和长崎原子弹爆炸的纪录片，项海帆也去看了。这是一部由美军拍摄的电影，实录了B-29轰炸机投放原子弹的经过和爆炸后的蘑菇云，两个城市被彻底摧毁的景象以及日本人被杀伤的惨状。项海帆当时感到十分震撼，同时也感到战争的残酷。中央对党员进行这一场教育是表明保卫和平必须要拥有核武器。

项海帆第一次参加党的组织生活是在路桥系二楼资料室。研究生党员也属于教师党支部，三个教研室的教师党员加上进修教师中的党员不足20人。组织生活的内容是讨论几位已递交申请书的入党条件，其中就有孙钧老师，因为项海帆当时还是预备党员，只能列席会议，并没有发言权。

项海帆入党后，将这个好消息第一时间告诉了哥哥项海航。项海航1953年从交通大学毕业后分配到纺织工业部研究院工作，并立即被送往哈尔滨俄语专科学院脱产进修俄文，准备留苏，一年后因家庭出身缘故被退回纺织工业部做研究工作。由于他业务和外语都比较强，很受室主任重用，也早早递交了入党申请书，还处在党组织考察期，没有被吸纳入党。得知弟弟入党的消息后，项海航立刻回信表示祝贺，弟弟的入党也增加了他入党的信心，让他充满了对入党的期待。

第八节 “学术新星”，轰动全校

随着科研制度的完善，学校的科研交流活动日益频繁。1955年11月，同济大学召开上海高校第一次学生科学技术讨论会，会上报告了60位本科生和8位研究生的研究成果。1956年，党中央号召向科学进军，5月5日至7日，同济大学在教师广泛开展科研的基础上，隆重召开了校庆暨第一次科学研究讨论会，全国110多个单位及800多名代表参加了会议，同济大学学报也开始创刊出版。很多著名的教授都写了论文，校园里满是浓郁的研究氛围。

为了这次全国科学研究讨论会，李国豪教授也写了一篇题为《拱桥的振动问题》的学术论文，项海帆在李老师的指导下完成了其中的算例。学术报告会的前几天，李老师突然叫项海帆去，并且告诉他：“我临时要去北京教育部开会，这次就由你代我在大会上宣读论文”。项海帆一听就慌了，一个刚满二十岁的研究生和许多二级教授一起做报告，他感到自己难以胜任。李老师鼓励他说：“算例是你做的，你就多讲一些算例，前面的理论简要一些，15分钟时间不长，不要怕”。李老师还手把手指点他如何准备、如何报告。在李老师的鼓励下，项海帆被赶鸭子上了架。事后，校刊还专门采访了项海帆，写成新闻，全校轰动。项海帆因此也成了“学术新星”，成了大红人，是学生崇拜的偶像。

1957年2月，寒假期间，根据李老师的要求，项海帆决定利用春节后到开学前两周的时间，去中国铁道科学研究院（简称“铁科院”）和唐山铁道学院进行一次科研出差。

过了大年初二，项海帆就出发了。到了北京后，项海帆住在哥哥工作的纺织工业部研究院的集体宿舍。因为有同事回家探亲，哥哥就安排项海帆借住在同事的宿舍。

项海帆带着李国豪教授给中国铁道科学研究院院长茅以升先生的介绍信到了铁科院。六十四岁的茅老亲自接见了项海帆。与茅老本人见面，距离他1947年随父亲回杭州扫墓，所见到茅以升亲自设计和主持建造、又忍痛炸毁的钱塘江大桥的断裂的场景，已经过去十年了。

少年的项海帆似乎还不太懂得父亲指着大桥南边断裂处所说的“好端端的桥，为了阻止日本人的进攻，却不得不炸断”时的沉痛。

“可惜了，这么漂亮的一座桥！”父亲的话似乎还在耳边。抗日战争胜利后，钱塘江大桥被修复，茅以升“不复原桥不丈夫”的誓言终于实现。看着眼前精神矍铄、风度翩翩的茅老，作为后辈的项海帆似有千言万语，又腼腆得说不出口。

茅老和项海帆寒暄了几句以后，针对调研事宜，又打电话叫来一位振动研究室的工程师，一起去研究室深入交流了一小时。为了完成调研任务，项海帆下午去铁科院查看了有关资料，咨询了一些准备好的问题。第二天，去实验室考察了设备。在北京调研期间，他还去北京图书馆查阅了资料卡片，检索了一些学校没有的论文，认真完成了李老师交办的研究任务。

这次去北京，哥哥项海航已是纺织工业部研究院的青年骨干，也是《纺织译丛》的编委，负责翻译国外的论文。项海航外语好，英文、俄文、德文都能译，除工资外还有稿费收入，在经济上较为宽裕。因为项海帆第一次去首都，哥哥陪着他去了故宫、颐和园、长城、天坛，还请他去“全聚德”吃烤鸭、王府井“东来顺”吃涮羊肉，还有西四的砂锅居和新侨饭店的西餐，让项海帆大饱口福。项海帆还见到了哥哥当时的女友，也就是后来成为项海帆大嫂的陈无非。知道哥哥在北京生活充实又稳定，项海帆也为哥哥开心。

项海帆还去看望了自毕业后就定居北京的前手风琴社社长曾黎民。她毕业后分配到冶金工业部建筑研究总院工作，丈夫是曾一起在美国生活的青梅竹马的邻居，后来和父母一起回国，在南京航空航天大学学航空工程专业，也在北京工作。老友见面，分外温馨，曾经一起在文工团的岁月仿佛还在昨天。

在北京逗留了约十天，项海帆坐火车去唐山，拜访唐山铁道学院的陈英俊副教授。陈老师1945年9月毕业于日本京都帝国大学土木系，是日本桥梁学者小西一郎教授的学生，也是做桥梁振动研究的，1955年还与人合作翻译了苏联普洛柯费耶夫的《结构理论》三卷本。陈老师热情接待了项海帆，留项海帆在自己家吃饭，还带项海帆去见了唐山铁道学院桥梁教研室主任张万久教授。陈老师跟项海帆谈了他对振动研究的体会，使项海帆深受教益。陈老师一直是项海帆十分尊敬的老师。

直到元宵节前，项海帆才回到上海。第一次科研出差，让他见到了引导自己走向桥梁研究道路的茅以升茅老，并得到了他的亲自指点，通过他和铁科院的老师以及陈英俊副教授的指点，项海帆圆满完成了李老师交办的出差任务。

另外，首都北京不同于上海的城市景观也给他留下了深刻的印象，东四和西四的牌楼，长安街上的有轨电车、城墙、前门火车站，还有王府井的东安市场……这些街景繁华，都像一幅幅画片，与他所拜见的教授们的指点，镌刻在脑海中。

第九节 “丁酉之难”与患难之交

1956年春天，已担任团委青年教师工作部副部长的陈德坤通知项海帆，团委决定由他作为同济研究生独立团支部书记增补为团委青教部的委员，参加青教部全体委员会议。

1956年，苏共二十大和中共八大相继召开，进一步坚定了项海帆加强党内民主的想法。虽然他的主要精力还是放在研究生学习上，但作为研究生独立团支部书记，他认为自己必须花一点时间读报看文件，为研究生的政治学习做准备。

在入党前，项海帆对政治并不关心，大学四年主要关注学习，课余对文娱体育都感兴趣，政治学习只限于在每两周一次的团支部组织生活中讨论一些报刊上的重要文章。入党以后，为了增强政治觉悟，项海帆主动学习了“联共（布）党史”和“中国革命史”，在项海帆看来，共产党是为人民谋福利的政党，代表人民利益，要有“先天下之忧而忧，后天下之乐而乐”的忧患意识和思想。在这种思考中，项海帆拥护百家争鸣和百花齐放的方针，希望中国能避免发生苏联肃反扩大化的悲剧。

1957年的春天，中共中央发出在全党全军开展“整风运动”的指示，有针对性地向党的官僚主义、宗派主义和主观主义等提出批评意见，以改进作风。北大、清华积极响应，文汇报发表了介绍“北大民主墙”的专文，引起了广泛讨论。同济的研究生支部讨论后，决定由研究生支部发起，由项海帆起草“同济民主墙”前言，前言初稿交党总支审查被否定，“同济民主墙”最后成了未遂事件。汪长风则积极筹备召开青年教师鸣放大会。

但政治的风云变幻无常，积极响应党的号召的“同济民主墙”被否定，整风运动就此转入“反右”，项海帆还因此遭到了“丁酉之灾”。

参与“民主墙”的汪长风、项海帆等青年师生成为众矢之的。项海帆胸怀坦荡，认为自己响应党的号召，才写了民主墙的前言。为表明心迹，他把日记中的一些感想抄写出来，希望得到组织的理解。但日记被断章取义，并加了按语，成了“罪行”。遭此变故，项海帆痛哭了一夜，而后转为沉默。他不再声辩，也不再过问政治。在等待处分的半年多时间里，项海帆目睹了一些人的态度转变和对事实的曲解。母亲对项海帆遭受的境况表现出了“处变不惊”的气度，她竭力安慰项海帆，说：“千万不要做出不理智的行为，要经得起挫折和磨难。”

1958年春节后，学校开始处理“右派分子”。项海帆的“罪名”尚属较轻的“混入党内的阶级异己分子”，受到的处罚是“开除党籍，开除研究生学籍，留校察看，以观后效”。

这一年，风华正茂的项海帆在李国豪教授指导下即将完成桥梁振动研究生学业，原想大干一番事业，却不料卷入了这场突如其来的漩涡。这场政治风雨既是对他的磨炼，也是对他的考验。

4月份，项海帆从学一楼搬到了郇四楼三楼朝北的一间，被安排到学校后面的砖厂进行劳动教育，同时每月60元的助学金也减为每月30元的生活费。他每天用推车运石头去轧石机，轧成碎石后再运到水泥窑中去烧砖，劳动十分辛苦，对身体和精神的损耗都很大，好在长期的体育锻炼让他扛住了突然的考验。

在这波浪潮中，项海帆自己也不知道，等待在前方的将是一条什么样的道路。“不久，老师带来口讯，要我在劳动之余，把我的研究方向‘桥梁振动问题’的文献综述整理出来交给他。那年暑假里，学校开始将已经‘戴帽’的教师和学生分批发配到新疆、北京等地一面工作、一面改造。我事后想，这可能是老师当时唯一可做的对我的保护，使我能继续留校躲过这一劫，并免遭以后的种种厄运。这也是我后来继续从事心爱的桥梁专业、继续得到老师教育和培养的最重要的一次恩泽。”[30]正因为李老师的关照，在这个人生的分水岭，项海帆没有受到太多的冲击，最终留在了学校。

同年8月，项海帆的父亲项立民也被工商联划为右派。为了凑足比例，和项海帆同一教研室的范立础、胡匡璋、金成棣、高伟刚等也在“反右补课”中被划成了右派，成了项海帆的“丁酉同科难友”。

项海帆的母亲虽然受到了双重打击，但她仍表现得十分坚强，她主动去居委会辞去妇女委员的职务。大跃进开始后，她又主动把楼下两间客厅让出来作临时托儿所，表现出她继续热心公益的善良之心。面对磨难，项海帆并没有放弃，他利用劳动之余的晚上，加紧工作，在9月开学前完成了《桥梁振动问题的文献综述》，交给了李国豪教授。

1958年9月，新学期开学以后，孙钧成了教研室主任并加入了中国共产党。学校组织一年级和四年级学生参加杭宣线勘测，因缺少辅导力量，通知项海帆参加，一起去安徽广德。项海帆算是以教员身份“戴罪”使用，带学生做桥梁勘测工作。

整整一个学期的外业工作，先在广德2个月，后在湖州2个月，师生每天早出晚归，步行走完从杭州到广德的路。1959年春节过后，项海帆带学生在学校做内业，完成最后的图纸。四年级学生认可项海帆的指导能力，对他评价很好。到5月初，杭宣线的勘测设计工作就完成了。

1959年5月起，教研室让项海帆回到学校后面的砖厂劳动，和工人们一起做砖坯、烧窑。到烧窑时还要三班倒，项海帆经常要值夜班一直到砖出炉为止。繁重的劳动磨练了项海帆的心胸和意志。

学校接到通知，国庆十周年要“大赦”，全校要摘掉几个人的“右派”帽子。由于劳动表现较好，一起在砖厂劳动的学校工人都反映项海帆劳动很积极，尤其是负责砖厂的一位南下的山东干部对项海帆印象非常好，帮他写了证明材料。于是，项海帆在国庆节的时候，成了第一批“摘帽”的幸运儿，回到了“人民队伍”中。

从被打成“右派”到成为“摘帽右派”，一年半的时间，让项海帆对人生有了新的感悟。但他同时也意识到，“右派摘帽”并不意味着解脱，他仍是一个戴“灰帽子”的人。搬入青年楼后，学校安排项海帆和范立础、张纪衡住一间。项海帆和范立础这一对自毕业以后一个当助教，一个上研究生班的挚友又再次形影不离。一年以后，范立础也“摘了帽”，在教研室主要做教辅员的工作，负责刻蜡版，油印教材。

每周五下午的政治学习，项海帆和范立础早早就去教研室，坐在靠窗的两个角上，过着谨言慎行的生活。他们是同窗时的知交和学习上的竞争对手，他们也是落难时的伙伴和彼此扶持的患难之交，正如范立础院士传记中描述的那样：“这些政治运动过去后，他们又开始并肩战斗，始终没有分开过。他们共同在桥梁建造上各领风骚，施展才华。历史为他们的友谊作了总结，正如爱因斯坦所说的那样，是一对头脑和心地都很正直的朋友。”[31]

注释

① 同济大学档案馆藏档案，档案号：2-1952-XZ-6.0005。
② 戴复东、吴庐生著《戴复东吴庐生文集》，武汉：华中科技大学出版社，2018年。
③ 孙彤宇著《建筑徒手表达》，上海：上海人民美术出版社，2012年，192页。
④ 同济大学档案馆藏档案，档案号：2-1951-XZ-31.0007。
⑤《同济报》。
⑥ 同济大学档案馆藏档案，档案号：2-1952-DW-2.0002。
⑦ 同济大学地下建筑与工程系，同济大学孙钧学术讲座基金会主编《耄耋驻春：祝贺孙钧院士执教六十五春秋文集》，上海：同济大学出版社，2016年8月。
⑧ 同济大学档案馆藏档案，档案号：2-1952-DW-2.0002。
⑨ 同济大学档案馆藏档案，档案号：2-1952-XZ-3.0013。
⑩ 陶祎珺、娄承浩编著《走近上海高校老建筑》，上海：同济大学出版社，2017年4月，91-92页。
⑪ 同济大学档案馆藏档案，档案号：2-1953-XZ-14.0010。
⑫ 同济大学档案馆藏档案，档案号：2-1954-XZ-1.0006。
⑬ 刘琼、戴建征著《范立础传》，宁波：宁波出版社，2018年6月，51-52页。
⑭ 在水南设置的渡口，称“水南渡”。
⑮ 福建省公路局史志编辑组编《福建公路史　第2册》，福州：福建科学技术出版社，1993年6月。

⑯ 顾吉环《大力弘扬钱学森的科学精神》，载自《党的科技功臣——钱学森》，上海：上海交通大学出版社，2021年7月，208页。
⑰ 钱俊瑞《广泛地开展学习俄文运动》，载自《人民日报》，1952年11月8日，第3版。
⑱ 汪长风自述《一个工科生的文艺印迹》，载自《文汇报》，2015年11月24日，笔会。
⑲ 同济大学档案馆藏档案，档案号：2-1954-XZ-29.0028。
⑳ 同济大学档案馆藏档案，档案号：2-1954-XZ-30.0005。
㉑ 余安东《工程结构纵横谈》，上海：同济大学出版社，2018年9月，230页。
㉒ 皋古平主编《同济大学100年》，上海：同济大学出版社，2007年5月，76页。
㉓ 王伯鲁等著《桥梁大师　辉煌业绩与创新方法》，北京：中国科学技术出版社，2012年3月，113页。
㉔ 丁润龄、林章豪《桥梁专家李国豪》，北京：科学普及出版社，1990年，14页。
㉕ 项海帆《力学与风工程》，载自李国豪、何友声主编《力学与工程 21世纪工程技术的发展对力学的挑战》，上海：上海交通大学出版社，1999年8月。
㉖ 项海帆《我的大桥情怀》，载自方鸿辉编《中国工程院院士述情怀》，上海：上海教育出版社，2023年2月，494页。
㉗ 管姚《李国豪：名震中外的造桥大师》，载自陈寅主编《先导　影响中国近现代化的岭南著名人物》，深圳：深圳报业集团出版社，2008年12月，759页。
㉘ 秦浩《记忆中的文工团》，摘自章华明、刘家骅主编《致青春　同济大学学生文工团 1952—1970》，上海：同济大学出版社，2016年5月。
㉙ 李国豪《为共产主义事业奋斗的新的开始》，载自上海人民出版社编《献身于伟大的共产主义事业：几个高级知识分子的入党感想》，上海：上海人民出版社，1956年6月。
㉚ 项海帆《在恩师的教育和培养下成长》，载自同济大学桥梁工程系编《桥梁结构理论与实践 项海帆教授论文选集》(中英文本)，上海：同济大学出版社，2007年5月。
㉛ 刘琼著《范立础传》，宁波：宁波出版社，2011年8月。

第三章

助教恩师：

忍辱负重夯根基（1959—1976）

在科学上没有平坦的大道，只有不畏劳苦沿着陡峭山路攀登的人，才有希望达到光辉的顶点。

——卡尔·马克思《资本论》(法文版序言)

1978年，项海帆与石洞在恩师李国豪家商谈桥梁研究室的工作

被誉为“俄罗斯文学之父”的亚历山大·谢尔盖耶维奇·普希金曾有一首诗：“假如生活欺骗了你，不要忧郁，也不要愤慨！不顺心的时候暂且容忍，相信吧，快乐的日子就会到来。”对于项海帆来说，1959年国庆节后不久，泥泞的沼泽暂且走过，快乐的日子就到来了。

一天，李国豪教授将项海帆叫到办公室。李老师看到经历过考验愈发成熟稳重的学生，没有过多煽情，只轻轻地拍了拍项海帆的肩膀，询问了学业进展和在教研室的工作情况。

从1957年到1959年，差不多两年的时间，被突然打乱的平静生活就像一艘迷途的帆船，在风浪中起伏飘荡，那些无法言说的委屈都在隐忍和承受中日复一日地结茧，成为一层又一层的硬壳。但面对恩师克制又关爱的问询，项海帆感到从未有过的温暖和激动。这是项海帆一年来第一次如此轻松自在，在完全没有任何包袱的情况下面对老师，这种久违的温情，让他忍不住有些哽咽。但他克制住了，他知道老师对自己的期待，也更清楚自己努力的方向。

了解情况后，李国豪很欣慰项海帆在面对困境时没有放弃对专业的学习与思考。他告诉了项海帆一个好消息：“我要在桥梁专业开设一门新的选修课，计划挑选一批优秀的学生系统学习‘桥梁稳定与振动’。这是一门全新的前沿课程，对我们国家未来的桥梁建设会产生重要作用。考虑到你的能力和才华，我希望你能来当我的助教，负责这门课程的习题课，协助我辅导学生。你愿意吗？”

“老师！我愿意！我非常愿意！”项海帆一听能够给自己最敬爱的老师当助教，一向沉稳的他也忍不住激动起来。

说完，师生不约而同地相视而笑。这一笑，包含了许许多多无法言语的理解与支持。对项海帆来说，留校以来，他即将走向三尺讲台，被赋予一个新的身份，接过老师手中的教鞭，开始几十年的教书育人生涯。最令他庆幸的是，“阴霾”过后，他又回到了老师的身边。

第一节 从“摘帽右派”到课程助教

然而，对一个刚刚“右派脱帽”尚属留校考察的年轻人来说，事情并非如预想中那般一帆风顺。自从与李老师谈话以后，项海帆便开始搜集、整理桥梁稳定与振动的相关资料，为即将承担的助教工作积极做准备。但桥梁系党支部似乎有人对让“摘帽右派”项海帆担任这门课程的助教持反对意见，想推荐另一位老师担任。

面对两个候选人，李国豪教授没有偏袒。他出了一份习题，让两人各自解答，相当于给他们一个公平竞争的机会。而两人交出的答卷证明了项海帆是最合适的人选。通过这一公平的测验，项海帆力排众议，正式担任“桥梁稳定与振动”课程的助教工作。

同济大学桥梁专业五年级学生开设的“桥梁稳定与振动”课程，在全国高校中属于首创，前沿性很强，课程主要面向桥梁专业五年级学生，选修的学生必须在数学、物理和力学课达到4分以上的成绩，门槛很高。经过筛选，全年级只有三分之一，即大约20个学生符合条件。作为李国豪教授亲自讲授的课程，可以说聚集了毕业班最优秀的一批学生。能够得到李老师信任，担任此门课程的助教，项海帆感到这既是跟在老师身边学习与提升的机会，也是莫大的荣誉。

他受此激励，浑身充满了干劲。项海帆协助李老师准备讲义和教案，并根据课程大纲，在李老师的指导下，确保教学内容的准确性和完整性。他全程参与老师的课程，协助解决学生答疑、批改作业、考试评分等工作，确保教学质量和学生的学习效果。作为青年教师，他还积极与学生交流，收集他们对课程的反馈意见和建议，及时向李老师反馈。

这也是跟在老师身边非常珍贵的学术训练。“桥梁稳定与振动”课程开课后前两年教的都是1961届和1962届的毕业班学生（五年级）。项海帆全程跟课，李老师严谨的治学态度和卓越的学术修养深深地影响着项海帆，使他对身为教师有了更加深刻的认识，希望自己有一天也能成为像李老师那样学识渊博、德高望重的好老师。

二十四岁的项海帆，开始在“传道、授业、解惑”的为师之道上奋力前行。因为具备扎实的专业知识和良好的组织协调能力，李老师将所有习题课都交给项海帆独立负责，有时李老师出差开会，也放心地将课程交给项海帆代为讲授。项海帆虽然年纪比学生们大不了几岁，但学识丰富，态度认真，受到老师和学生的一致认可。

因表现突出，除桥梁教研室以外，铁路教研室也开始为项海帆安排工作，让他承担陈伟宗和吴先茂两位老师所教课程的辅助教学工作。吴先茂和陈伟宗都是桥梁教研室的学长，比项海帆早几届毕业留校。两位年轻教师的教学风格各异，但都让他受益匪浅。尤其是吴先茂，他授课条理清晰，板书漂亮，为项海帆以后开设钢桥设计课程打下了坚实基础。

在做助教指导学生的过程中，本就比学生大不了几岁的项海帆也收获了很多友谊。他和学生中的陆楸、戴忠等人结下了亦师亦友的情谊。学生们经常找项海帆讨论，向他请教学术问题，在毕业后还一直和他保持联系，师生关系非常融洽。毕业后，戴忠赴加拿大攻读硕士学位，曾应聘到美国旧金山的林同棪国际公司工作，多年后，项海帆赴旧金山访问林同棪国际公司时，戴忠已经是公司的总工程师了。后来戴忠又被派往中国台湾任分公司总裁，20世纪90年代后期项海帆去台湾大学访问时俩人再次相见，戴忠对项海帆的尊敬和感激之情，每每都让项海帆深受感动。从学生到助教身份的转变，不仅让项海帆收获了学术的积累和沉淀，也收获了身为教师最初的感动与荣耀。

注重理论与实践并重，培养学生解决问题的能力和工程应用实践的能力一直是同济大学人才培养的一大特色。对青年助教项海帆来说，除了教学和指导学生，经常会被派去外地带课外实践课程，也让他在教学和学术研究以外，积累了工程实践的经验。1960年暑假前夕，铁路教研室组织了一次蓝（村）至烟（台）线的勘测活动。由于项海帆曾参与了杭宣线的勘测，有一定实践经验，教研室便点名让他负责此次勘测桥涵水文组的工作。

勘测活动的南分队总部设在山东省青岛市即墨县，由分队长祝继法领队负责从南向北的一半铁路线的勘测工作。因为这次勘测，项海帆和祝继法成为好朋友。只要下雨不出工的时候，大家就聚在一起聊天、打牌。

那次勘测活动也让项海帆第一次检测到自己的酒量。勘测结束后，一行人一起从青岛乘船返回上海。在青岛等待返程的两天时间里，祝继法提议全体教师一起去饭店庆祝勘测圆满结束。因为工作顺利完成，大家很开心，点了一瓶红葡萄酒助兴，给项海帆也倒了一杯。

这是项海帆第一次喝红酒，令人意外的是，一杯喝下去之后，项海帆直接醉倒在了地上，大家只好把他抬回招待所休息。醒来后，项海帆意识到自己对酒精的敏感度极高，从此便不再轻易尝试饮酒，这也是他以后十分自律的一项规定，不允许自己轻易喝酒，更不允许自己喝醉。

从1960年秋季学期起，项海帆开始接替出国留学的吴先茂老师给1961届铁路专业的学生上钢桥设计课，同时还为肖振群老师给桥梁专业四年级学生上的钢桥课担任助教。肖振群是除了李国豪教授以外，对项海帆影响很大的一位老师。肖振群出身地主家庭，很早就离家上中学，1949年在同济毕业后因成绩优异留校任助教。1952年被选派留苏，师从苏联著名钢结构专家斯特律列茨基教授，1956年取得副博士学位后回校任副教授，1958年开始任桥梁教研室主任。相似的家庭出身和学习背景，使肖振群对项海帆这位才华横溢的年轻人非常赏识。

当时，同济大学承担了南京长江大桥的桥式方案及振动研究，肖振群因为南京长江大桥的建设，经常出差开会，就让项海帆代他给学生上课。随着教学经验逐渐丰富，1962年，项海帆又一次被李国豪推向了教学的前台。

一天，李国豪对项海帆说："下学期桥梁的稳定振动课由你来上。"项海帆吓了一跳，心想自己积累根本不够，上得了吗？

看出他的迟疑，李国豪鼓励他说："学校的日常工作忙，你知道我又承担了国家下达的抗爆研究任务，经常要出差。你已看了大量文献，可以承担了，暑假里先做好准备，自己上课对科研、写书都有帮助。"暑假过后，从新学期开始，项海帆从助教转为教师，开始走上教学第一线，给1963届学生上课。

据项海帆回忆："我鼓起勇气接下了这门难度较高的选修课，心想绝不能辜负老师的信任，当时我才26岁。"①

就这样，项海帆承担了“桥梁稳定与振动”选修课、铁路专业的钢桥课和桥梁专业钢桥课三门课程的教学工作。作为二十出头的青年教师，他这样被“器重”也引发了教研室其他老师的不同意见。但项海帆在教学方面既严谨又负责，不断调整更适合学生的教学方法，探索让学生更易接受的讲课方法，很受学生欢迎，教学成绩也非常突出。在学校开展的评教活动中，由学生给任课教师打分，项海帆的课得到学生的一致好评，学生评价：“项老师的课说理清楚，板书整齐，深受大家欢迎。”简单的肯定背后是项海帆不断付出和努力的结果。教研室主任肖振群十分坚定地支持他，在周二下午教研室的全体例会上宣读了教评的结果，表扬了他的成绩，让项海帆深受鼓舞。

作为“摘帽右派”，项海帆体会到肖老师的这份肯定和支持难能可贵。在当时环境下，项海帆相当于还在接受组织考察，这样表扬的形式和拔尖的评价势必容易引起教研室其他人的看法。但肖老师实事求是，毫不顾忌这些，让项海帆深受感动。但也正因为类似的事情，在后来的“文革”中，“重用和包庇右派”成为肖振群被造反派批斗的一大罪状，使他遭到不公正对待的厄运，这让项海帆心怀愧疚。

第二节　南楼天堂，“琴音缔美缘”

二十多岁的年轻人，对工作充满了热情，对生活也充满了澎湃的激情。自1959年学校各项工作恢复正常后，爱好广泛的项海帆，在生活上也恢复了绚丽多彩的丰富色调。这时候，爱情也在飞扬的青春中悄然来到。

1959年秋天，附中物理老师袁哲诚听说项海帆“摘了帽”，知道他会拉手风琴，建议他参加教工小乐队。因为项海帆的文艺才能声名远扬，很快教工合唱团也请他去担任伴奏。项海帆成为教工文艺的积极分子。

1960年春天，也是项海帆爱情的春天。那一年，学生文工团弦乐队为排练乐曲《春天来到了扬子江》，邀请教工小乐队加盟，项海帆也受邀参加。“众里寻他千百度，蓦然回首，那人却在，灯火阑珊处。”在师生第一次共同排练的平房教室，他遇见了让他一见钟情的那个姑娘。

1960年代同济大学的大草棚，是校园的一个文化符号，也是一种精神传承，是既作为食堂又作为礼堂的场所。那天排练，项海帆到达的时候，学生文工团已经先到了。他一路走过去，耳朵和眼睛都聚焦在一个身影上，在三三两两的人群中，一位一袭白裙、短发轻束的女孩，微微侧着脸，悠扬的小提琴声正从她灵巧秀丽的手中随着琴弦高低起伏流淌，每一个微小的旋律，都好像在拨动他的心弦，让他既紧张，又忐忑。他看向她的目光，有些热切，也有些故作平淡的镇定。

她就是学生乐队的首席小提琴手宁蓓蕾，同济大学城市建设与经营专业1957级的学生。那时在一·二九礼堂经常有学生文工团的演出，被打成右派的那段时间，项海帆虽已不再为学生合唱团伴奏，但每有演出，他都会去看，早已注意到了这位文静秀雅、才情横溢的小提琴手领奏的风采。借由排练的机会，项海帆离这个关注已久的女孩越来越近了，只是碍于自己“脱帽右派”的身份，并无其他

宁蓓蕾演出照，1961年

想法，只能在排练的人群中默默关注她。

1961年秋天，李国豪教授计划将“桥梁稳定与振动”课程的讲义编成专著出版，他拟定了一个大纲，让项海帆补充一些稳定部分的新内容，并增加振动部分的内容。秋天开学，李老师借了南楼二楼原来苏联专家的办公室给项海帆使用，让他全力投入书稿的编写中。就这样，项海帆在李老师的安排下，在南楼开始了一生中最重要、最有收获的基础学术工作。

南楼和北楼是同济校园里两座对称的建筑，建于1950年代院系调整以后的劳动建校时期，采用复古主义风格，外观简洁匀称，整个建筑群以砖红色为主色调，显得古朴端庄，是校园的标志性建筑之一，也是项海帆的“天堂”和宝地。

南楼二楼的那间办公室，大概40平方米，是原来苏联专家组组长维托希金教授的办公室，放了两张高级大书桌，桌上有台灯，还有一张很大的会议桌，供苏联专家组开会使用。项海帆认为，这个办公室突然能够给他这样一个"摘帽右派"单独使用，真是难以想象的奇迹，他有点惶恐，不敢用大书桌，就在会议桌上摆满了从图书馆借来的各类文献图书，每天从早饭后到晚上睡觉前都在那里奋笔疾书，开始紧张而令他十分神往的工作。"我向老师每周汇报一次、讨论半天，并把写好的部分初稿交给他修改定稿。从1962—1964年的两年间，我成了图书馆的常客，阅读了几乎所有能借到的文献资料，使我在'稳定和振动'领域打下了扎实的理论基础，这也是我得到老师最多教育和培养的一段终生难忘的岁月。"[①]

在写书以外，他给自己也安排了下午的文体活动时间，打球、练琴以锻炼身体、陶冶性情。这时的他，过得充实又满足，感觉自己在科学与艺术的世界中悠然自得，过着神仙般的生活。

这样神仙般的生活在那个年代，是不敢对人言说的秘密，稍有不慎就会连累关心自己、对自己寄予厚望的恩师。哪怕是对自己的患难之交范立础，他也只敢说在南楼四楼的结构理论研究室写教材，从来没有邀请挚友去南楼办公室，对教研室同事更是绝对保密。幸亏当时路桥系的教室都在北楼，项海帆在南楼的工作才能不被同事和学生发现，否则一定会引起不必要的麻烦，给李校长带去不便。

在南楼，项海帆每日沉浸在书海，做着自己最喜欢的工作，打下了坚实的理论基础。沉迷工作之余，一直没有丝毫进展的感情生活也突然有了契机，爱情悄然降临。

宁蓓蕾酷爱音乐。文工团的乐队排练房中有一架钢琴，她常常一个人抽空去那里抚弄钢琴，但苦于没有老师，没有琴谱，只能弹弹音阶。自从教工小乐队和她们合作演出后，她知道了项海帆手风琴拉得不错，看上去人也很正派，而且她的排练房中还有一架闲置着的手风琴。因为手风琴体量小、便于携带，于是她萌生了“退而求其次”的想法：学手风琴吧！（学钢琴则是退休后才圆了梦。）

1961年暑假，项海帆突然收到在苏州生产实习地实践的宁蓓蕾的一封来信，信中提及她想学手风琴，想问问项海帆有没有空教她。对于一直默默关注她，仰慕她已久的项海帆来说，宁蓓蕾的来信无疑犹如给了在沙漠中行走的焦渴旅人一杯甘泉。他非常激动，立刻回了一封信。在回信中，项海帆表示，如果她想学手风琴，可以暑假回到学校以后来同济新邨找他，自己非常乐意教她。

那时，在同济新邨宿舍和项海帆同住的陆宗林已结婚搬回家住，同宿舍的另一位赵其昌也放假回家了，只有项海帆还每日在学校工作。信寄出后，项海帆一边忐忑，一边盼望着。时间在等待中似乎尤其漫长。一个夏日的上午，毫无征兆,一个清灵的身影敲开了项海帆的心门。

依旧是一袭雅致的连衣裙，宁蓓蕾提了一架手风琴来了。就这样，两位数次碰面的年轻人第一次单独有了交集。两个年轻人第一次独处多少有些拘束，但音乐让他们消除了陌生和紧张，如老朋友般畅谈了起来。

小提琴以旋律为主，常需钢琴伴奏以丰富和声，手风琴则是和声乐器。项海帆教了她第一首曲子《多瑙河之波》，讲了大、小调的和声配置与转换，又做了示范，告诉她调性转换的原理。在音乐的世界，两颗年轻人的心慢慢熟悉，渐渐靠近，时间的旋律在甜蜜的节奏中，悄然飞逝。

那天的交流结束后，项海帆帮宁蓓蕾提了琴箱，走出小区送她去车站，告别时，两个年轻人又恢复了初见时的羞涩，一切好像依旧和以前一样，又好像有些不一样了。俩人相约回去以后好好练习，开学以后再切磋交流。带着无尽的思念，暑假结束开学后，项海帆约宁蓓蕾在南楼办公室见面。

宁蓓蕾班级夜自习的教室正好也在南楼端头的梯形教室，距离项海帆的办公室几步之远，所以在晚饭后到夜自习的一段空闲时间，宁蓓蕾常到项海帆办公室听他拉琴。

如果有人刻意倾听，会发现在南楼二楼的那间办公室，常常有手风琴轻柔欢快的旋律传出；一个俊雅的青年和一个秀美的少女，一个拉琴，一个静听，时有言语，时有对视，笑也温柔，情也温柔。

两位年轻人的交往，引起了宁蓓蕾哥哥宁寿葆的关注。爱妹心切的哥哥通过组织调查，又通过亲友关系向陆宗林了解项海帆的情况。陆宗林希望好友能有情人终成眷属，告知了项海帆的情况，也一再强调项海帆为人正直，人品没有任何问题。宁寿葆后来还专门约谈了项海帆，项海帆非常坦诚，如实讲述了自己1958年被划为“右派”的情况和处分内容，并豁达地说：“如果你们家庭不能接受我，也不要紧，我有思想准备。”

项海帆开始教宁蓓蕾拉琴，陪她练琴。除了厚厚的桥梁专业书籍之外，项海帆还从外文书店买来了许多苏联出版的手风琴五线谱，既有苏联歌曲的伴奏谱，也有斯特劳斯的圆舞曲、肖邦著名的《升C小调圆舞曲》和《茶花女》序曲等，工作之余就精研琴艺。每次宁蓓蕾来办公室，他都拉给她听，用琴声表达对她的爱慕之情。闲暇时，项海帆还约宁蓓蕾一起去听音乐会，上海音乐厅、美琪大戏院……在“殷承宗弹拉赫马尼诺夫第二协奏曲”琴音悠扬中，在以音乐为媒介的不断交往中，两位年轻人的心越靠越近。

事实上，他十分明确自己的心意，也非常渴望爱情的圆满。有一天傍晚，项海帆和宁蓓蕾在校园散步，一起走到大操场上，在草地上坐下来。面对摆在面前的现实，项海帆和宁蓓蕾交谈了很久。

项海帆说："我从没有跟你详细说过我的家庭，我的成长，你愿意听吗？"这次长谈，可以说是项海帆带有求爱目的的主动表白。

在女孩温柔的鼓励下，项海帆向宁蓓蕾讲述了自己的家庭，介绍了家庭成员和自己一路以来的经历，尤其是1957年至1958年间发生在自己身上的事。

项海帆说："蓓蓓，这就是我目前的状态，像我这样的'摘帽右派'很多人都躲之唯恐不及，你愿意同我交往，我简直不敢相信，一切都太美好，这段时间，我都宛若身处天堂。"他鼓起勇气坦承了自己的感情，面对如此美好的女孩，他迫切地希望和她拥有爱情，步入婚姻，但又感觉到希望的渺茫和可能会失去的痛苦。宁蓓蕾一言不发，默默地听着项海帆的诉说。她努力争取到了母亲的支持，接受了项海帆的求婚。

宁蓓蕾的出现和稳定的感情使项海帆动力倍增，他更加奋发努力地投入到书稿的写作中去。从1961年秋天到1964年夏天，差不多3年的时间，除了教学，项海帆都沉浸在学术研究中，为《桥梁结构稳定与振动》一书的编写废寝忘食。到最后一年，书稿进入画插图和校对整理阶段，李国豪教授每周来南楼办公室半天，和项海帆讨论问题，审阅初稿，这一学术重任终告完成。

学术的训练和理论的研究也加深了项海帆对实践运用的思考。1963年暑假，项海帆和石洞带着1964届学生去桐庐富春江水电站工地现场设计，住在桐庐中学。在这次现场设计中，项海帆发现了坝顶桥设计中荷载横向分布计算的一个错误，作了更正，得到了设计院总工的赞赏和学生们的钦佩。这件事虽小，但让项海帆对自己从事的研究工作充满了信心。

1963年春天，在项海帆“留校察看”五周年时，学校终于给他定了职，成为正式助教，拿到了每月60元的助教工资。这一喜讯减轻了他思想上的包袱，也促成了他和宁蓓蕾的婚姻。

1963年春天的一个周日，项海帆应邀去宁蓓蕾家做客，宁蓓蕾特别提醒他带手风琴去表演一个曲子。那时，项海帆正在练肖邦的《升C小调圆舞曲》，因他知道女朋友家中音乐氛围浓厚，正好也想露一手。为了这次上门做客，他专门练习了好几天肖邦的圆舞曲。去的那天，面对恋人的家人，虽然有些紧张，但总算全曲演奏了下来，没有出错。

那天，宁蓓蕾的哥哥宁寿葆、嫂嫂闻玉梅和侄女宁忆都在。哥哥的小提琴拉得非常出色，曾在上海业余交响乐团任第二小提琴手。嫂嫂自小学习钢琴，音乐修养也很高。在这样一个家庭面前，项海帆感觉到了压力，但音乐让他化压力为动力，成为用真情去打动、说服女朋友一家的途径。也许是项海帆优美的琴声和执着的态度打动了宁蓓蕾的哥哥，聚会的那天，他给这对热恋的小情侣在花园里

项海帆和宁蓓蕾的第一次合影（富民路），1963年

拍了第一张合影。后来项海帆才知道，这是宁蓓蕾第一次和异性合影，象征着她的家庭正式接受了项海帆这个新成员。

1963年暑假，项海帆陪母亲一起去富民路宁蓓蕾家正式送了聘礼，双方家长商议把婚期定在第二年立春。项海帆的爱情，终于开出了美丽绚烂的婚姻之花。

在相恋的日子里，项海帆开始学写古体诗，以此来表达自己的情感。他买了诗词格律的书，看了唐诗、宋词和红楼梦中的许多诗词。结婚那天，他在国际饭店十四楼为妻子献上了一首五言绝句，以示真心。

公演初相见，琴音缔美缘；白头同偕老，爱恋永洁鲜。

这首五绝《婚誓》就是他们情路的见证。

项海帆宁蓓蕾结婚照，1964年

杭州蜜月照，1964年

1964年立春，他终于如愿娶到了自己挚爱的女孩。

霓裳披身魔丝弄，娓娓琴音乐众，奏罢声雷动，首席佳丽人称颂。手巧心灵仪态重，我自心潮暗涌，夜夜相思梦，三生有幸良缘送。

这首《倾慕——调寄惜分飞》是他们美好情感生活的见证。结婚后第三天，这对新婚夫妻去了项海帆的老家美丽的杭州度蜜月。他们住在杭州饭店，欣赏了西湖冬日的风光，也留下了《七律·杭州蜜月》的甜蜜词句。

西泠桥畔望湖楼，借作新房蜜月遊。西子悄悄慈态露，忠祠肃肃敬怀稠。依肩踏雪孤山径，携手迎风宝岭头。莫道湖山春独好，恬静冬日更优柔。

第三节　出版《桥梁结构稳定与振动》

蜜月回来，项海帆对工作的劲头似乎更足了！项海帆决定报名参加为青年教师晋升讲师举办的“外语过关考试”。虽然没有时间准备，从小英文成绩优秀的项海帆十分有信心。那次考试，全校五十年代毕业的助教大都报了名。外语过关考试分为英语和俄语两个语种，大部分助教报考的都是俄语。项海帆决定要发挥自己的特长，在征求了肖振群老师的意见后，他报考了英语。

开学前一周，学校在梯形教室举办了一场超过200人参加的外语考试，可以说盛况空前。一周以后，外语教研室一位熟悉的老师向项海帆通报了喜讯，全校仅5人通过英语考试，3人通过俄语考试，项海帆位列其中。路桥系仅项海帆和铁路教研室的在职研究生吴德康2人过关。其他还有一些青年教师虽然报了名，但临阵胆怯没有去考。

项海帆完全靠中小学的英文底子，加上阅读英文文献的词汇积累，考了英语第二名。建筑系一位从圣约翰大学调来的助教考了第一名。李国豪副校长和肖振群老师知道后十分高兴，对项海帆表示了祝贺。然而，这次为职称晋级举办的考试通过后，项海帆并没有因此晋级，“外语过关考试”也因有人提出反对意见而不再举行。

新婚的甜蜜和考试的成就感过后没有多久，分配在北京市规划局的宁蓓蕾要去北京报到，这对仍在热恋中的新婚夫妻即将面对离别和异地。

> 一樽锡惠山泉露，壮别亲人上征程。巧榭曲廊迷鸟眼，荷风柳雨醉人心。鼋头渚砥千重浪，蠡院花藏四季亭。我叹人间辛酸事。鸳鸯多少俩离分？！

这首写于1964年4月的《七律·惜别无锡春遊》，写出了新婚甜蜜却要分离的无限惆怅。在祖国建设需要和国家大义面前，项海帆夫妻和许多当时的年轻人一样，带着思念与不舍，奔赴各自的工作岗位。

4月底的一天，宁蓓蕾踏上了北去的火车，俩人约定每星期通

项海帆和宁蓓蕾新婚不久后在无锡春游合影，1964年

信，并相约暑假探亲再见。就这样，俩人开始了长达十年的异地生活。项海帆牵挂妻子，在亲朋好友中，除了自己哥哥一家以外，妻子的姐姐卡洛从清华大学机械系毕业后分配到西郊的北京第二通用机械厂（1978年更名为“北京重型机器厂”）当技术员，妻子的嫂嫂闻玉梅也正在北京协和医院进修，跟随著名的谢少文教授学习。项海帆觉得有这些亲人在北京，彼此有个照应，也就放心了不少，便全身心投入到《桥梁结构稳定与振动》一书文稿的收尾中。

1965年，这本在李老师的统筹和指导下，花费了项海帆四年心血的专著终于正式出版。这本著作着重于基本概念、理论与实践相联系，引用因稳定和振动导致的桥梁事故为背景，力求从理论角度阐明稳定与振动的本质，是结构力学和桥梁工程领域开创性的研究成果，成为桥梁工程师不可多得的宝贵典籍。项海帆也在参与书稿写作的学术训练和积累的过程中，对桥梁动力特性、结构抗风和抗

1965年出版的《桥梁结构稳定与振动》

震有了系统而深刻的理解和认识，为他后来的研究打下了坚实的理论基础。

该书出版后，项海帆怀着激动的心情写下了一首《贺生日——调寄渔家傲》。

三月春风同济院，南楼夜曲知音唤。似有门声回首看，琴音乱，迎来正是心中盼。半夜明灯发奋干，恩师保荐遂心愿。人逢喜事精神焕，不知倦，功成小作亲人献。

他把这本著作献给了妻子，作为她生日的贺礼。《桥梁结构稳定与振动》一书，既是他的学术之缘，也是他的爱情之缘，项海帆在这一段“琴音美缘”中，既收获了学问，又收获了爱情。

第四节 “暴风骤雨”中恪守本职

妻子去北京后，项海帆从他们的新房又搬回学校青年楼的宿舍，和范立础同住一间。书稿送交出版社后，南楼的工作也告一段落。

此阶段，项海帆在学校的主要工作是三门课程的教学，铁路专业的钢桥课，桥梁专业的稳定与振动课以及钢桥课。在学校，几乎每天上午都有课，日程排得很满。在上课之余，项海帆养成了极其规律且自制的作息。下午午睡以后，他去图书馆翻阅新到的国内外专业杂志，养成了固定的阅览习惯，了解国内外的最近研究进展。下午四点半后去操场打一会儿篮球，晚上则准备第二天的课，或批改作业。每周六下午回家，看望父母，星期天给妻子写信，急切盼望放暑假去北京和妻子团聚。

1964年暑假前，教研室安排项海帆带领1966届桥梁专业三年级同学去上海莘庄铁路工务段劳动两周。项海帆和同学们一起住在莘庄中学的教室，大家都自带行李铺盖，打地铺。项海帆本就是爱好广泛、知识丰富的青年教师，经常和学生一起看书打球，学生们和项海帆的关系都很好，特别是几位功课好的学生常常问他一些力学问题和英语单词。遇上下雨天不出工，项海帆就和学生一起打桥牌。同学们不懂叫牌规则，项海帆因为小时候和哥哥学过桥牌，看过Cubertson写的英文桥牌书，就给他们讲一些叫牌规则。

从莘庄劳动回来，就到了新婚后两地分居的第一个暑假。项海

项海帆在北京探亲（北海公园），1965年春节

帆迫不及待动身出发去北京探亲。周末，他们夫妻和卡洛、妻嫂闻玉梅一起去北海公园玩，还去东郊慈云寺纺织工业部研究院探访了哥哥项海航。当时，宁蓓蕾住在设计院白云观宿舍，有一间小房子，虽很简陋，但其乐融融。

相聚的日子总是短暂，一个多月的暑假生活很快结束了，项海帆回到上海继续工作。“国命如山，甘将手足暂分边。……问南郎北女，何日团圆？”为了新中国的建设，无数像项海帆一样的小家庭分隔在祖国的东南西北。宁蓓蕾工作不到一年，还不能请探亲假，他和妻子互相鼓励，相约寒假再聚。在项海帆的影响下，妻子也开始学习诗词格律和阅读唐宋诗词选，俩人在鸿雁传书中用诗词寄寓情感。1964年中秋节，宁蓓蕾从北京寄来她第一次填词的处女作，让思念中的项海帆激动不已。

> 中秋夜，明月挂高空。月有阴晴今日烂，人分南北何时同？心愿几时从？

一首《调寄忆江南》以解相思之苦。国庆节项海帆步宁蓓蕾的原韵和了一首《调寄忆江南》：国庆夜，灯彩照天红。千鼓噼啪演礼乐，万花锦绣画太空，何日暮朝同？

这对青年夫妻将相思寄语诗词之中，付诸笔端，留下了那个年代为国家建设而分别中特有的唱和之作。

1964年9月开学后，全国开始动员去农村开展“四清运动”，即社会主义教育运动，清政治、清经济、清组织、清思想以制止“资本主义复辟”。这时候，从建筑系“火烧文远楼”开始，学校批判资产阶级思想的运动回潮。

同济大学建筑系是1952年院系调整时在圣约翰大学、之江大学建筑系及原同济大学、交通大学等学校的基础上新建的。在文远楼中汇集了大批老一代建筑设计与城市规划大师，如陈植、谭垣、冯纪忠、金经昌、哈雄文、唐英、陈从周等，有着人才汇集、海纳百川的特点。建筑学专业的特点是工科中的文科，技术中兼有艺术。在特殊年代，一共经历过三次“火烧文远楼”。

当时，有班级以项海帆为对象开批判会，指责他坚持选修课高标准是在排斥工农学生，劳动时教大家打桥牌是在腐蚀学生。面对这些“欲加之罪，何患无辞”的指控，项海帆低头不语，不做任何解释。幸好运动很快就过去了。项海帆提出辞去“桥梁稳定与振动”选修课的教学工作，但因为没有人能接手这门课程的教学，他的请辞没有获准。

这些短暂的风波对于早已经受过风浪的项海帆来说，丝毫不能

项海帆和宁蓓蕾在颐和园同游，
1965年暑假

项海帆和宁蓓蕾在长城合影，
1965年暑假

动摇他坚定的意志，他依旧恪守本职，兢兢业业对待学校安排的各项工作。1965年暑假前，项海帆带着1965届的部分学生去山东潍坊潍河大桥做毕业设计，上海市政院杨祖东主任和一位姓高的工程师在那里做现场设计。基于前期的基础研究和思考，项海帆提出一些合理建议并得到设计方采纳，也进一步增强了他对专业研究的应用前景的信心。

1965年秋季开学后，学校的政治气氛愈来愈紧张，项海帆也更加小心翼翼。原来宿舍同住的三人，张纪衡结婚后，项海帆和范立础两人住在青年楼。每周五下午有政治学习，有过前车之鉴的两人早早赶去教研组，一人占一个墙角的座位，不敢讲话。在每周二下午的教研室活动中两人也抱定"夹着尾巴做人"的态度，不敢再发言。哪怕在这种情况下，项海帆仍然关注着国际桥梁的动态，每周抽一个下午去图书馆的外文期刊室翻阅国外的影印本期刊，在宿舍里和范立础作一些交流。

在紧张的工作和对妻子的思念中，1966年春节，宁蓓蕾终于可以回上海过春节了。虽然时间短暂，但这对一直处于异地的夫妻终于能在自己陕西路的新房内团聚了。春节假期中的一天，项海帆教过的学生陆楸还约他去长风公园见他的未婚妻王物华，他们打算在陆楸研究生毕业后结婚。陆楸等学生的认可从某种程度也给了他一些安慰，重拾被冲击后的信心。

一个周末，项海帆带学生去淮安周恩来故居参观，发现里面很破旧，还住了很多户人家。他心里隐约有些不一样的感受。

1966年5月16日，中共中央政治局扩大会议通过了《中国共产党中央委员会通知》(即"五一六通知")。项海帆在工地的大喇叭里听到了人民日报社论的广播，预感到一场风暴即将开始。

果不其然，6月，项海帆就接到学校通知，立即回学校参加运动，暑假去北京探亲的计划成了泡影。回到学校，校园里已贴了不少大字报。随后，9月开始全国“大串连”活动，在这一系列事件中，项海帆都仿佛置身局外，既没有参与，也没有受到冲击，只是默默地关注着形势的发展。

有一天，项海帆从报纸上看到，北京的红卫兵开始“破四旧”和抄家行动。因为此前的经历，他非常警觉，急忙赶回家中提前清理了书架上一切可能被清查的东西，防患于未然。就这样，墙上挂着的披着婚纱的彩色结婚照，一些抒发情感的诗词习作，学校宿舍里的书籍和手风琴谱……这些日常生活的痕迹也被他本着谨慎的态度处理了。

果然不久，学校红卫兵到青年楼宿舍抄“四旧”。项海帆因为此前的未雨绸缪，没有发生意外。学校暂且安全了，但还是没能阻挡整个家庭受到冲击。10月的一天，项海帆父亲民光厂的工人造反队抄了他们位于陕西路的家，项海帆和妻子在三楼的一间新房也被封了，从此他不再回家过夜，只能白天偷偷回去看一下父母的情况，日子过得日益艰难。

项海帆在高压的环境中度日如年，感到无尽的煎熬，但他又不忍心让妻子担心，每周给宁蓓蕾写的信也少了，有些事不敢对她如实讲述，怕引起她更多担心，只能相互安慰几句，祈祷各自珍重。

1967年春节前，宁蓓蕾又能回家探亲了。这时候，她自己位于富民路的家也被抄了，成了红卫兵司令部，弄堂里四家被抄的人家合并住到其中姓江的一幢楼里。一家人在紧张的气氛中渡过了一个异常艰难的春节。

值得高兴的是，宁蓓蕾探亲回北京不久后就传来怀孕的喜讯。

得知自己终于要当父亲了，项海帆异常激动，这个小小的生命，就像身处黑暗时一线温柔的光，给了他温暖和感动。他拿起笔，赋了一首《咏蓓——调寄卜算子》。

痴蝶恋蓓蕾，爱比南山重。怎奈相逢未适辰，难把花媒送。忽报秀花开，惊喜真如梦。急待菓熟蒂落时，侍立倾心奉。

新生命的孕育，给了项海帆和他的这个小家庭，在风雨飘摇中无尽的勇气和信心。

第五节 “一切都会过去”

1967年全国陷入了“武斗”。学校停了课，教员天天学习社论，项海帆和范立础分别坐在教研室的两个角落，看着大家讨论，一言不发。家里经济十分困难，定息存折也被抄没了，母亲只能设法借钱维持着一家的生计。

9月，妻子的产期快到了。宁蓓蕾决定回上海分娩。1967年9月27日国庆节前，宁蓓蕾在妇婴保健院生下了他们的女儿，按“宇”字辈排行，取名“宇菲”。产假一过，妻子又要赶回北京工作，抚养女儿的重任只得由已经快六十岁的岳母承担。

项海帆把60元工资的三分之一给了岳母，三分之一给了自己的母亲，留下20元做自己一个月的生活费。生活十分艰苦，每月留12

元饭票，每天才4角钱，要省吃俭用才能维持。早餐是一个的馒头，夹一块腐乳，再加一碗豆浆。晚饭是一个馒头，一碗稀饭，再加一个咸鸭蛋。中餐买一份菜和四两饭。一周只能吃一次大排，其余只能是小荤，到了月底，常常要数着饭票过日子。原来喜欢的大饼、油条、豆浆、粢饭“四大金刚”都吃不起了，馒头、腐乳、稀饭、咸蛋成了新的“四大金刚”。

除了在学校的生活比较艰难，家里的情况也不容乐观。自行车被红卫兵“征用”了，没了交通工具，项海帆就更少回家了，只能一个月找机会回去一次看看父母和女儿菲菲，把领到的工资分给母亲和岳母就赶快回校。在当时政治环境中，人也变得异常紧张，害怕万一学校有事找不到自己会平添出许多麻烦。

1968年春节过后，民主楼贴出了勒令“牛鬼蛇神”去革委会报到接受审查的通告，“清队”运动开始了。全系有历史问题的教职工被集中到北楼底层梯形教室，开始了“牛棚生活”，接受改造。这段时间，精神和身体都遭受极度高压的煎熬，一群知识分子被迫离开教学和研究岗位上，除了交代问题、写检查外，还要去打扫卫生和锄草，每天八点报到，下午五点解散，互相之间不准说话，基本失去了自由。在这种境况中，项海帆还被指派当了棚长，负责点名和读报。

对一个有良知的知识分子来说，“牛棚”生活是一种隐忍，更是一种煎熬中无法言说的孤傲和沉痛。项海帆自知并没有新的问题，只是按报上的形势写一点自己的认识。他的这种态度有时也会让造反派不满，他们吓唬项海帆：“要深刻检讨，发现自己的问题，改造得不好，要重新戴上右派帽子！”耿直如项海帆，自然不会被吓到，他看着自己的老师、同学、朋友和同事都默默地承受不同程度的冲击，也暗暗作好准备，下定决心，“如果真到了再戴上右派帽子那一天，我就和蓓蓓离婚，不能连累她和孩子一辈子”。

于悲凉中自有温情。他和范立础这对患难之交和人生挚友，再度在“牛棚”中互相鼓励，约定要一起渡过这段时间，不管命运如何，要相信光明的未来一定会到来。他们的“牛棚”在北楼靠和平楼的一楼梯形教室，项海帆坐在第一排，随时提防“造反派”进来。范立础坐在最后一排的边上，用报纸的边角做一副纸牌玩，以打发时间。

项海帆怕出事，会劝说范立础：“老范，你当心点，被发现又有把柄被人说了，回头又该受苦。”

范立础小声叹气：“只有这样，我才能不胡思乱想。脑子里太乱了，需要有东西可以转移注意力。”

项海帆明白挚友的苦心，他自己又何尝不是如此呢！身处“牛棚”，他的心都牵挂着远方的妻子和女儿，在这种清苦和寂静中，是心中贝多芬、巴赫、斯特劳斯的旋律陪伴着他，是李白、杜甫、苏轼的诗词激励着他。他只能一边给老友“把风”，一边一再叮嘱他小心。

范立础告诉他：“你放心好了，我每天玩好就丢了，不会留下的。有人进来，我就放到桌板下的格子里，不会有事的。”

远离了课堂和自己喜爱的专业领域，亲人又不在身边。在特殊时期里，两位此前意气风发的青年才俊度日如年，惺惺相惜，不知何时才能从这种屈辱和恐惧的生活中解脱。

万幸的是，在一年多的“牛棚”生活中，项海帆只被造反派叫到教研室去审问过一次。主要针对他“一九五七年反党的罪行”。面对莫须有的事情，项海帆也很无奈，只能按照当时处分意见中的提法说："我是混入党内的阶级异己分子，企图用资产阶级思想改造党……"

这种正直、威严但又背书式的生硬检讨还没讲完，就有群众忍不住笑出声来。这些青年学生自然是熟悉项海帆的，他的课堂深受大家喜爱，无论打篮球还是各项文体活动，大家眼中风度翩翩、刚正不阿的项老师都能和同学们打成一片。看着一向儒雅端正的老师以这副模样出现在大家面前，群众中有的觉得好笑，也有人觉得气愤，看不下去，一时场面有些嘈杂。也许是怕节外生枝，主持批判会的人赶紧草草收场，让他回"牛棚"认真思过，写认罪书。后来，倒也不单独批斗他了，除了在批判李国豪老师和肖振群老师的会上曾拉项海帆去站立"陪斗"外，没有再单独拉他"过堂审问"了。

1969年，党的九大召开后，决定解放部分被审查者，项海帆有幸被第一批释放，回到了教研室参加活动。为庆祝党的九大召开，系里组织跳"忠字舞"，项海帆也获准参加，算是得到了"新生"。回到教研室，行动相对自由了点。有一次，他在教研室看到"打李战斗队"在讨论李国豪老师在隔离审查中写的日记，其中有一首德国小诗，他偷偷地记了下来：

Alles geht vorüber，一切都会过去，
Alles geht vorbei；一切都将逝往；
Nach dem Dezember，寒冬腊月之后，
kommt wieder der Mai. 又是明媚春光。

项海帆在心里默默诵读，这首李老师写在日记里的小诗，是李老师的自我鼓励，也像李老师对关心和牵挂他的学生的叮嘱。在一

年多的时间里，他和敬爱的李老师彼此隔离，完全说不上话，见面也都是在互相都很狼狈的批斗现场。他真怕李老师无法承受这种非人的境遇。

这首德语小诗，让他看到李老师摆脱了初期的绝望心情，能够坦然地面对造反派的无端污蔑，对前途有了信心，项海帆也更加有力量了。

离开了“牛棚”，项海帆的心情终于能稍稍放松，也能常常回去看看岳母和女儿菲菲。菲菲已经一岁半多，话很多，十分活泼可爱，项海帆为她写了好几首现代诗：

快快长大吧，咱们信笺中的女王；
愿她有一双灵巧的手，
拿起妈妈的琴箱；
愿她有一颗善良的心，
成长为社会的栋梁；
愿她有一身矫健的体魄，
为人民服务、奔忙；
啊！她是咱们的憧憬，咱们的希望。

他希望，女儿能自由快乐地成长，为祖国和社会做贡献，能带来新的憧憬和希望。1969年11月，进入“三秋劳动”，项海帆所在的教研组去了宝山罗店。负责给项海帆等人安排劳动的罗店吹螺角生产队的民兵连长小顾，当时中学刚毕业，对知识分子比较和气。打谷场有一副篮球架，小顾连长喜欢打篮球，劳动过后，常在傍晚和项海帆一起打球，他们还和罗店中学比赛了一场。项海帆算是回到“革命队伍”中，能和“贫下中农”成为朋友。

劳动结束后，学生大部分回学校继续参加运动，少数学生和教职工继续留下来接受贫下中农再教育。在罗店，项海帆见到了让他牵挂不已的李国豪教授。李老师继续被监督劳动，负责每天早上挑满水缸里的水。那时，李老师已经五十六岁了，看着自己敬爱的李老师每天蹒跚着脚步，颤颤巍巍地挑水，项海帆真想冲过去接过那根压弯老师脊梁的扁担！但他知道自己什么也不能做，只能看着老师不断挺直胸膛，远远地微笑向他示意。项海帆只得在心中祈祷，希望老师能挺过这段艰难的生活。希望，光明的一天早日到来！

1970年春节，妻子又可以回上海探亲了。女儿菲菲已两岁半了，很是活泼可爱，项海帆也被准许回家过春节。分散在各地的一

项海帆抱着两周岁的女儿菲菲，1969年

家人在三楼亭子间团聚了。春节过后，宁蓓蕾回了北京，项海帆很快就开始了一年半的安徽干校生活。

“五七干校”是根据毛主席的“五七指示”，在全国各地逐渐蓬勃发展起来的，借以让干部接受贫下中农再教育，将党政机关干部、科技人员和大专院校教师下放到农村，集中进行劳动锻炼的场所。同济大学“五七干校”于1969年开始设在安徽歙县一个农场里，主要种植板栗、茶叶和水稻，还有一个养猪场。

同济在歙县城外的“五七干校”，原来是劳改农场，在同济师生到来以前，劳改犯被送到另一处去垦荒，留下少数几个管教干部帮助师生做后勤工作。第一批来干校的约二百人，分为三个连队，一个蔬菜排。一连住在山上，负责耕种梯田；二连住在中间的一幢二层楼房中，负责进门北边的一片山芋地；三连住在进门处，负责几块水稻田。各连的女同志负责看管梨树，活比较轻。蔬菜排则负责

项海帆夫妻和女儿合影，1970年

食堂边上的几块菜地，每天要浇粪肥，挺辛苦，还要帮厨洗菜切菜、烧石煤灶，做后勤工作。

在项海帆看来，两百多人有三种情况：少数是各系造反派头头，担任各连各排的干部；多数是运动中的逍遥派，跟着走的；还有少数则是像项海帆这样刚从“牛棚”中解放出来的再改造成员。项海帆在二连二排，除了排长是保卫处的复员军人外，其他几乎都是各系的年轻教师，都不到三十岁，而项海帆当时已快三十五岁了。

干校的伙食很差，大家都盼着星期天去歙县城里找点小吃解解馋。星期天早上吃了早饭，大伙结伴步行进城，大概有五里路，从自己负责管的山芋地穿过北城门进入城里。当时经济萧条，大街西边有几家小店，除了很硬的芝麻饼就是小馄饨，连烧饼油条店都没有，每人只能吃一碗一角钱的馄饨。真是可怜可叹的岁月！

有几位女教师，到城里买回了一只相思鸟，把鸟笼挂在宿舍里玩，马上遭到批评，说是不安心受教育，被人家戏称“相思鸟事件”。有几个胆子大的，周末偷偷去爬黄山，回来后也遭到批评，说未经许可不准私自外出游玩。干校有一个篮球场，成了大家唯一的娱乐场所，各连开展比赛，系队出身的项海帆自然成了二连的骨干。女宿舍就在篮球场旁边，大家比赛，她们就是拉拉队，后来项海帆又入选了“干校校队”，和歙县中学比赛。

寓言家伊索说：“人们的灾祸常成为他的学问。”在这段甘苦自知的干校岁月中，项海帆从来没有放弃过对自我的严格要求。干校不许看业务书，项海帆只带了毛选和中文、英文、德文本的语录，还有一套《红楼梦》，加上从干校图书馆可以借到赤脚医生手册和农业手册，这些就是那个年代全部可看的书了。干校的生活每天相对规律，项海帆晴天去给山芋地浇水、锄草，雨天没事做就躲在帐子里看《红楼梦》，给妻子写信，也仍然坚持作诗。

项海帆在宝山罗店劳动时，一次挑水不慎滑倒扭伤了腰。到干校后挑重担，腰伤复发。幸亏歙县医院的老中医给他敷了药膏，又服了中药，才慢慢好转，但还是留下了椎间盘膨出、椎管狭窄的病根。

校部要成立耕田的专业组，项海帆被挑中了，很快就掌握了耕地的技术，但手心磨出了一个大水泡，还生了老茧。耕田的大黄牛很通人情，中午项海帆把它牵到树荫下休息，给它喂青草当午餐。下午午睡后，老远叫它，它听出项海帆的声音，就马上站起身等他领着去干活。耕地组有一部手扶拖拉机，每周两次载人去屯溪买肉和其他副食品，他清晨出发，赶在十点前回来，还在厨房帮厨，这样就不用去挑水浇地了，腰伤也能得到保护，生活也比较自由。

慢慢地，项海帆的各种技能开始在干校得到发挥。干校篮球队、文工团都要求他参加，学校还捎来了一架手风琴给他用。为布置环境，他还去写标语，学了当时流行的魏碑体。生活看起来似乎还比较充实，但是，每当夜深人静时，他还是感到前途迷茫——这一生难道就这样虚度年华？也不知大家都会走向怎样的结局？这时候，远在上海的女儿三周岁了，已经到了上幼儿园的年龄，妻子也独自在北京，身在安徽干校的项海帆只能留下“身处黄山、练水，心怀东海、北京。轻垂罗帐品芳帧，何日团膝亲近？”的感慨。

1971年春节，大部分学员都结业回上海了，春节过后又来了第二批学员。项海帆等从“牛棚”出来的学员要多待半年，就成了老学员。春天，练江牧场的二医干校请同济支援手风琴伴奏，项海帆去了后，对方很满意，还邀请项海帆一起去黄山游览，登上了天都峰。项海帆回来后不敢提起黄山之行，怕引起麻烦，但在繁重的劳动中能够有机会领略祖国的壮丽山河，对于项海帆来说异常珍贵。9月，又一批新学员来干校，项海帆终于可以结业，随车回到上海。

回到上海，女儿菲菲已经四周岁了，学校给了项海帆2周的假期，他决定带菲菲去北京探亲。这也是女儿出生以来项海帆第一次带她出门。菲菲以为外婆也一起去，等火车开动后才发觉外婆不见了，就这样被“骗”到了北京找妈妈。

火车到了蚌埠，项海帆想下车去买一只烧鸡和一些面包，就把菲菲托给邻座的旅客照看一下。她开始点头同意，等爸爸下车后，就开始着急，怕爸爸不回来了，大叫外婆，哭了起来。照看的旅客只得在窗内大声叫项海帆回去。独自带孩子的项海帆一路上再也不敢离开她了。

到了晚上，项海帆让女儿在座位后面躺下睡觉。当时因为买不起卧铺票，只能买一张硬座票，他就趴在小桌上打盹。自从1968年春节后，他和妻子已经有两年半没有见面，此时一家三口总算仓促而寒酸地相聚了。

白天妻子上班，女儿菲菲有了在车站爸爸暂时离开的惧意，和项海帆寸步不离，连爸爸去四楼男厕所洗衣服，也要跟着，生怕爸爸不带她回上海找外婆了。到了周末，一家人去北海划船，去颐和园游玩，终于享受了一番阔别已久的天伦之乐。

回到上海，过了国庆以后，教研室让项海帆跟黄绳武去长沙、广州考察拱桥建设，编写拱桥新教材，供工农兵学员使用。同行的还有原道路教研室的徐慰慈和彭国雄。这时候，道路教研室已经和桥梁教研室合并。他们一行四人南下到湘江大桥工地，湖南大学的老师接待了他们。

项海帆在湘江大桥遇到了刘光栋老师，结成至交。黄绳武虽是组长，但业务上非常倚重项海帆，徐慰慈和彭国雄也很佩服他，相互间处得很融洽。重新回到自己熟悉和喜欢的桥梁研究领域，项海帆非常满足，生活虽然很清苦，麻婆豆腐加一点肉末就算是最好的大餐，但他很开心，一扫之前的阴郁。在长沙的2周，他们一起参观了韶山、清水塘、岳麓山、橘子洲头和长沙师范学校等处，留下了很深的印象。

长沙考察结束，一行人又去广州设计院了解彭坑桥失事的情况，考察了几座拱桥，也参观了黄花岗、粤海楼、黄埔军校、珠江等处。考察完回学校以后，项海帆就开始编写拱桥教材，春节前完成了教材稿。工农兵学员专业基础不高，拱桥教材实质上是一种简本，涉及的拱桥相关理论再加上一些新的工程实例，有助于学员们学习和应用。自“文革”以来，度过了“牛棚”生活和“干校”锻炼，项海帆终于开始恢复正常的工作和研究。

第六节　“力挽狂澜”后重回讲台

1972年春节后，学校派项海帆去无锡桥梁队做双曲拱桥研究。在无锡做研究的，还有北京交通研究院过来的一批人，要为双曲拱桥在全国的普及编一本手册。项海帆的研究题目是“拱上建筑的共同作用”，计划在同济做一个模型试验，通过应力测试，了解拱上建筑共同作用的规律。

研究团队用了不到半年时间完成试验。项海帆一直关注前沿技术，他想利用刚兴起的计算机进行辅助研究，提出要用有限元计算一下以资比较。那时同济大学已经有了一台穿孔纸带计算机，但取得上机证要通过政审，项海帆自然没有资格，只好作罢。

但他心里一直记挂着这件事。1972年暑假他去北京探亲，陆楸已从重庆调到交通运输部公路规划设计院，正在学习上机，他跟项海帆提到中国铁道科学研究院余振生有中国科学院计算机的上机证，他也借机会在那上机，就约了项海帆一起去看看。就这样，项海帆开始接触计算机。

从北京探亲回来，开学后，复旦大学力学系的一位老师应邀到同济大学开设有限元计算法的讲座，在梯形教室上课，全校青年教师都可去听讲，而且没有政审门槛。项海帆觉得这是一次非常好的机会，对他运用计算机开展桥梁研究十分有帮助。他很认真地听了讲座，半年下来，已基本掌握了有限元法和编程。

1972年秋季开学后，项海帆重新回到讲台。起因是有老师主讲的拱桥课，几周下来学生非常不满意，表示听不懂，就在走廊里贴了许多大字报，要求学校更换教师。面对此种情况，工人毛泽东思想宣传队要项海帆临危受命，代替原来的老师给学生上拱桥课。项海帆再三推却，表示自己身份不合适，但仍被要求给学生上课。就这样，“文革”以来，项海帆再一次登上了讲台。

第一天上课，学校教学革命组领导都坐在后排压阵。几堂课下来，学生十分满意，“要求换教师”的风潮总算平息了。徐慰慈说项海帆“力挽狂澜”，对他佩服得五体投地。再次登上久违的讲台，面对一双双求知的眼神，重新回到讲授和探求专业知识的岗位上，对历经坎坷的项海帆来说无比珍贵。他深知探求科学、教书育人才是人生的意义与追求。

那时学校的教学强调理论联系实际，注重课堂教学、现场教学、工程设计与施工相结合。学期结束前，教研组联系了上海郊区的华漕镇去现场教学，那里正在建一座双曲拱桥，由项海帆带队，师生都吃住在工地，结合施工现场开展教学。项海帆和班上几名成绩好的学生如陈国强、黄东洲、殷杨等人关系很好，他们都喜欢来找项老师请教问题，也很佩服他。此后，项海帆在工农兵学员中就有了知名度，他们虽然知道他是“摘帽右派”，但也知道他是李国豪教授的研究生，对他的业务水平非常认可，后面几届工农兵学员也都很喜欢项海帆的授课。

1973年春天，为了利用电脑进行桥梁工程的试算，项海帆偷偷编写了程序，穿了纸带，托人带进机房打印出来修改，到暑假前，已经完成了程序，可以上机算题了。他向时任桥梁教研室主任张纪衡提出到北京计算所去算题的请求，希望教研室多给他一点时间。得到张纪衡同意后，他就带了纸带去北京。在北京，陆楸也已在中

项海帆夫妇、岳母及女儿在天安门广场，1973年

关村计算所办了上机证，项海帆就用陆楸的上机时间算题，隔天往返。虽然很辛苦，但能利用最新技术来验证和试算自己的科学设想，让项海帆非常投入。这时，岳母也带着女儿在北京，全家人有了短暂的相聚时间。

国庆节过后，项海帆服从学校安排去了安徽阜阳，为下放知青讲小桥涵的设计和施工。1973年，“文革”已过了七年，从1969年“全国一片红”的上山下乡运动算起，这些知青已插队4年。项海帆等一批教师从阜阳地区一个县到另一个县，住在县招待所，知青们则从附近各村镇到县城来培训一周。安徽很落后，招待所臭虫虱子很多，食物也不卫生，幸好同去的水力学教师很有经验，带了一些灭虱子的药，教大家吃大蒜防止腹泻，总算渡过了难关。

项海帆当时是“摘帽右派”，他不敢和这些上课的知青有过多交谈。工农兵学员毕业留校的高乃云老师没有包袱，常和知青们聊天，了解他们的思想，回来会和大家说。从亲眼见、亲耳听中，项海帆了解了“知青”这一群体承受的苦难。淮北的生活很苦，农村更苦，地瓜是主粮，很少有大米吃。从1973年10月到1974年底，项海帆在安徽阜阳地区工作了一年半，共去了4次，一次约3个月。每到一个县，学校都和当地水利局的干部合作办班。有时会听水利局技术员讲1960年大饥荒和1970年淮河发生洪灾的惨况。项海帆听着且不敢吭声，联想到知青的不幸遭遇，心中充满了悲悯。在这种境况中，他偶尔也会生出凄凉心情，但同时他又被科学和艺术滋养着，始终坚信“逆境是达到真理的一条道路”。在真理到来之前，所有的磨难都是考验。

第七节　鸿雁南归的新起点

1974年春节前，宁蓓蕾带着女儿和母亲一起回到上海，结束了他们在北京近一年的相聚。当时已是“文革”后期，中央同意开始试点解决两地分居问题，但要求调动的同志自己找好相同专业的对调对象，并征得双方单位同意。

项海帆和宁蓓蕾一个在北京，一个在上海，他们的朋友万嗣铨和爱人陈冰的情况正好相反，就约定让宁蓓蕾和陈冰对调工作。为了早日夫妻团聚，了解相关政策后，双方在陈冰家碰了一次面，决定春节后分头办手续。

对调需要双方配偶单位出一个希望解决职工两地分居的证明信。项海帆自知是“摘帽右派”，学校有许多两地分居的教职工都还没有找到对调的对象，自己如果先解决，一定会引起阻挠，因此丝毫不敢声张。

项海帆知道要办成这件事难度很大，但两地分居近十年，在一起的希望也非常迫切。几个关心项海帆的老朋友问起此事，他都表示：“希望不大，像我这样的人要等到最后才能解决。”以尽量避免引起工宣队、军宣队和造反派的注意。

系里的组织干事是原公路所的小温老师，是和项海帆一起打球的伙伴，也正在办理调离上海回东北老家的手续。小温表示：“只要总支书记点头，我愿意帮你。”项海帆非常感激，只有夫妻长处异地的人才互相了解其中的酸楚。“请你千万保密，不要让旁人知道。就怕一波三折、好事多磨。”

小温同项海帆商量怎样对桥梁系党总支书记王雪亭说此事。项海帆说："你只要说，双方的对调单位都已接受，同济只要证明我是同济的职工，是配偶关系即可。"王雪亭是个厚道人，他十分同情项海帆的遭遇，加上项海帆"力挽狂澜"的教学成绩，同意在项海帆的申请报告上签字。

人事处的陈惠芳是项海帆研究生时的马列主义教研室秘书，对他也很关心，愿意帮忙。有了系总支的批件后，陈惠芳积极去跑人事局。事情总算办妥了。

宁蓓蕾回上海的调令下来，大家都十分惊讶，还有人去责问系总支、工宣队和军宣队，对先解决一个"摘帽右派"的分居问题表示抗议。好在一切都已成定局。1974年5月，项海帆请了假，专程去北京接妻子，俩人终于结束了十年的分居生活。

宁蓓蕾刚调回上海时，暂时住在陕西路的亭子间，夫妻俩周末去富民路岳父母家陪女儿一天。条件依然很艰苦，好在一家人能团聚在一起。一家人蜗居在岳父母位于富民路三楼的一间房中，虽然拥挤，晒台面积却不小。项海帆把一根棒球棒一锯四，加上一块木板，做了一个折叠式小桌子，中午可以在晒台上吃饭，苦中作乐，其乐融融。

不久国家开始对受冲击的私房逐步落实安置政策。项海帆的岳母设法通过房管所找到了巨鹿路800号的两间房，项海帆和妻子在暑假中搬了进去，开始全家团聚的新生活。宁蓓蕾单位有一张自行车票，同事们照顾她，让她凭票买了一辆新自行车上班用。项海帆原来的那辆旧自行车坏了以后，他就从陕西北路邻居老卢手中买了一辆二手车，每天早上他和妻子一起出门沿延安中路骑车上班。

美中不足的是，妻子调回上海后，项海帆还要去安徽给知青上课，长期出差在外，3个月才能回沪休息1个月。在招待所里项海帆

项海帆的女儿项宇菲在拉小提琴，1975年

思乡之情更浓烈，也就更加珍惜团聚的日子。在家的日子，项海帆从试验室借来工具，做起了木匠，利用妻子回沪时姐姐卡洛弄来的一些木料，做了一个碗柜、一个书架和一块搁板。后来还用塑料板给女儿做了一个琴谱架。项海帆在大学学习的木工手艺派上用场，得到了岳母和妻子的夸奖。晚饭后项海帆负责洗碗，也算分担一点家务，他在盥洗室的小脸盆里小心翼翼地洗，生怕打碎了岳母珍爱的碗。

在近四十岁的时候，项海帆才过上这种简单温馨的家庭生活。只有他自己心里知道，这种来之不易的平平淡淡有多珍贵！

1975年春天，项海帆带1975届工农兵学员去九江实习，勘测上庐山的新公路。在实习结束回校前，师生一起从九江城中的登山石阶古道攀“好汉坡”登上牯岭。这是古代登庐山的唯一途径，十分险峻和辛苦，但风景更好。这是项海帆第一次登上庐山，似乎冥冥中也预示着，攀过险峻的路程，前方即将迎来美丽的风景。

1975年，政局在平静中孕育着动荡。1976年1月，周恩来总理去世。清明节，群众自发去天安门悼念周总理，声势浩大，贴出了许多反对“四人帮”的大字报。项海帆怀着对人民的好总理的思念，也写了一首《悼念敬爱的周总理——调寄满江红》。1976年10月6日，“四人帮”被捕。10月14日，党中央公布粉碎“四人帮”的消息。十年“文革”总算走到了尽头。

喜讯传来，同济大学全校师生员工举行集会、游行，庆祝这一历史性的伟大胜利。项海帆内心激动，但不敢喜形于色，暗暗等待着形势好转。

> 哀雪悲风别灵榇，百里长街，泪雨含忧愤。磊落晶莹如月映，妖言狂吠焉能损？！诛灭四凶神州奋，万剐千刀，难解心头恨。告慰九泉忠目瞑，新花红艳歌尧舜。

一首《调寄蝶恋花》，写出了对周总理的思念以及庆祝“四人帮”倒台的喜悦。

1959年，因得恩师提携，项海帆从“摘帽右派”变为留校察看，并担任多门课程的助教，在老师的悉心指导下写作《桥梁结构稳定与振动》的书稿，并走向讲台。项海帆除了偶尔对人生生出悲观和无望的凄凉心情，始终以科学和艺术滋养丰富的内心，坚持在基础研究领域默默耕耘，坚信“逆境是达到真理的一条道路”，在真理到来之前，所有的磨难都是考验。走过泥泞与坎坷，科学的春天终将到来。

注释

① 项海帆《在恩师的教育和培养下成长》，载自同济大学桥梁工程系编《桥梁结构理论与实践　项海帆教授论文选集》(中英文本)，上海：同济大学出版社，2007年5月。

第四章
“洪堡”逐梦：
破茧成蝶负笈行（1976—1982）

科学没有国界，科学家却有国界。

——伊万·巴甫洛夫（引自《巴甫洛夫百年诞辰》）

在莱茵河桥上（1981年）

1977年夏天，在“文化大革命”中饱受折磨的李国豪被推荐为上海市先进工作者。“没有想到形势转变得这么快！”心有余悸的李国豪一时还转不过弯来。学校党委书记黄耕夫在学校召开的表彰大会上特意安排李国豪作为上海市先进工作者发言。发言刚结束，黄耕夫就将他拉到后台并取出一份上海市委文件给他看。文件上赫然写着：任命李国豪为同济大学革委会主任（校长）。两人回到前台，黄耕夫向大礼堂的4 000余名教职工和工农兵学员宣布了这项任命[①]。李国豪复出担任校长后，开始了重振同济的大业。

项海帆回忆恩师李国豪：“他虽已到了退休年龄，仍不辞辛劳地为恢复同济的对德联系、为同济向综合性大学过渡倾注了全部的心血。重振30年代老同济的盛名是老师的一个心愿，他力争要恢复同济医学院。他曾对我说：‘那时差一点都办成了，可惜教育部换届，老部长一走，事情又黄了。’为了重新恢复大学的研究工作，他带领老师去唐山考察灾情，组织结构抗震研究，建议成立以老教授命名的科研组。我又被重新召入李国豪科研组，开始了桥梁抗震研究。”[②]

在李国豪教授的带领下，项海帆在唐山大地震后率先开展了桥梁抗震理论及工程应用的研究，并为中国建造大跨度桥梁开始了桥梁抗风研究的准备。1980年9月，项海帆从讲师晋升为副教授，同年年底获得了德国洪堡基金会奖学金，赴波鸿鲁尔大学担任客座教授，从事桥梁抗震研究工作，历时一年半。其间，他如饥似渴地吸收了大量国外结构动力分析的最新知识，眼界大开，见识大长，为回国以后承担更为重要的教学和科研任务打下了坚实的基础。

第一节　桥梁抗震研究突破

1977年，学校解决了一批教师的职称问题，项海帆升任讲师，蒋大骅和李明昭等一批老讲师则升了副教授。值得高兴的是，不但加了工资，还发了上机证，项海帆终于可以用自己的证件去机房算题了，基本恢复了正常的教学和科研工作。

1976年7月，唐山发生大地震，给人民生命财产造成了严重损失，敲响了建筑防震的警钟。李国豪亲自带队去灾区调研，发现房屋构件根本不防震，才会导致如此重大的损失。李国豪立刻意识到，随着我国经济社会发展，建筑物防震，尤其是大型桥梁、公路的防震将越来越重要。有鉴于此，李国豪在同济大学部署了一个重要的研究方向——桥梁抗震技术研究，拉开了同济大学抗震研究的序幕。项海帆和范立础都承担了相应的任务，范立础带团队聚焦“大跨高墩桥梁抗震设计关键技术”，项海帆则主要进行拱桥和斜拉桥的抗震设计理论及工程应用研究。

我国公路拱桥数量众多，在公路拱桥抗震设计中，项海帆发现传统的基于反应谱理论的地震内力计算公式使用起来很不方便，给设计部门带来了很大困难。于是，他深入研究了拱桥的自振特性(即拱桥在受到外力作用时如何振动）和内力影响线（即拱桥在不同位置受到外力时，哪些部位会受到最大影响)，并提出了“控制截面内力影响系数”的新概念。基于这个新概念，他建立了一套新的、更为实用的拱桥抗震计算方法，大大简化了拱桥抗震设计的计算过程。这套方法后来被我国《公路工程抗震设计规范》(JTJ 004—1989）采纳，成为指导我国拱桥抗震设计的重要依据。

在斜拉桥的抗震研究中，项海帆也取得了重要的突破。漂浮体系斜拉桥在地震中的纵向振动具有“长周期”的特点，而当时的桥梁抗震设计规范的设计反应谱来自建筑结构抗震设计规范，仅对长周期区段作了简单的外延，因而并不适用于大跨度桥梁结构。直接采用建筑结构抗震设计规范的反应谱方法来进行计算，得到的结果和用强震记录进行时程分析的结果有较大差别，不能反映长周期柔性结构的良好隔振性能，因而会误导斜拉桥的抗震设计。为了解决这个问题，项海帆深入研究了反应谱理论，并提出了针对设计谱的长周期区段进行合理修正的方法。这种方法能够更准确地反映斜拉桥在长周期振动下的特性，为斜拉桥的抗震设计提供了更为可靠、合理的计算方法。这也是国际上第一个针对长周期结构反应谱的抗震计算公式。

在此基础上，项海帆进一步提出了考虑大跨度桥梁相位差的弹塑性地震反应分析和延性抗震设计方法。这些方法能够更好地模拟大跨度桥梁在地震中的实际响应，在多座大桥的抗震设计中得到了应用，并取得了良好的效果。

上述两项桥梁抗震研究成果具有重大的理论意义和实用价值，为我国桥梁抗震设计理论发展做出了重大贡献。“桥梁抗震理论”项目获得了1986年度国家教委科技进步奖一等奖。

第二节　“科学的春天”

除了科研工作的恢复和发展，学校的管理机制也发生了一系列的变化。1977年10月，同济大学组建新的领导班子，黄耕夫任党委书记，李国豪任革委会主任（相当于校长）。1978年7月，国家恢复校长建制，李国豪被重新任命为校长，他和当时的领导班子一起，为一所有着70年历史的大学如何重新掌握罗盘、找准航向、带领船队加速航行而忧心忡忡。1978年10月，李国豪履新3个月左右，教育部颁布了《全国重点高等学校暂行工作条例（试行草案）》，特别规定高校实行"党委领导下的校长负责制"，这无疑赋予了李国豪更强的事业心、更大的责任感和紧迫感。

李国豪积极倡导严谨、求实的学风，一贯主张教学与科学研究并举，互相促进，共同提高。1979年，在他的提倡下，学校改革了教学、科研体制，组织起高、中、初级职称人员相结合的教学、科研班子，科研组以牵头教授的名字命名。李国豪科研组在这时诞生，除此之外，还有王达时、杨钦、黄蕴元、冯纪忠等科研组，一改过去教研室人多、矛盾多、吃大锅饭的现象，产生了强大的推动力。项海帆和石洞被召入李国豪科研组，加上留校的陈国强和黄东洲，在旭日楼二楼的一间房间内开始了科研组的工作。后来范立础也加入李国豪科研组，学校调了姜海生负责办公室工作，为科研组服务。

"李国豪科研组的诞生，改变了过去教研室那种人多、矛盾多，吃大锅饭的现象，从而产生了强大的推动力。建组后，李国豪抓的第一件事，是为科研组每一个成员确定研究方向。他根据现代桥梁发展中出现的技术难题，结合各人的专业特长，把科研组分成两个摊子，一部分人研究桥梁空间分析理论，探索桥梁内力及稳定的新的计算方法；另一部分人专攻桥梁的振动和抗震问题。他主张研究工作要与国民经济保持密切的联系，取得的成果必须放到生产实践中去检验。这样，使科研组保持了旺盛的活力。

"在人员安排上，他主张从智力结构和年龄结构综合考虑，合理组成。他的科研组有着三个明显的层次。李国豪本人是国内外负有盛名的桥梁、力学专家，属第一层次，是战略指挥员。中年骨干项海帆、石洞均是40多岁，副教授，属第二个层次。三个初级研究人员是60年代以后的大学毕业生，属第三层次。他们平时主要是做实验，搞计算，整理数据、资料等。这三类不同层次的人员组合在一起，大家各尽其才，均充分发挥了作用。实践证明，这样的组织，不仅大大提高了效率，又有利于传帮带，防止了科研队伍的老化。

"仅两年时间，李国豪科研组六个研究人员先后完成了七个课题的研究任务，其中一项获国家自然科学三等奖，一项获上海市重大科技成果一等奖；共写了24篇科学论文，其中六篇在国际性的学术会议或学术刊物上作了交流。"③

1978年3月，全国科学大会在北京召开，标志着"科学的春天"到来，从此科学技术和知识分了的地位有了地覆天翻的变化。3月18日，邓小平在全国科学大会开幕式上发表重要讲话他提出了两个观点：一是科学技术是生产力；二是知识分子是工人阶级的一部分。项海帆和许多科学工作者们一样，至今难忘时任中科院院长郭沫若在闭幕式上的讲话，"我们民族历史上最灿烂的春天到来了"，"这是革命的春天，这是人民的春天，这是科学的春天，让我们伸开双臂，热烈地拥抱这个春天吧！"

这场"春风"很快席卷全国，让科学工作全面复苏。在这次大会上，同济有30项科技成果获奖，全校一片振奋。回到李校长身边工作，项海帆充满了干劲，他可以集中全部的精力投入科学事业，国家的桥梁建设正等着他奋起直追！

不仅如此，项海帆感到，生活上也逐渐恢复了多姿多彩的色调，电台里开始播放他喜欢的古典音乐。项海帆的岳母托人买了一台小电视机，他自己也买了一台小收录机和一些录音带。每天晚上，家人们在前间看电视，项海帆在后间一边备课，一边收听古典音乐。他尤其喜欢著名的小提琴协奏曲和交响乐，工作和生活都进入了新的乐章。

“文革”结束后，项海帆的父亲项立民如释重负。纠正错误后，他不用去厂里上班了，和朋友们恢复了交往，脸上开始露出笑容。一天，父亲对项海帆说：“我想再有一副牌九，可以通通五关，排解时光。”

这句平常的话让项海帆记起了那些久远的旧日时光。他去城隍庙看了一下，发现没有卖骨牌的店，于是决定给父亲做一副。项海帆去虬江路买了一块厚塑料板，在学校借了钢锯和手摇钻，先设计了大小尺寸，锯成小长方块，用铁砂纸磨光后，用钻按放样的位置钻出凹点，再涂上红漆和黑漆。前后花了差不多半个月时间，还做了一个盒子。这份饱含心意的礼物让父亲非常满意，从此天天用它“过五关，斩六将”，成了父亲的珍爱之物。

在工作顺利、生活稳定的同时，项海帆一度被错判的身份也得到了改正，组织经过复核，认为：“从项海帆当时向党交出的日记和活动来看没有右派言行，属于错划，应予改正。建议预备党员按期转正，恢复党员组织生活。”[④]虽然经受了冲击，他依然是坚定的共产主义者，他的真心并没有因为环境而改变。20年一晃而过，他已经磨砺出十分坚强的内心，也从未想过有改正和恢复党籍的一天，这一天，正像做梦一般。

二十二年蒙难，忽见乌云驱散。多少泪和愁，喜看阳光回灿。冤案，冤案，但望永不重犯。

这首项海帆填词的“如梦令”，便是这段悲喜交集的心情写照。

1979年的春节过得十分欢快，菲菲已上小学五年级，还当了少先队的大队长。家中发还了被抄的存款，项海帆的母亲还清了“文革”中借的债，父亲还特地给姐夫寿清哥和项海帆买了进口表。家里的伙食改善了许多，大家感到了一种苦尽甘来的喜悦。

春节后，项海帆第一次受邀参加支部会。在支部会上，正式宣布恢复他的党籍，党龄从1956年5月18日支部大会通过之日算起，项海帆终于洗脱冤屈，成为一名有着23年党龄的老党员。

不久，学校有5%的教职工名额可加一级工资，很多系都把这一机会让给了“摘帽右派”，以示慰问和补偿。项海帆所在的教研室有两个名额，一个给了他，一个给了石洞。一系列拨乱反正的措施，激发了教职员工的积极性，使同济大学的教学和科研工作逐步得到恢复，校纪校风有了很大好转。

第三节　第一次风洞试验

1978年12月，党的十一届三中全会胜利召开。全会确立了解放思想、实事求是的思想路线，作出了全党工作重点转移到社会主义现代化建设上来的决策。全会的决策和此后改革开放的一系列方针政策，为同济大学新一轮的发展提供了决定性的条件和机遇。

李国豪校长上任后，决心恢复同济大学注重实际、严谨求实以及与德国保持联系的传统，提出了恢复同济大学的德语教学传统和恢复同济大学为综合性大学的设想。这一设想成为学校党政的共识，形成了“两个转变”的办学方针，即“向恢复对德联系和德语教学传统转变、由土木为主的单科性大学向以理工为主的多科性大学转变”⑤。

项海帆在李校长的带领下，将自己的研究视野聚焦桥梁振动与大跨度桥梁的抗风研究。自从1940年美国塔科马海峡桥风毁事故以来，学界就关注到许多桥梁的风毁原因大部分是风引起桥梁强烈振动，从而拉开了桥梁工程界和空气动力学界对大跨度桥梁风致振动和抗风设计研究的序幕。

早在20世纪50年代确认了研究方向时，李国豪就以对接世界的前沿战略和眼光，引导他的首位研究生项海帆进入桥梁抗振的研究领域。在特殊时期，这项研究曾一度停滞。迎来“科学的春天”之后，在李国豪校长的带领下，项海帆将视线再次投向了大跨度桥梁的抗风研究。

事实上，国际学术界一直没有停止对桥梁抗风的研究和探索。“1963年，世界上从事大桥和高层建筑抗风研究的科学家和工程师在英国发起召开了第1届结构风效应（Wind Effects on Structures）国际会议。1971年在日本召开的第3届会议上第一次提出了风工程（Wind Engineering）这一新名词，并于1975年在美国召开的第4届会议上被确认，正式成立了国际风工程协会（IAWE）。自1979年第5届会议起将结构风效应国际会议改名为国际风工程会议（ICWE），并追认前四届会议为同一系列的国际会议。”⑥改革开放以后，根据大规模桥梁建设的需要，我国桥梁研究界以项海帆为代表的同济学者也开始了桥梁抗风研究。

1978年秋天，上海市政院委托同济大学进行泖港大桥的抗风研究，李校长把这一任务交给了项海帆。项海帆带领助手们开始我国最早的桥梁抗风研究，自此开启了对桥梁风致振动理论特别是桥梁颤振稳定性理论及其控制原理深入、全面、系统的30年研究历程。

接到任务以后，项海帆开始查阅文献，学习美国学者斯坎论（R. Scanlan）、范德普（Van der Put）和塞尔伯格（Selberg）等人撰写的桥梁颤振分析和试验的相关论文，同时开始做节段模型风洞试验的准备。

1979年初，项海帆了解到位于四川省绵阳市的中国空气动力研究与发展中心（29基地）有低速风洞，北京大学孙天风教授正酝酿在空气动力学学会下面成立工业空气动力学专委会，开展关于非航空器的风工程问题的研究。项海帆决定去四川绵阳，打算在那里做第一座斜拉桥的节段模型风洞试验。

与此同时，中国科学院决定给每位学部委员写小传，希望由亲近的门生来写，李校长把这一任务也交给了项海帆。

1979年4月，项海帆一行乘火车，经过南京、徐州，沿陇海铁路到宝鸡，再转宝成线到绵阳。一路上，项海帆带了录音机和耳机，一面听古典音乐，一面构思给李校长写传的提纲。三天两夜的旅程很快就过去了。都说“蜀道难，难于上青天”，从宝鸡到绵阳正好是第二天夜里，一觉醒来已经过了秦岭，没有看到曾经去过的雄关险隘，项海帆赋诗一首，借杜甫“笔刺官场恶秽，情问民间疾苦，无愧号‘文贞’。务贬新‘三吏’，四化可期成”的境遇表达他立志在我国建设中大展蓝图的雄心壮志。

从绵阳回来后，项海帆着手准备桥梁模型。当时认为桥梁的节段模型一定要满足密度比的要求，就选用了和混凝土比重相近的铝材来做。经过比对，找了一家铸铝厂加工模型，同时设计了悬挂模型的振动试验架，在学校调试了弹簧刚度和模型质量，确定了频率比和风速比。

到年底，项海帆安排把节段模型运送到绵阳。同时，他给李校长写的小传已完成了初稿，交给李校长审阅修改定稿后，寄给了中国科学院。1980年元旦过后，项海帆率队启程去绵阳做风洞试验。天津市政院的于邦彦总工正好委托同济做永和大桥的抗震和抗风研究，就一起去绵阳看项海帆做风洞试验。

第一次做节段模型风洞试验，项海帆的心里很紧张，不知道能否振起来。绵阳的风洞试验人员看到一个铝制的桥梁节段模型也很紧张，生怕一旦振起来会难以控制。正式试验是在一天晚上，大家都非常谨慎，小心翼翼地把试验风速一点点加上去，当接近预期的临界风速时，模型果然慢慢扭转振动起来，把洞体也带着振起来了，他们连忙关机，我国第一次桥梁节段模型风洞试验成功了。颤振风速和计算结果完全吻合，大家都兴奋得欢呼起来。

20世纪70年代末，在新滦河桥、永和桥的建设中，基于反应谱理论的地震荷载公式计算拱桥中的地震内应力，程序复杂、计算繁琐，很不方便，设计部门人员总是为那些复杂的公式抓耳挠腮。经过反复模拟，不断深入现场，项海帆师徒通过拱桥自振特性和内力影响线的研究，提出了控制断面内力影响系数的概念，建立了拱桥抗震的实用方法，工程人员的抗震计算立即轻松起来。⑦

第四节　赴德留学前的准备

同济大学因为中德共建的办学传统，是改革开放以来对德乃至对欧洲文化、教育交流的一扇窗口，在对外交往方面走在全国高校的前列。1979年初，德国的洪堡基金会邀请李校长访问德国。李校长抓住时机，在宣传中国改革开放的同时，积极为同济大学与国际接轨创造条件，使这次访问成了一次开拓之旅。李校长在瑞士参加国际桥协会议，带回了德国洪堡基金会奖学金的申请表，从全校英文班和德文班教师中选拔了10名候选人去德国留学，项海帆是候选人之一。

1980年春节后，项海帆开始准备申请洪堡奖学金的材料，需要3篇英文写的论文，特殊年代没有发表英文论文的条件，只好临时

项海帆出国前全家在中山公园合影，1980年

将中文论文翻译后寄去。学校还特地为这些候选人专门开了半脱产的德文补习班，教师是熟悉的游仰之老师。项海帆因为原来有基础，学得较快。暑假的时候，德国那边传来消息，10名申请者批准了4名，项海帆名列其中。项海帆心想，自己的幸运大概是源于李校长的推荐信起了重要作用。他踌躇满志，幼时去西方留学的梦想终于即将实现。

1980年9月开学后，项海帆放下教学任务，专心准备出国事宜。他和计划访学的德国波鸿鲁尔大学Krätzig教授写信交流对研究计划的意见。经Krätzig教授同意，项海帆决定以天津永和桥为背景，做斜拉桥抗震研究。出国前，项海帆用英文写了研究大纲寄去。

因为要准备出国，学校风洞试验的事情就交给了陆宗林，同时请林志兴加入。第二次节段模型风洞试验，课题组改用了钢制骨架和木制外衣再加上配重的方式来做，有了很大进步。他们在1981年春天去绵阳完成了试验，也取得了成功。

出国体检发现项海帆的血压超过140/90 mmHg的标准，医生叫他出去散步后再来检查，才勉强及格，但给他开了大量降压片，要他带出国服用。从此，他就再没有离开降压片，成了高血压患者。

到了9月，学校又批准晋升了职称，项海帆、范立础和石洞都升了副教授，孙钧、朱伯龙、朱照宏等一批“文革”前的副教授则晋升正教授。在学校评审会上，李校长说：“他们早就应该是副教授了，‘文革’耽误了他们。”

因为要出国，李校长带的谢霁明等几位研究生的课程辅导工作只能交回给李校长。李校长为了祖国桥梁事业未来的发展，决定将项海帆和石洞同时送出去留学，一下少了两个助手，增加了李校长自己的负担，对此，项海帆深怀感恩之情。

出国前项海帆与妻子在中山公园合影，1980年

临行前，妻子帮项海帆准备行装，买了衬衣、皮鞋、羊毛背心、羊毛衫和风衣，还买了一件很好的羽绒衫服。项海帆还去眼镜店配了新眼镜。虽然那时他只有四十五岁，但已经开始“老花”，看书时需要戴眼镜了。岳母陪他去订做了两套西服和一件呢大衣，又去友谊商店买了皮包、皮箱和公文包等出国用品。

出国前，李校长找项海帆临别谈话，他希望项海帆努力学习国外先进理论和计算技术，按期回国。“我已经快七十了，有点力不从心了，期盼你能为国效力，把中国的桥梁事业继续下去。”听着恩师的叮嘱，项海帆在心里暗暗决定，出去一定要学好最先进的知识，回来报效祖国，不辜负老师的重托。

当时，学校里有些言论在传：“项海帆出国留学不会回来了。”为了让老师放心，他向李校长保证：“李老师，您放心，我一定按期回国，绝不辜负您的信任。”

项海帆自小就有爱国主义情结，杭州岳坟墙上“精忠报国”四个大字给他留下很深印象，他知道只有报国才是爱国主义的实际表现。出国留学要努力学习外国的先进科技，真正有本事的人应当像老一代归国知识分子那样，把祖国建设好，以报答国家的培养。

在国家消亡之前，人人都有国籍，国家的竞争说到底就是人才的竞争。科学没有国界，但研究科学的人是代表国家的。尽管自己曾遭遇不幸，而效国之心是永恒的。怀着对祖国的爱，12月下旬，项海帆穿上新的羽绒服从虹桥机场去北京报到，家人都到机场送行。项海帆抱着“出国深造，回国效力”的激动心情和决心，暂时告别了父母妻女，走出了人生关键的一步，去迎接异乡客地的挑战。

项海帆是改革开放以来，我国第一批获洪堡基金资助的留德学生。一方面是同济大学对德交流合作的赓续；另一方面也得益于项海帆的恩师李国豪在德国学界的影响力和引荐。而项海帆为了这一天的到来，已经准备了太久太久。

1980年岁末，上海虹桥机场，在亲朋好友的叮咛送别声中，项海帆独自一人踏上了远赴德国的旅途，那年他已四十五岁。四岁开始上小学，十六岁不到进入大学，经历了十余载坎坷波折的项海帆，在不惑之年登上了德国汉莎航空公司的飞机。面对金发碧眼的航空小姐，他终于意识到：“我即将离开祖国，去往一个陌生的国家，在陌生的语言环境中生活和工作。”

坐在飞机上，项海帆望着窗外变幻的云景，思绪万千。那些过去的苦难，如同云雾一般，逐渐消散；而未来的希望，则如同阳光一般，照亮了他的心灵。人生已经迎来了新的篇章。

改革开放的春风，如同甘霖，滋润了他的心田。这次出国留学，不仅仅是他个人的机遇，更是时代赋予他的责任。他要带着国外的先进知识和技术回国，为建设国家贡献自己的力量。这种使命感，让项海帆倍感振奋。

留学生活即将开始，一切充满了未知。四十几岁毕竟不同于十几、二十岁，语言、文化、生活方式等各方面都需要他去适应。然而，他并不畏惧。经历过十年“文革”的他，已经拥有了坚韧不拔的意志和勇往直前的决心。

在飞机降落的一刹那，他深吸了一口气。他知道，这将是他人生的一个新起点。带着感恩、激动、决心和希望，他踏上了这片陌生的土地，准备迎接新的挑战和机遇。

第五节　歌德学院的德语集训

到达德国以后，项海帆先在位于波恩的中国大使馆暂住了两天。晨起，在莱茵河边散步，看到两岸的高速公路、铁路以及美丽的桥梁，建设好中国桥梁的决心在他心中再次涌起。短暂停留之后，项海帆乘坐火车，去往伊塞隆的歌德学院报到。为了巩固语言，洪堡基金会为他安排了4个月的德语集中学习。

伊塞隆座落在鲁尔区，与波鸿和多特蒙德这两座繁华的城市相邻。它仿佛是一颗隐藏在都市森林中的璀璨明珠，低调而充满韵味。城中，那座古老的教堂矗立在市中心，其庄严而神圣的身姿，见证了伊塞隆几百年的历史变迁。教堂旁，一片开阔的广场宛如城市的肺，呼吸着新鲜的空气，为忙碌的都市生活带来一丝宁静与和谐。广场上的石板路被岁月打磨得光滑而温暖，似乎在诉说着过去的故事。

不远处，一条步行街蜿蜒而过，两旁商铺林立，熙熙攘攘的人群在此穿梭。这里是全城商业的脉搏，也是市民休闲购物的天堂。无论是传统的手工艺品，还是现代的时尚服饰，都能在这里找到属于它们的一席之地。而环绕着这座小城的，是一条不长的环城路。

项海帆被安排住在一户姓Brunswicker的德国人家中。这个德国家庭的男主人七十多岁，是城里一家药房的店主，已经退休，药房由大儿子经管着。房东太太六十岁出头，家中还有一位八十多岁的老母亲同住，项海帆也跟着叫她外婆（Oma）。这是一家十分温和好客的德国人，他们对这位中国学者十分友善，Oma还经常请项海帆吃蛋糕和午后茶，跟他闲聊。项海帆借住在这家三楼，原本是他们儿子居住的一个套房，有一间卧室、一间书房兼起居室。

欧洲的冬夜，长夜漫漫，项海帆的留学生活也仿佛与这漫长的冬夜相呼应。每天清晨，当天空还沉浸在一片黑暗中时，他就被教堂悠扬的钟声唤醒。这钟声，对他来说，既是新一天的开始，也是坚持与努力的召唤。项海帆迅速起床，踏上前往学校的路程。

紧张的学习占据了项海帆大部分的时间。中午，他常常选择到广场的食品摊买午餐，他最常买的是热狗面包或者炸鱼面包，这些简单却美味的食物，成为他午后能量的主要来源。偶尔，项海帆会坐在广场的长椅上，一边吃着午餐，一边观察着周围的人和事。

下午，他会回到学校继续听录音带，努力学习语言。单调而规律的生活并不枯燥，项海帆有很好的英文基础，德语的学习进展非常快，又有着要过好语言关为更专业的学习打好基础的动力，他对学习德语充满了信心。每天傍晚时分，项海帆会从学校回到家中，简单地为自己做一顿晚饭，荷包蛋、煎火腿或者蛋炒饭，晚餐是他固定的休闲时光，会边吃边看电视或者听音乐。

晚饭后的时光并不轻松，项海帆还有许多作业要做，这些作业不仅是对他学习的检验，更是对他意志力的考验。他常常需要熬到深夜才能完成所有的作业。在这个过程中，他时常会感到孤独与疲惫，但他甘之如饴。

每周六上午，项海帆会去城里的商店购买一周的食物。中午时分，他会来到广场边唯一的一家中餐厅，享受一顿美味的炒饭或者盖浇饭。这家小店的两个员工都来自中国香港，一个厨师、一个跑堂。平常难得见到黄皮肤黑眼睛的同胞，中餐厅的店员对项海帆格外热情。他们用广东话与项海帆交流，因为不太会讲普通话，就尽量用简单的词汇和手势沟通。这份来自同胞的热情与关怀让项海帆感到十分温暖，也算是初到异国他乡的慰藉。

在歌德学院，除了学习德语，项海帆也试着融入德国传统家庭的生活。房东老先生养了一条狗，每天上午和下午老先生都要去附近的公园遛狗。偶尔周日的上午，项海帆也跟着一起去遛狗。小狗在草地上欢快地奔跑的时候，在和别的狗打闹的时候，老先生就坐在椅子上和项海帆聊天。

房东太太养了一只花猫，十分可爱，平时她只喂猫粮。项海帆从小喜欢猫，经常会和小猫打招呼。有一次项海帆在厨房煎火腿做蛋炒饭，小猫闻香而来，对着项海帆叫。房东太太知道猫咪想吃，就问项海帆能不能给它吃一点。项海帆当然愿意，用自己的火腿喂了小猫。有了这个甜头以后，这只聪明的小猫就常跟项海帆上到三楼，向他讨吃食。大概小家伙也知道，火腿可比猫粮好吃多了！就这样，项海帆早上起来推开门，经常就会看到小猫乖乖地等在房门口，十分讨人欢喜。初到异国，房东一家的善意为项海帆排解了不少独自在国外生活的孤寂，也让他在语言学校的这段经历更加顺利。

在4个月紧张而充实的德语强化学习即将结束之际，学校要举行一次过关考试。项海帆所在语言班的大部分学生都是来自土耳其、希腊和南斯拉夫的高中毕业生，对于他们来说，拿到过关考试的合格证书是通往德国大学的敲门砖。事实上，对于项海帆来说，作为洪堡基金的资助学者，他可以不用参加这场考试。本着一贯严谨的求学态度，也想通过考试的方式来检验自己四个月以来的学习成果，他和班上另一位来自印度的洪堡基金资助学者Dr. Desai商量后，决定共同迎接这场过关挑战。

项海帆（后排左二）和歌德学院的同学合影，1981年

在正式考试前的模拟考试中，项海帆和Dr. Desai都顺利通过了，这让他们对自己的实力有了更加充分的信心。最后考试成绩公布时，项海帆和Dr. Desai都获得了良好的评价。班上除了少数几位青年学生是优秀，还有不少只是及格，项海帆对于良好的成绩还算满意。这不仅仅是一个分数，更是他这段时间努力付出的见证。

作为班上仅有的两位“洪堡学者”，项海帆和Dr. Desai结下了深厚的同窗情谊。他们一起分享学习的喜悦和挑战，一起探索这个陌生的国度。他们一起去广场买午餐、去歌德学院练习听力，周末一起购物，这些平凡的日常成为他们友情的见证。除了德语对话以外，他们大多用英语交流，这不仅锻炼了项海帆的英语口语能力，也让他更深入地了解了不同文化背景下的思维方式。

两个月后，Dr. Desai把家人接了过来，邀请项海帆去他的新居品尝印度美食，项海帆也随好朋友一起感受到了家的温暖和团聚的喜悦。德国洪堡基金会成立于1860年，以德国伟大的自然科学家和社会活动家亚历山大·冯·洪堡的名字命名，是国际上历史最为悠久并享有盛誉的科学基金会，为已经获得博士学位的各国中青年学者提供了一个从事前沿科研课题的条件。按照规定，洪堡学者在国外学习阶段可以有家属随同，但当时中国的政策并不允许。Dr. Desai的两个孩子眼睛大大的，皮肤黝黑，十分可爱。看着Dr. Desai一家其乐融融的样子，让项海帆异常想念远在中国的妻子和女儿。他知道，自己在这个陌生的国度里，不仅仅是为了追求学术上的成就和国家未来的发展，也是为了家庭的未来。他将思乡之情付诸笔端，用往来的信件陪伴和激励自己。

第六节 波鸿鲁尔大学的“客座教授”

四个月紧张的德语学习结束后，项海帆按计划于1981年5月初来到波鸿鲁尔大学土木系，在Krätzig教授主持的结构工程研究所结构力学教研室开始了博士后性质的学习和工作。Dr. Desai学的是航空工程专业，进入了波鸿鲁尔大学机械系。

波鸿鲁尔大学，作为改革开放后第一所与同济大学建立合作关系的德国高校，承载着新时代中德两国学术交流的重要使命。1979年，当同济大学李国豪教授代表中国学界踏上德国的土地，与波鸿鲁尔大学草签合作意向书时，一个新的历史篇章就此揭开。第二年，两校正式签订了合作协议，奠定了长期稳定的合作基础。对于项海帆来说，这次访学不仅是一次学术之旅，更承载着恩师的期待，是同济对德交流和合作的恢复与赓续。

波鸿鲁尔大学对项海帆的访学亦十分重视，学校在他的办公室门上挂上了“客座教授项海帆”的牌子，表示对这位中国学者的尊重。这种礼遇让项海帆深感荣幸，他明白在波鸿鲁尔大学的学习和研究，不仅代表了他自己，也代表了同济，代表了以新的国际形象走向世界舞台的中华民族，这让他更加坚定了为学术事业奋斗的信念。

为了让项海帆在波鸿鲁尔大学更好地开展斜拉桥的抗震设计工作，Krätzig教授指定了他的助手（来自希腊的Meskouris博士）和项海帆合作。Meskouris博士来自一个具有悠久古代文明的国家，当时他正在攻读第二个任教博士学位（德文为Habilitation），以后打算回雅典任教，报效祖国。项海帆和Meskouris博士有许多相同的

项海帆在波鸿鲁尔大学办公室，1981年

理想抱负，相似的学术追求让两人迅速建立起了深厚的友谊。他们一起探讨学术问题，分享彼此的研究成果，相互鼓励着在学术道路上不断前行。

项海帆的研究方向是斜拉桥的抗震设计，这是一个充满挑战的领域。在波鸿鲁尔大学，项海帆深刻地感受到了中国与发达国家在科技和教育上的巨大差距。当项海帆第一次走进学校的机房时，他被眼前的景象深深地震撼了。中国当时还在使用纸带穿孔的计算机，而这里的机房却已经全部换成了键盘式终端的大型计算机。这种先进的设备让他感叹不已，同时也让他感到了巨大的压力和责任。

机房中采用美国加州大学伯克利分校的DRAIN动力分析软件，以及波鸿鲁尔大学自己开发的模块拼装式软件系统。项海帆花了整

项海帆在波鸿鲁尔大学计算机房，1981年

整一个星期的时间，才逐渐熟悉了DRAIN-2D软件的使用方法和上机的指令。在这段时间里，他几乎每天都要熬夜学习，反复练习，才能够顺利地进行计算。夜晚的机房静悄悄的，只有他的键盘敲击声在回荡。每当遇到难以攻克的技术难题，他都会反复查阅文档，尝试不同的方法，直到找到解决方案。每当成功完成一次计算，他都会获得一种难以言表的成就感。

在熟悉了软件之后，他开始进行预先准备好的计算，即天津永和桥的动力特性和同步激振的时程分析。项海帆丝毫不敢懈怠，每天都沉浸在计算和分析中。接着，项海帆开始考虑相位差（行波效应）的非同步激振，推导出了公式，进行了时程分析，并且比较了二者的差别。

1981年暑假，他又对规范的反应谱进行了研究，发现其对周期较长的斜拉桥的计算过于保守的问题，并提出了进行合理修正的想法。项海帆和Meskouris博士进行了讨论，得到了他的支持。Meskouris博士向项海帆介绍了可按修正反应谱生成人工地震波的方法，以代替常用的EL-Centro波作时程分析的建议，并推荐了相关的资料。秋季开学后不久，项海帆就完成了这项工作，比较了两种不同输入的地震反应。

在得知项海帆的进展后，Krätzig教授对他的工作表示了高度赞赏。Krätzig教授建议项海帆开展一个振动台试验来验证他的研究成果，并主动与达姆施塔特工业大学（TH Darmstadt）的König教授联系，那里有比较先进的振动台试验实验室。

得到König教授支持的消息让项海帆倍感振奋，他知道这是对自己前期研究工作的肯定。11月的寒风凛冽，却无法吹灭项海帆内心的热情。他踏上了前往达姆施塔特工业大学的火车，那不仅是他的恩师李国豪校长的母校，更是他即将开展重要研究的地方。抵达后，König教授热情地接待了项海帆，并与实验室主任仔细讨论了他的模型设计和试验计划。在达姆施塔特工业大学，项海帆向König教授和实验室主任详细介绍了自己的前期研究，共同探讨了模型设计和试验计划可能遇到的问题和解决方案，这种深入的学术交流让他感到无比充实。

随后，项海帆回到了波鸿鲁尔大学，等待实验室做好前期准备。一个月后，当达姆施塔特工业大学来电话，通知项海帆模型已经成功安装在振动台上，可以进行试验时，他非常激动，立刻安排了第二次出差，计划在圣诞节前完成这项重要的试验。

在试验过程中，他时刻关注着模型的每一个细微变化，记录着各种数据，不敢有丝毫的懈怠。试验结束后，König教授特意陪同项海帆参观了附近的桥梁，让他对德国的桥梁建设有了更深入的了解。König教授还热情地邀请项海帆："项，期待你明年春天，完成博士后的报告后，再来达姆施塔特工业大学做一个德文的研讨分享。"面对König教授的邀约，项海帆十分感动："谢谢您，我一定会过来，非常期待明年春天再见面！"

1982年3月，春风拂面，达姆施塔特工业大学的学术氛围却比春风更加温暖。项海帆，这个来自东方的学者，怀着忐忑又充满期待的心情，再次来到了恩师的母校。能够在国际一流的土木系分享他的最新研究，他十分重视且慎重。他身穿一套深色西装，领带系得整整齐齐，手握一份沉甸甸的德文报告稿，这是他在德国近一年的学术积累，这一次，他已经准备好向学术界正式展示他的研究发现。他也很期待，大家会有什么样的反馈和建议。

第一次用德文做报告，45分钟的交流，也是第一次向达姆施塔特工业大学的师生分享自己的学术成果。当站在那庄严的讲台上，面对着一群金发碧眼的外国学者，他的心跳得有些快。但他的声音坚定而自信，每一个字、每一个词都经过他反复推敲。他详细地介绍了自己的研究过程和结果，用翔实的试验结果和数据支撑着自己的观点。

报告结束后，项海帆开始回答听众提问。他用德文流畅地表达自己观点，展现出了深厚的学术功底和扎实的语言能力。当最后一个问题被回答完毕时，现场响起了热烈的掌声。项海帆的眼角有些湿润，这是自己辛勤付出的最好回报。

午餐时分，König教授为项海帆安排了一场庆祝活动。在温馨的餐厅里，他们共同举杯祝贺项海帆的工作取得圆满成功。波鸿鲁尔大学的Krätzig教授看到项海帆的报告后，对项海帆的研究成果评价很高，决定作为博士后论文推荐给波鸿鲁尔大学结构工程研究所印刷出版。随后，博士后论文得以正式出版，这不仅是对项海帆研究成果的认可，更是对他圆满完成洪堡博士后奖学金研究任务的肯定。

在波鸿鲁尔大学一年的博士后研究工作，对项海帆来说是一次极为宝贵和难忘的学术经历。波鸿鲁尔大学的图书馆资源丰富，学术期刊种类齐全，涵盖了各个学科领域，且每周都会有新期刊送达，并在每个办公室里轮转翻阅，这种及时便捷的学术信息交流方式，让大家能够迅速了解最新的研究动态和前沿理论。每周五的研讨会，是整个研究团队交流研究成果和学术思想的重要平台。在这里，既可以让大家自由地分享自己的科研成果，也可以外请专家进行专题报告。更为难得的是，学校鼓励大家使用英语进行报告和讨论，这让项海帆能够与来自不同国家和背景的学者进行深入的交流和讨论。

在这种浓厚的学术氛围中，科研的效率非常高。团队成员之间的合作非常紧密，大家相互支持，共同进步。在这样一种高效的环境下，一般半年内就可以完成一篇高质量的论文或报告。在取得阶段性成果之后，整个团队会集体出去度假放松，这不仅是一种奖励，也是一种团队凝聚力的体现。

除了工作上的紧密合作和交流，波鸿鲁尔大学还非常注重员工的福利和身心健康。一年两次的假期为大家提供了宝贵的休息时间。在冬季，大家会选择去南方晒太阳或上山滑雪；而在夏季，北海海滨则成为休闲放松的好去处。这种与同事们带着家属一起度假的经历，加深了彼此之间的友谊。

在和德国教授家庭的交往中，项海帆不仅了解了他们的日常生活和文化，更深入地探究了他们国家的教育制度。通过观察和交流，

项海帆和德国朋友马里奥夫妇合影，1981年

他对德国的教育体系有了更加全面和深入的认识，并对其严谨、务实的特点留下了深刻的印象。在与德国教授的交往中，项海帆还了解到德国大学的入学要求。尽管大学的入学率很高，但毕业却需要经过严格的考核。以波鸿鲁尔大学土木系为例，每年有400人入学，但最终只有半数人能够顺利毕业。这种“宽进严出”的制度确保了毕业生的质量，使得Dipl-Ing学位（相当于工程硕士）真正代表了高水平的教育。这种严谨的教育制度不仅培养出了杰出的科学家，还为社会输送了大量高水平的技工和各种专业人才。此外，德国的职业教育体系也给他留下了深刻的印象。所有学员都必须经过职业学校的培训并取得执照才能从业。这种对职业技能的高度重视和严谨的培训制度，确保了德国各行各业的专业水平。

在德国访学的这段经历，让项海帆深感德国教育制度的严谨性和务实性，让他深刻地认识到了中国与发达国家在科技和教育上的

项海帆在导师Krätzig教授家，1981年

差距。德国的教育体系不仅注重学生的学术发展，更强调实践技能的培养和社会适应性的提升，它充分体现了教育与社会的紧密联系，以及教育在国家发展中的重要地位。

项海帆从十六岁进入同济大学求学，到读研究生毕业留校工作，在他来到德国之前，已在同济学习生活了近30年。同济大学创校之始便是仿效德国的教育和人才培养模式，严谨、求实、团结、创新也恰恰是同济的校风。作为一名同济人，结合自己在德国的所见所感，项海帆为德国教育的成功感到钦佩，并希望在未来能够借鉴和推广这种教育理念，为中国的教育事业注入新的活力。博士后阶段的学习，不仅让项海帆了解并从事最前沿的桥梁抗震研究，也更加强化了他严谨的学术态度和勤奋的精神。这些宝贵的财富将伴随他，激励他在未来的学术道路上不断前行。

第七节　第一次接触国际桥梁与结构工程协会

在留德期间，项海帆作为“洪堡学者”参加了洪堡基金会安排的几次聚会和活动，深入感受了德国的文化。一次是在首都波恩的总统府，受到了德国总统的接见，让项海帆对德国的政治体系有了更直观的了解。此外，乘船沿莱茵河游览的体验让他领略到了德国独特的自然风光和历史底蕴。

项海帆受到德国Carstens总统接见合影，1981年

还有一次是在康斯坦茨（Konstanz）大学的年会上，让来自世界各地的“洪堡学者”按学科相聚交谈。项海帆和不同文化背景的学者进行了交流互动，这种交谈给项海帆提供了宝贵的学术资源和新的思考视角，也为今后的相互合作交流和建立深厚友谊创造了有利条件。在一个开放的背景下去打开自己的眼界，开阔自己的学术视野，感受学术界的团结和合作精神，这也为中国桥梁走向世界、

项海帆和洪堡基金会主席Paul教授合影，1981年

融入世界提供了基础。

此外，环德旅行让项海帆有了一个难得的了解德国历史和民俗的机会。在三周的时间里，项海帆和其他“洪堡学者”访问了十多座城市，每到一处都有市长的热情接见。这不仅体现了洪堡基金会在德国的地位，也反映了德国市长们对科学与知识的尊重。在这些活动中，使项海帆印象最深刻的是访问波恩的贝多芬故居和特里尔的马克思故居。

贝多芬是项海帆最喜欢的音乐家，他的《命运交响曲》曾是特殊年代给项海帆力量和支持的艺术寄托。德意志民族是一个理性的民族，出了许多大哲学家和大音乐家。从马克思和贝多芬身上，项海帆感受到了两位圣哲的伟大胸怀和坚强意志，他们的英雄品格和对人类平等、自由、民主的追求是项海帆心中的丰碑。项海帆十分崇敬他们，从马克思的“共产党宣言”和贝多芬的交响曲中，他汲取了无穷的精神力量。

在留学期间，项海帆还和国际桥梁与结构工程协会（International

项海帆在德国房东Schreiber家，1981年

Association for Bridge and Structural Engineering，IABSE，简称“国际桥协”）有了第一次接触。1981年秋，国际桥协的年会在伦敦举行，正在英国进修的陆楸告诉了项海帆这一信息，陆楸和正在伦敦攻读博士的张叔辉都准备去参加年会。项海帆和导师Krätzig教授商量后，导师也支持他去，并告诉项海帆可向洪堡基金会申请补助。项海帆向国际桥协寄去了申请，并去杜塞尔多夫的英国领事馆办了签证，在9月上旬赴伦敦。

此次伦敦行，也有不少插曲。项海帆到达伦敦的时候，陆楸到机场接机，并安排他住在张叔辉家里。年会前，三位挚友一起游览了泰晤士河、大本钟、威斯敏斯特教堂、伦敦塔桥、白金汉宫、维多利亚女王纪念碑和唐宁街10号等多处名胜，还乘坐地铁去温莎城堡和著名的格林尼治天文台参观，领略了英国的风光。

会议在伦敦的帝国理工学院（Imperial College London）召开，他们三人同去报到，领了论文集和资料，并参加了开幕式和上午的大会报告。会议期间，张叔辉发现会场外面挂有青天白日满地红旗，故而立即和大使馆联系，使馆指示他们马上退出会议。

三人退出会议后，下午去了蜡像馆和大英博物馆参观。会后，由陆楸所在的Freeman&Fox公司安排他们参观苏格兰的福斯桥和威尔士的塞文桥。一周的英国之行，项海帆看了许多地方，印象深刻，这也是他第一次与国际桥协结缘。留德的生活是项海帆一生中一段难忘的重要经历，他的才学、胆识、眼界、外语能力都有了飞跃，特别是对德国的严谨求实、精准和团队精神有了真切的体会。

但是，在德国期间，也发生了一件让项海帆一生抱憾的事情。1981年年底，项海帆的父亲突然病重，住进了新华医院，家人和亲友轮流陪护他。母亲为了不让远在德国的项海帆分心而影响他的学业，一直瞒着他说“家里都好”，也叫儿媳妇宁蓓蕾不要告诉项海帆。直到1982年2月22日父亲去世后，举行了追悼会，妻子才写信告诉项海帆父亲离世的消息。

项海帆和在德国的同济教师合影，1981年

收到家书，得知父亲在病重时还经常呼喊他的名字，希望再见他一面时，项海帆悲恸万分，为不能送别父亲而感到愧疚和遗憾。回顾父亲的一生，幼年丧父，职校毕业后进入杭州三友实业社工作，二十岁就当上了厂长，二十七岁创办民光织造厂，三十七岁时已成为中国毛巾被单行业的领头人，到后来虽然经历坎坷和磨难，但也依然坚持了下来，积极为新中国的毛巾被单工业做贡献，父亲一直是项海帆的榜样。项海帆明白，父亲创建的“民光”品牌已成为中国家居纺织品行业的第一品牌，产品出口到世界各地，父亲的“人民之光”和为国争光的理想已经实现。父亲在天之灵，看到自己能够学业有成，能够为国家的科学事业做出贡献，也应该能有所告慰。因而，项海帆怀着对父亲的思念，依靠坚强的意志，完成了在德国的博士后研究工作。

注释

① 笔者注：革委会主任相当于校长，文件上没有标注“校长”，原文引自程国政《李国豪与同济大学》，上海：同济大学出版社，2007年，137页。

② 项海帆《在恩师的教育和培养下成长》，载自同济大学桥梁工程系编《桥梁结构理论与实践　项海帆教授论文选集》(中英文本)，上海：同济大学出版社，2007年5月。

③ 丁润令、李文连《李国豪》，载自《中国现代教育家传》编委会编《中国现代教育家传　第7卷》，长沙：湖南教育出版社，1988年7月。

④ 同济大学档案馆馆藏：2-1979-DW-15.0012。

⑤ 皋古平主编《同济大学100年》，上海：同济大学出版社，2007年5月。

⑥ 项海帆《力学与风工程》，载自李国豪、何友声主编《力学与工程　21世纪工程技术的发展对力学的挑战》，上海：上海交通大学出版社，1999年8月。

⑦ 中共上海市科技教育工作委员会编《爱国奉献　创新求实：院士精神研究报告》，上海：上海教育出版社，2007年1月。

下　篇

入选工程院——调寄清平乐

喜从天降，不负亲人望。学业有成遂志向，护携师恩难忘。
扬帆率队远航，深知任重途长。我自壮心不已，更期弟子传芳。

——项海帆

第五章

西行东归：

浦江桥歌遂志向（1982—1991）

惟发展之权，操之在我则存，操之在人则亡。

——孙中山《建国方略》

与林志兴老师（左）一起准备南浦大桥试验模型，1984年

1982年5月，项海帆遵照与恩师的约定，抱着振兴中国桥梁的决心学成回国。当时，随着改革开放的进一步推进，国家的科学事业正在蓬勃发展。为了满足社会主义现代化建设的需要，自1978年全国科学大会召开以来，国家持续推出各项政策，推动科技事业的发展。1980年2月，国务院决定重新制定中长期计划，酝酿编制第六个五年计划（1980—1985），重点从八个方面部署了一批科技攻关项目。1981年，中共中央、国务院转发了国家科委党组《关于我国科学技术发展方针的汇报提纲》，提出了科学技术发展的五个方针。1985年3月，中共中央发布《关于科学技术体制改革的决定》，指出改革科学技术体制是关系我国现代化建设全局的一个重大问题，正式拉开了科技体制改革的序幕。

随着国家科技体制改革的稳步推进和持续深化，同济大学也在抓紧步伐，对接国家迫切需要解决的科技前沿问题，通过系列措施加强学科建设和科学研究。尤其在桥梁学科建设和桥梁研究方面，在李国豪校长的带领下，进入一条领跑全国的快速轨道。

第一节　李校长交办的“三大任务”

项海帆自回国起，就从李国豪校长手中接过“三大任务”：一是，继续回到课堂，为研究生开设“桥梁稳定与振动”课程；二是，作为副导师，指导博士研究生的学习和科研；三是，带领团队，着手黄浦江大桥的可行性研究，为黄浦江大桥建设做好准备。这“三大任务”成为项海帆归国的事业起点。

1982年5月，项海帆学成归来。从1980年岁末阔别亲友，已经过去了整整一年半的时间。项海帆走出飞机舱门的那一刻，呼吸到久违的故土气息，看着眼前似乎一样，又有些不一样的上海，一种“自信人生二百年，会当水击三千里”的豪情自心中生起。

在项海帆留学德国的这段时间里，改革开放的春风拂过中华大地，激荡着民族自尊、自爱和自强的精神。那是一个崭新的、充满机遇与挑战的时代。作为改革开放以来的第一批留学人员，项海帆怀着尽快缩小与发达国家差距的梦想，为了祖国的富强和中华民族的振兴，拒绝了国外更为优越的生活和科研条件，毅然决然地选择了回国，投入正在蓬勃发展中的科学事业中。

回到学校后，项海帆的脚步匆匆，他要做的第一件事便是向李校长汇报他在德国留学一年半的收获。项海帆手中紧紧握着一本德文的研究报告单行本，这是波鸿鲁尔大学土木系和结构工程研究所出版的系列研究报告。书的封面简洁而庄重，深蓝色的背景下，白色的标题“预应力混凝土斜拉桥的抗震性能”显得格外醒目。马上要见到恩师，他有很多话想对老师说，但似乎所有要说的都在自己手中的这本研究报告里。

当他走进李校长的办公室时，李校长正端坐在桌前，手中拿着一份文件，眉头紧锁，似乎在思考着什么。项海帆轻轻地敲了敲门，李校长抬起头，看到是项海帆，脸上露出了欣慰的笑容。

“海帆同志，你回来了！”李校长热情地迎了上来。简单寒暄过后，李校长接过项海帆手中的研究报告，翻开第一页，仔细地阅读起来。项海帆站在一旁，既紧张又期待，好像回到了第一次到老师办公室谈话的情形。

李校长一页一页地翻看着，时而点头称赞，时而陷入沉思，当他翻完整本报告，更是露出了满意的笑容。在李国豪看来，项海帆不愧是自己最看重的学生之一，一年半扎实的博士后研究，不仅具有理论价值，更具有实际应用前景。中国桥梁的后继力量到了开花结果的时候了！

“海帆同志，你的研究非常出色！”李校长抬起头，看着项海帆说道，“你对预应力混凝土斜拉桥的研究既深入，又有前沿思考，我为你感到骄傲！”

听到恩师的肯定，项海帆一颗悬着的心终于放了下来。“谢谢李老师！”项海帆深深地鞠了一躬，“回来以后，我会继续努力，不负母校的期望和您的信任！”对于四十七岁的项海帆来说，科学的春天才刚刚开始。

李校长拍了拍项海帆的肩膀，高兴地说：“海帆同志，你辛苦了！这个成果非常好，国内针对这方面研究还属于空白，你可以写几篇中文论文，在《同济大学学报》上发表，这样可以进一步扩大研究成果在国内的影响力。”

项海帆十分开心，一年半的辛勤努力总算没有白费，远离家人的孤寂，没有见到父亲最后一面的遗憾，在这一刻仿佛都得到了弥补。李校长提出的建议给了他新的方向，他希望可以把在德国的所学所见更好地传播给国内的同行。

谈及回国后的打算，李国豪语重心长地说：“海帆同志，现在是改革开放的大好时机，学校也正朝着‘两个转变’的方向在努力，各方面的建设都需要人，我这个舵手正可惜自己没有三头六臂。现在你回来得正是时候！”

李国豪看着盼望已久的爱徒归来，特别开心。经过一番商谈，李校长交给了项海帆三项任务。第一项任务，接替他为硕士生开设的“桥梁稳定与振动”课程的教学，这门课程是项海帆曾给老师作助教时就在负责的课程，等于是接上了出国前的教学工作。第二项任务，李国豪已经开始招收博士研究生，他希望项海帆可以作为副导师，指导他的第一个博士生谢霁明，开展黄浦江大桥的研究。第三项任务，也是李国豪最看重，最期待的一项工作，负责牵头上海市科学技术委员会下达的黄浦江大桥的可行性研究任务。李国豪预判到，国家即将拉开大规模桥梁建设的序幕，其中抗风、抗震等一系列科研攻关问题需要解决。他希望项海帆可以挑起大梁，在大规模的建设来到之前，先在科技储备方面做好准备。

听着老师规划的关于黄浦江大桥，关于中国大桥的未来蓝图，项海帆充满了信心。他请老师放心，自己一定牢记老师的嘱托，把这三大任务完成好。

从李校长的办公室走出来，项海帆的步伐，走得更加坚定，他的目标也更加明确。

李国豪（右）与项海帆一起工作，1983年

随着同济大学对外交流与合作的不断深入，为扩大中国学界的世界影响力，1983年1月，李国豪校长在龙柏饭店组织召开了一次地震工程的国际研讨会，由徐植信具体负责。李校长希望项海帆把在德国完成的博士后论文写成英文版，并在这次研讨会上作主旨报告。在李校长看来，这将会成为中国桥梁与世界学术界对话交流的一把关键钥匙。

这次国际研讨会是项海帆回国以后，首次站在世界同行面前作报告。他深知老师的期许，此次报告不仅是对自己研究成果的回顾，更是中国学者在国际上的一次形象展示。因此，他做了精心准备，希望能以最佳的状态展现。

报告当天，会议室内座无虚席。项海帆报告的题目是《预应力混凝土斜拉桥的抗震性能研究》。他用流畅的英语、生动的图表和翔实的数据，向听众介绍了他的研究思路和成果。

报告结束后，中国地震局工程力学研究所的学部委员胡聿贤走到项海帆面前，对他的报告予以了高度评价。胡聿贤说：“你讲得很

（82）同济研证字第051号

毕业证书

研究生项海帆系浙江省（市）杭州县（市）人，一九三五年十二月生，曾于一九五五年九月至一九五八年二月止在我校道路与桥梁工程系桥梁专业学习（学制为三年）学习期满，准予毕业。

同济大学
校长李国豪

一九八三年三月补发

项海帆的研究生毕业证书，1983年补

好，英文也很好，这项研究非常出色。”胡老师的评价，对于项海帆来说是一种极大的鼓舞和激励，毕竟这是他第一次用英文作报告，为其以后参加国际会议奠定了基础。

随着中国改革开放和社会主义现代化事业的蓬勃发展，国家迫切需要大批优秀的科学、技术、管理方面的骨干人才。为了适应社会主义四化建设需要，进一步在全社会营造“尊重知识、尊重人才”风气，1984年1月27日中央组织部、中央宣传部、劳动人事部、财政部联合发出《优先提高有突出贡献的中青年科学、技术、管理专家生活待遇的通知》。“《通知》规定年龄在55岁以下的，在理论上有创造性成果的，或在生产、技术、教育、管理工作中有重大发明创造或革新的，或在专业工作中做出特别优异成绩的专家，给予越级提升工资，解决夫妻两地分居、子女随迁问题，提高住房标准，改善医疗交通条件等特殊待遇。”[①]这项政策每两年选拔一次，从此走上制度化的轨道。当年9月，全国选拔了第一批422名有突出贡献的中青年科技专家，同济大学第一批获得此称号的是徐植信和朱伯龙。1986年第二批获得“有突出贡献的中青年专家”是汪品先和项海帆；1988年第三批获得者是沈祖炎和范立础。

那时，还没有“杰青”和“长江学者”的称号，有突出贡献的中青年“国家级专家”这一称号是很重要的奖励，后来很多入选的工程院院士都曾获得过这一称号。项海帆扪心自问，自己尚未做出重大贡献，只是刚留学回来“蓄势待发”的一位五十岁不到的年轻副教授，获此殊荣实在惭愧。他下定决心，一定要做出更多成绩回报国家和学校的信任。怀着“久有凌云志，彩虹跨浦江”的壮志，项海帆迅速投入“三大任务”之中，一幅“三年苦干深虑，水上架天廊”的事业图卷正在徐徐展开。

第二节　南浦大桥的可行性研究

20世纪80年代初期，因为项海帆和石洞都在国外留学，李国豪科研组只剩陈国强和黄东洲两位青年助教，在科研的推进和管理方面，很多事情都需要李校长亲力亲为，加之学校各项事业的蓬勃发展，校务工作繁忙，同时，李校长还担任着上海科协主席一职，有很多出访任务，因此，科研工作方面急需一位能力出众的助手。项海帆回国后，随即担任了李校长的科研助手。

改革开放以来，国家开始重视研究生的培养。1981年，我国学位制度建立后，同济大学被国务院学位委员会批准成为首批有权授予博士、硕士学位的单位。除李国豪等老教授外，孙钧、朱伯龙、徐植信、俞载道、朱照宏等几位50多岁的中年教授也获批担任博士生导师。1981年，同济大学土木工程学科被国务院学位委员会批准成为首批博士学位授予点，桥梁专业的谢霁明被选中成为李国豪的第一位博士生。项海帆协助李校长一同指导谢霁明。

这个时期，在美国当访问学者的石洞回国时购买了国内罕见的使用键盘输入的屏幕计算机，极大地提升了研究室的技术条件。1982年夏天，由于西南一楼需要腾空供新同学使用，研究室不得不暂时搬到学校对面同济新邨一楼的住房中。1983年，学校建成留学生大楼，李校长在9楼借了几间房作为研究室的办公场所，这一年入学的桥梁专业研究生也在留学生大楼9楼上课。为了教学和管理方便，项海帆在9楼也有了一间自己的办公室。

尽管办公地点和工作环境不断变化，但是在李国豪校长的带领下，关于中国大桥建设的研究工作始终在稳步推进。李老师就像一座灯塔，指引着以项海帆为代表的青年学者们的前进方向，每一个人都在用自身的努力和汗水书写着各自的篇章。

在母亲河黄浦江上建造大桥，是上海人民的百年夙愿。“1980年，在新上任的上海市市长汪道涵主持下，市委、市政府第一次以明确的姿态提出‘开发、开放浦东’的世纪话题。浦东开发的必要前提是建设越江大桥，打通浦江两岸的交通动脉。于是在1982年，上海市建委委托上海市政设计院进行第一座越江大桥——南浦大桥的可行性研究。市政院根据当时正在建造的重庆石门大桥的经验，建议南浦大桥采用400米跨度的预应力混凝土斜拉桥方案。……刚被选为上海市科协主席的李国豪建议上海市科委委托同济大学也做一下南浦大桥的可行性研究，并指示他的第一名研究生，刚从德国波鸿鲁尔大学学习回来的桥梁系教授项海帆带领一个小组具体执行。”②

上海南浦大桥的可行性研究是项海帆回国后承担的一项重要工作。关于南浦大桥的建设，李校长建议采用钢主梁和混凝土桥面板组成的结合梁斜拉桥方案。根据李校长的指示，项海帆和陈国强迅速投入南浦大桥的可行性方案研究中，同时邀请了陆宗林参与总体设计。

为确保研究的准确性和专业性，项海帆指导博士生谢霁明专门做南浦大桥的抗风研究，林志兴则负责准备风洞试验。这个由项海帆、陈国强、陆宗林、谢霁明和林志兴组成的五人小组展现出了极高的工作效率和热情，每个人都在各自的领域发挥专长，相互支持、密切配合，他们在暑假也没有休息，夜以继日地投入工作。

经过共同努力，1982年年底他们基本完成了南浦大桥可行性研究报告的初稿，1983年向上海市科委递交了《南浦大桥可行性研究报告》，建议南浦大桥采用结合梁斜拉桥方案。“同年，在广州举行的第三届全国桥梁会议上，上海的设计团队汇报了南浦大桥两个方案的研究成果。与会专家一致认为，结合梁桥面斜拉桥的方案较混凝土主梁方案减轻了自重，不仅节省斜拉索和软土地基上桩基础的数量，而且有利于桥面沥青混凝土板的铺装；另一方面钢主梁节段和预制混凝土桥面板起吊重量小，施工速度快，非常适合黄浦江繁忙的航道情况，因此经济指标也更好。”[3]同济团队的这份研究报告，得到了专家的肯定。然而，万丈高楼平地起，可行性研究报告只是南浦大桥建设的第一步，未来还有更多的挑战等待着他们。

正是从南浦大桥的可行性研究起步，项海帆开始了对桥梁结构关键技术及设计理论的系统研究。在进行桥梁的结构动力特性计算时，当时的主流方法是采用鱼骨式的单主梁计算模型来模拟桥面主梁，这种方法对于具有闭口箱梁的桥面来说，是非常合适的。但是南浦大桥的可行性研究报告所提出的结合梁斜拉桥方案，采用双工字梁加混凝土板，是一种典型的开口截面，这样就会遇到一个问题，如果仍然采用普通的单主梁模型，就无法考虑断面约束扭转刚度的重要贡献；如果改用与双工字梁相近的双主梁模型，虽然可以考虑约束扭转刚度的贡献，却又难以处理整体桥面板侧向刚度的双主梁等效，再加上斜拉桥中侧向弯曲和扭转变形的强烈耦合，就会造成扭转振型的失真和扭转频率的误差。

对于南浦大桥这样的结合梁斜拉桥方案，选择合适的计算模型是关键。单主梁模型固然简单但不够准确；双主梁模型虽然能考虑更多因素，但也面临处理复杂度方面的挑战。因此，在进行桥梁结构动力特性计算时，需要根据桥梁的具体结构形式和特点选择合适的计算模型，并结合实际情况进行必要的修正和调整。

在南浦大桥的研究过程中，针对这一问题，项海帆提出了“三主梁计算模型”的设想，即把侧向刚度集中于中梁，而利用两个边梁来模拟竖弯刚度和约束扭转刚度。这一全新的计算模型，虽然在物理形态上不是真实的，但在力学上能充分反映各种必须考虑的刚度。项海帆创新性地提出的这一桥梁的结构动力特性计算方法，后来在南浦大桥的建设中得以实践运用。全桥建成后的实测结果验证了这一计算模型的正确性，从此他创新的“三主梁计算模型”成为开口断面和分离箱梁断面型桥梁动力特性计算的可靠方法。

遵照李校长指示的“三大任务”，项海帆不仅在工作上进入了快速发展的轨道，家庭生活也更加幸福和安定。项海帆回国前，妻子家位于富民路210弄的房子被归还。为了让一家人有更加舒适的居住环境，项海帆将底楼的三间重新装修了一番，一间作卧室，一间作客厅，一间作餐厅，又加了一个大浴室，总算有了个像样的家。女儿菲菲这时候已经上高中了，住在二楼的后间，拥有了属于她自己的小天地。

回国后，起初项海帆每天骑自行车上班，冬天既疲惫又耗时。1982年冬天，妻子宁蓓蕾正在做上海交电公司（即中国工业器材公司上海交通电器分公司）的工程，得到了一张带牌照的摩托车购买券。一家人怀着激动的心情，去永安公司的进口商品柜台购置了一台日本铃木摩托车，供项海帆上下班使用。

项海帆在研究生就读期间，就是学校摩托车队的成员。买好摩托车后，项海帆立即去公安局报名参加培训班。碰巧教练就是五十年代同济大学摩托车队在虹口体育场训练时的一位摩托兵。没想到，几十年过去了，他还记得项海帆。

教练对项海帆说：“真是太有缘分了！项老师，你本来就会开摩托车，以前还接受过摩托车特技训练，你不用学了，到时来考一下就可以了。”项海帆见到他也特别高兴。

1983年春节后，项海帆通过了考试，开始骑摩托车上下班。在20世纪80年代，这可是一件十分时髦的事情，项海帆获得了一个新的“身份”——摩托车骑士。

每天清晨，当第一缕阳光升起，项海帆便会骑上摩托车，开始新的一天。他先将妻子送到位于广东路上班的地方，然后骑车去同济大学。每当他目送妻子走进工作的大楼，心中总会涌起一股暖流，只有经历过的人才明白，这种平淡的幸福是多么珍贵。

每到下班时间，项海帆都会准时出现在妻子单位的大门口，等待着她的出现。当宁蓓蕾走出大楼，看到那个熟悉的身影时，她的脸上总会绽放灿烂的笑容。他们一起骑着摩托车，穿梭在繁华的街道，感受着城市的脉搏和节律。

这样的接送，从1983年到1993年，项海帆坚持了整整十年。在这个充满浪漫和温情的接送历程中，项海帆和宁蓓蕾的感情也愈发深厚。他们相互扶持、相互理解、相互包容，共同经历了生活的点点滴滴。这对和乐融融的神仙眷侣，让妻子的同事交口称赞，羡慕不已。

家庭，是项海帆最坚实的后盾，给予他无尽的支持与鼓励。每当他在科研道路上遇到困惑与挑战时，家人总会在第一时间站在他的身边，用他们的方式给予项海帆力量。家庭的支持与恩师的指导，让项海帆的工作如虎添翼，使他在科学探索的道路上自由前行。

第三节　参与科研管理与晋升博导

在充满变革和机遇的时代，同济师生怀揣着梦想和信念，共同投身于伟大的教育事业中。20世纪80至90年代，在李国豪、江景波、高廷耀三位校长的带领下，学校以“两个转变”作为发展的契机，加快了建立理、工、外语、经管等学科的步伐，以适应社会主义现代化建设的需求和国家的发展态势。项海帆也从教学和科研逐步进入管理工作。

“1980年，建筑工程系增加学科内容，更名为土建结构工程系。同年，学校新设管理工程系，相关教研室调离土建结构工程系。1982年，学校突破先前按行业设系的做法，向按学科设系的体制转变，将土建结构工程系更名为结构工程系，一些与结构相关的学科也融入结构工程系”。[④]1982年8月，原路桥系的桥梁教研室、勘测系的土力学与基础教研室和地下结构教研室一起合并到新的结构工程系。这是一项重大的决策，反映出当时中国高等教育管理体制的变革和社会需求的变化，标志着学校正朝着更加专业化和国际化的方向迈进。新的结构工程系的调整与设立，也反映出学校对当时社会急需的建筑工程领域专业人才培养的积极响应。在这个关键时刻，学校任命孙钧教授为结构工程系主任，项海帆和沈祖炎为副主任。

这是项海帆首次担任行政职务，李校长特地找项海帆谈话，通知他这一任命。在宽敞明亮的办公室里，李校长亲自为项海帆斟上一杯热茶，然后坐在他的对面，用充满期待的目光注视着他。

李校长向项海帆介绍了学校发展的蓝图和愿景，语重心长地说：“海帆同志，你和沈祖炎刚从国外回来，你们在国外大学看到了很多先进的管理经验，学到了很多新的做法。你们要按照国外的先进模式，配合孙钧老师，把结构工程系建设好。”

听了李老师的话，项海帆感到既荣幸又责任重大。在行政事务上，项海帆虽然是个新手，但他下定决心，要在新的岗位上配合系主任孙钧老师，为结构工程系的发展竭尽心力。

新的结构工程系设有建筑结构、桥梁结构、地下结构、海洋结构和土建结构（试点）五个专业。1982年8月28日，在第一次系主任会议上，孙钧就指出了全系工作的重点：“并系后如何发挥建筑结构工程的优势？如何组织好工作，如何进行工作？如何形成教学、科研两个中心？并系不仅是行政上合在一起，更重要的是学科集中如何发扬优势。”⑤

这次会议对系里各项工作进行了分工。孙钧负责全系的统筹和规划制定，以及各项工作的检查核实，重点负责人事和师资。项海帆分管科研、研究生、实验室和外事工作。沈祖炎分管教学和本科生工作。

为了推动全系的科研工作，项海帆着手推进几项重要工作。他首先提议恢复并建立与系里学科相匹配的资料图书室，汇集一些最新、最前沿的专业书籍，让师生能够方便地获取最新的学术资料。项海帆坚信，知识的积累与传播是推动学科发展的关键。他亲自带头，与孙钧教授和沈祖炎教授一同策划资料图书室的布局与藏书选择，确保能够满足师生的学术需求。

除了建立图书室，项海帆还借鉴了国外大学的做法，在走廊中设置了橱窗。他鼓励各教研室将教学和科研成果在橱窗中进行展示，让师生能够直观地了解结构工程系的学术实力。这一举措不仅激发了师生们的自豪感，还吸引了众多校外人士前来参观交流。

在教研室建设方面，项海帆提出了建立研究小组的建议，并以地下结构教研室作为试点。他希望通过这种方式，推动教研室内部的学术交流与合作，培养出更多具有创新精神的人才。在他的推动下，地下结构教研室的研究小组迅速成立，并取得了显著的研究成果。

项海帆的日常工作也井然有序。每天早上到校后，他会先前往系办公室与孙钧、沈祖炎一起商讨系务，共同讨论教学计划、科研方向等重要事宜，确保系里的各项工作能够顺利开展。

上午的第三、四节课，项海帆会给研究生授课，他的课堂充满激情与智慧，深受学生们的喜爱。午饭后，项海帆会投入课题研究或去校部办事。他深知作为学科带头人的责任与担当，始终保持着对学术研究的热忱与追求。在科研方面，他希望能够加强同类学科的横向联系，发挥优势，办出特色。在项海帆的引领下，结构工程系的科研工作逐渐进入快速发展的轨道。师生们的精神面貌焕然一新，学术氛围日益浓厚。

孙钧老师后来把青年教师出国留学进修的事务也交给项海帆管理。项海帆结合自身经历，深感出国进修或攻读学位对青年教师的培养十分重要，他积极地为青年教师撰写推荐信、办理手续、联系国外的学校，希望这些教师学成回国能增强同济土木工程学科的力量。遗憾的是，很多经他推荐出去留学的教师没有如约归来，这让他非常失望。

在改革开放的初期，国门初开，外面的世界如同一面充满诱惑的魔镜，折射出无数令人心动的光影，一些外出的人因此迷失了。项海帆心中五味杂陈，他曾满怀信心地推荐了一批又一批的教师出国留学，希望他们能在国外学到更多知识后，回来为祖国的建设添砖加瓦，但没有想到有些青年教师意志太不坚定，没能抵制住诱惑。

后来项海帆才知道，教育部通知学校，要求不要再允许项海帆推荐教师出国。李校长为此专门找到他，严肃地批评他放人太过宽松，影响了学校的工作。这是李校长第一次如此严肃地批评他，面对老师的指责，项海帆有种有口难言的委屈。他知道自己的确负有责任，太过轻信他人。

事实上，李校长也能理解他。李校长说道："海帆同志，当初送你出国留学的时候，很多人也劝我，担心你出去以后不回来，但我非常清楚，自己选择的人没有错。事情的错并不在你，人心都是会变的。"说完，李校长也长叹一口气，过了好一会才又说了句："根源还是我们的国家还不够强大，只有国家强大了，人们生活富裕了，才能真正留得住人啊！"

项海帆明白这是老师在变相地安慰自己。他不后悔自己的信任被辜负，因为他深知，只有为国家的进步和社会的发展做出切实的贡献，才能最终化解这种困境。

1984年，李校长已逾七十岁，提出要退居二线。教育部党组决定调整同济大学党政领导班子。1984年春节过后，上海市教委和人事局组成了工作组来同济大学指导校领导换届工作，实行群众路线推选校级领导干部。

在这次推荐中，一共有1 100多位党员、党外讲师和副处长以上干部提名推荐了222位候选人，项海帆被列入了18个校级领导推荐人的名单之中。根据程序，工作组要找这些候选人逐个进行面谈，最后确定了9个校长和书记的人选。

面试当天，坐在会议桌前，面对工作组，一向讲课、作讲座都自信满满的项海帆显得有些犹豫。他感觉自己年纪尚轻，仅四十八岁，担任结构工程系副主任也才一年多时间，缺乏足够的管理经验，还不足以胜任校级领导的工作。

这种担忧在他的话语中表露无遗，他说："我现在四十八岁，相较于其他候选人来说太过年轻，管理经验不足，应当推荐更有资历、管理经验更为丰富的老师。"工作组的一位组员听了项海帆的话，立刻反驳道："年轻是优点，现在市长的平均年龄都不到五十岁，学校是局级单位，领导者的年龄也不能超过市长。"项海帆听了这话，继续坚定地表达自己的看法："学校不同于行政单位，是学术机构，正副校长应由学术上有成就的正教授担任，年龄应当大一些。"工作组的这位组员似乎并不认同项海帆的观点，有些不悦地说："你应当和组织保持一致。"项海帆感到有些困惑，自己只是就事论事，提出看法，怎么就成了跟组织不一致了呢？他也是个直性子，立刻反驳道："我只是觉得年纪大些，经验丰富些，担任领导岗位更加合适，怎么就成了和组织不一致呢？"

这场面试谈话，因为这个争执而变得有些不愉快，项海帆决定主动退出校级领导的选拔。他觉得自己的管理经验不足，需要更多时间来学习和积累。

最后，通过民主选举，江景波以935票的高票当选为校长。国务院任命了李国豪为同济大学名誉校长，江景波为同济大学校长，高廷耀、黄鼎业和沈祖炎则被任命为副校长。

事后，李校长得知了项海帆退出选拔的事情。他没有批评项海帆，只是找到他，温和地问道："听说你不愿意当副校长，是吗？"项海帆没有过多解释，诚实地告诉老师："李老师，我觉得自己的管理经验不足，还可以再看看。"

李校长了解自己的这位爱徒，是个有才华但性格耿直的学者，管理学校需要承担很多行政工作，没有人天生就是管理者。以他对项海帆的了解，相信项海帆一定可以做好。但他也考虑到项海帆正在科研上全面发力，且开展的抗风研究非常重要，于是对项海帆说："这样也好，你就在系里工作，同时把研究室的事务抓起来。"

项海帆听了李校长的话，心中涌起一股暖流。他知道李校长是在为他着想，让他能够在自己擅长的科研领域继续耕耘。他感激地点了点头，表示自己会尽全力做好系里的工作以及研究室的研究工作。

1984年，全国特别批准了一批博士生导师以扩充研究生导师队伍。同济的高廷耀、沈祖炎、汪品先和项海帆4位副教授获准成为特批正教授和博士生导师。那一年，项海帆四十八岁。

升为博导后，除了担任李校长培养的硕士生和博士生的副导师外，项海帆自己还带了葛耀君、陈德伟、钱莲萍、李瑞霖、毛清华、杨昌众、黄东洲、阎贵平等一大批学生，这些学生的专业研究涵盖了非线性分析、施工控制、稳定分析、车辆冲击分析和风致振动分析等领域。在项海帆的悉心指导下，他们掌握了当时国内最领先的桥梁抗风、抗震研究技术，毕业后或成为国内大学桥梁学科的学术带头人，或成为各个桥梁工程的总设计师，是我国桥梁研究和桥梁工程领域的骨干。

项海帆晋升为正教授后参与的第一件学术工作，是参加1984年8月在旧金山召开的第八届世界地震工程会议，徐植信、朱伯龙和项海帆三人代表同济大学共同出席了这次盛会。

在此次大会上，中国学术界有不少代表参会，其中包括中国地震局工程力学研究所的刘恢先和胡聿贤老师、清华大学的张光斗和沈聚敏老师等。项海帆在会上代表中国学者介绍了在德国做的斜拉桥抗震研究。当时，我国想申办拟于1988年举办的第九届大会，但群龙无首，结果没有争取到主办权，输给了日本代表团。直到20年后的2004年，我国才终于成功申办到2008年在北京举行第十四届世界地震工程大会的主办权。

这次参会，是项海帆第一次去美国，徐植信和朱伯龙两位老师此前曾去过一次美国，比较熟悉情况，也有不少熟人。项海帆跟随他们访问了美国通用电气公司、加利福尼亚大学伯克利分校、斯坦福大学、加利福尼亚大学洛杉矶分校等。美国的文化完全不同于德国的文化，这给项海帆留下了深刻印象。

在美国开会和访问期间，项海帆、朱伯龙和徐植信一行穿梭于各个大学的实验室，进行深度学习。一天，阳光明媚，他们正沿着高速公路驶向美国通用电气公司的实验室，高速公路上车流如织，车速也很快，他们交流着美国之行的收获，心情格外放松。突然，一声巨响传来！轮胎的爆裂声伴随着剧烈的颠簸，汽车像是失控的野马，在8车道的路面上疯狂旋转。风从车窗灌入，车厢里所有人都惊愕不已，还好司机及时刹车，车子紧急停在了旁边的车道。所幸后面的车辆避让及时，才没有酿成大祸。

朱伯龙坐在前座，脸色变得苍白如纸，双手紧紧握住扶手，一时说不出话来。后座的徐植信虽然也是惊恐不已，但平静下来以后，还试图用幽默来缓解紧张的气氛。他打趣道："项海帆是福星，我们大难不死，必有后福。"

听了这句话，三人相视而笑，车里紧张的气氛顿时一扫而空。这次有惊无险的意外，虽然没有对他们的美国之行造成实质性的影响，但这份惊恐的余波却让他们更加珍惜生命，也让三人更加懂得生活的可贵和他们之间友情的深厚。

第四节　桥梁风振研究集成

新中国成立以来，李国豪几乎参与过国家所有重要桥梁的建设，他希望项海帆可以带领团队，将研究方向聚焦桥梁抗风以及抗震研究。早在项海帆留学德国时，桥梁抗风与抗震研究就已进入他的视野。回国后，在李校长的亲自带领下，通过大量的理论研究和工程实践，项海帆成为桥梁建设领域的前沿专家之一。

20世纪80年代至90年代，经过前一阶段的积累，项海帆的研究视野主要聚焦在以下几个方面：桥梁抗震理论及工程应用，大跨度桥梁施工控制理论及其工程应用，大跨度桥梁风振稳定性理论及其控制原理，桥梁与结构的风荷载理论和抗风设计方法。这些研究构成了项海帆在桥梁抗震以及抗风研究方面的理论基石，为此后南浦大桥、杨浦大桥以及当时其他我国大跨度桥梁的施工奠定了理论基础，同时也具有施工指导作用。

在大跨度桥梁风振稳定性理论及其控制原理方面，项海帆从20世纪70年代末带领助手们进入此研究领域，是我国最早开展这项研究的团队，自此开始了对桥梁风致振动理论，特别是桥梁颤振稳定性理论及其控制原理的深入、全面、系统的研究工作。

随着我国斜拉桥建设的兴起，结合上海泖港大桥和黄浦江大桥的建设情况，项海帆的研究主要从桥梁颤振理论及其气动和机械控制措施等前沿课题起步。

在南浦大桥的科研过程中，项海帆对结合梁斜拉桥的计算模型进行了创新，以单主梁模型和双主梁模型为基础，提出了“三主梁计算模型”的设想，解决了结合梁斜拉桥的结构动力特性计算问题。

除了结构动力特性问题，结合梁斜拉桥作为一种新型大跨度桥型，其颤振分析同样面临着诸多挑战。

当时，传统的二维颤振分析理论是为了解决悬索桥的颤振分析而建立起来的，这种理论需要指定一个弯曲振型和一个扭转振型进行振型耦合颤振分析。在分析悬索桥能否在风中保持稳定时，会预设这两种振动模式，并研究它们之间如何相互影响。简单来说，传统的二维颤振分析理论就是给悬索桥做了一次“体检”，查看它在风中“弯腰”和“扭动”时，是否会出现不稳定的情况。这种“体检”方式对于悬索桥来说是较为适用的。

然而，对于斜拉桥这种新型大跨度桥型，几十根钢索拉起成百上千吨钢筋水泥桥面，还要承受川流不息的车辆压力，如何才能抵抗大风，甚至台风的冲击？风来了，由于侧弯和扭转变形的强烈耦合，斜拉桥会出现两种新的振型，一种以侧弯为主、扭转为辅，另一种以扭转为主、侧弯为辅，且前者频率较低、后者频率较高。究竟哪一个振型可能与竖弯振型形成耦合颤振，是一个极有争议的问题。

在1980年代初，项海帆提出了一个非常重要的观点，他认为桥梁的颤振稳定性问题和桥梁的静力稳定性问题在数学上是类似的问题，都是关于特征值的计算问题。他进一步提出，颤振形态可以通过适当的改进算法，实现自动搜寻参与颤振耦合的振型，而无需人为指定。

为了验证这一观点，“他指导博士研究生运用状态空间法率先建立起三维桥梁颤振理论，并且通过算例分析发现了高阶振型的参与作用，在国际上首先提出了‘多振型耦合颤振’的新概念，得到了国际风工程界权威的认可和高度评价。运用这一概念，还可以在施工阶段通过不对称加劲梁节段拼装，人为地破坏结构的对称性，使更多的高阶振型参与颤振耦合，从而成为提高施工阶段抗风稳定性的一种新手段。”⑥

取得这一成果后，项海帆和他的团队并没有停下前进的脚步。他们以南浦大桥的建设为背景，继续深入且系统地研究了桥梁在风的作用下可能产生的各种振动，如颤振、抖振、涡振和驰振等。他们不仅提出了一系列新的概念和公式，还设计出了新的控制装置，用来减少这些振动对桥梁的影响。这些研究成果为桥梁的抗风设计提供了重要的参考。

在桥梁与结构的风荷载理论和抗风设计方法方面，项海帆同样进行了理论探索与实践。桥梁结构在抗风设计中通常被抽象成具有相等横截面的水平线状结构或片条模型，这是桥梁抗风设计的一个关键问题，设计师们通常会简化桥梁模型，把它想象成有着统一横截面的线状结构或者片条模型。这样一来，当风吹过桥梁时，任意截面上的风荷载都可以通过三分力系数、气动导数和气动导纳这三种类型的气动参数来加以表示。

早在1980年，项海帆就在国内率先实现了三分力系数和6个气动导数的节段模型风洞试验识别，利用风洞试验，模拟风吹过桥梁的情况，以准确了解桥梁在风中的受力情况。之后，一方面，项海帆通过改进自由振动测振法，不断增加试验识别气动导数的数量，并为提高识别精度提出了改进的最小二乘法；另一方面，他又先后开发出强迫振动法和表面测压法等气动导数和气动导纳识别新技术，在同济大学建成了国际上少数几个能同时掌握自由振动法、强迫振动法和表面测压法，并能识别全部18个气动导数的风洞试验室。

1988年，项海帆在为南浦大桥进行抖振分析时察觉，传统的基于随机振动理论的抖振频域分析方法比较艰深和繁复，一般的设计单位难以理解和计算。他将抖振计算理论和地震反应谱理论进行比较后发现，虽然风振与地震的激振机理有所不同，但作为一种按振型分解的动力分析方法，二者有许多相似之处，完全有可能建立一种类似地震反应谱的抖振反应谱计算公式，而这正是工程师们比较熟悉的方法。1992年，这种借鉴和移植的方法终于取得了成功，建立了由6个无量纲参数组成的抖振根方差实用计算公式，按照各个振型分别计算抖振响应，再组合起来得到总的响应。与精确的抖振分析结果比较，证实具有良好的精度，这就为抖振的工程计算提供了一种十分快速和简便的方法，而且每个参数的物理意义十分明确，易于工程师们理解和接受。该公式已被纳入我国第一部《公路桥梁抗风设计指南》，得到了广泛应用。

除了桥梁抗风设计理论之外，项海帆的风工程研究范围还涉及其他工程结构。1985年，他在第一批中美合作课题“上海地区台风特性及其对高耸结构的作用”研究中，主持了上海（青海路）电视塔的风洞试验工作，完成了国内第一个全塔气弹模型风洞试验，获1988年国家教委科技进步一等奖。此后，在1992年主持完成的上海“东方明珠”广播电视塔的抗风研究中，再次采用了全塔气弹模型，并且统一模拟了模型的刚度、外形和质量，取得了很大成功，不仅为上海广播电视塔提供了设计依据，而且为风荷载规范和高耸结构规范的制定做出了贡献。这两项研究基本奠定了我国高耸结构抗风研究的风洞试验和理论分析基础。

20世纪80年代至90年代初，项海帆的研究对现代桥梁建设在抗风与抗震设计、施工控制、风洞试验技术、行业标准以及国际影响力等方面都产生了深远影响。这些研究工作不仅丰富了桥梁抗风与抗震的理论体系，而且通过技术创新和工程实践，为我国桥梁建设领域的发展做出了重要贡献，为即将开启的南浦大桥、杨浦大桥的自主建设奠定了基础。

第五节 建设国家重点实验室

1985年，科技部和教育部决定在全国重点高校和中科院各研究所建设约100个国家重点实验室。李校长虽然已经退休，但作为名誉校长，他十分重视这件对于学校发展而言十分重要的大事，亲自召集了朱伯龙、项海帆和余安东开会，启动申报土木工程方面的国家重点实验室的准备工作。会议决定申报工作由朱伯龙任筹备组长，项海帆任副组长，由项海帆和余安东两人负责起草申请书，项海帆负责写风洞试验室部分，余安东负责写振动台部分。

这是项海帆初次结识余安东，两周的合作使他们互为知己，十分投缘。多年后，余安东出版《工程结构透视——结构的发展和原理纵横谈》，项海帆还为他的书作序，写道："余安东教授是我的好友，又一起共事多年，他在德国二十余年的工作经历和对结构原理的探索很值得国内同行学习和借鉴。"[7]余安东1955年考入同济大学建筑工程系，1960年毕业后留校任教。土木工程国家重点实验室的申报是项海帆和余安东的第一次合作，也是余安东去德国工作前在学校完成的一项最重要的工作。他们一起商量实验室的名称，讨论申请书的内容，并拟定了好几个方案，最后由李校长拍板采用了

“土木工程防灾”这个名字，并由李校长亲自审定了申请书后上报教育部。

申请书递交以后，当暑假的热浪渐渐退去时，教育部的通知也到了。通知要求同济大学派代表前往清华大学参加答辩。这场答辩关乎学校申请国家重点实验室的成败，意义重大，不容有失。

清华大学土木系申请的实验室名字是“结构工程振动”。面对如此强劲的对手，同济大学申报国家重点实验室的压力非常大。筹备组组长朱伯龙教授应该是代表同济大学前往北京答辩的最佳人选，但他因为有其他顾虑，于是向学校提出了一个建议：请项海帆代替他前往北京进行答辩。

项海帆在接到这一任务时，内心十分忐忑，毕竟国家重点实验室的建设能否立项是关系到学校未来发展非常重要的一步。不过，项海帆并没有被这些压力打倒。他开始认真准备，查阅大量资料，力求在答辩中展现同济大学的实力。

项海帆做了十分充分的准备，他为答辩制作了投影用的薄膜片，将设计好的图形、文字用分色染料描绘在吸水性强的纸上，制成转印纸，再把转印纸覆盖在无色透明的聚酯薄膜片上，答辩的时候可以投影出来给专家看。在答辩现场，他凭借深厚的学术造诣和出色的表达能力，进行了专业、详细的介绍，并回答了所有专家的提问。答辩会后，有专家跟项海帆说：“你讲得很好，非常有说服力。”项海帆听完，心情轻松了许多，他之前非常担心自己答辩不好而影响学校。

同济大学取得了最终的胜利，拿到了国家重点实验室的批准书，这对同济大学土木工程学科来说，是非常重要的一步。学校在1986年4月形成了一份《关于申请建立“土木工程防灾研究实验室”的论证报告》，从建设土木工程防灾研究实验室的意义、学科及应用的国内外水平发展概况、研究方向和内容、具备的条件、建设规模及经费概算以及开放共同设想六个方面进行了阐述，其中主要学术带头人是李国豪教授，抗震研究由朱伯龙、沈祖炎、徐植信、余载道等领衔，抗风研究由项海帆、朱振德、张相庭牵头。

1986年4月27日至28日，同济大学土木工程防灾研究实验室召开了专家论证会，专家组组长为学部委员、大连工学院教授、中国力学学会理事长钱令希，专家组成员伍荣林、何广乾、汪乔森、李国豪、徐以枋、程庆国6人参加了现场评审，叶耀先、胡聿贤递交了书面意见。一致认为“在同济大学建立土木工程防灾研究实验室，具有以下几个有利条件：

“1. 同济大学在土木工程学科方面有悠久的传统与较强的力量，相关学科比较齐全，有利于在这方面培养人才和开展研究。

“2. 同济大学在这方面有一批较强的学科带头人，并有一支老、中、青结合的研究梯队，其中有相当数目的博士、硕士研究生。近十年来，在土木工程防灾各研究领域，特别是抗震、抗风等方面，结合学科发展方向和国民经济发展需要，已做出了有价值的成果。

“3. 同济大学地震工程实验室曾由美国引进4米×4米模拟地震振动台，具有现代化水平，投资近150万美元，且在设计中预留了第三向激振器在系统中的位置，若将其补充完备，即可建成具有当前国际水平的模拟地震的关键实验设备。又在强展观测及分析方面已投资26万余美元，有相当基础，但需适当增补，以发挥更好效果。

“4. 同济大学在桥梁、建筑物的风工程特别是风振方面有很好的工作基础也有利用国内现有风洞进行实验的经验。目前我国虽有一些航空用风洞，但适宜于大型桥梁与高层、高耸建筑物模型试验的边界层风洞尚属空白，在同济大学土木工程防灾实验室建立一个这类风洞是适宜的，必要的。

“5. 同济大学在抗滑坡、抗爆等方面也有良好的工作基础与一定的实验设备，今后实验设备应该分期分批予以充实和发展。

“6. 同济大学地处上海，国内外学术交流活跃。实验室建成后，具备开放共用的条件，以充分发挥其效益。

“……

“同意论证报告中关于土木工程防灾研究实验室的研究方向和内容。建议根据当前国家投资的可能，投资总额应控制在约人民币500余万元（包括外汇指标），先集中力量增补模拟地震模拟振动台第三向设备，强震观测及数据处理系统，建设大气边界层建筑风洞。其余研究方向的实验设备今后通过各个渠道分期逐步予以完善。

“建议风洞建设成回流式，以节约能源，减少噪声，仪器设备应尽可能立足于国内产品。希望同济大学土木工程防灾实验室加强与国内同类型实验室的横向联系，分工协调，形成各自的特色，并加强国际合作，不断提高研究实验水平。”⑧

同济大学开始启动土木工程防灾实验室的筹备和建设工作。这项工作主要由项海帆负责，他投入了主要精力，计划用五年时间建设拥有三座边界层风洞的风洞试验室，这将是全国土木工程领域的一个开创性实验室，建设过程面临很多挑战。

边界层风洞是一种能够模拟大气边界层特性的试验装置。世界上第一个边界层风洞于1962年在加拿大西安大略大学诞生，是由著名风工程专家A. G. Davenport教授主持。同一时期，美国科罗拉多州立大学在J. E. Cermak（塞马克）教授的主持下也建成了主要用于风环境试验的边界层风洞。

在当时的中国，要筹建世界一流的风洞试验室，基本没有任何经验可以借鉴，所承受的压力之大可想而知。“那段日子，用竭尽全力来形容项老师再合适不过了。”项海帆的学生葛耀君说，那时他正在跟着项先生读研究生。“建风洞，需要数百万元资金，百废待兴的开放初期，到哪里去弄这么多的钱？经过多方筹措，项海帆先生征集到七家单位共计两百多万的捐款。”⑨

1986年春天的上海，阳光明媚、万物复苏。这时，一位来自美国夏威夷大学的客人——Arthur Chiu（邱亚瑟）教授，走进了同济大学的校园。他的到来，为同济大学的风洞建设带来了新的机遇。此前，徐植信教授在出访中结识了邱教授，并成功邀请他来到中国进行学术交流，以架起中美学术沟通的桥梁。项海帆和张相庭作为同济大学的代表，参与了这次重要的接待工作。

尽管邱教授出生在新加坡，能够听懂一些中文，但他更倾向于用英语进行交流。他对于上海中西融合的城市特质表现出了浓厚的兴趣，认为一些前沿的研究对于开放发展的上海未来的城市规划和建筑设计具有重要的意义。在和以项海帆为代表的同济学者的深入讨论中，他提出了一个大胆的计划：申请美国国家卫生基金会（NSF）基金，提供先进的美国产风速仪，安装在青海路的老电视塔上，以实测风速，做一些分析和风洞试验，为正在筹建的东方明珠广播电视塔的抗风研究提供参数。

经过深入讨论，双方确定了合作意向，邱教授计划邀请同济学者于1986年冬天访问美国的大学，并考察美国的风洞设施。双方签订了校际合作协议，确定了首批中美合作课题“上海地区台风特性及其对高耸结构的作用”，由徐植信教授代表学校签字，同济大学一方由项海帆具体负责。

根据邱教授的邀请，学校派出了由项海帆、张相庭、石沅组成的三人考察团，于1986年冬天踏上前往美国的访问之旅。此次美国之旅的考察重点，主要聚焦于世界一流的风洞试验室建设。

第一站是夏威夷大学。那里的热带风光和热情的人们让项海帆一行领略到了异国他乡的独特魅力。邱教授更是让他们深切感受到了合作的诚意。在夏威夷大学土木系访问期间，他们深入了解了夏威夷大学的风洞研究现状和技术水平，为未来的合作打下了坚实基础。

接下来，他们前往科罗拉多州立大学，拜访了被誉为世界第一座边界层风洞创始人的J. E. Cermak教授。这位美国风工程学会的主席亲自到机场迎接了项海帆一行，并安排他们住在科罗拉多州立大学附近的旅馆。在Cermak教授那座闻名遐迩的风洞试验室，项海帆看到了国内外研究现状的差距，美国一流大学强大的科研实力给了他很大的震撼。双方交流的学术报告让中美学者深入了解了彼此的研究领域和成果，也让项海帆更加有动力建设好我们国家自己的一流风洞试验室。

离开科罗拉多州立大学后，他们前往华盛顿，拜访了美国自然科学基金会，对基金会提供的中美合作平台表示感谢。在华盛顿，他们还拜访了美国国家标准局（National Bureau of Standards，NBS）的Simiu（希缪）博士。美国国家标准局是以工程学领域中的标准机器、技术、试验法等研究为中心，广泛进行工业方面应用研究的机构。Simiu博士与Scanlan教授共同撰写了风工程研究领域的经典著作《风工程概论》，而Scanlan也是项海帆仰慕已久的知名学者。在Simiu博士的引荐下，项海帆还见到了在国际风工程领域享有盛名的Scanlan教授。作为桥梁抗风理论的奠基者，Scanlan教授虽然年近古稀，但依然精神矍铄、慈祥可亲，项海帆向他请教了自己正在进行的抗风研究的思考和进展，不仅得到了Scanlan教授的肯定，获得了他的不少建议，临别时Scanlan教授还赠送了项海帆一套珍贵的论文副本。

离开华盛顿后，项海帆和张相庭、石沅来到了纽约。那如钢铁森林般密集的摩天大楼，有着五光十色的巨大霓虹灯招牌的时代广场，彰显着时尚与奢华的第五大道……纽约这座现代化的世界都市让来自上海这一中国最为繁华的都市的三位中国学者赞叹不已。他们拜访了哥伦比亚大学的美籍日本教授Masanobu Shinozuka（筱冢正宣），Shinozuka教授是非平稳随机过程理论的创始人，他热情地接待了项海帆一行，并交流了彼此关注的学术动态。接下来，项海帆一行前往波士顿，参观了麻省理工学院的风洞试验室，了解了风洞的尖塔和粗糙元模拟边界层理论。

最后，项海帆一行来到了位于芝加哥的伊利诺伊大学厄巴纳-香槟分校（University of Illinois Urbana-Champaign，UIUC）。在这里，土木工程系主任Hall（霍尔）教授接待了他们，带领项海帆一行参观了以他的导师、著名的Newmark（纽马克）教授命名的Newmark结构工程实验室，并游览了芝加哥的闹市区和湖边宁静的住宅区。在这次的学术之旅中先进的实验室设备设施和科学管理方法，还有以此为基础取得的系列科研成果，彻底开阔了项海帆一行的视野，让他们对中国能在开放的学术环境中追赶世界充满了信心。

结束了对美国高校实验室的系列访问之后，项海帆一行经旧金山又回到了夏威夷，和邱教授交流了访问的收获以及次年邱教授访华的计划。

美国之行结束后，应日本东京大学Manabu lto（伊藤学）教授的邀请，项海帆和张相庭、石沅前往日本进行访问。在日本，他们住在伊藤学教授为他们安排的日中友好会馆。那是一个不足10平米的小房间，一张小床，一张桌子，一个集成的卫生间。虽然住宿条件简陋，但他们对日本的风洞试验室期待已久。

他们参观了东京大学的风洞试验室，深入了解了日本在风工程领域的研究现状和技术水平。东京大学宽1.8米的小风洞后来成为同济大学风洞试验室1号小风洞的样板。

伊藤学教授亲自驾车陪同他们去筑波市的土建研究所，参观当时世界上最大的风洞。土建研究所的Narita（成田）所长接见了项海帆一行。在土建研究所，项海帆目睹了一个令人震撼的场景：在一个巨大的40米×4米的工作段上，明石海峡大桥的全模型正在接受精密的试验。他仔细观察着模型在风洞中的表现，那些复杂的数据流和图形分析，无不体现出日本在桥梁抗风研究方面的高超技艺和强大实力。更令人欣喜的是，他们此行还获得了一些珍贵的技术资料，这对于正在起步的中国风洞试验室的建设而言，无疑是一份宝贵的财富。

正是在这次访问中，项海帆得知了一个让他十分震惊的消息：上海市副市长倪天增已经访问过日本，并委托日本进行南浦大桥的设计工作。项海帆比任何人都清楚，李校长如何心系南浦大桥的建设工作，自己也早早地参与了南浦大桥的可行性研究。在中国人自己还在苦等消息的时候，项海帆得知日本方面已经组织了多家单位分工合作，正在准备做南浦大桥的风洞试验。一旦南浦大桥交由日本来设计，不仅意味着国人多年的努力和付出付诸流水，而且中国自主建设现代大桥的机会又会延期。他对此忧心忡忡，决定一回国就跟李校长汇报此事。

离开东京后，他们乘坐新干线前往京都。列车高速行驶，车厢内却非常平稳，让项海帆不禁感叹日本在科技领域的领先地位。到达京都后，在防灾研究所的Shilaishi教授和所长Namini教授的带领下，项海帆一行参观了研究所内那座崭新的风洞设施。这座风洞设计精良，外观现代，一进入风洞控制室，项海帆就被那些高精度的测量仪器和先进的控制系统深深吸引。他留意到，日本科研人员在操作过程中一丝不苟，这种严谨的科学态度令他印象深刻。参观结束后，项海帆对日本在风工程领域的研究水平表示由衷赞叹。

春节前，项海帆、张相庭和石沅乘坐火车前往大阪机场，搭乘飞机回国。两个月的美日之旅，让他们收获了宝贵的学术经验与人生感悟。访问美日两国的先进风洞试验室，那些精密的仪器、尖端的技术，都令他深感震撼。要想在科技实力上追赶发达国家，还有很长的路要走，但这并非毫无可能，只要他们持续努力、不断创新，迈出中国风洞试验室建设的重要一步，就一定能够为中国桥梁追赶世界、进而走向世界创造条件。

项海帆、张相庭、石沅三人组成的研究团队，最终完成了以“上海地区台风特性及其对结构作用研究”为题的首批中美合作科研项目，以210米高的原上海（青海路）电视塔为背景，开展了理论模型、风洞试验和现场实测相结合的研究，成功实现了国内第一座塔桅结构全塔气弹模型风洞试验和200米高度的边界层风特性实测，将同济大学的结构风工程研究提升到了一个新的高度。

经过两年多的筹备，国家计委批准在同济大学建立土木工程防灾国家重点实验室，挂靠结构工程学院，主要从事土木结构工程抗震与抗风研究。这是国家计委第一批批准的71个国家重点实验室之一，也是国内土水工程领域中唯一的国家实验室。

1988年5月9日，国家教委下发“关于批准《土木工程防灾实验室》计划任务书的通知”，根据国家计委计综［1987］2390号文附件十二《一九八八年国家重点实验室项目建设计划》，同意该实验室建设经总额为五百五十万元，相应的引进仪器设备用汇额度由国家计委核定下达。[10]

项海帆学科组和范立础学科组作为分别主攻桥梁抗风和桥梁抗震方向的学术梯队，成为该实验室的主要科研力量。项海帆主要负责重点实验室下属的风洞试验室。

那时，项海帆只有林志兴和从桥梁实验室调来的宋锦忠两位助手。1986年在成都开风工程会议时，崔尔杰向项海帆推荐了29基地的施宗城（毕业于北京航空航天大学空气动力学专业，长期在绵阳风洞试验室工作，为解决两地分居问题，申请复员回上海）。后来，又介绍了张锋（毕业于中国科学技术大学工程物理专业，在29基地做传感器相关的工作）。施宗城和张锋的加入为同济大学风洞试验室建设注入强大的力量。

为按照计划任务书的要求，建立一个高质量、高水平、符合我国国情的风洞试验室，项海帆带领团队不辞辛劳，详细查阅国外情报资料，走访国内具有风洞设备的单位。经过反复的科学论证后，选定设备，组织研发，进行科研攻关，于1989年年底率先建成了TJ-1号小风洞。这样，从1990年起，桥梁抗风节段试验就可以在校内完成了。

为了即将以实验室为基础开展研究工作，经1989—1990学年学校第二十一次校务会议讨论，任命了土木工程防灾研究实验室（国家重点实验室）的任职人员，其中沈祖炎任主任，项海帆为常务副主任，朱伯龙、章在墉、范立础为副主任。[11]1990年5月19日下午2点，黄鼎业副校长宣布了这一任命。

1991年，在交流实验室建设的经验时，项海帆说道："实验室经过三年的建设，从国外购进了8套先进的仪器设备，其中包括，在原建成的双向模拟地震振动台上增设垂直向的激振装置，配套设备及软件包，用于边界层风洞试验的信号处理系统，数据采集与控制系统，智能化热线风速仪系统及压力扫描阀系统，为结构抗震研究提供强震记录用的强震观测及数据处理系统。同时我们还新建了1.2米×1.8米×18米的小型边界层风洞，并将在明年兴建9米×3米×30米的大型边界层风洞。这些新置的先进仪器和设备及我室原有的设备，为实验室对国内外并开放和今后的研究工作提供了完备的设备条件。目前，实验室设振动台试验室、风洞试验室、强地面运动观测试验室。"[12]

土木工程防灾国家重点实验室验收会，1990年

项海帆比任何人都清楚，取得这些成绩的背后，是无数个不眠不休的昼夜努力，是在李校长的统筹指挥下，全体同济人的拼搏与热血挥洒。为了这项意义重大而又十分艰难的事业，团队克服了要求严苛、压力巨大、人才和信息的差距显著、资金匮乏的重重困难，最终于1991年10月通过了国家教委“1991年国家重点实验室项目验收计划”，获得了“验收检查小组”及“验收专家委员会”的一致好评，交出了“土木工程防灾国家重点实验室”作为科学技术“国家队”的出色答卷。

第六节　首位桥梁工程系主任

同济大学作为中国“桥梁世家”，对中国桥梁最大的贡献莫过于对中国桥梁自主建设的持续探索。以国家重点实验室和风洞建设为契机，同济抓住20世纪八九十年代国家桥梁建设的机遇，加速推进桥梁学科的发展。1986年春，孙钧教授已满六十岁，结构工程系提议朱伯龙接任系主任，项海帆继续担任副主任。1987年暑假，学校决定在结构工程系的基础上成立结构工程学院，下设土建结构系、建筑工程系、桥梁工程系、地下工程系和结构工程研究所，拟由朱伯龙任院长。

朱伯龙提议由项海帆担任结构工程学院副院长，项海帆表示：“我受命要去筹建新成立的桥梁工程系，副院长一职可请范立础担任。”范立础当时是教务处处长，项海帆认为由他担任副院长，分管学院的教学工作更为合适。

1987年7月，结构工程系改建为结构工程学院，朱伯龙任院长，范立础任副院长，同时成立桥梁工程系，项海帆任系主任。这一年，学校改革了李国豪科研组，在桥梁工程系内整合设立了桥梁研究室、桥梁教研室、桥梁试验室和桥梁设计室。研究室和教研室开始向教授领导的学科组体制过渡，学校此后陆续建立9个学科组，分别承担相应的科研和教学任务。

作为独立出来的桥梁系首任系主任，项海帆继承老师的衣钵，为同济大学桥梁学科的发展精心筹划。摆在项海帆面前的首要问题，便是解决桥梁系的办公场所，寻求一幢相对集中的系所大楼。项海帆和路桥系老主任朱照宏教授进行了"谈判"。

那时，新的路桥大厦已经落成，老的公路研究所被撤销，其下属的公路室并入道路交通系，桥梁室则并入桥梁教研室。朱照宏教授提议，新的路桥大厦一半归桥梁系使用，而公路所的老楼则继续由道路交通系使用。项海帆则表示，不需要路桥大厦的一半，把原公路研究所的那幢老楼全部给桥梁系，如果面积不足，可以从新大楼的底层划出一部分来补充。这个问题最后提交给了新任路桥系主任姚祖康进行协商。在商谈中，项海帆表示："你们道路交通系集中在一幢楼里办公，不要分散在两处，这样更便于管理。新大楼中，桥梁系可以少要几间办公室，主要的空间可以预留给公司和学会使用。"经过一番讨论，双方最终达成共识。至此，桥梁系终于拥有了独属于自己的办公楼。

自1952年至1987年，项海帆亲身经历了同济大学桥梁学科长达35年的发展历程。这段旅程的起点是1952年的一个仅有4人的桥梁教学小组。在周念先教授的引领下，这个小组在结构系的圬工教研室中起步，为新中国培育首批桥梁专业人才奠定了基础。

随着国家建设的不断推进，1953年桥梁教研室正式成立，并归入道桥系。钱钟毅教授担任主任，金成棣老师任秘书，他们的工作地点设在了解放楼。随着学校的逐步扩展，桥梁教研室的办公地点也经历了数次变迁——从和平楼到民主楼，再到南楼，这些搬迁都与学校的发展历程紧密相关。

1971年，项海帆从安徽五七干校归来后，在南楼继续执教。到了1977年，随着国家政策的调整，高考得以恢复，路桥系也焕发出新的活力。他们搬进了新的办公地点——一·二九大楼，办公环境的改善象征着路桥系的新开端。同时，在李校长的引领下，李国豪科研组的成立为学校的科研工作注入了新的动力。尽管之后办公室在旭日楼与同济新邨之间多次搬迁，但团队成员间的紧密合作与共同追求始终未变。

1982年，项海帆从海外归来，发现李国豪科研组已经迁到了西南一楼。在海外期间，项海帆也见证了到同济大学桥梁学科在国内外的影响力逐渐增强，开始吸引更多国际学者的关注。

这一漫长旅程的真正高潮出现在1987年。桥梁系正式成立，标志着35年的艰辛努力终于取得了显著成果。期间虽然经历了行政关系的多次调整、办公地点的频繁变动，但所有的挑战与困难都因桥梁系的正式成立而迎来转折。同济大学桥梁系的发展历史，可以说，是我国桥梁学科的发展剪影，它是我国桥梁学科发展在时代变迁中的生动写照，见证了我国从贫穷落后迈向追赶世界的转变历程，也反映了与国家发展和社会进步相适应的桥梁学科建设和桥梁人才培养的不凡历程。

继任恩师职位成为同济桥梁的掌舵人，对项海帆来说，不仅肩负着桥梁专业人才的培养重任，更承担着助力中国桥梁肩负起自主大桥建设的使命。

1987年秋天，桥梁系正式迁入原公路所的那座二层小楼。项海帆、石洞和姚玲森共同组成了系里的领导团队，姜海生也转职到系里，负责办公室工作。同时，他们还聘请了杨健担任系主任助理。大家齐心协力，为桥梁系的未来发展努力拼搏。

与此同时，学校抓住了上海黄浦江大桥的机遇，在完成南浦大桥可行性研究等重要科研工作的基础上，于1985年7月，从桥梁教研室抽调组织部分教师与工程技术人员成立了桥梁设计室，专门承担桥梁设计任务，主任为陆宗林。1987年桥梁工程系成立后，桥梁设计室隶属于桥梁工程系。1989年10月成立了桥梁工程设计研究所，与桥梁系“系所合一”，下设桥梁设计室。项海帆兼任所长，郑信光为副所长，陆宗林担任桥梁研究所总工程师兼建筑设计院总工程师。1993年4月，桥梁工程设计研究所升格为同济大学建筑设计研究院桥梁分院，仍与桥梁系“系院合一”，下设桥梁设计室和综合室，项海帆担任院长。

此外，桥梁系抓住了国家重点实验室的机遇，建设了挂靠桥梁系的风洞试验室。后来，上海城建学院和铁道大学并入同济大学，又为桥梁系增添了实力，最后建成了有100余人的重点系。

在项海帆的带领下，桥梁系不断发展壮大，成为同济大学土木工程领域的一支重要力量，不仅在桥梁设计、施工、维护等方面取得了显著成果，也在国内外学术界和产业界赢得了广泛赞誉。“在科研方面，国内形成了以同济大学桥梁系为代表的高校科研队伍，老、中、青三代衔接良好，取得了一次又一次重大的科研成绩。西南交通大学、长安大学、湖南大学、中南大学、东南大学、重庆交

项海帆带第一位博士生谢霁明上机，1984年

通学院、长沙交通学院等一批高校的桥梁学科也具有良好的发展势头。”[13]十年树人，百年树人，桥梁学科的积淀，离不开李国豪校长的精心布局，也离不开项海帆作为首任桥梁工程系系主任的开拓进取。

在项海帆的积极推动下，同济桥梁不仅在学术研究上取得了显著成就，还努力探索将科研成果应用于实际工程。科研与应用的紧密结合，在20世纪80年代末期促成了我国桥梁产业中“OVM锚固体系”的兴起。这一体系是柳州市建筑机械总厂、同济大学以及广东省公路工程处三方紧密合作的成果，它能够有效地锚固各种规格和品质的钢绞线及平行钢丝束，极大地推动了我国桥梁建设技术的进步。

两年后，即1990年，在杭州召开的第九届桥梁年会上，同济大学与柳州建筑机械总厂达成了具有里程碑意义的合作。双方决定携手并进，联合成立东方预应力公司，这不仅是中国OVM品牌的起点，更标志着中国在预应力技术领域迈出了重要的一步。这一合作不仅极大地推动了预应力锚具技术的发展，而且为我国桥梁建设行业注入了新的活力和创新力量。

“OVM锚固体系自1990年研制成功以来，已广泛应用于国内预应力混凝土结构、钢结构和岩土加固工程。如吉林丰满电站混凝土坝基加固工程、上海南浦大桥桥墩预应力混凝土工程、北京西客站主站房预应力钢结构工程、北京居庸关高边坡锚固工程、长江三峡链子崖滑坡防滑崩工程等，均达到了安全可靠的增强加固目标。”⑭

1986年，项海帆刚过了五十岁，妻子的兄长宁寿葆参加了徐汇区老年网球俱乐部，每周日上午去打半天球。参加俱乐部的条件是具有高级职称，且在五十岁以上，需两位老会员推荐。在宁寿葆的举荐下，项海帆也入了会，会员大多是科学院的老研究员、医院的院长和主任医生以及市委的干部，还有老教练们从旁指导。项海帆就这样开始了他差不多十年的网球运动生涯，他最开始用的是一把国产球拍，后来又请内兄去美国旧金山出差时买了一把Wilson的职业球拍，从1986年到1995年，每周日上午只要不出差，项海帆都会骑摩托车去国际礼拜堂旁边的徐汇区网球中心打球。项海帆主要和内兄的同伴，也就是医生们一起打双打，每次打完球，出一身汗，回来洗个澡，顿感神清气爽，对身体健康十分有益。1995年，有一次在比赛中为救球，项海帆伤了脚，再加上当选院士后事务繁忙，打球的机会就愈来愈少了。1996年，徐汇区网球中心要大修，宁寿葆和同伴改去上海体育场的网球中心打球，项海帆的网球生涯也就结束了。

第七节　世界舞台的中国声音

除了将研究和产业应用相结合，在项海帆的带领下，同济桥梁一直立足国际桥梁学界的发展，在世界桥梁学科的舞台上发出中国学术界的声音。1987年夏，第七届国际风工程大会在德国亚琛召开，项海帆投递了一篇关于南浦大桥抗风研究的论文。

8月份，项海帆和孙天风、张相庭一行三人赴德国参会。这是项海帆第一次参加国际风工程会议，来自世界各地的风工程专家和学者将齐聚一堂，共同探讨风对桥梁结构的影响和应对策略。

三人抵达亚琛后，选择了一家靠近会场的小旅馆安顿下来。虽然这家旅馆设施简单，却有一种别样的温馨与舒适感，让人心生欢喜。就在这个温馨的小旅馆里，项海帆意外地重逢了一位重要人物——国际风工程领域的领军者，来自美国的Scanlan教授。

回想起前一年在美国与Scanlan教授的短暂会面，项海帆的心中充满了敬意。他对Scanlan教授的渊博学识和高尚人格深感钦佩，一直希望能够有更多的机会与这位前辈深入交流。没想到，在异国他乡，他们竟然下榻在同一家旅馆，这无疑是一份难得的缘分。

会议期间，项海帆抓住了与Scanlan教授面对面交流的机会。他们不仅在学术层面进行了深入探讨，还分享了彼此的生活经验和文化见解。这些珍贵的交流时刻让项海帆倍感珍惜，也让他与Scanlan教授的友谊更加深厚。

在这场汇聚国际风工程界精英的学术盛会上，项海帆作为来自中国同济大学桥梁工程系的代表，身处国际学术舞台的中心。面对座无虚席、多达400余人聚集的大会场，他镇定地向全球学术界展示中国在南浦大桥抗风稳定性研究上取得的显著成果。

这次演讲不仅是中国桥梁工程向世界展示实力的重要机会，更是项海帆个人学术研究成果的一次全面展现。他的报告深入剖析了南浦大桥在设计、建设和运营过程中所遇到的抗风挑战，并详细介绍了中国学者如何通过创新研究和技术手段，成功解决这些难题的历程。报告中，项海帆特别强调了中国学界在桥梁抗风领域的最新研究成果和富有创意的解决方案，这些内容引起了在场学者的广泛关注和热烈讨论。

与会学者们对项海帆的报告给予了高度评价，认为其不仅展示了中国在桥梁工程领域的专业水平，也为推动国际风工程研究做出了积极贡献。通过这次演讲，项海帆成功地将中国桥梁工程的优秀实践和创新成果推向国际视野，为中国学界赢得了广泛的赞誉和尊重。

项海帆的报告完成后，已经是好友的夏威夷大学的邱教授立即对他表示祝贺："Professor Xiang，you did a good job. Congratulations！"（做得很好，祝贺你！）加拿大安大略（Ontario）的一位教授也说："Professor Xiang，your English is good. You have no accent at all. It's quite impressive."（项教授，你的英语很好，没有口音，真是令人印象深刻。）

能够获得国际同行的认可，对项海帆来说，是此次会议的最大收获。他在这次会议上结识了很多国际学术界的好友，为中国桥梁界在国际上赢得了声誉和尊重，为中国桥梁走向世界舞台迈出了非常重要的一步，同时也激励了更多的中国学者勇敢地走出国门，与世界各地的同行进行交流学习。

会议结束以后，与会的专家一起参观了亚琛工业大学的冯·卡门空气动力学实验室和当地著名的医疗中心。作为亚琛工业大学的重要组成部分，冯·卡门空气动力学实验室以著名的空气动力学家冯·卡门命名，致力于空气动力学的前沿研究，在国际上享有很高的声誉，吸引着众多国内外学者前来交流和学习。

来自波鸿鲁尔大学的J. Niemann（尼曼）教授得知项海帆曾在波鸿鲁尔大学作过博士后研究，非常高兴，会后邀请项海帆一行前往波鸿鲁尔大学的风洞试验室访问。项海帆非常愉快地接受了他的邀约。

在完成博士后研究五年后，项海帆再次来到了波鸿。在波鸿鲁尔大学，除了参观Niemann教授的风洞试验室外，项海帆还特地抽出时间回了趟土木系，看望了Krätzig教授，Meskouris博士和Weber博士。

与昔日师长和同仁重逢，他们有说不完的话，五年前的点滴仿佛历历在目。项海帆分享了他回国后的研究经历和成果，而三位师友也向他介绍了土木系最新的进展和变化。无论走到哪里，这段宝贵的经历和情谊都将永远铭刻在项海帆的心中。

1987年冬天，项海帆陪同李校长和徐植信教授一同前往泰国曼谷参加亚太防灾工程会议。除了他们三人外，还有北京大学的孙天风教授和清华大学的一位老师，一行共五人。李校长那时已七十五岁高龄，一路上项海帆帮他提行李，照顾他的起居。李老师的精神矍铄，思维敏捷，他认真地听项海帆作报告，并给予了项海帆很多中肯的意见。

那次访问期间，李校长因有事先行回国，其余四人则应邀访问了亚洲理工学院（AIT）和清迈大学（CMU）。在清迈大学，项海帆、徐植信和孙天风三人都作了学术报告。在会上，他们还结识了泰国著名的朱拉隆功大学的几位教授，并相约在第二届亚太结构会议再来泰国时去他们的大学访问。

1989年第二届亚太结构会议在泰国清迈举行。徐植信和项海帆去参加会议，在会上遇到了大连理工大学的钟万勰教授，住在同一个宾馆。在参会期间，项海帆拍摄了一些照，收集了一些资料，为两年后在上海召开第三届亚太结构工程会议做准备。

国际会议的参与和国际交流的拓展，每每让项海帆带着满满的收获和信心回到祖国。他坚信，会有越来越多像他自己一样的中国学者走向国际学术界，中国桥梁界在国际舞台上的声音越来越响亮，中国学者的身影也会越来越频繁地出现在国际学术会议和合作项目中。

在忙碌的工作间隙，项海帆的家中迎来了一个新成员——一只可爱的宠物猫，为家中增添了不少欢乐与温馨。大约在1988年上半年，已经就读于上海第一医学院的女儿菲菲在实验室里偶然发现了一只刚出生不久的流浪小猫。看着它无助又可怜的样子，菲菲心生怜悯，将这只小猫带回了家中照顾。

小猫在家人的精心照料下很快长大，变得十分活泼可爱，成为了家中的小明星，取名为“咪咪”。项海帆也非常喜欢这只小猫，每次回家都会抱起它玩耍。在用餐时，项海帆还会分享一些美食给小猫尝鲜，而小猫对他也特别亲近，喜欢在他身上打盹。

那段时间，项海帆的工作异常繁忙，晚饭后常常会疲惫不堪而在看电视时睡着，小猫总会乖巧地趴在他的怀里入眠。每天，当项海帆骑着摩托车回家的时，小猫总能准确地听到那熟悉的马达声，知道主人即将归来，它会立刻跑到花园的大铁门口，急切地等待着项海帆的出现。当项海帆一推开门时，小猫就会兴奋地连续打上几个滚，用它的方式热烈欢迎主人的归来。1988年下半年，项海帆把母亲接到了富民路的家中同住。项海帆的母亲是个爱猫之人，她时常会给小猫准备一些美味的食物。到了冬天，为抵御寒冷，客厅里会点上煤油炉取暖。小猫怕冷，每次一点火，它就会乖巧地蹲在炉子旁，成了一只“煨灶猫”。咪咪是一只雄猫，随着它逐渐长大，夜晚成了它与其他雄猫较量的时刻。它斗不过弄堂里的老雄猫，脑门上留下了被爪子拉破的伤痕，虽然破了相，但项海帆对它的喜爱并未减少半分。咪咪非常贪吃，它经常会偷偷溜进厨房，甚至连橱里的东西，它也要跳上去拿，把橱门上的纱都抓破了。老保姆阿小几次向项海帆告状，表达自己对咪咪的不满，但项海帆总是笑着原谅它。

后来，阿小又抱回了一只小狸花猫，家里便又多了个新成员。于是，家里就有了两只猫咪，大家亲切地称呼它们为大咪和小咪。全家人都非常喜欢这两只猫，每个星期天都会为它们洗一次澡，还会抱着它们拍照。然而，令人遗憾的是，到了1994年前后，这两只可爱的猫咪先后都失踪了。

这些穿插在繁忙工作中的趣事，给项海帆的业余生活增添了很多乐趣。这期间项海帆所从事的工作，也为后来抓住南浦大桥建设的机遇打下了基础，做好了准备工作。

第八节 “人民来信”唱响南浦桥歌

南浦大桥是上海发展的见证。20世纪80年代，黄浦江上尚无桥梁，浦东与浦西之间的往来只能靠轮渡。遇到雨天、雾天时则寸步难行。“宁要浦西一张床，不要浦东一间房”这句话反映了当时的状况。在黄浦江上造一座桥，是上海城市发展的刚需。

1987年春节，项海帆去李校长家拜年，跟他讲了南浦大桥已经在请日本人做设计的事。李校长听闻后很着急。建造跨越黄浦江的大桥是上海人的梦想，而同济桥梁人可以说一直在翘首以待黄浦江大桥的建设。早在1958年，同济大学就在学生毕业设计中以此为选题进行了可行性探索。1982年，项海帆刚从德国回到学校，李校长就指示项海帆带领小组开展南浦大桥的可行性研究，提出了建造一种结合梁桥面斜拉桥的方案，并借南航NH-1大风洞做了南浦大桥的全桥风洞实验，已经完成了可行性研究任务。

在李校长的指导下，项海帆在南浦大桥的研究领域已经往前走了很长一段路程。为了将结合梁斜拉桥方案从理论设计转变为实际应用可实施的工程项目，项海帆带领团队最早开始了大跨度桥梁施工控制理论及其工程应用研究。大跨度桥梁分段施工要经历一个结构体系转换的过程，分段施工时结构的受力状态不仅与分段施工方法相关，而且与分段施工顺序密不可分。此外，在施工阶段，如果结构刚度小、变形大，尽管恒载较小，仍将产生显著的结构非线性效应，包括材料非线性、几何非线性和时变（混凝土徐变）非线性。另外，分段施工过程中还存在着不确定的随机误差的影响，这种影响涉及参数误差、测量误差和操作误差，使得桥梁结构的几何线形和内力状态很难达到期望目标。

早在20世纪80年代初，项海帆就关注到了桥梁施工的这一关键问题。他受国外按桥梁施工顺序进行结构倒退分析和施工控制采用最小二乘法的启发，提出了计算机和控制论相结合的方法，以施工与分析并重、工程与控制结合、结构与系统比拟，来进一步探讨合理的分段施工桥梁结构的计算分析与工程控制方法。简单来说，这是一次从一到二的突破，他结合了最新的计算机技术和控制理论，让桥梁施工更加精确和高效。他于1984年率先提出并建立了以理想倒退分析法和实时前进分析为基础的闭环控制方法，并成功应用于浙江宁波甬江大桥的施工控制。此后，经不断完善和推广，又先后应用于连续梁和连续刚构、大跨度拱桥、悬索桥等多种桥型。

1986年，项海帆指导他的研究生葛耀君完成了硕士论文《斜张桥的工程控制——结合非线性倒退分析的滤波控制理论在斜拉桥施工中的应用》。该论文以当时亚洲最大跨径混凝土斜拉桥——天津永和桥为工程控制背景，首次提出了比较完整的桥梁分段施工工程控制问题，建立了斜拉桥工程控制系统。该控制系统由理想倒退分析、反馈控制分析和实时向前分析三大模块构成，较好地解决了施工质量和进度的问题。

项海帆和李国豪校长在讨论南浦大桥全桥气弹模型，1988年

20世纪90年代初期，随着我国大跨桥梁分段施工技术水平的不断提高，项海帆又将闭环控制方法进一步拓展到自适应控制，即通过已有施工阶段的计算模型参数识别结果，自动调整成桥状态目标并搜寻最佳控制路径。该项研究成果广泛应用于大跨桥梁施工，并获得了多项省部级科技进步奖。如今，自适应控制方法已成为大跨桥梁施工控制的主流技术。

再回到南浦大桥的建设。无论是设计方案、理论基础还是施工过程控制，可以说，同济大学桥梁学科雄厚的科研实力已经为南浦大桥的建设做好了充足准备，并且随时在准备着！正因如此，项海帆从日本得知的消息让李国豪校长震惊不已。他没有想到，在中国桥梁研究界还在等待消息的时候，日本专家已经组织了设计、科研、施工单位，开始在做南浦大桥的方案和抗风试验，设计图纸都已经铺开，详细分工计划都已一一排定。

原来，在1986年秋天，上海市副市长倪天增率团访问日本时，看到日本人在桥梁建设方面的技术很不错，曾接受日本提出的免费设计、低息贷款帮助建造南浦大桥的建议，并与日方草签了协议，初定由日本负责设计，贷款建设。李国豪和项海帆认为，我国已经拥有建造南浦大桥的科研水准、设计能力和施工队伍，可以自力更生完成黄浦江越江大桥的建造。万事总有个第一次，如不争取南浦大桥的这个第一次，我国现代桥梁建造什么时候才能拥有自己动手的“第一次”？

李国豪当时担任上海市政协主席一职。他听到项海帆汇报黄浦江大桥将由日本人建造的情况后，非常焦急，对项海帆说：“我有机会见到江泽民市长，向他反映一下情况。”

一次，在上海市“四套班子”领导齐聚之时，李校长走到时任上海市市长江泽民面前，讲述了中国人自主建造南浦大桥的理由和已经开展的工作，并建议他抽空到同济大学去看看正在进行的大桥抗风试验。李老师作为我国著名的桥梁专家，是中国桥梁界的代表人物，威信颇高，他的话有说服力。但由于此前，我国并没有成功建设400米跨度斜拉桥的先例，完全自主建设也存在一定的风险。出于各种考量，江泽民市长决定先到同济大学看看已有的研究成果。

1987年8月17日，江泽民市长来到同济大学。项海帆代表桥梁研究室向他作了简短汇报。在近半个小时的参观过程中，江市长仔细听取汇报，一言未发，直到最后快要离开的时候，江市长问道："自己做有没有把握？"项海帆回答说："上海完全可以自己做。"

江泽民市长走后，项海帆感觉没有完全说服他。第二天，8月18日，项海帆就以"人民来信"的方式，代表同济大学桥梁系给江市长写了一封信，进一步陈述自主建设的必要性和可行性。"我校早在1958年'大跃进'时代就在学生毕业设计中进行了黄浦江大桥的方案设计。1983年我们和上海市政工程设计院分别受上海市科委、建委的委托做了大桥的可行性研究。在李国豪校长的领导下，提出了新型的斜拉桥方案，这种桥型的优越性已为近年来国外的实践所证明。对于大桥的抗风，我们也做了风洞试验和理论分析证实了可靠性"；"自1975年以来，我国已建成14座斜拉桥，最大跨度已达220米，这表明了我国大跨度桥梁的建造已积累了相当丰富的经验，在总数上已经超过了除西德外的其他先进国家。完全有能力自己设计和建造像黄浦江大桥这样规模和技术难度的大跨度桥梁"。"上海是我国的东大门，黄浦江大桥应当成为上海市的标志，传名于世。建造黄浦江大桥不但是一千万上海人民的宿愿，也是上海桥梁工程界的梦想。我们在学校也一直用建造黄浦江大桥来激励桥梁专业的学生”。“由外国人在国际桥梁会议的讲坛上演讲有关中国大桥的论文是难以想象的，中国工程界需要用实践来提高自己的水平”。

在信中，项海帆还强调了同济大学愿意做这件事的信心和决心：“我们愿意和市政工程设计院和市政工程局一起为建造黄浦江大桥尽一份力量。”

信寄走后，很长一段时间没有任何消息，直到1988年3月，上海市建委开会，决定自主建设南浦大桥。会上，经上海和北京专家的两次评审，决定采用同济大学提出的结合梁桥面斜拉桥方案。

随后，南浦大桥建设指挥部成立，由上海市副市长倪天增主持南浦大桥的自主建设，由上海市建委主任吴祥明负责组织各方力量，由上海市政工程设计院为主体设计单位，同济大学为合作设计单位，以同济大学提出的结合梁斜拉桥方案为基础开始初步设计工作。上海建工集团承包了施工，同济大学担任科研项目总承包，配合设计工作的进行，并邀请了美国的邓文中先生担任设计审核。

这是一个激动人心的时刻，自主建设南浦大桥的决策，并由此拉开了中国桥梁自主建设的大幕。事实上，这一重大决策的过程，与李校长和项海帆的努力是否有关系，很长时间内他们都不知晓。直到1988年年底，项海帆接到一个电话，是同济大学1953届桥梁专业毕业的梁国烱师兄打来的，他当时刚从武汉的铁道部大桥工程局调来上海任南浦大桥指挥部的总工程师。

他在电话里问项海帆是不是写过信给江泽民市长，项海帆回答：“有，写了‘人民来信’。”梁国烱说：“那就对了，江市长在你的来信上的批示已经转到指挥部了。”于是，项海帆请他帮忙复印了这份由江泽民市长批示的上海市政府办公厅信访处的“来信摘报”。直到

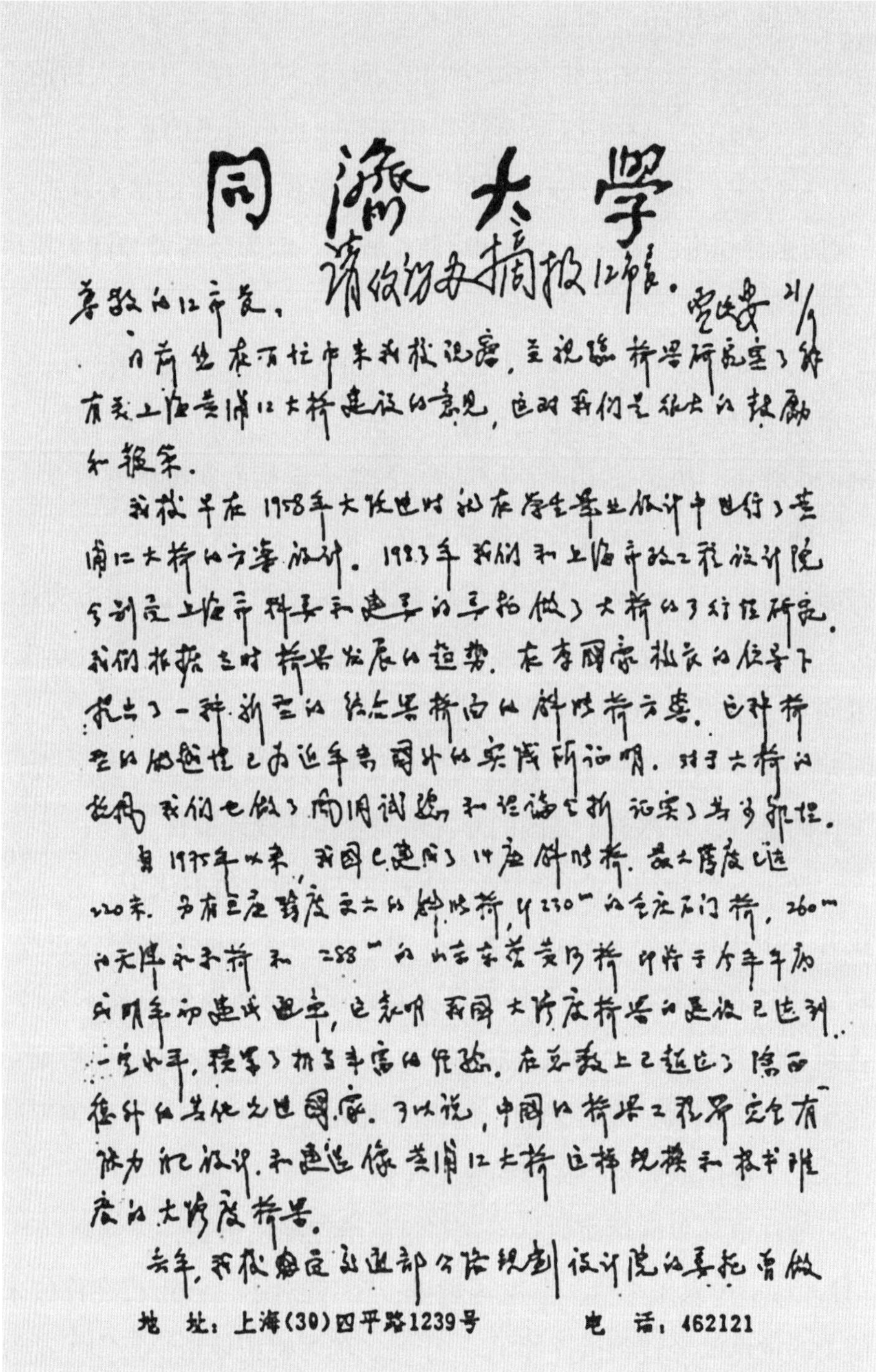

同济大学

请信访办摘报江市长。 曾庆□ 2/1

尊敬的江市长：

日前您在百忙中来我校视察，并听取桥梁研究室了解有关上海黄浦江大桥建设的意见，这对我们是很大的鼓励和鞭策。

我校早在1958年大跃进时就在学生毕业设计中进行了黄浦江大桥的方案设计。1983年我们和上海市政工程设计院合到受上海市科委和建委的委托做了大桥的可行性研究。我们根据当时桥梁发展的趋势，在当国家极需的任务下提出了一种新型的结合梁桥面的斜拉桥方案。这种桥型的优越性已为近年来国外的实践所证明。对于大桥的施工我们也做了周详调查和理论分析，证实了其可靠性。

自1975年以来，我国已建成了14座斜拉桥，最大跨度已达220米。另有三座跨度更大的斜拉桥，即230米的重庆石门桥，260米的天津永和桥和288米的山东东营黄河桥即将于今年年底或明年初建成通车，这表明我国大跨度桥梁的建设已达到一定水平，积累了相当丰富的经验，在总数上已超过了除日本以外的其他先进国家。可以说，中国的桥梁工程界完全有能力设计和建造像黄浦江大桥这样规模和技术难度的大跨度桥梁。

去年，我校曾应交通部公路规划设计院的委托曾做

地 址：上海(30)四平路1239号 电 话：462121

项海帆代表同济大学桥梁研究室写给江泽民市长的“人民来信”，1987年（一）

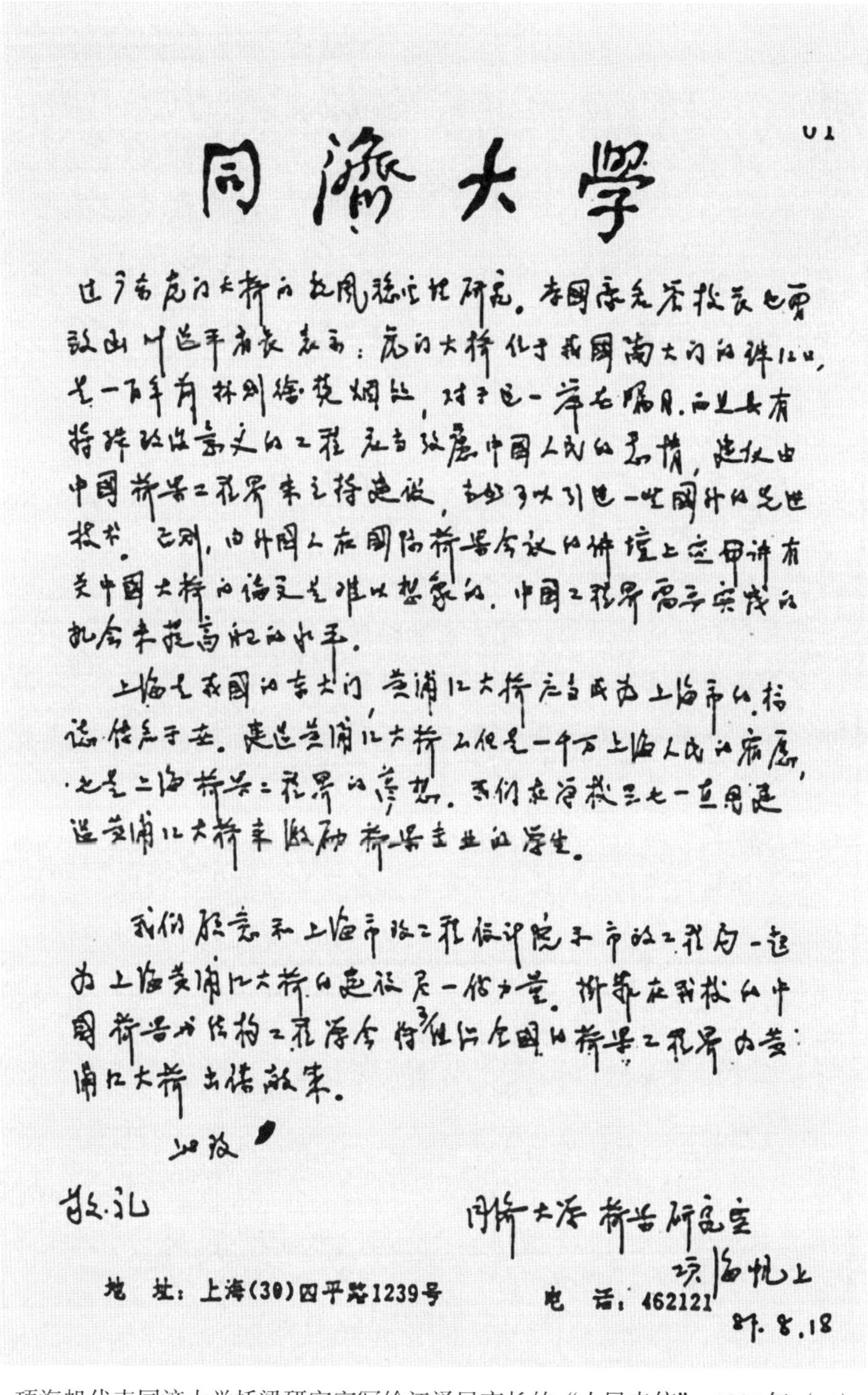

01

同濟大學

过了有关虎门大桥的抗风稳定性研究。李国豪先生老校长也曾致函叶选平市长表示：虎门大桥位于我国南大门的珠江口，是一百年前林则徐焚烟处，对于这一举世瞩目、而且具有特殊政治意义的工程，应当考虑中国人民的感情，建议由中国桥梁工程界来主持建设，当然可以引进一些国外的先进技术。否则，由外国人在国际桥梁会议的讲坛上宣讲有关中国大桥的论文是难以想象的。中国工程界需要实践的机会来提高自己的水平。

上海是我国的东大门，黄浦江大桥应当成为上海市的标志性建筑。建造黄浦江大桥不仅是一千万上海人民的宿愿，也是上海桥梁工程界的梦想。我们在学校里也一直用建造黄浦江大桥来激励桥梁专业的学生。

我们愿意和上海市政工程设计院、市政工程局一道为上海黄浦江大桥的建设尽一份力量。挂靠在我校的中国桥梁与结构工程学会将组织全国的桥梁工程界为黄浦江大桥出谋献策。

此致

敬礼

同济大学桥梁研究室

项海帆上

地 址：上海(30)四平路1239号 电 话：462121

87.8.18

项海帆代表同济大学桥梁研究室写给江泽民市长的“人民来信”，1987年（二）

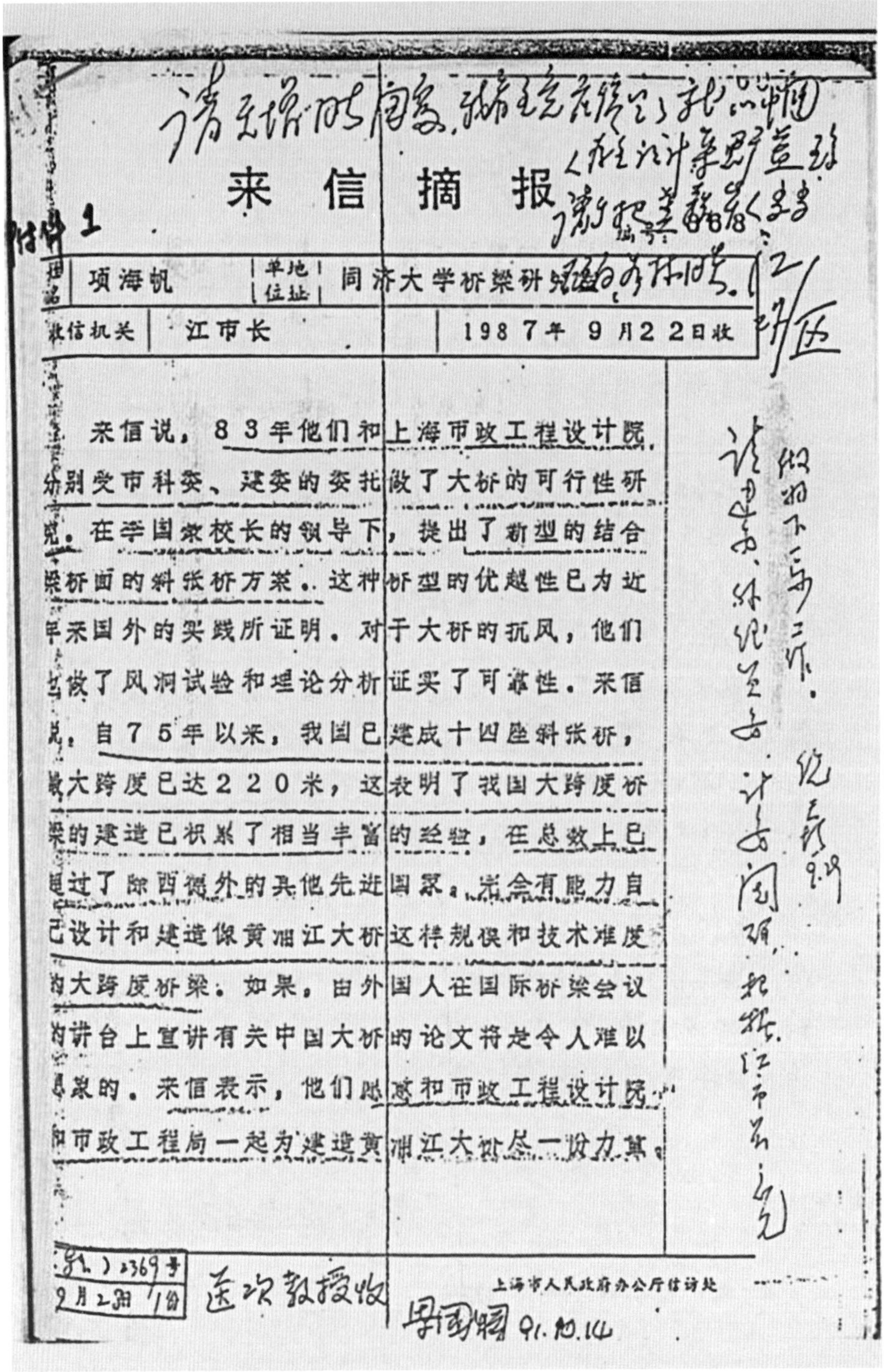

附件1

来信摘报

姓名	项海帆	单位地址	同济大学桥梁研究所
收信机关	江市长		1987年9月22日收

来信说，83年他们和上海市政工程设计院分别受市科委、建委的委托做了大桥的可行性研究。在李国豪校长的领导下，提出了新型的结合梁桥面的斜张桥方案。这种桥型的优越性已为近年来国外的实践所证明。对于大桥的抗风，他们也做了风洞试验和理论分析证实了可靠性。来信说，自75年以来，我国已建成十四座斜张桥，最大跨度已达220米，这表明了我国大跨度桥梁的建造已积累了相当丰富的经验，在总数上已超过了除西德外的其他先进国家。完全有能力自己设计和建造像黄浦江大桥这样规模和技术难度的大跨度桥梁。如果，由外国人在国际桥梁会议的讲台上宣讲有关中国大桥的论文将是令人难以接受的。来信表示，他们愿意和市政工程设计院和市政工程局一起为建造黄浦江大桥尽一份力量。

送项教授收

上海市人民政府办公厅信访处

江市长对项海帆“人民来信”的批示，1987年这时，项海帆才看到江市长对那封“人民来信”的批示：“请天增同志回复，我看主意应该定了，就以中国人为主设计，集思广益，至多请个把美籍华人当顾问，如林同炎。”这对中国桥梁来说是一个影响深远的重要决策，也是中国桥梁证明自己的机会，中国桥梁人抓住了这个机会。

1988年，南浦大桥建设的大幕正式拉开。同济大学对南浦大桥的建设给予高度重视和全力支持。校内调遣精兵强将，组成以桥梁设计研究所为主，道路交通、建筑、电气等系专家和工程师为辅的南浦大桥设计组，同时还组建了由桥梁、材料、地基、测量等系教师参与的工程监理组。作为南浦大桥建设中唯一来自高校的队伍，同济人以巨大的勇气和百倍的热情全线参战，李国豪教授出任专家组组长，同济大学承担了全桥建筑设计、东引桥主体设计、全桥电气照明设计、全桥科研总承包和西引桥部分施工监理任务。

在南浦大桥的建设过程中，项海帆带领团队依照设计单位提供的图纸，按照相似条件做好全桥气动弹性模型，在模型上安装传感器，然后将其送到南京航空学院NH-1的大风洞模拟不同的风场和风速对大桥进行动态试验，并通过先进的测试系统进行记录和处理，掌握了大桥在强台风影响下颤振的特点，提出了需在原设计中加设导流裙板的方案，以保证大桥能抵御百年一遇的大风。

1989年，经项海帆和他的学科组优化后的南浦大桥设计方案和抗风研究成果付诸实践，这项研究成果为提高大桥的抗风安全性能作出了重要贡献，得到了国内外专家的充分肯定，在后来的杨浦大桥中也完成了类似的风洞实验。经过精兵强将夜以继日地奋战，南浦大桥于1991年成功建成通车，中国桥梁跨出了具有战略意义的一步。

1991年6月21日，《人民日报》第一版发布《全国最大双塔双索面斜拉桥上海南浦大桥贯通》报道：“本报上海6月20日电记者萧关根、刘士安报道：全国第一、世界第三大双塔双索面迭合梁斜拉桥——上海南浦大桥，今天胜利实现主桥合龙、全桥贯通，从而将黄浦江两岸连成一体。中共上海市委书记吴邦国、市长黄菊等参加了合龙仪式。”大桥总投资8.2亿元，总长8 346米，跨径423米，汽车从浦西的中山南路到浦东南路，只需行驶7分钟。从此，一桥飞架浦江，两岸变通途，高耸俊拔的南浦大桥，是“母亲河”颈上的璀璨项链。

在通车这天，项海帆怀着激动的心情写下了《庆祝南浦大桥通车——调寄水调歌头》：

……倾全力，招英杰，战旗扬。三年苦干深虑，水上架天廊。古奉李春‘安济’，今有国豪‘南浦’，百世颂栋梁。四海同声赞，遍地建桥忙。

11月19日，南浦大桥举行了隆重的建成典礼，李鹏总理亲切会见了建桥的设计、施工人员和劳动模范的代表，100名大桥建设的功臣模范，代表8 000多名大桥建设者，站在出席典礼的各界人士的前列，其中就有大桥技术顾问组组长李国豪带领的项海帆等人。

12月8日，在上海出席第三次全国城市桥梁学术会议的200多名专家、学者，对已经顺利通车的我国最大跨径的斜拉索桥——南浦大桥进行评估后认为，大桥的设计和施工技术水平领先于世界。专家认为，大型斜拉索桥是世界现有八种桥梁中设计、施工难度最大的一种。与当今世界斜拉索桥跨径之冠的加拿大阿纳西斯桥相比，南浦大桥的规模和难度超过了它。南浦大桥还解决了由钢和混凝土材料相迭合的主桥会产生裂缝的难题。

日本伊藤学教授在参观南浦大桥后感慨地说："我们本来以为中国工程师不敢自主建设这一工程，但是你们完成了，而且做得很好。一旦你们会了，我们就很难竞争，按你们的造价我们做不下来。"外方在免费设计的后面，紧紧跟着的是高昂的施工费用。而由国人自主设计和施工完成的南浦大桥，最终总体费用为8.2亿元人民币，这也是南浦大桥自主设计和建造的决策的另一个基本原因。中国人以不足日本概算一半的造价，用亚洲开发银行贷款建成了上海南浦大桥，不仅取得了大桥建设的自主权，而且通过实践取得了进步，锻炼了队伍，培养了人才，更重要的是树立了信心，提升了志气，为中国桥梁在20世纪90年代的崛起奠定了基础。

南浦大桥的成功不仅在于节省了投资，更重要的是为上海桥梁界提供了实践的机会，通过实践取得了进步，树立了信心，并带动了全国桥梁界自主兴建大桥的热情和信心，使中国桥梁迈出了自主建设的重要一步。南浦大桥成了上海乃至中国桥梁史上精彩的一笔！中国人充分展示了自身的能力，提高了中国桥梁的国际地位，也为上海的杨浦大桥、徐浦大桥和其他长江大桥的建造打下了坚实的基础。南浦大桥建成后，全国各地的桥梁界同行过来参观，深受鼓励，对自主建桥充满了信心。如果当时把南浦大桥的设计权交给日本人，那么后来的杨浦大桥、徐浦大桥和其他长江大桥的设计难免会落入外国人之手。

第九节　杨浦大桥掀起自主建设热潮

20世纪80年代末90年代初，南浦大桥建成在望，上海市政府开始筹划浦东开发事宜。开发浦东，交通先行。“杨浦大桥在市区路网中的地位十分重要，对开发浦东具有特殊意义，它缓解了苏州河以北浦江两岸‘过江难’的问题，它的建成有利于疏解市中心交通，减轻蜂腰地区路网的压力，与已经建成的南浦大桥相呼应，把浦东和浦西的主干道连成整体，形成上海市的内环高架线。但是，规划中的宁国路越江工程（即现在的杨浦大桥），并不是一开始就确定在此建桥，其间经历了建隧道或建大桥的争论过程，卷入这场争论的，有各级领导部门、各方专家和群众，范围十分广泛”。[15]

在杨浦大桥建设之前，主管部门和部分专家倾向于建隧道。然而，开发浦东，为连接浦东和浦西，需要建设内环线，已经决定在浦西用高架方案。这样，内环线的另一越江工程就有了桥隧之争。1989年，当着手实施宁国路越江工程时，市政府领导广泛听取国内外专家的意见，多次组织召开专家讨论会，深入研究两种方案的优劣。直到1990年4月，李鹏总理来上海宣布了中央开发、开放浦东的决定，市政府在综合考虑了各种因素后，才决定越江工程采用大桥方案，并上报国务院同意，经国家计委审批立项。

关于杨浦大桥的具体设计方案，考虑到其关系到上海对外开放的形象，需要集中全国专家的智慧来共同优化建桥方案，为此，上海市计委委托上海投资咨询公司组织了专家评估。二十多位专家于1990年12月上旬在中科院上海分院开展了为时五天的评估工作，评估内容包括：桥型、结构、桩基、跨度、走向、引桥布局、美观、动拆迁、总投资，以及如何与内环线高架工程相衔接等方面。那时，朱镕基已调上海担任市长，他在百忙之中抽了一整天时间到会听取二十多位专家的意见。

“新任市长朱镕基主持了杨浦大桥方案的决策。李国豪主张仍采用结合梁斜拉桥方案，而市政院竭力主张采用混凝土斜拉桥方案。‘杨浦大桥跨度更大，为什么反而要用混凝土桥面？’朱镕基问道。

大家心里都清楚，采用混凝土斜拉桥方案很难按期完工，杨浦大桥最终采取的还是同济的方案。有了南浦的成功经验，杨浦大桥方案很快就一次通过专家委员会的评审。”[⑨]

杨浦大桥最终采用了同济大学的方案。“市委市政府迅速决策，方案论证丝毫没有拖延，朱镕基指示：尽快将南浦大桥翻版到杨浦大桥上去；调去南浦大桥原班人马、原套班子，充分利用建南浦大桥的装备”。[⑯]

杨浦大桥是一座特大跨度的斜拉桥，据《上海建设 1991—1995》中关于“大跨度桥梁建设技术”的介绍，项海帆领衔的“同济大学土木工程防灾试验室对大桥的抗风、抗震进行了系统的试验、研究和分析，确切地评价结构的抗风、抗震能力，提出工程措施建议，发展了我国桥梁动力分析理论，提高了试验研究水平”[⑰]。

为全面掌握杨浦大桥结构风致振动的特性，项海帆带领团队对杨浦大桥开展了系统的节段模型、全桥气弹模型的风洞试验。“上海地区风力大、风期长，如何保证世界第三大跨度的桥面在风中稳如磐石？项海帆等在设计中加设了主梁边缘导风裙板，试验表明能提高大桥临界风速10%；杨浦大桥抗风设计按照项海帆的研究结果取消了原定的主梁风嘴，仅此一项就节约钢材六百多吨、资金540万。”[⑱]

基于高低人行道、各种迎风角等16种工况风洞试验结果，项海帆提出取消风嘴和施工抗风缆索的建议，对施工悬臂下最不利状态下的抖振提出应注意防范。对于涡激振动，试验表明在紊流场中基本消失，全桥不会出现较大的涡激共振。试验和分析的方法都得到了实桥测试的验证。

杨浦大桥主体工程结束后，团队为检查工程质量、结构设计和动力分析结果，组织了36辆28吨重车开展实桥荷载试验，测试结果表明结构安全可靠，并积累了外力作用下桥面板的有效分布宽度、结构的阻尼比、各类自振特性等第一手资料，有些试验结果也为计算假定的修正提供了相关资料。

杨浦大桥于1993年9月全面建成，10月23日通车。“杨浦大桥全长7 658米，主孔跨径602米，256根橙黄色的斜拉索将主桥面凌空托起，高220米的两座钻石型桥塔直刺云天，建成时创下世界最大跨度的斜拉桥的历史纪录，位居世界同类桥梁之首。”⑲

自1991年4月29日杨浦大桥打下第一根桩起，7 800多名建设者攻克种种技术、科研难题，克服重重困难，顶风冒雨，连续鏖战，仅用了2年零5个月就高质量地建成了杨浦大桥，书写了我国桥梁建筑史上的新辉煌。

杨浦大桥建成通车时，李国豪已经年满八十岁。在参加完大桥通车典礼后，李国豪对项海帆说：“以后我不再承担大桥设计、建设的具体事务了，大桥建设的重任就交给更年轻一代了。”而作为李国豪的学生，一路参与南浦、杨浦等大桥建设的项海帆，从老师手中接过了这根指挥棒。

“最强烈的爱国精神就是承认差距，不甘落后，把中国建设好。”在项海帆看来，杨浦大桥也是一座具有里程碑意义的桥梁，李校长坚持采用结合梁的正确决策，成功建成了两座上海的黄浦江大桥，并组成了内环线，为上海的城市交通建设和浦东开发发挥了重要的作用。此后，上海又规划了南北高架和延安路高架，形成了完整的市区高架道路系统，至今仍是进入市中心区的最重要快速干道。

杨浦大桥的建成在全国各地掀起了自主建设大跨度斜拉桥的热潮，造就了中国现代桥梁的崛起，使20世纪90年代成为全国斜拉桥建设的黄金时期，呈现出遍地开花之势，极大地提高了中国桥梁的国际地位。

注释

① 国家科学技术委员会政策法规与体制改革司《中华人民共和国科学技术法规选编》，北京：中国法制出版社，1995年2月，272页。

② 华霞虹、郑时龄著《同济大学建筑设计院60年 1958—2018》，上海：同济大学出版社，2018年10月。

③ 陆宗林提供材料，载自华霞虹、郑时龄著《同济大学建筑设计院60年 1958—2018》，上海：同济大学出版社，2018年10月。

④《同济大学土木工程学院建筑工程系简志（1914—2006）》编写组编《同济大学土木工程学院建筑工程系简志（1914—2006）》，上海：同济大学出版社，2007年5月。

⑤ 同济大学档案馆馆藏，档案号：2-1982-XZ-114.0009。

⑥《纪念论文集》编辑委员会编《桃李集：项海帆院士80寿辰纪念论文集》，上海：同济大学出版社，2014年12月。

⑦ 余安东著《工程结构透视 结构的发展和原理纵横谈》，上海：同济大学出版社，2014年10月。

⑧ 同济大学档案馆馆藏，档案号：2-1986-XZ-81.0001。

⑨ 中共上海市科技教育工作委员会编《爱国奉献　创新求实　院士精神研究报告》，上海：上海教育出版社，2007年1月。

⑩ 同济大学档案馆馆藏，档案号：2-1988-XZ-9.0012。

⑪ 同济大学档案馆馆藏，档案号：2-1990-XZ-28.0002。

⑫ 同济大学档案馆馆藏，档案号：2-1991-XZ-25.0013。

⑬ 周光召主编《2020年中国科学和技术发展研究（下）》，北京：中国科学技术出版社，2004年10月。

⑭ 朱方旭、李其燕、王守海《OVM锚固体系的疲劳性能分析》，载自杜拱辰、米祥友主编《世纪之交的预应力新技术》，北京：专利文献出版社，1998年11月。

⑮ 赵椿荣《杨浦大桥的成功决策》，载自祝兆松主编《咨询工程师的思考与实践》，上海：上海财经大学出版社，2006年10月。

⑯ 李山赓著《记者访天下》，北京：改革出版社，1998年3月。

⑰《上海建设》编辑部编《上海建设 1991—1995》，上海：上海科学普及出版社，1996年8月。

⑱ 项海帆《力学与风工程》，载自李国豪、何友声主编《力学与工程 21世纪工程技术的发展对力学的挑战》，上海：上海交通大学出版社，1999年8月。

⑲ 刘士安、徐网林《杨浦大桥昨日通车》，载自《人民日报》，1993年10月23日，第1版：要闻。

第六章

四海扬帆：

御风破浪任重远（1991—2004）

如果说我看得远，那是因为我站在巨人们的肩上。

——艾萨克·牛顿（引自《爱因斯坦》）

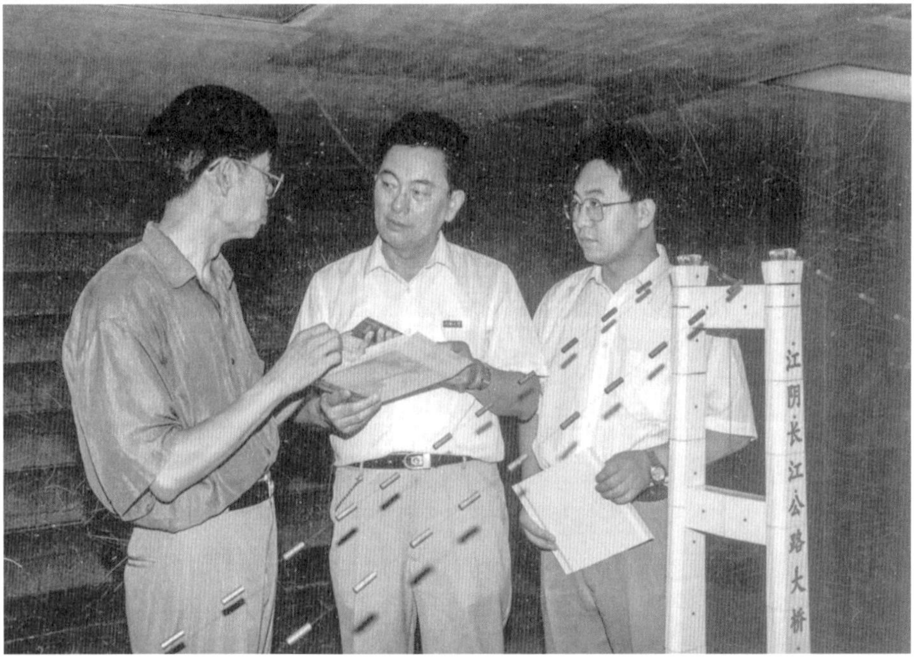

江阴长江公路大桥全模型试验（左起：宋锦忠　项海帆　陈艾荣）

第一节　在国际桥协声名鹊起

1987年，在国际土木工程界，一个属于中国学者的辉煌时刻到来了。李国豪教授，这位在国际结构工程领域享有盛誉的学者，荣获了国际桥梁协会最高奖——结构工程功绩奖（终身成就奖）。

国际桥协成立于1929年，是会员国最多、行业影响力最大的国际土木类协会。1957年，李国豪亲力创建了国际桥梁协会中国团组，并担任国际桥梁协会常任委员会委员（首位中国学者）和中国团组主席。李国豪获得的“结构工程功绩奖”是国际桥协历史上颁发的第13个终身成就奖，这一荣誉不仅是对他个人卓越贡献的认可，更是国际学界对中国工程界的嘉奖。作为获此殊荣的第一位中国人，李国豪教授将这份荣誉带回了祖国，为中国学界树立了新的标杆。

1988年，项海帆接替了李国豪在国际桥协常委会的委员职务。作为中国的代表和同济大学的团体会员代表，项海帆开始在国际桥协崭露头角。他积极参与每年的年会，与国际桥梁界的高层人士建立了广泛的联系。他不仅在亚太地区的会议和国际风工程会上积极发言，还向国外同行介绍中国的桥梁建设成就，为中外桥梁技术的交流与合作搭建了桥梁。

项海帆对于国际桥梁界的贡献不仅仅局限于会议和交流。早在1986年，他就开始为第二届亚太地区风工程北京会议做准备工作。那一年，全国风工程会议在成都召开，项海帆作为筹备组的重要成员之一，与北大孙天风教授共同牵头，与其他副主任委员和学科组的正副组长共同组成了一个十多人的团队。他们齐心协力，为第二届亚太地区风工程在北京的召开尽心筹备。1987年，筹备组发出征文通知，邀请国际同行提交论文摘要。到1988年，筹备组共计收到了300多份来自世界各地的论文摘要。这一数字不仅体现了国际同行对中国风工程界的关注和认可，更展现出他们对北京会议的期待和热情。这些论文摘要汇聚了国际风工程界的智慧和经验。项海帆对会议的举办充满了信心。

但事与愿违，临近正式开会，因为发生在1989年的政治风波，许多国家纷纷暂停了和中国的交往，并劝阻去中国的旅游活动，甚至停办签证。面对这种局势，外国同行来信希望推迟北京亚太风工程会议。

孙天风作为中国在国际风工程领域的领导人之一，经过深思熟虑，决定向中国科协提交一份关于在北京举办此次国际会议的申请。他在申请中一再强调此次会议对提升中国风工程在国际上的地位、加强国际的学术交流具有不可估量的作用，他也详尽地阐述了当前国际形势下，举办国际会议所面临的种种困难，尤其是外国代表面临无法完成签证的问题，希望中国科协能给予支持并解决问题。

然而，中国科协表示："中国的情况一切正常，国际会议应如期举办。"面对这样的回复，孙天风忧心不已。果然，最让他担心的情况发生了，随着会议日期的临近，外国代表们纷纷反馈，由于种种原因他们无法办理签证，不能来中国参加会议。但他们中的许多人已经支付了会务费，因为签证问题无法参加会议，纷纷要求退还已经支付的会务费。

面对这一突发状况，负责具体操办此次会议的旅行社却表示拒绝退款。旅行社认为，会议是按照计划如期举行的，外国代表们未能参会应由他们自己承担责任。这种不考虑实际情况的决定在国际上引起了轩然大波，许多国际同行因此质疑中国风工程学会的组织能力和诚信度。

作为此次会议的中方负责人，孙天风承受了巨大的压力。他比谁都清楚其中的利弊得失，却束手无策、无能为力。最终，在9月的北京会议上，只有两位外国代表出席。这两位代表之所以能够获得签证，是因为他们事先去中国的其他地方访问，较早地获得了签证。

这场原本旨在促进国际交流、提升中国风工程领域地位的会议，因为签证问题，最终演变成了一场国内会议。国内代表们对此也感到失望和无奈，许多人认为这次会议已经失去了应有的意义和价值。

辛苦筹备了三年的盛会因突然的变故而大打折扣，这给中国学术界的声誉和地位都造成了不可逆转的影响，也使我国申办1991年国际风工程大会的计划落空，一直到28年后的2019年才得以实现承办国际风工程大会的梦想。

然而，中国学者主动融入国际、追赶世界的步伐并没有因此停歇。1990年冬天，项海帆受邀前往日本横滨，参加东京大学伊藤学教授的六十岁寿辰庆典，以及他被授予名誉教授的仪式。东京大学，作为日本的一流学府，仍坚守着六十岁退休的传统，旨在为年轻教师腾出工作岗位，激发创新活力。而日本其他国立大学的退休年龄则设定为六十五岁。即使退休，伊藤先生仍受邀在他的家乡，即东京附近的埼玉大学，继续了五年的大学教书生涯。

这次会议在横滨最大的会议中心隆重举行，由伊藤先生的学生们精心组织。一共邀请了八位国际知名的桥梁学者作大约一小时的学术报告。其中，包括德国的Leonhardt（莱昂哈特）教授和法国的Muller（米勒）先生，这两位都已年过八十，但仍然精神矍铄、神采奕奕。此外，还有德国的Schlaich（施莱希）教授、美国的邓文中先生和英国麦克唐纳（Mac Donold）公司的总工程师Head先生等人，这些知名学者的参与大大提升了会议的学术价值。作为受邀学者之一，项海帆虽然已经五十五岁了，但在国际桥梁学术界仍属于声名鹊起的后起之秀。项海帆在这么多桥梁界知名学者面前作了长达60分钟的主题报告，虽然他已在国际学术舞台游刃有余，但此时也感到有一些紧张。

在庆典会议上，首位登场的是享有盛誉的Leonhardt教授。Leonhardt与项海帆的恩师李国豪有着深厚的师兄弟情谊，对项海帆来说，Leonhardt教授不仅是德高望重的学界前辈，也是亲切熟悉的师伯。整个会场内座无虚席，其中有200多位伊藤学教授历年培养的学生，还有来自东京大学土木系的师生。值得一提的是，东京大学的中国留学生也无一缺席。

项海帆的报告被安排在下午，主题是关于中国斜拉桥的建设情况。报告结束后，坐在他身边的伊藤学先生向他表示了热烈祝贺，称赞他的报告讲得非常精彩，对中国桥梁的建设近况赞誉有加。听到这样的评价，项海帆如释重负，紧张与不安瞬间烟消云散，心想，总算没有辜负李老师的期望。这次日本之行，项海帆结识了众多国际知名学者，也给这些学者留下了非常深刻的印象，为他日后融入国际桥协创造了条件。

1990年，中国土木工程学会桥梁及结构工程分会在杭州召开年会。李国豪自1979年筹建桥梁及结构工程分会起，已担任了三届（12年）学会的理事长，他决定在此次换届时，从理事长的位置上退下来。当时项海帆担任常务副理事长，张纪衡担任秘书长。按照惯例，李国豪卸任理事长一职，应由常务副理事长项海帆接任。但

项海帆和伊藤学教授游览并合影，1990年

项海帆和Leonhardt教授、Schlaich教授合影，1990年

项海帆（左二）与伊藤学、邓文中教授参观合影，1990年

早在一年前，1989年土木工程学会换届时，李国豪卸任中国土木工程学会副理事长时，担任土木工程学会副秘书长的范立础也一起退任。在桥梁及结构工程分会的这次年会上，李国豪希望能安排范立础接任分会理事长，就专门找项海帆商量此事。

项海帆当即表态："我和老范是好朋友，他比我年长，又担任学校结构工程学院的院长，我是桥梁系主任，他是我的上级，由他担任桥梁及结构工程分会的理事长非常合适。张纪衡已调任同济大学党委书记，也不适合再担任秘书长，就由我来担任秘书长，协助老范一起管理学会的各项工作。"

李校长对项海帆的表态非常满意，并称赞他："海帆同志，你真是风格高，顾大局！"就这样，在中国土木工程学会桥梁及结构工程分会，范立础担任理事长，项海帆担任秘书长，这对挚友紧密合作了五年多。直到1995年项海帆入选中国工程院院士后，在中国土木工程学会换届时，他接替孙钧担任副理事长。2001年，范立础入选中国工程院院士。2002年11月，范立础接替项海帆任中国土木工程学会副理事长，项海帆则接替范立础任桥梁分会理事长。这对亲密的挚友和伙伴，一直为国家的土木工程学科和桥梁学科的发展尽心尽力，为中国土木和桥梁在21世纪的腾飞奠定了基础。

在与美国和日本的土木工程界进行广泛交往的同时，中国与俄罗斯的交往也在不断深入。1991年初，苏联经历了剧变，戈尔巴乔夫黯然下台，叶利钦接任总统。此时，项海帆正计划参加当年9月在列宁格勒举行的国际桥协年会。

1991年暑假，苏联局势动荡的消息传来，项海帆犹豫不决，打算放弃去苏联的访学计划。这时，铁科院的程庆国院长主动打来电话约项海帆同行。程院长是留苏的副博士，曾经在列宁格勒铁道学院上学，他通过和苏联的教授联系，为项海帆、清华的刘西拉教授以及他自己和一名研究生一共四人订好了住处。同时，中国驻莫斯科大使馆也确认去访学没有问题，表示会派人接机并陪同几位学者前往列宁格勒。有了这些保障，项海帆最终决定按计划前往列宁格勒参会。

四人各自出发，在北京会合后，乘坐国航航班前往莫斯科。到达列宁格勒后，列宁格勒铁道学院派人来迎接他们并陪同去学校的招待所。年会会场位于当地的会议中心，步行一刻钟左右就能到达。在列宁格勒的几天里，他们首先拜访了列宁格勒铁道学院的校长，也是程院长当年留学苏联的同学。校长热情地接待了他们，并带领他们参观了学校的模型室和实验室。

此次桥梁年会前的执委会和常委会在列宁格勒郊区的桥梁设计局大楼举行，有专车接送。项海帆作为1992年印度会议的学术委员会成员，代表李校长列席了团组主席会以及国际桥协常委会。这是他第一次参加国际桥梁领导层会议。

在列宁格勒参会期间，项海帆参观了当地的许多历史遗迹和风景名胜，深入了解了当地文化，也考察了当地的桥梁建设。在抵达乌里扬诺夫斯克的当天下午，项海帆一行首先前往正在施工的伏尔加河大桥工地参观。这座大桥由斜拉桥和连续梁组成，气势恢宏，让人不禁感叹当时的工程壮举。然而，从施工技术层面来看，项海帆发现苏联已经远远落后于西方国家。这让他们深感惋惜，同时深刻感受到技术进步对于国家发展的重要性。这也更加激励了他作为一名中国的学者，要将爱国之心转化为追赶世界科技前沿的动力。

参观列宁博物馆和正在展出的斯大林展览让项海帆印象深刻。项海帆感受到了俄国人对列宁仍然保持着敬仰之情，肯定了列宁在苏联历史上的重要地位，但斯大林展又让他感受到俄国社会主义革

项海帆拍摄的列宁格勒，1991年

命的艰难和曲折。

在结束这次旅行之际，项海帆特别赋了一首《苏俄行——调寄六洲歌头》：

苏俄剧变，三色易红星。敌营喜，友朋叹，近邻惊，党无声。四海风云乱，联邦裂，东欧散，政坛瘓，民怨沸，愤难平。清侧残杀，多少妻儿泪，遍地冤魂。恨官员奢腐，贪渎滥无情。信仰沉沦，众离心。士兵反，共产兴。列公殒，铁人篡，内斗频。立独君。承续沙皇制，欺弱族，辱盟亲。煽冷战，结恶果，大厦倾。回望神州大地，遭同难，绝处逢生。誌前车之鉴，公仆照廉明，方葆常青。

这首长诗，既是纪念这次苏联之行的所见所思，更是结合他自己的经历和思考，感慨“绝处逢生”的幸运，以及对于未来中国的社会主义建设道路“公仆照廉明，方葆常青”的期许。

第二节　风工程馆正式落成

结束在列宁格勒的国际桥协年会后，项海帆全力投入1991年在上海举行的第三届亚太结构工程会议（EASEC-3）的筹备工作中。这次会议是1986年由泰国亚洲理工学院（AIT）发起成立的亚太地区土木工程界的最高会议，自1988年起，在亚洲各地每两年轮流举办。李校长曾受邀参加了第一届在曼谷举办的会议，他关于申办1991年第三届会议的提案得到批准。为了办好这次亚太结构工程会议，李校长特别指定项海帆和蒋大骅分别担任正副秘书长，徐植信担任会议副主席，范立础和胡学仁也是会议秘书组成员，他们共同负责会议的组织工作，出于重视，在李校长的指示下，同济组建了一支精干的团队，积极筹备此次会议。

在接下来的一年多时间里，围绕亚太结构工程会议的举办，项海帆主要负责会议论文的征集和评选工作。到1990年年底，所有入选论文都收集完毕，对比国内外的文章，项海帆发现国内递交的英文论文存在许多语病问题，有的甚至连标题的英文都不准确，项海帆认为，不能因为语句语法问题而影响了这些学术论文的质量，他不得不花费大量时间帮助修改论文。

20世纪90年代初期，电子邮件尚未普及，主要的通信方式依靠电传。为了更高效地处理工作，项海帆专门购买了一台电传打印机，并申请了用户。他每天都会收到大量的问询电传，需要立即回复。这期间，他从德国带回的打字机成了他的得力助手，用于回复电传非常便捷。为了完成会议论文的编印，整个学期，除了上课之外，他几乎完全没有其他时间。直到论文集编好并付印，发出最后一轮通知，他才松了一口气。

寒假期间，项海帆又开始着手准备会议前的各项事宜，包括会场布置、会议节目单、设备、礼品、演出、宴会、住宿安排等。为了活跃会议氛围，项海帆特地前往上海音乐学院附中，邀请学校的乐队在会议期间的宴会上进行演出。

1991年4月，第三届亚太结构工程会议在上海隆重举行。会议共有180多位外宾、100多位国内代表，以及相关会务人员参加，总人数达到了300多人，是同济承办的一次大型国际会议。

由于部分外宾需要到达中国后才能确认回程，他们的回程机票出发前都没有预订。为了确保每一位参会者顺利往返，项海帆投入了大量精力，他亲自前往虹桥机场为参会学者确认回程机票，确保他们在开会期间能够毫无顾虑，安心参会。会议期间，因为持续高强度的工作，项海帆的血压突然升至180/120 mmHg，使他感到头晕目眩。医生命令他躺下休息，并加大了用药量，他才慢慢恢复过来。尽管如此，项海帆也没有停下来休息，他坚持在筹备一线，顺利完成了会议的各项工作。

这次会议取得了圆满成功。闭幕式上，项海帆作为秘书长作了总结发言，并得到参会嘉宾的高度赞扬和认可。然而，来自台湾的代表却对会议名册中将台湾并入中国的做法表示不满，担心这会给他们回去后带来困扰。面对此种突发情况，范立础主动出面与台湾代表进行面谈，经过沟通，双方达成了一致，同意为台湾代表打印一份单独的名单，但

第三届亚太结构工程会议，1991年

名单上在“台湾”后面需注明“中国”，即“Taiwan，China”。

这一处理方式得到了许多国内代表的称赞，他们纷纷表示：“这才是真正的国际会议，你们同济的水平就是高。”送走了所有代表后，项海帆终于有了休息时间来调养身体。他成功完成了一件大事，为李校长，也为同济大学，更为国家赢得了荣誉。

在会议筹备期间，为了支持第三届在上海举行的亚太结构工程会议，设在泰国的EASEC秘书处专门汇来了三万美元，作为对印刷论文集的资助。此前，同济大学已经通过国内企业的赞助费支付了印刷费，经过向学校请示商议，学校决定用这笔外汇为土木工程防灾国家重点实验室购买一辆桑塔纳轿车。车辆的牌照则从学校的报废车中选取，列入学校固定资产。

在20世纪90年代初期，校内各系拥有公车的相对较少，这次购车也得到了学校的特别批准。1992年秋天，一切手续都办理妥当，桥梁系终于拥有了一辆公车。同时，学校还安排了仲凤英的丈夫到重点实验室的办公室工作，担任周伟民主任的助理。由于他会开车，因此还兼任了车辆管理工作。这一举措不仅提升了实验室的工作效率，也为学校的日常运营提供了便利。

有一天，在教师食堂，黄鼎业、方如华与项海帆一起用午餐。闲谈间，黄鼎业提到了当时报纸上报道的几起摩托车事故，说：“老项，你看最近这摩托车事故可真是不少啊，骑摩托车确实有点危险，我建议你还是考虑换种交通工具上下班吧。”项海帆听后，也是略有沉思，显然这些事故也让他有不小的震动。他若有所思地说道：“是啊，这些事故确实让人心有余悸。其实我也一直在想，是否应该改变一下我的通勤方式了。”这时，方如华提醒道：“老项，你们实验室最近不是新购了一辆公车嘛，你可以考虑学习开车啊，这样以后就可以开汽车上下班了。”项海帆心想，这倒是个不错的主意，但他又有些顾虑地说：“这个主意不错，但我不知道学校是否允许。毕竟，开公车需要一定的资质和经验。”黄鼎业建议道：“你可以写一份申请报告，详细阐述你的需求和理由，然后提交给党委常委会进行讨论。只要理由充分，学校应该会予以考虑的。”方如华也赞同地说：“对，写一份详细的申请报告。你可以在里面提到你对交通安全的担忧，以及学习开车后能给工作带来的便利。”

项海帆听后，心中有了底，回去之后就写好报告递交了。不久之后，管后勤的赵振寰副校长打来电话，告知项海帆学校党委已经批准他学习开车，并由学校车队安排他到江湾的汽车学校进行培训，培训费用由学校承担。到了1993年春天，项海帆成功考取了驾驶执照，开始驾驶汽车上下班。

1993年，项海帆告别了陪伴自己十年的摩托车。1994年初，风工程馆落成，项海帆将实验室的小汽车和陪伴他多年的摩托车都停放在车库内，自己也搬入了风工程馆的办公室。

说到风工程馆的建设，那也是项海帆在桥梁系主任任上完成的另一项重大任务。这一项目的推进与第三届亚太结构工程会议的筹备并行，且源于李校长的直接指示，目的是加速土木工程防灾国家重点实验室风洞试验室的建设进程。1989年年底，在项海帆等人的不懈努力下，TJ-1号小风洞顺利落成。同济大学自1990年起便能在校内进行节段模型试验，尽管全模型试验仍需前往南航进行。

在规划新风洞时，团队参考了加拿大西安大略大学的风洞设计资料，打算以此为基础，构建一个包含两个试验段的中型风洞。尽管他们抱负远大，但对于建造如日本筑波那样的大型风洞，当时还不敢有过多设想。

1991年，项海帆受邀前往加拿大参加第八届国际风工程会议。会议期间，他特别参观了西安大略大学的两座风洞。然而，更让他心动的是丹麦海洋研究所（DMI）利用仓库改造的边界层风洞。这座风洞拥有13.5米×1.7米的扁平试验段，并已成功应用于大海带桥的测试。这次参观让项海帆深刻认识到，大型风洞对于大跨度桥梁抗风研究至关重要。

会议结束后，项海帆又前往圭尔夫（Guelph），参观了谢霁明就职的RWDI公司的风洞。尽管该公司的风洞宽度达到6米，但在项海帆看来，这仍然难以满足大跨度桥梁抗风研究的需要。

回国后，项海帆迅速召集团队成员，探讨风洞设施的改进方案。经过充分讨论，大家一致认为，将现有风洞拆分为两个独立部分是个切实可行的办法。按照这一方案，TJ-2风洞将负责房屋单体与桥梁节段的试验，而TJ-3风洞则将被改造成竖向回流的扁平风洞，更适合进行大跨桥梁和房屋群体的研究。

为了确保这一重大改造的顺利开展，项海帆邀请了北京大学张伯寅教授进行气动方案的设计，并请同济设计院协助进行两座风洞的土建设计。1992年，风工程馆正式动工建设。项海帆通过与姚祖康沟通协商，成功地将他们已废弃不用的环道试验场地让出来用于风工程馆的建设。同时，他还通过多方努力筹集到了250多万的赞助资金，以弥补经费的不足。为了回馈这些赞助单位，项海帆承诺他们今后的试验任务将享受七折优惠。

在此期间，风洞设备的制造也在紧锣密鼓地进行。到1994年初工程馆落成时，设备调试也顺利完成，一些购买的测试设备也陆续到货。为了庆祝风工程馆的落成并展示其先进设施，项海帆决定在同济大学召开1994年的第四届全国风工程会议。同时，他也计划利用TJ-3

风洞进行第一个全桥模型风洞试验——虎门大桥悬索桥的试验。

试验结果非常成功，虎门大桥的颤振风速和节段模型试验数据十分吻合，这证明了TJ-3风洞的各项指标都达到了合格标准。李校长观看了试验后也感到非常激动和兴奋。这标志着同济大学终于拥有了位居世界第二的边界层风洞。

随后，TJ-2、TJ-3风洞也顺利完成调试。至此，同济大学建成了三座低速边界层风洞群，其中TJ-1大气边界层风洞试验段1.8米高，1.8米宽，风速1~30米/秒；TJ-2大气边界层风洞试验段2.5米高，3.0米宽，风速1~68米/秒；TJ-3大气边界层风洞试验段2米高，15米宽，风速1~19米/秒，是当时国内最大的风洞，居世界同类风洞第二位。“三座风洞成为同济大学土木工程防灾国家重点实验室的重要组成部分，这里面凝聚了项海帆院士多少辛勤的汗水，他已经记不清了。让他欣慰的是，有了这三座分工不同、功能强大的风

林志兴（左一）、项海帆（左二）、恩师李国豪（左三）及挚友范立础（右一）在TJ-1小风洞试验室合影，1990年

项海帆和李国豪、范立础、林志兴开展虎门大桥全桥模型风洞试验，1995年

洞，南浦大桥、杨浦大桥、卢浦大桥、江阴长江大桥、润扬长江大桥……国内绝大部分桥梁模型都在这里经受过考验。”①

1994年，在国家为建设重点实验室十周年举行的大会上，项海帆被授予金牛奖，以表彰他在重点实验室建设，特别是风洞建设和抗风研究方面所做出的杰出贡献。

1994年初，项海帆和他的团队搬入了崭新的风工程馆办公。回首过去的八年，那些与余安东并肩作战、共同撰写申请书的日子历历在目。那是一段充满艰辛奋斗的岁月，同时也是同济桥梁系取得巨大发展的黄金时期。

在搬入风工程馆的那一刻，项海帆的心中充满了感慨。这一切成就都来之不易，是他和团队成员们共同努力、不懈奋斗的结果。在20世纪90年代后期，我国的结构风工程研究水平逐渐被国际同行认可，试验室开始承接一些境外委托的抗风试验与研究任务。学校于1999

国家重点实验室第二届学术委员会合影，1996年

年承担了日本名古屋矢田川桥抗风试验研究，这是同济大学抗风研究室首次承担境外试验研究项目，研究成果得到了国际著名风工程专家伊藤学和山田均的充分肯定。项海帆和他的团队紧紧抓住了成立桥梁系、建设重点实验室以及参与上海南浦大桥建设等重大机遇，为我国桥梁学科的建设、风工程相关研究和发展做出了卓越贡献。

第三节　桥梁研究的深入开拓

通过南浦大桥和杨浦大桥的联合设计和独立研究，同济桥梁在上海赢得了良好的口碑，也为参与后续重大项目打下了坚实的基础。

进入20世纪末21世纪初，“中国桥梁的数量、规模、建设速度、工程质量和美学追求越来越让人振奋，也不断获得国际同行的高度评价。同济桥梁人的传统，就是‘桥型出新，我们要去争；桥梁变长一寸，我们要去争十分’。”[②]在项海帆的第一位研究生葛耀君看来，从李国豪到项海帆，再到他自己，同济桥梁人要做的就是不断地推进创新探路的研究，实现知识创新与技术创新，勇敢地面对挑战，激发潜能，超越自我。

除了南浦大桥和杨浦大桥，1992年，桥梁工程设计研究所和桥梁系教师通力合作，为全长1.6千米的上海内环线2.5标段设计了具有创新意义的脊骨梁结构，并开展相关试验研究。1994—1996年，结合全长4千米，总投资2.8亿元的上海徐浦大桥浦西引桥工程设计，桥梁院开展了预制曲箱梁的专题研究，取得了良好经济效益。2001—2002年，桥梁院又承担了主跨550米中承式钢箱拱桥——上海卢浦大桥的设计监理工作。

在国内其他区域，同济大学的桥梁设计也逐渐从合作设计发展到独立承担重大项目的设计和科研。1990年，在项海帆与中交公路规划设计院院长凤懋润和江苏省交通规划设计院副院长周世忠的领导下，桥梁设计所总工陆宗林带队，林长川、李映、贾丽君、罗喜恒等人先后参加了江阴长江公路大桥的联合设计。林长川任缆索组长，陆宗林分管缆索、主梁和主塔的设计工作，在技术上起了主导作用。这为使同济桥梁设计更多参与国家级超大跨径桥梁设计，为同济桥梁系承担国家级工程关键技术研究课题开创了先河。

1993年4月，桥梁工程设计研究所升格为同济大学建筑设计研究院桥梁分院，仍与桥梁系保持“系院合一”，下设桥梁设计室和综合室，项海帆担任院长，郑信光、洪国治担任副院长，詹蓓蓓担任总工。

除了桥梁设计，在桥梁科研和工程应用方面，从20世纪90年代开始，项海帆带领他的团队开展了桥梁等效风荷载研究，先后建立了针对小跨度（200米以下）刚性桥梁的不考虑风振位移的等效静阵风荷载，以及针对中等跨度（400米以下）半刚性桥梁的仅考虑小位移强迫振动的等效抖振风荷载。2002年，在上述传统的桥梁等效风荷载原理基础上，结合涡振可能性较大的世界最大跨度拱桥——上海卢浦大桥，他的团队率先提出了针对大跨度（400米以上）柔性桥梁的基于结构与气流相互作用的等效涡振风荷载，进一步丰富和完善了桥梁等效风荷载理论。上海卢浦大桥抗风研究成果获得了国家科技进步奖二等奖，相关研究成果被我国第一部《公路桥梁抗风设计指南》和《公路桥梁抗风设计规范》所收录。

1997年，项海帆开始开展桥梁风振的可靠性分析，他指导研究生结合桥梁结构形式、抗风设计要求和相关风振形式等的分类，首次提出了缆索承重桥梁风振可靠性评价体系——基于二阶矩可靠度理论的桥梁颤振失稳可靠性评价方法和基于首次超越理论的桥梁抖振失效可靠性评价方法，开拓了桥梁抗风可靠性设计和研究领域。2003年，他和研究生又在国际上首次提出了基于累计涡振时间和首次涡振概率评价的桥梁涡振刚度失效可靠性理论及其计算方法，将大跨度桥梁抗风可靠性设计提升到了一个新台阶。

21世纪之初，项海帆的研究团队又发展了三维桥梁颤振的精确分析方法——全模态分析方法。此外，他的研究团队还在国际上率先对五大类13种常用典型主梁断面的颤振驱动机理和颤振形态进行了系统研究分析，揭示了气动负阻尼是桥梁颤振唯一驱动机理和多种颤振形态取决于弯曲与扭转自由度参与程度的结论，阐明了两侧风嘴、中央开槽、中央稳定板、两侧裙板和检修轨道移位等颤振控制措施的控制原理，并在多座实际特大跨度桥梁的颤振控制中得到了应用，如上海南浦大桥、福州闽江大桥、润杨长江大桥、东海大桥主航道桥和颗珠山桥、舟山西堠门大桥等。大跨度桥梁风振理论与控制研究成果先后获得国家自然科学奖二等奖和四等奖各一项。

随着结构风工程理论研究和风洞试验水平的提高，研究成果的理论意义和实用价值不断得到体现，为国家重大工程建设服务发挥了重要作用。项海帆团队“大跨桥梁风致振动及控制理论研究”获得了1995年国家自然科学奖四等奖，团队还完成了南浦大桥、杨浦大桥、东方明珠电视塔、虎门大桥、江阴长江大桥等重大工程的抗风研究项目，为指导工程抗风设计起到了重要作用，成果相继获得部省级和国家级科技成果奖励，特别是南浦大桥的抗风研究成果，对推进我国大跨度桥梁自主建设具有里程碑的意义，“南浦大桥工程”获得了1995年国家科技进步奖一等奖。1996年，项海帆主编的《公路桥梁抗风设计指南》出版，成为我国第一部大跨度桥梁抗风设计指导书。③

1998年，由项海帆、王光远两位院士共同主持的国家自然科学基金“九五”重大项目“大型复杂结构的关键科学问题及设计理论研究”获得立项，此项目有6个子课题，其中项海帆负责“大跨桥梁的气动参数识别、风振及控制理论”。这些研究不仅为我国大型复杂结构的抗风设计提供了坚实的理论基础，也为我国桥梁工程建设的自主创新能力提升和高质量发展注入了强大动力。

第四节　对话世界的中国学者

1992年2月11日，春节的喜庆氛围还未完全散去，项海帆和妻子宁蓓蕾即将踏上一段跨国之旅。根据中德联合培养博士研究生钱莲萍的计划，他们将有一次与双方导师见面的机会，并进行联合指导活动。带着些许兴奋和期待，项海帆和妻子坐上了国航的飞机。

在德国达姆施塔特大学，项海帆见到了König教授和1982年帮助他做振动台试验的一位博士。他们相谈甚欢，在附近的一家饭馆共进午餐时，谈论了分别十年来各自的经历和发展。项海帆带回了钱莲萍的研究计划以及她已经写好的部分论文，与König教授交换意见。此次德国之行，因为是联合培养博士生，又带着家人，与十年前项海帆自已孤身在德国留学时的心境完全不同。

1993年11月，项海帆应佛罗里达州大西洋大学林幼堃教授的邀请，前往美国进行学术访问。林幼堃教授希望与同济大学联合申请研究项目，为项海帆申请了美国国家自然科学基金会的短期访问资助。

项海帆和妻子宁蓓蕾从虹桥机场出发，计划在东京转机前往美国。不巧的是，由于飞机故障，他们的航班被推迟到下午才起飞。当他们抵达东京时，已经是傍晚时分，错过了前往美国的飞机。机场安排他们和其他十多位中国人在成田机场宾馆过夜。第二天下午，他们再次登机，经洛杉矶转机，最终抵达佛罗里达州的博卡拉顿（Boca Raton）。林幼堃教授亲自前往机场接机，并将他们送到一位中国留学生家里。

到达美国的第二天，项海帆就开始了在大西洋大学的工作，他

项海帆夫妇在瑞士Piratus雪山合影，1992年

夫人宁蓓蕾在巴黎埃菲尔铁塔留影，
项海帆摄，1992年

项海帆夫妇在瑞士日内瓦湖边留影，
1992年

和林教授一起讨论了合作研究建议书的大纲。尽管已是七十九岁高龄，但林教授的身体依然硬朗，在风工程领域仍然非常活跃。林教授从伊利诺大学（UIUC）退休后，被特聘到大西洋大学担任讲座教授和随机振动研究所所长。通过前期讨论，林教授希望项海帆能先写一个中美合作研究的英文初稿。

受林教授的邀请，项海帆在佛罗里达州大西洋大学随机振动研究所作了几次学术报告。项海帆详细介绍了同济大学的风洞试验室以及南浦大桥、杨浦大桥的抗风研究和全桥模型试验的成果，自豪地展示了中国桥梁建设的情况，让美国学术界深入了解了中国桥梁工程的卓越成就。

在美国期间，林教授邀约项海帆一起去看了阳光大道桥。这是一座由法国Muller公司设计的单索面混凝土斜拉桥。在养护部门工程师的带领下，他们进入了箱梁，仔细观察了拉索的锚固构造和减

项海帆夫妇美国之旅合影，1993年（奥兰多迪士尼中国馆）

震阻尼器。在参观过程中，林教授和项海帆不时交流，探讨桥梁工程的当下发展态势。在感恩节到来时，项海帆应邀参加了在林教授家中举行的土木系聚餐会，这也是为项海帆饯行而举行的一次聚会。在温馨的氛围中，他们共享美食，畅谈学术与生活，为此次美国之行画上了圆满的句号。

离开博卡拉顿后，项海帆和妻子一起访问了纽约州立大学布法罗（Buffalo）分校。这次他们的主要目的是拜访宋教授（T.T. Song）主持的地震研究中心和加州大学尔湾分校（UCIrvine）的杨教授（J.N. Yang）。这两位留美华裔教授都是台湾大学校友。在布法罗，项海帆参观了纽约大学地震中心实验室。在交流中，双方都希望能通过合作取得更多研究成果。最后，项海帆前往了尔湾（Irvine），访问了UCIrvine大学的杨教授，参观了他的实验室，并与他进行了深入的学术交流。

在女儿菲菲出国留学前项海帆和女儿的合影，1993年

在历时38天的美国之旅中，项海帆以一位成熟的中国一流桥梁学者的角度，与美国桥梁研究的顶尖学府和学者们进行了交流和对话，持续扩大了中国桥梁在世界的影响力。项海帆对中国桥梁在世界舞台发挥越来越重要的作用充满了信心。

第五节　当选工程院首批增选院士

1994年，对于项海帆来说，无疑是人生中至关重要的一年。上海黄浦江上两座大桥相继建成，这不仅代表了城市建设的巨大飞跃，更是对他多年来在抗风研究领域辛勤付出的肯定。这一年，他收获了国家自然科学四等奖、教育部科技进步一等奖，南浦大桥工程国家科技进步一等奖，以及国家重点实验室建设的金牛奖，共计四个重要奖项。

1994年12月22日，国家计委、财政部、国家科委等八部门联

国家重点实验室先进工作者金牛奖，1994年

合召开了“国家重点实验室建设十周年总结表彰大会”。十年的实践表明，通过在高等学校中建设国家重点实验室，高等学校的教学、科研条件得到了加强和改善，国家重点实验室在提高科研水平和能力，吸引和培养高层次专门人才，推动经济建设和社会发展等方面取得了丰硕成果。在这次表彰大会上，项海帆获得了“金牛奖”，即“国家重点实验室先进工作者”。如果从1980年赴德留学算起，项海帆一路扬帆起航，十余年的努力终于开花结果，一路走到了科学的高峰。

这些荣誉的获得，并非一蹴而就。早在1991年，孙钧、汪品先和马在田三位杰出的科学家入选学部委员，就展示了同济大学自改革开放以来科研成果的丰硕和服务国家战略的强大实力。1994年6月3日至8日，中国工程院成立大会在北京举行。中国工程院是全国工程技术界的最高荣誉性、咨询性学术机构。中国工程院院士，是国家设立的工程技术方面的最高学术称号，为终身荣誉。在中国工程院成立大会上，经过提名、讨论、遴选和审议，中国工程院首批96位院士产生，项海帆的恩师李国豪教授光荣在列。在这次院士大会上，中国科学院学部委员也统一改称为院士，中国两院院士制度就此形成。李国豪同时还是中国科学院院士。

同年，开始了第二批工程院院士候选人的提名推选工作。校园里，人事处的一通电话打破了项海帆平静的生活，让他准备材料参选中国工程院院士。这是中国工程院成立以来第一次增选院士，不仅是个人荣誉，更是学校的集体荣誉。项海帆有些犹豫地说：“这次选拔，关乎到学校的声誉，还是让有突出科研贡献的校领导先报吧。”但人事处的老师打消了他的顾虑：“项老师，这是学校根据目前的科研获奖和科研成果推选出来的，您是最合适的人选。另外，这也是李校长的意思。”

那一刻，他再次感受到了老师对自己的信任和期望。

因为这是中国工程院第一次面向高校和研究机构征集提名评选院士，项海帆对自己是否当选并没有把握。他按照相关规定准备了材料。项海帆回顾自己的经历，发现逢“4”的年都有好事发生，他在1954年被评为首批三好学生，1964年步入婚姻殿堂，1974年结束十年异地生活全家团聚，1984年被特聘为正教授、博导，而1994年，他又能够有机会参加院士评选，似乎一切都预示着好运当头。

一段时间的等待过后，当入选院士的消息传来，项海帆无比激动，并且自豪。这位曾立志要为祖国造永不会被炸毁的桥的少年，一路走到了中国科学家的最高殿堂。科研道路是一条需要耐得住孤独的路，他能够得到党和国家的认可，证明自己几十年的付出对国家和社会的发展是有所贡献的，这是项海帆最大的欣慰。

1995年，当一份《新当选的186名中国工程院院士名单》在报纸上公布时，记者们纷纷前来采访报道。面对媒体的热捧和赞誉，项海帆始终保持冷静和低调。他清楚地知道，南浦大桥的建设成功并非他个人的功劳，而是整个团队共同努力的结果，其中最大的功臣当数李校长，这些成绩的取得，离不开李校长的悉心指导和团队的共同努力。回顾中国桥梁这些年走过的路程，中国在追赶世界的步伐中，虽然学得不错、走得很快，但也只是走了一段西方发达国家早在三十年前就已经走过的路，中国桥梁的未来任重而道远。

面对荣誉和成就，项海帆并没有满足和停留，“路漫漫其修远兮”，他将继续在科学的道路上探索前行，用自己的积累和经验为年轻一代的科学家提供指导和帮助，推动桥梁学科高质量发展。

1995年7月，项海帆踏上了前往北京的班机，参加院士大会。7

月11日至14日，中国工程院第二次院士大会在北京召开，国务院总理李鹏在人民大会堂亲切会见了中国工程院全体院士。李鹏代表党中央、国务院向工程院全体院士和我国工程技术界的同志们表示亲切的慰问④。

这是项海帆人生中一个至关重要的时刻，尽管当时他还未满六十岁，但在科学界已经取得了卓越的成就，成为一名比较年轻的中国工程院院士。他想到了自己的父母和姆嫚，如果他们能看到他当选院士，一定会为他感到自豪。他曾经经历过挫折和磨难，走过了坎坷和泥泞，但从未放弃过对科学的追求和信仰，如今，他终于成为了国家的"珍宝"，这让他倍感欣慰。

在院士大会上，项海帆与其他院士积极交流，共同探讨，他感到自己身处在一个充满激情和创造力的群体中，这让他更加坚定了自己的科学信仰和追求。

回到家中，坐在书桌前，项海帆静静地回忆着这次北京之行，怀着激动而复杂的心情写下了一首《入选工程院——调寄清平乐》：

喜从天降，不负亲人望。学业有成遂志向，护携师恩难忘。
扬帆率队远航，深知任重途长。我自壮心不已，更期弟子传芳。

学业有成遂志向，护携师恩难忘，项海帆用耕耘和汗水书写了一个属于自己的传奇故事。

也是在这一年，项海帆被评为上海市劳动模范。"从20世纪80年代中开始，项教授专心致力于风工程研究，决心在这个领域里赶上世界先进水平。他用极大的心血建设同济大学土木工程防灾国家重点实验室风洞试验室，克服种种困难，终于在1990年建成TJ-1号

项海帆入选院士后照，1995年

风洞，1994年年底建成TJ-3号风洞，其中TJ-3号风洞是目前规模最大的边界层风洞，居世界同类型风洞的第二位，为我国大型建筑物的风效应试验研究提供了基地。大型风洞试验室的建成为我国建造南浦大桥、杨浦大桥等大跨度桥梁争取了时间。自1979年以来，在项海帆教授的带领下，已先后完成了三十座大桥，包括斜拉桥、悬索桥、连续刚构桥及多座高层建筑、电视塔、烟囱等高耸结构的抗风试验研究，完成了多项国家自然科学基金和国家教委、交通部、上海市的重点研究项目，取得了多项科研成果，为上海市的国家重点工程建设做出了重大贡献。”上海市劳动模范登记表上的记载对项海帆近20年的研究和开拓进行了总结：“《大跨度桥梁风致振动及控制理论研究》获1994年国家教委科技进步壹等奖、1995年国家自然科学肆等奖，《南浦、杨浦大桥抗风性能研究》获1994年上海市科技进步壹等奖，《东方明珠广播电视塔塔体结构风振研究》获1994年上海市科技进步叁等奖。项海帆教授本人获1994年国家重点实验室先进工作者、上海市1994年科技功臣提名奖。项海帆教授治学严谨，严于律己，也要求大家不为名、不为利，一心用在国家的建设事业上。”⑤

当选院士、被评为上海市劳动模范仅仅是项海帆科研事业的一座里程碑，在新的起点，他继续肩负着带领中国的桥梁事业从桥梁大国迈向桥梁强国的重任。

1995年年底至2001年这段时间，是项海帆出国最为频繁的时期。为了应对繁忙的行程，他特意申请了两本护照。在这段时间里，他足迹踏遍意大利、丹麦、瑞典、日本、韩国、泰国和瑞士等地。

此外，他还应邀担任了香港昂船洲桥的评委和青龙桥的顾问，多次参加香港大学和香港理工大学的学术交流会议。

通过频繁的访学考察和学术会议交流，项海帆在国际桥梁界和风工程界的影响力逐渐扩大。他的才华和成就得到了广泛的认可，

江阴长江公路大桥全桥模型风洞试验，1996年

结交了许多国际同行朋友。国际学术界也对他入选中国工程院院士表示祝贺，纷纷邀请他担任学术委员会委员、大会报告人和刊物的编委。项海帆欣然接受了这些邀请，同时他也肩负起了让中国桥梁在国际学术界占有一席之地的使命。

项海帆在参加国际会议时常常感到遗憾。他发现每次会议，经常只有两三名来自中国大学的学者参加，中国工程界在世界学术舞台还没有形成广泛的影响力。这让他更感到责任重大，决心带领更多年轻学者走向国际学术舞台，要让世界看到中国科技的进步。

2003年12月底，项海帆院士作为项目负责人的“九五”重大项目“大型复杂结构体系的关键科学问题及设计理论研究”通过国家验收。这项规模空前的科研项目集结了全国200多名科研人员，涉及16所高校院所，历时3年完成。

这项研究解决了我国许多重大工程中的关键科学和技术难题，不少成果都超出立项预期。其中，城市冠层及近地面水平风场理论、数值模拟方法与风洞实验技术，大跨度桥梁风工程分析理论体系和抗风设计方法等成果，均出自同济大学风洞试验室。这些成果不仅代表了该领域我国的最高水平，也进入了世界同类科学研究的第一方阵。

研究项目吸引了近百名青年英才进入实验室开展研究，数百篇高水平学术论文、众多学术专著相继问世。有8项成果荣获省部级成果奖，多项成果被编入国家和地方规范，其中《公路桥梁抗风设计指南》等成为工程设计的指导性文件。尤其值得一提的是，在此期间，他指导的两名博士生分别以《桥梁结构气动参数识别的理论与试验研究》和《高层建筑静力等效风荷载和响应的理论与实验研究》于2000年、2002年获得“全国优秀博士论文”。

第六节　土木工程学院首任院长

1997年，教育部发布了一项新的指导方针，要求一级学科设立学院，二级学科设立系。在这样的教育背景下，学校决定对结构工程学院进行升级，成立土木工程学院。项海帆被任命为土木工程学院的首任院长。

担任院长后，项海帆开始为全院的发展运筹帷幄。他巡视了各个系所，发现某些教师过于热衷横向咨询项目，忽视了科研和实验室建设，项海帆决定采取针对性措施改变这一现状。在教师座谈会上，项海帆严肃地说：“我们作为大学教师，应该时刻牢记教学和科研工作的重要性。横向咨询项目固然重要，但绝不能因此而忽视了我们的本职工作。”他的话语掷地有声，让在场的每一位教师都感受

土木工程学院揭牌仪式，1997年

到了他整顿此风气的坚定决心。

与此同时，项海帆也注意到了当时测量系面临的困境。由于办公和科研条件相对薄弱，该系的发展受到了一定限制。项海帆特意划拨了一笔经费，用于改善测量系的办公条件，他还鼓励测量系教师积极申报科研项目，为他们争取更多的科研资源。

在教师晋升方面，项海帆也发现了各教研室之间存在的不平衡现象。如某个教研室的教师晋升很快，大部分教师都已经是教授了，而其他教研室的正教授却寥寥无几。为了平衡这种局面，项海帆果断采取措施，平衡各个教研室的晋升名额。这一举措得到了大家的拥护和支持。

在项海帆的推动下，土木工程学院的各项工作都卓有成效。在上海铁道大学并入同济后，道路与交通系、铁路系和运输系被合并成立了交通运输学院，测量系也升级成立测绘与地理信息学院。这一变化对于土木工程学院来说无疑是一大挑战，然而在项海帆的带领下，土木工程学院积极应对，不断调整和优化系所结构和资源配置，以适应新的形势和发展需求。

面对一系列的变革，项海帆始终保持沉着冷静，他时常与教师们交流沟通，倾听他们的意见和建议。在他的带领下，土木工程学院成功应对了各种变化，迎来了新的发展机遇。

自1998年起，项海帆开始担任国务院学位委员会土木学科的召集人。项海帆积极行动，主持召开了全国土木工程院长和主任会议，他希望可以借助这个平台，共同推动中国土木工程学科的发展。项海帆以身作则，带领同济大学土木工程学院成为全国土木工程学院的标杆和示范。在多次学科评估排名中，同济大学的土木工程学科都名列第一，其中桥梁、岩土等二级学科也独占鳌头。在他的带领下，同济大学土木工程学科不仅在国内确立了领先地位，更在国际舞台上发出了响亮的声音。

1998年，由同济大学和哈尔滨工业大学牵头，联合北京大学、中国建筑科学研究院、大连理工大学组成了一个强大的科研团队，与由清华大学牵头，联合中科院力学所、西南交通大学、北京工业大学、中国铁道科学研究院的另一团队展开自然科学基金重大项目的激烈竞争。

双方实力相当，竞争异常激烈。项海帆带领土木工程学院的团队夜以继日地工作，精心准备项目建议书、申请书，以及最后的答辩材料。经过不懈努力，最终由项海帆担任第一负责人、由同济大学领衔的科研团队胜出，获得了近一千万的科研专项支持。这是同济大学土木学科实力的一次证明，也是上海高校第一次担任重大项目"负责人"，为同济大学赢得了荣誉。

1999年，项目启动会在哈尔滨召开，并成立了学术委员会。整个项目共分为6个子课题、23个专题，涵盖了房屋、桥梁、海洋平台等各类结构的抗震和抗风关键问题以及设计方法的创新构思，是土木工程领域最高水平的研究课题之一。在接下来的几年里，团队分别在大连、上海、北京每年召开一次学术交流讨论会，每年出版一本论文集，评选最优秀的科研专题。在项海帆的带领下，同济大学科研团队在每年学术交流讨论会的评分中都名列前茅。

项海帆作为项目负责人，肩负着重大责任。在这五年里，项海帆带领团队深入研究、不断创新，力求在土木工程领域取得重大突破。他不仅培养了一批风工程研究的骨干队伍，还进一步提高了同济大学在土木工程防灾领域的学术地位和国际影响力，也为同济大学在国家自然科学基金会树立了良好声誉。

2003年，该项目结题。项海帆意识到数值模拟在科学研究中的重要性。他希望同济大学能在土木工程的数值模拟方面率先有所突破，成为引领这方面的高校。于是，他和谢礼立院士联名向自然科学基金会提交了项目建议书。最终决定由同济大学和哈尔滨工业大学合作承担一个重点项目，并由葛耀君担任项目负责人，联合建工系和结构所的有关人员共同完成这一任务。

2000年，项海帆卸任土木工程学院院长，担任顾问院长。但他一直关心着土木工程学院的发展，除了管理和科研方面，项海帆还一直坚持在教学一线，项海帆和孙钧两位院士讲授的“土木工程概论”等课程不仅成为土木工程学院新生的必听课程，其他学院的学生也经常会来旁听。在繁忙的工作中，他始终将教学作为自己最重要的工作，成为引领学生进入知识殿堂的“导游”。

2000年3月至9月，项海帆应邀作为香港昂船洲大桥国际设计

项海帆在香港昂船洲大桥国际设计竞赛第二轮评审会，2000年

竞赛唯一的国内评审委员，三次前往香港赴会。评审专家组分成建筑和结构两组，3月第一次会议，从20多个参赛方案中通过讨论和投票评出6个方案，进入第二轮评选。投标文件从首轮的每个方案3张图和6页说明，增加至6张图、12页说明，再加一个全桥模型供第二轮评选。在8月第二轮评审会上，评审委员先看了6个方案的模型，然后分组讨论，最后通过投票评选出3个优胜方案，供路政署决策。9月召开颁奖典礼，经过6个月评出了昂船洲大桥的最后实施方案。这次活动对项海帆来说是一次重要的经历，使他了解了国际桥梁设计竞赛的规则，也对项海帆2001年当选国际桥协IABSE副主席起了重要作用。

香港昂船洲大桥评审委员会集体留影，2000年

第七节 “重中之重”学科建设

1999年，上海市决定拨巨款以资助重点学科的建设。同济大学有8个学科入选，其中桥梁工程和海洋地质更是被列为重中之重。这两个学科获得了2 000万的资助，学校又配套了2 000万，总共4 000万元经费。这是一次重要的发展机遇，项海帆受命担任学科建设负责人，领导研究基地、人才队伍和仪器设备等各项工作。

市政府还专门要求建造一幢5 000平方米的标志性大楼，以彰显其重要性。新桥梁馆的建设对于学院和学校的发展都非常重要。当时，桥梁系楼旁边已经建起了TJ-1小风洞，与相邻的结构理论研究所的三层小楼（以前建的新材料研究所）之间的空间已经所剩无几。项海帆与范立础一起商讨新桥梁馆的建设计划。

“老范，新桥梁馆的建设已经迫在眉睫，我们的空间有限，我看只有把结构理论研究所的老楼拆了才行。”项海帆沉声说道。

拆掉老楼不是一件小事，范立础知道项海帆这是为发展大局考虑，表示了对他的支持：“老项，拆楼可能会遇到一些问题，不过，大部分老师应该能够理解并支持这个决定，我支持你！”

随后，项海帆在巡视时发现岩土工程大楼的副楼尚有不少空房间，一部分租给了出版社使用，而出版社又正在准备迁入新址。于是，他找到了结构理论研究所楼梦麟所长，跟他讨论了建设新桥梁馆的计划。

“楼所长，经过多方考虑，我们想用结构理论研究所的老楼建设新桥梁馆，岩土楼的副楼还有很多空房间，结构理论研究所能否考虑搬迁去那里？”项海帆诚恳地请求道。

搬家是项大工程，但楼梦麟表示了支持，他说：“项院长，学院的整体建设和规划是大事。我会做好同事的思想工作，尽快安排搬迁事宜，腾出空间。”

徐植信也同意腾出一个实验小楼，以支持新桥梁馆的建设。虽然有少数结构理论所的老师不愿意搬，但多数还是为了学院和同济

桥梁馆落成，2002年

桥梁馆大厅，2024年

桥梁学科的未来发展，顾全了大局。

经过两年的紧张建设，2001年，新桥梁馆落成，并附带一个广场。在设计过程中，项海帆特别注意保留了几棵大树，并改动了楼入口位置，使桥梁馆与原先建成的风工程馆形成了一个环境协调的建筑群，成为同济的一景。楼前广场面积也足够大，为日益增多的小汽车预留了足够的停车位。

在重中之重学科建设中，项海帆带领学院用1 400万建造了新的桥梁馆，极大地改善了老师们的办公条件。在2 000万的设备投入中，范立础带领团队建成了桥梁支座试验机，项海帆则完成了用于数值模拟的超级计算机和图形显示设备以及进行机理研究的TJ-4号小风洞，完成了四座风洞群的建设目标。在项目验收评比中，他们在上海20个重中之重学科中得了第二名，仅次于陈竺院士团队的学科，汪品先院士团队的海洋地质学科位列第三名。重中之重学科建设使同济桥梁工程学科遥遥领先，其科研水平迈上了一个新台阶。

国家重点实验室第六届学术委员会合影，2009年

李校长看到同济桥梁系的成长十分高兴，欣然为桥梁馆题写了馆名，还在大厅题写了“理论联系实际，发展桥梁科技”的系训。这句话成为永远的指导方针，激励着项海帆和同济土木人不断前行。

2002年，同济大学桥梁工程学科以二级学科第一名的成绩入选国家重点学科，成为中国桥梁工程学科的排头兵。2006年，在国家重点学科评估中，又以第一名的成绩顺利通过评估，并为同济大学土木工程一级学科升格成为国家重点学科奠定了重要基础。

在上海重中之重学科建设通过验收后，在学科建设的最后一年，上海市政府又拨款250万元，项海帆积极与学校沟通，成功争取到了1∶1的学校方面配套经费的支持，使这次桥梁学科建设的总投资达到500万元。这笔资金的规定用途是人才建设，旨在引进和培养优秀的学术人才，提升整个学科的国际竞争力。项海帆与范立础经过深思熟虑，决定将这笔资金主要用于以下三个方面：首先，他们仿照香港高校的做法，任命3至4位特聘教授，这些教授将被视为学术标兵，肩负起创新团队领军人物重任。其次，为了鼓励教师产出高质量学术成果，他们每年评选一次优秀论文，并为向国外权威杂志投稿的教师提供必要的经费支持。最后，他们鼓

桥梁馆大厅李校长半身铜像

励教师们明确自己的目标，积极申请国家自然科学基金项目；对于落选的项目，他们将选择具有创新意义的作为自由选题项目，并给予启动经费支持；同时，他们要求每一位室主任和正教授都以有一项纵向课题作为目标，并以此作为横向咨询服务的后盾，将研究成果应用于实际项目中，提高咨询服务的质量。

除此之外，这笔经费还将用于购买急需的小额零星设备以及补贴教师参加国际会议等。通过这些举措，项海帆和范立础希望能够为同济桥梁系的人才培养创造良性的学术环境，建立完备的激励机制，激励年轻教授甘受寂寞，甘坐冷板凳，甘愿攀登桥梁科技高峰，把“同济桥梁”打造成国际一流的学科品牌。

第八节　当选国际桥协副主席

1999年，在瑞典马尔默举行的国际桥协会议上，项海帆应邀作了大会报告。他介绍了江阴长江公路大桥及其抗风研究的相关内容，受到国际同行的广泛赞誉，大会主席法国的维洛热先生更是用“perfect”（完美）一词来形容他的报告。国际桥协的领导层都对中国建成了超千米的悬索桥和同济大学的贡献留下了深刻印象。

2000年，在瑞士卢塞恩的国际桥协大会上，日本伊藤学教授当选为新一届主席。伊藤学教授一向对中国十分友好，他告诉项海帆，自己和另外三位副主席打算联名推荐他为副主席。项海帆对此深感荣幸，同时也表示中国正在计划申请主办2004年的国际桥协年会，并将在2001年马耳他年会上正式提出申请，期待未来能在国际桥协做出更大贡献。

2001年的国际桥协年会在地中海岛国马耳他举行。国际桥梁与结构工程协会（简称“国际桥协”），成立于1929年，总部设在瑞士苏黎世，有70多个国家的团体会员。每年召开一次学术讨论会，每四年举行一次学术大会。茅以升理事长于1960年和1976年两次出席第六届和第十届大会。1987年，李国豪理事长获国际桥协“功绩奖”，这是每年对一位有重要贡献的学者给予的特殊荣誉。

2001年国际桥协的年会，中国代表要向执委会陈述申办2004年上海会议的报告。项海帆和范立础、葛耀君、陈艾荣四人，加上项海帆推荐进入工作委员会的吕西林和张其林，一行六人从上海出发，乘东航经慕尼黑转机去马耳他。

这次国际桥协年会要改选三位副主席，亚洲区的泰国副主席任

项海帆当选国际桥协副主席，2001年

期已满，由项海帆和韩国汉城大学（现首尔大学）的张教授竞争这一位置。经过投票，项海帆和法国、巴西的委员成功当选。

项海帆自1988年出任国际桥协常委会中国代表后，经过十多年的努力，终于进入了国际桥协的领导层。2004年在上海召开国际桥协年会的申请也在执委会上正式投票通过，完成了中国桥梁走向国际舞台中心的任务。加上1999年项海帆应邀担任第十届国际风工程会议10名学术委员会委员之一，可以说，中国桥梁界和风工程界在世纪之交都进入了世界前十位的行列。

从马耳他回来，项海帆开始带领团队着手筹备2004年国际桥协上海年会的工作。李校长对项海帆当选国际桥协副主席感到十分高兴，称赞了他的努力。李校长对项海帆说："海帆同志，你是中国桥梁界的骄傲！"

面对恩师的肯定，项海帆有些腼腆。他跟老师说："李老师，2004年我们承办上海会议，我想请您担任上海会议的名誉主席。如果您身体允许，在开幕式上代表中国学界致辞。"在项海帆心里，老师一直是自己的"灯塔"，指引着他前进的方向。李老师欣然应允。

2002年春天，国际桥协执委会会议在苏黎世举行。这是项海帆以副主席身份参加的第一次工作会议。会上有一个议程，要介绍2004年上海会议筹备计划。葛耀君作为上海会议学术委员会的秘书长，陪同项海帆一起去苏黎世参加会议。这次出行，还有些坎坷曲折。

两人从上海出发去北京搭乘瑞士航空公司的航班，由上海到北京的航班延误了一个多小时，到了北京后，离瑞士航空公司航班起飞只有半个小时了，他们飞快地奔向柜台，立刻办理登机手续并托运了行李，总算拿到登机牌并顺利登上飞往瑞士的飞机。

到了苏黎世，Golay先生到机场迎接他们，项海帆和葛耀君发现他们的行李迟迟没有到。经过询问，机场答复行李在北京，还没来得及装上飞机，后天下午行李才能被运到瑞士，到时候机场直接安排专人送到他们下榻的宾馆。两人的换洗衣服和项海帆的降压药都在行李箱里，这个意外状况让他们哭笑不得。

到宾馆安顿下来后，Golay先生陪同项海帆和葛耀君去附近商店买了汗衫和衬衣，才有了换洗衣物。衣服解决了，但项海帆因为血压高，日常要服用降压药，这是个问题。第二天起来，项海帆口服了放在皮夹子内的最后一粒降压药，心里开始紧张起来。

国际桥协的秘书处设在瑞士苏黎世工大（ETH）的办公大楼里，根据议程安排，第二天上午在秘书处开会，中午在学生食堂吃饭，下午由项海帆作上海会议筹备计划的汇报。会后招待大家在餐馆用餐。当天晚上，项海帆感到头脑发胀，难以入睡，估计是血压升高了。

第三天还有半天会议议程，但行李箱还没送到。项海帆感觉身体有点吃不消，不能再忍耐下去，他就把情况告诉了Golay先生。Golay立即陪项海帆去看了社区医生。项海帆拿出了一张平时服用降压药的外包装纸（这是他特意留下的，以备万不得已时去药房配药）。上面有英文，医生一看就知道了，给项海帆开了类似的降压药。吃了药以后，项海帆的血压总算稳定下来了。

晚上，机场终于送来了行李箱，执委会的工作会议也即将结束，总算能睡个好觉了。会议结束后，项海帆和葛耀君拜访了ETH土木系主任Fontana教授，并参观了他们的实验室。ETH的结构实验室布置得井井有条，并采用不同颜色分区归类，各种设备都按颜色分类整齐堆放，他们的做法非常值得借鉴。

此次瑞士之行，项海帆和葛耀君还访问了国际足联（FIFA）总部，2002年是中国国家队第一次打入世界杯，6月份将开赛，国际足协对中国来的两位客人十分热情。返回上海之前，项海帆和葛耀君去卢塞恩（Lucerne）访问了Stefan先生，他是当地议员，有很高的政治影响力，项海帆邀请他担任2004年国际桥协上海会议的赞助委员会副主席，协助负责对接国外的会议赞助商。

一周瑞士之旅，项海帆完成了作为国际桥协副主席第一次执委会的重要工作，也熟悉了国际桥协领导层的工作方式。大约二十年前，项海帆第一次走出国门，发现国内桥梁领域和世界先进水平差距很大，“简直是一个时代的差距”。二十年过去了，差距仍然存在，但项海帆希望自己能够发挥在国际桥协担任副主席的作用，进一步缩小中外在桥梁领域的差距，提升中国桥梁界在国际上的地位。未来的路，依然很长，项海帆依然在带领中国桥梁走向世界的征程中前行。

国际桥协执委会合影，2004年

第九节　为中国桥梁联通世界

参加完苏黎世国际桥协执委会会议后，项海帆深知所肩负的责任，回国后，他怀着满腔热情组织召开了2004年国际桥协年会的第一次筹备会议。中国桥梁界的科研成果和学术水平需要被世界看见，需要更多的中国学者与世界对话，承办国际桥协年会对于正在蓬勃发展中的中国桥梁事业来说，具有里程碑式的意义。项海帆非常重视学科领域的发展，他希望通过团队的努力，让上海这座国际化大都市，成为桥梁学术交流的新高地。

为了确保国际桥协会议顺利进行，项海帆制订了详细的工作计划，并明确了各项任务的分工与责任，立志要用一次完美的盛会来展现中国桥梁建设的最新成果与学术水平。为此，他们精心组织并策划了一系列学术报告和研讨会，邀请了国内外知名专家、学者参与，以期为全球桥梁学术界带来一场“学术盛宴”。

项海帆作为总负责人，精心规划了详细的筹备工作流程，确保每个季度都有一次会议来跟踪进度和解决问题。为了高效推进各项筹备工作，项海帆牵头成立了多个工作小组，每个小组都分别负责不同的关键事项。葛耀君担任学术委员会秘书，与吕西林共同负责征文、评审、邀请Keynote Speaker、编辑Announcement等重要学术活动，并负责与Golay先生的联络工作。陈艾荣担任赞助委员会秘书，专注于国内外赞助合同的洽谈、与瑞士Stefan先生的沟通，以及礼品和宣传等事务。孙利民负责与锦江饭店和国旅的联系，安排住宿、餐饮、演出、旅游和参观等会议之外的活动，确保与会者能够获得舒适的体验。肖汝诚负责会场布置，包括海报和展区的规划与设计。这些负责人各自招募了一些助手，组成了精干的工作小组。项海帆和范立础则负责监督这四组负责人的工作，每次会议都认真听取他们的汇报，了解工作进展和存在的问题，并及时给予指导和支持。

随着筹备工作的深入，会务组队伍逐渐扩大。到会议筹备的最后阶段，会务组的人数达到了20多人，包括陈伟、朱乐东、程进等经验丰富的成员，以及一些英语较好的博士生。这些成员各司其职，共同努力，为会议的顺利召开提供了强有力的保障。

作为国际桥协副主席，项海帆密切保持着与国际桥协执委会和常委会的沟通。在2002年9月的墨尔本会议和2003年的安特卫普会议上，筹备组不断向与会代表汇报上海会议筹备的进展情况，并广泛征求意见和建议，加深了国际桥协对中国筹办工作的了解与信任，为会议的成功举办奠定了坚实基础。

一方面，项海帆为中国桥梁联通世界积极奔走；另一方面，项海帆还牵挂着恩师李国豪校长的九十华诞。项海帆和范立础都是李

项海帆夫妇在墨尔本会议宴会上，2002年

校长的门生，他们既是同事，又是挚友，对李校长都怀着亦师亦父的深厚情谊。两位桥梁界的领军人物想为老师的九十寿辰献上一份特别的礼物。

他们思来想去，一致认为，李校长最牵挂的无疑是中国桥梁，两位院士决定继十年前的《中国桥梁》一书之后，继续编撰一本《中国大桥》的画册，作为给老师的献礼。

中国大桥能取得如今这样的国际地位和举世瞩目的成就，不能忘记李国豪老师在上海南浦大桥和广东虎门大桥设计时，为争取自主设计权分别向时任上海市市长江泽民先生和广东省省长叶选平先生所做的积极呼吁和建议工作。正是这两座重要大桥的自主设计和施工，开辟了中国大跨度斜拉桥和悬索桥发展的道路，使国内的桥梁界同行获得了实践的机会和前进的信心，造就了20世纪90年代大规模建设大桥的壮丽局面，并最终为中国桥梁赢得了国际声誉。这正是两位院士编纂《中国大桥》画册献给李老师九十寿辰的初衷。

项海帆和范立础非常重视这项工作，他们携手共进。范立础负责编委会以及选桥工作，他精心挑选出了一批具有代表性的中国大桥；项海帆则负责编辑组，搜集整理每一座桥梁的资料，用生动的文字和精美的照片将它们呈现在画册中。

两位院士还邀请了几位退休教授和兼职教授，以及桥梁系的年轻教授，组成四个不同桥型的小组并分别开展工作。在编辑过程中，他们还特别请了英语系教师负责重要文字的校对和审核。项海帆撰写了前言和后记，深情地回顾了李老师的学术生涯和对中国桥梁事业的贡献，表达了对他的崇高敬意。

功夫不负有心人，在高效率组织、编辑等工作的推动中，2003

年年初，一本精选了100余座重要且具有里程碑意义的桥梁的画册《中国大桥》正式出版。

《中国大桥》画册封面

春节的喜庆氛围还未完全散去，学校在逸夫楼隆重举办了庆贺李校长九十寿辰的纪念会。项海帆为恩师献上了这份新鲜出炉的特别礼物。封面上，李校长题写的“中国大桥”四个字在灯光下熠熠生辉，仿佛承载着他们所有的敬意与祝福。

当李老师缓缓翻开这本画册时，他的目光在那些熟悉的桥梁上停留、流连。每一张图片都如同一道桥梁，连接着过去与现在，连接着他们师生共同的桥梁梦。李老师仿佛看到了中国桥梁事业一

项海帆在恩师九十寿辰纪念会上献书，2003年

路走来的拼搏历程，也仿佛看到了自己年轻时与学生们一起奋斗的过往。

“谢谢你们，这是我们所有桥梁人的心血啊！”李老师感慨道。他抚摸着画册的每一页，每一座桥，这都是一首首浓缩他们智慧与汗水的诗篇，字里行间，是师徒两代人互为知音的致敬与倾诉。他的这两位得意门生，一个专注桥梁抗风，一个精研桥梁抗震，已经是国内外声名远扬的大科学家了，尽管都已经是白发苍苍，在李国豪看来，似乎他们都还是最初毕业留校时略显青涩的翩翩少年。而他自己，似乎也回到了满腔热血、充满干劲的盛年之时。他收到的不仅是一份寿礼，更是中国桥梁几十年的发展之路，是几代同济桥梁人对中国桥梁事业的热爱与投入。

项海帆和范立础坐在会议厅外的椅子上，看着李老师忽而沉默深思，忽而激动满足的神情，忍不住湿润了眼眶。中国桥梁之路，也是他们师徒人生之路的见证。他们希望，这本画册能够成为李老

三代学生庆祝李国豪教授九十华诞，2003年

师晚年生活的一份美好，也能够激励更多的年轻人投身于中国桥梁事业。

2003年的天空，除了收获与感动，也布满了阴霾。这年春天，中国的SARS疫情如同乌云般迅速蔓延，引起了全球范围内的广泛关注。世界卫生组织对此高度警惕，各国也加强了防疫措施。5月份国际预应力协会在希腊以Rion-Antirion桥为背景有一次重要会议，IABSE的执委会借此开一次会，项海帆原本也应该参会，汇报2004年国际桥协上海会议的最后准备情况。然而，由于签证申请未能获准，项海帆只得通过电子邮件将准备工作的文字材料发给了Golay先生，请他代为介绍。这样的方式虽然无法达到亲自出席会议的效果，但也只能如此了。后来，项海帆听说执委会上有人提出要考虑后备方案，以预防2004年中国SARS疫情仍未消除的情况。

2003年8月底，项海帆带领团队一行踏上了前往比利时安特卫普的旅程，参加国际桥协年会。这次会议的主题聚焦于高速铁路桥梁，可谓是全球四十年高速铁路发展的一个总结性盛会。令人遗憾的是，尽管国内铁道部在京沪高速的修建工作上进行了大量研究，却未能派人参加此次会议。在这次会议上，项海帆团队巧妙地利用申奥的宣传材料，精心准备了一部宣传片。在闭幕式上，项海帆发表了简短而有力的讲话，诚挚地邀请与会者们在2004年9月莅临上海，共同参加在上海举办的国际桥协年会。

随着SARS疫情的逐渐消退，项海帆所领导的筹备工作也获得了执委会的高度赞赏。大家对上海会议充满了信心和期待。在筹备过程中，筹委会成功筹集到了50万美元的赞助，这一喜讯让Golay先生特别高兴。他提议用一部分费用在SEI杂志上为赞助单位做一年广告，项海帆团队对此表示欣然同意。这一举措不仅为秘书处增加了一笔可观的收入，也为改善国际桥协的财务状况做出了积极贡献，同时还宣传了中国的桥梁和企业。

2004年2月号的SEI杂志特设了中国专刊，项海帆精心组织了12篇论文，深入介绍了中国最新的桥梁和结构技术，展现了中国土木工程领域的发展和成就。这一举措取得了很好的效果，让全球同行更加深入地了解了中国土木工程的发展现状和潜力。

这期间，项海帆身兼数职，他的身体却在繁重的工作和日夜操劳下敲响警钟。早在四十岁左右，项海帆就被诊断出患有高血压，并开始服用相关药物。他始终坚信自己身体底子好，对自己的健康状况非常有信心。2001年，风洞试验室曾组织了一次集体旅行，目的地是风景秀丽的黄山。在旅行中，大家乘坐缆车来到了文殊院。若要前往后海住宿，必须经过光明顶这一险峻之处。面对陡峭的山路，项海帆虽然多次休息，但他凭借着坚韧的毅力和对身体的自信，最终成功翻越了光明顶。这次经历让他对自己的身体状况信心倍增，相信自己还能再为桥梁事业奋斗十年。

然而，随着岁月的流逝和工作压力的增加，项海帆的身体逐渐显露倦态。他时常感到疲惫，但总是凭借着对事业的热爱和执着，咬牙坚持了下来。身边的人都劝他要注意身体、多休息，他总是笑着说："我的身体我知道，还能再干几年！"

不料，2003年春天，项海帆突然痛风发作，住进了医院。这次病痛不仅给他带来了身体上的折磨，更让他意识到自己的肾脏功能可能出现了问题。他联想到父亲和哥哥的状况，怀疑这可能与遗传有关，因此下定决心，严格控制自己的饮食，避免摄入高嘌呤食物，以减轻肾脏的负担。

2004年春天，项海帆突然感到腰部剧痛，严重到无法行走。他

从项海帆寓所远眺可以看见卢浦大桥和南浦大桥

立即请学校医生出诊，并紧急前往医院进行CT检查。结果显示，他的第3、4腰椎椎间盘明显突出，压迫了神经。虽然病情尚未达到需要手术的程度，但需要通过牵引治疗来缓解压力，同时用热敷来消肿。项海帆不愿意住院，于是学校医院为他送来了一张病床和牵引设备，他家的客厅变成了临时病房。在接下来的三周里，他坚持进行牵引治疗。之后，他又前往瑞金医院寻求中医治疗。

在项海帆患病后，因住房需搬迁，出于一生从事桥梁的特殊感情，他找到了现在的住所。向窗外望去就能看到南浦大桥和卢浦大桥，能足不出户天天看到这两座曾参与的大桥，他感到特别高兴。

注释

① 中共上海市科技教育工作委员会编《爱国奉献　创新求实　院士精神研究报告》，上海：上海教育出版社，2007年1月。

② 彭震伟编《春风化雨润无声　新时代研究生导学思政实践撷英》，上海：同济大学出版社，2022年11月。

③ 中国土木工程学会桥梁及结构工程分会，中国空气动力学会风工程和工业空气动力学专业委员会主编《第二十届全国结构风工程学术会议暨第六届全国风工程研究生论坛论文集》，广州：华南理工大学出版社，2022年1月。

④ 刘海藩主编，中共中央党校理论研究室编《历史的丰碑：中华人民共和国国史全鉴　科技卷》，北京：中央文献出版社，2004年12月。

⑤ 同济大学档案馆馆藏，档案号：2-1995-DQ16-9.0003。

第七章

关山飞渡：

老骥奋蹄腾万里（2004—2010）

路漫漫其修远兮，吾将上下而求索。

——屈原《离骚》

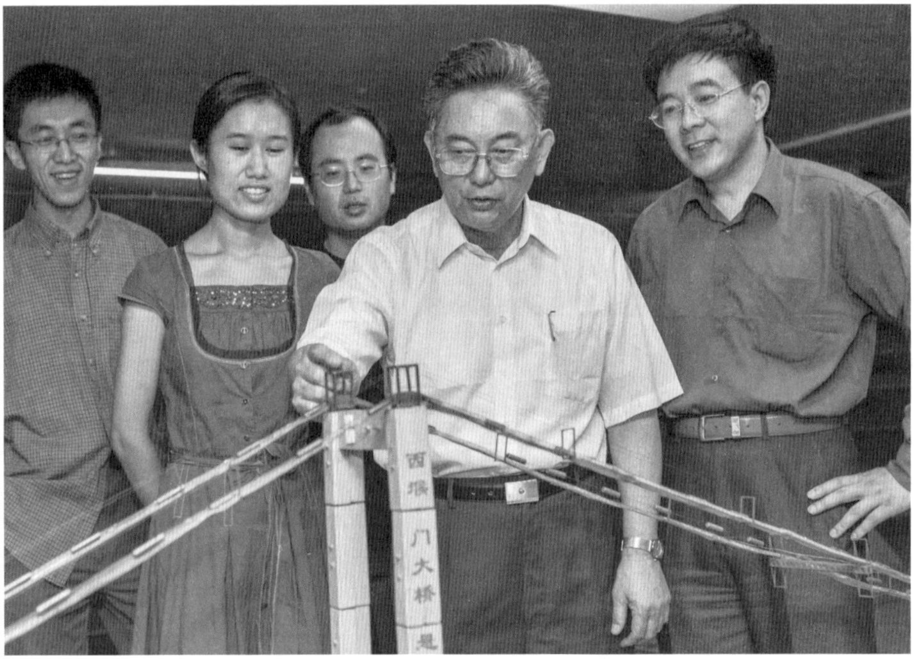

项海帆在风洞试验室（西堠门大桥全模型前），2006年

“曲终过尽松陵路，回首烟波十四桥。”江河湖海，大学与大桥，是项海帆生命中最美丽的风景线。在人生的长河中，项海帆扬起时代的风帆，劈波斩浪，任凭风雨如何肆虐，始终坚守着为祖国奉献、为人民服务的信念，致力于学术的深耕与传承。

世纪之交，对于项海帆而言，是累累硕果，也是收获之季。十年树木，百年树人，随着我国高等教育的蓬勃发展以及我国桥梁事业的不断飞跃，项海帆人生的征途也愈发宽广而深邃。三尺讲台，天堑通途，那是他大有作为的广阔天地。他将生活献给教育，他将智慧献予桥梁，一步一个脚印，辛勤耕耘，深深地烙印在中国桥梁走向世界的征途之上。

“老骥伏枥，志在千里，烈士暮年，壮心不已！”21世纪带来新的起点，几十年厚积薄发带来井喷式的收获，项海帆的研究成果得到广泛应用及推广，在国内外学术界影响深远，成为中国大桥的护航者，成为中国桥梁的自信之源。步入古稀之年，他的求索之路依然铿锵有力，他的身影仿佛与大海的波涛共舞，如同扬帆起航的巨轮，驶向充满希望的远方。

第一节　国际桥协上海年会

2004年9月，国际桥协上海年会如期举行，这是国际桥协成立75年来首次在中国举办的大会。参加会议的代表人数为最近几届年会中最多。会址选在兰心剧院，迎宾宴选在上海锦江饭店小礼堂，是最近几届年会中规格最高的一次。项海帆为这次会议筹备了好几年，为了这次中国桥梁在国际上的亮相，他亲自确认会议的每一个流程，严格把关每一个细节。

据负责这次会议宣传所有形象设计工作的吴国欣教授回忆："初步设计方案完成后我们便向组委会进行汇报，很顺利地通过了。在后续的工作中，每次碰头会项海帆和范立础院士都会参加，两位院士特别认真仔细，对设计中每一个细节、文字上的差错都能发现和指正。在大会的餐饮安排上，项院士特别关注，提出外国人吃东西一般不吐出来，要求在选择菜肴上不能有吐骨、壳的。为了确保餐饮安排万无一失，在会议正式召开前，两位院士还带领组委会和设计组成员一起去苏浙汇等餐厅试吃了一遍，既给我们享受了一下口福，同时又增加了知识。"[①]

在那激动人心的时刻到来之际，大会开幕前的三天执委会却成了项海帆人生中的一段难忘经历。第一天下午，执委会举办了纪念国际桥协成立75周年的庆祝活动，项海帆发表了重要讲话。然而，就在第二天下午，项海帆正在参加执委会时，突然感到眼睛不适。走到卫生间一看，他发现眼球又出血了，已经红了一角。在如此重要的时刻，身体出现状况，项海帆心想不能马虎，他立即请会务组帮忙购买眼药水，并在会后前往瑞金医院，希望能暂时止血，让他能够坚持到会议结束。毕竟，这场筹备了四年的国际盛会即将开幕，他还有很多重要的任务需要完成。

然而，检查结果却让项海帆大吃一惊。当他躺在检查床上，看着医生严肃的面孔，心中涌起一股强烈的不安。医生缓缓开口，告知项海帆脑部发现了一个阴影，需要立即住院接受治疗。面对突如其来的变化，即便一贯坚韧刚毅的项海帆，在命运的安排面前，也生出了些许无力感。

尽管他内心充满焦虑，但他知道自己必须保持镇定。悉心筹备、满心期待了数年的国际会议，在最重要的关口，竟然要因为健康问题而错过，这将是何等的遗憾！项海帆深深地感受到了生命的脆弱和无常。他开始反思自己的生活方式和工作节奏，过去总是担心时间被耽误，一直在拼命追赶，再好的身体底子也承受不住过度的消耗。项海帆明白，他必须做出改变，否则后果不堪设想。

第二天早上，项海帆躺在医院的病床上，心中五味杂陈。他拿起笔，给国际桥协主席Hirt教授和秘书长Golay先生写了一封英文信。在信中，项海帆坦诚地告诉他们自己的病情和无法参加会议的情况，表达了对他们的理解和支持的感激之情。这是一个艰难的决定。好在有学校的鼎力支持和范立础的应急安排与妥善处理，尽力帮助项海帆渡过这个难关。

尽管项海帆身在医院，无法亲临会议现场，但准备了四年的上海国际桥协年会如期盛大开幕。380多位外宾和100多位国内代表，共计500多人齐聚一堂，共同见证了这一盛况。这次会议，中国向国际同行展示了中国大城市基础设施建设的成就，其中也包括许多大桥的建议，使外国同行进一步了解了中国土木工程界自主建设祖国的志气、魄力和决心。虽然未能出现在会议现场，但项海帆仿佛能够感受到那热烈的氛围，能够想象到与会者们的欢声笑语和热烈讨论。

会议结束后，Golay先生夫妇特地来医院看望项海帆。他们表达了对会议的赞赏和对项海帆辛勤工作的敬佩。Golay先生紧紧握住项海帆的手，说道："项教授，这是一次非常成功的会议，感谢您的团队和您的辛勤工作。"听到这番话，项海帆的心中涌起一股暖流，所有的辛苦和付出在这一刻都得到了回报。

范立础也来到医院看望项海帆，并带来了代表们对会议的一致好评。他们纷纷表示，这次会议不仅规模宏大、组织有序，而且内容丰富、交流深入，为国际桥梁界搭建了一个良好的交流平台。听到这些好评，项海帆感到无比欣慰和自豪。

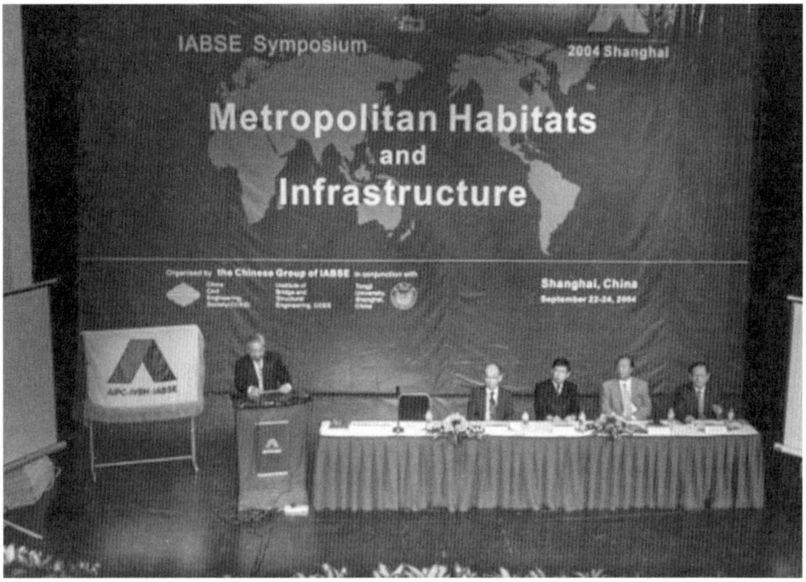

国际桥协上海年会开幕式，2004年

事后，项海帆观看了整个会议的录像。看着画面中那熟悉的面孔和场景，他既激动又欣慰。一切都按照计划有条不紊地实现了，这一刻的喜悦和成就感难以言表。

同济大学副校长李永盛也参加了闭幕式和宴会。他深切感受到国际会议对同济大学的国际化声誉具有重要影响，因此主动提出学校愿意出资50万元补助会议。然而，这次会议得到了社会各界的广泛支持和赞助，总共筹集到了400万元的赞助资金，还节余了50多万元，完全不需要学校的额外补助了。

经过几年的亏损和赤字，2004年国际桥协的财务状况因国际桥协上海年会的收入、广告及捐款而实现了盈余。这一转变，不仅彰显了上海会议的成功与影响力，更为国际桥协注入了新的活力。秘书长Golay先生作为这一转变的见证者和推动者，自然是最为高兴的人。

国际桥协上海年会的成功举办不仅展示了同济土木学科的国际活动能力，更奠定了同济土木及桥梁学科在国际上的领军地位。同时，项海帆住院的消息也让国内许多同行了解到他的健康状况，纷纷表示理解和关心，减轻了他作学术报告的压力，让他有更多的时间调养身体，尽快恢复健康。

古国展宏篇，万路通连。五洲惊叹赞声传。华夏千桥频剪彩，奋起争先。东海聚群贤，共议学坛。笙歌盛宴庆豫园。余冀后生多创意，圆梦比肩。

项海帆怀着喜悦与豪情，写下了这首《成功举办国际桥协上海会议——调寄浪淘沙》。在上海举办的国际桥协年会，不仅是项海帆个人事业的高峰，更是中国桥梁界在国际舞台上的一次璀璨绽放。

第二节 “桃李七十颂风伯”

项海帆十分重视人才培养，特别是优秀拔尖人才的培育。对于师资队伍建设，他认为关键在于培养教师的学术素养，营造科技创新的环境和氛围。

他多次呼吁建立一项能够激励精英教师群体具有“面壁十年，奋力攻关”的勇气和志趣的制度，并于2005年在桥梁工程系倡导和设立了“同济桥梁”特聘教授岗位。2009年，他又建议在土木工程学院创设“高等研究院”，提出“引领土木学科基础研究、支撑土木工程持续发展”的基本任务以及“为同济土木长盛不衰贡献力量”的号召，力争把同济大学土木工程学科建设成为国际一流学科。

对于研究生培养，他提倡高标准严要求，强调要树立严谨求实的学风和以自学为主的学习方式，培养其科学创新意识。他先后指导出站博士后5名，指导毕业博士47名和硕士32名，这些学生今天已成长为新一代学科带头人和我国桥梁建设领域的中坚力量，两位博士生的学位论文被评为“全国优秀博士学位论文”(2000年，2002年)。2001年，他主持编写并出版了讲授多年的研究生课程的教材《高等桥梁结构理论》，受到广泛欢迎。在担任土木工程学院院长期间，他积极倡导名师、教授要为本科生授课，并亲自带头为低年级学生讲授“土木工程概论”课程。

近年来，项海帆基于中国桥梁建设成就背后存在问题的深刻思考，又及时提出了中国桥梁要重视概念设计中的桥梁美学和科技创新的课题，并以近古稀之年躬身践行进行了积极探索。他先后为研究生、系内教师和工程师们开设“桥梁的美学思考”“世界桥梁发展中的主要技术创新”“从桥梁大国走向桥梁强国”“桥梁概念设计”等学术讲座，为交通部高级研修班作“中国桥梁建设的成就和不足”“20世纪国际最美桥梁”和“中国桥梁科技发展战略思考”等演讲报告，并在中国土木工程学会桥梁及结构工程分会第十六届年会上倡导和组织了“中国最美桥梁”的评选活动。他多次提出，经过20世纪80年代的“学习和追赶”以及90年代的“紧跟和提高”两个重要发展阶段之后，21世纪的中国桥梁事业应该树立“创新和超越”的更高目标。他在不同场合勉励中国年轻一代的桥梁工程师要努力创新，勇于实践，力争在新世纪的桥梁发展实践中创造出中国原创桥梁技术，建造出一大批创新、优质、美观且令国际同行尊重的优秀桥梁，最终使中国进入世界桥梁强国的前列。项海帆始终站在桥梁工程实践和科技进步的前沿，指引着桥梁事业发展的前进方向。

2004年12月19日，项海帆迎来了虚岁七十寿辰。70年前，诞生于风雨飘摇中的国家，带着父母的期许和祖国的希望，一路扬帆的杰出科学家，步入了他古稀之年的广阔天地。

风洞试验室团队为了给项海帆庆生，精心组织了一场盛大的庆祝会，邀请项海帆指导过的研究生们齐聚昆山，共同回忆那些学术研究的峥嵘岁月。那次聚会，有54名学生到场。

“时光荏苒，现在你们都能独当一面了，我已经老了喽！”项海

项海帆七十华诞合影（昆山），2004年

帆看着眼前济济一堂的学生们，笑着感慨道。

一位年轻的研究生赶紧回答：“项老师，您才没有老呢。我们可都盼着您再给我们演奏手风琴，带我们去球场打球呢！”他的话音刚落，会场便响起一片附和声和欢笑声。

项海帆也一起笑着：“看到你们如此优秀，我作为老师，感到无比自豪。”庆祝会上，大家纷纷回忆起在项海帆院士指导下度过的学术时光。有的研究生分享了他们在项海帆的指导下攻克科研难题的经历，有的则讲述了项海帆对自己人生观的深刻影响。每一段回忆，都充满了感激与敬意。

庆祝会上，大家为他准备了一份特别的礼物。葛耀君走上台，打开了投影仪，播放了专门制作的PPT。屏幕上，一张张照片缓缓展现，记录着项海帆从青涩少年到智慧老人的点点滴滴，以及与夫人宁蓓蕾老师共度的美好时光。

项海帆目不转睛地看着屏幕，那些照片勾起他许多回忆，他轻轻感叹：“这些都是我珍贵的回忆啊，没想到你们有这么精心的准备。”

大家笑着回应：“项老师，这些都是您的足迹，我们怎么能忘记呢？您为我们树立了榜样，我们永远铭记在心。”

这次聚会，除了国内的学生，毛清华带着孩子特地从德国赶回来参加庆典，许志豪夫妇也从香港赶来，师生围坐在一起，共同回忆着过去的时光。许志豪感慨地说：“项老师，您的教诲一直激励着我们前行。如今，我们也都在世界各地，为着一个共同的目标而努力。”

从1982年指导第一名研究生谢霁明，到2012年最后几名研究生完成学业，整整30年的岁月，项海帆完成了培养接班人的工作，学生们大都成了国内外桥梁界的精英和骨干。

学生们纷纷围上前来，与他们敬爱的老师合影留念。庆祝会结束后，学生们将拍摄的照片制作成了一本照相簿，扉页上有一副对联：

恩师古稀扬桥魂，桃李七十颂风伯。

古人云“得天下英才而教之，一乐也”，项海帆轻轻抚摸着那本照相簿，心中充满了感慨与幸福。

2005年12月，桥梁系为项海帆和范立础举办了执教五十周年纪念活动。全系举办了一次庆祝会，出了一本论文集，大家都很高兴。到了古稀之年，项海帆感觉自己拿到了一张“老年证”，可以退居二线，步入老年生活了。然而，他并没有闲下来，而是希望继续发挥余热，做一些力所能及的顾问工作。

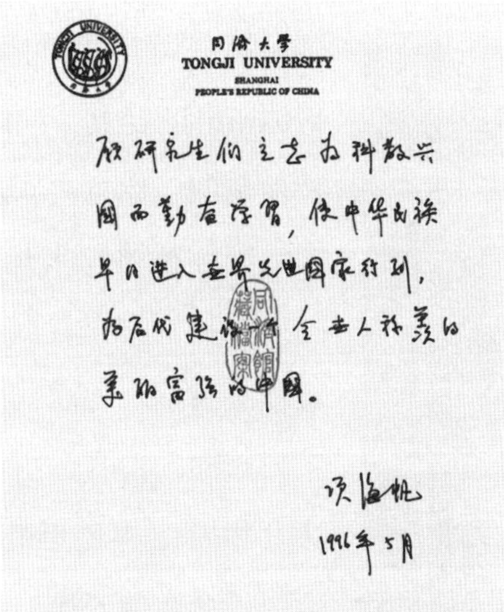
同济大学
TONGJI UNIVERSITY
SHANGHAI
PEOPLE'S REPUBLIC OF CHINA

愿研究生们立志为科教兴国而勤奋学习，使中华民族早日进入世界先进国家行列，为后代建设一个令世人称羡的美丽富强的中国。

项海帆
1996年5月

项海帆对研究生的寄语，1996年

第三节　恩泽难忘，巨星长烨

“生活就像一盒巧克力，你永远不知道会得到什么。”项海帆完全没有想到，自己刚过完七十岁生日没多久，就要送别自己的恩师李国豪校长。似乎冥冥中有所注定，他没有错过老师的最后一面。

2005年2月，春节刚过，项海帆和葛耀君一同踏上了前往印度新德里的旅程，参加国际桥协春季会议。作为学术委员会委员的项海帆还需主持分组会议，责任重大。

那次旅途，并非一帆风顺。从上海出发，经过曼谷转机时，他们遭遇了长达四小时的漫长等待。公务舱休息室空间狭小，躺椅稀缺，空气又沉闷，项海帆感到头昏脑胀。一测血压，上血压竟然高达150 mmHg多。半夜时分，他们抵达新德里入住宾馆以后，旅馆房间里的难闻气味让项海帆难以入眠。第二天起来，他的血压又升高了，他只能勉强参加执委会的会议，并加大了服用药物的剂量。到了第三天上午，上血压已经飙升到了170 mmHg以上，项海帆只得让葛耀君替他请假，休息一天。

恩师李国豪校长

国际桥协秘书长Golay先生得知情况后，赶到宾馆看望项海帆，并坚持要送他去医院。项海帆担心医院会进行一系列繁琐的检查，折腾不起，于是决定让葛耀君改签最近的航班，提前回国。也许是命运的安排，项海帆回到上海没几天，就得知了李校长病重的消息。

2005年2月23日，正值元宵节。傍晚时分，电话里传来了老师病危的消息，项海帆惊痛不已，立即赶赴华东医院。当他赶到医院时，老师正在紧急抢救。那一次，项海帆再也没有等到老师醒过来。这个世界，再没有人用那慈爱的声音称呼他“海帆同志”了！恩师与世长辞，他心中的悲痛如潮水般汹涌袭来，不禁失声痛哭，无法自持。

两周前的大年初一，项海帆还曾去医院给老师拜年。那时李老师坐在椅子上，虽然身体比较虚弱，但精神还算不错。他们一起聊天，项海帆还给老师讲了一些让他开心的喜事。李老师一直笑着点头，听得很认真。告别时，还特意叮嘱项海帆：“海帆同志，你也70岁了，要注意身体，不要太劳累了。”老师的叮咛仿佛还在耳边，谁能想到，竟成了永诀。

回家以后，项海帆含着悲痛连夜写下了《心中永远的丰碑》这篇缅怀恩师的文章，50多年来老师的教诲和恩泽一幕幕涌上心头……

1955年，我大学毕业后，有幸成为李老师的第一名研究生。第一次约见老师，我忐忑不安地走进他的办公室和老师讨论学习计划和研究方向。老师告诉我第一年主要是学习基础课，同时要广泛阅读桥梁稳定与振动领域的经典文献和著作。当时的第一外语课是俄语，我在大学一年级学过德语，中小学阶段学的英语基础也比较好。李老师要求我除了指定阅读俄文和德文的有关文献外还要精读铁摩辛柯写的几本英文经典著作。老师告诉我：“研究生主要靠自学，老师讲课只讲一些重点和难点。”老师还讲了自己的经验：在德国时每访问一个陌生的小城，他都先找一份地图，按图走遍大街小巷，很快就熟悉了，研究学问也一样。

1956年，党中央号召向科学进军，同济大学召开了第一次学术年会，学报还出了专集，刊登了许多教授写的论文，校园里散发着浓郁的研究氛围。李老师也写了一篇题为《拱桥的振动问题》的论文，我在老师的指导下完成了论文中的算例。学术报告会的前几天，老师突然叫我去，他要去北京开会，决定由我代他在大会上作报告。我当时年仅20岁，感到难以胜任。老师叫我不要慌，告诉我如何准备，如何报告。我终于被赶鸭子上了架。这是我生平第一次在许多前辈老师面前作学术报告。

1956年5月在知识分子入党的高潮中，同济大学有十位教授和十位学生被吸收入党，我和老师是同一批入党的同志。从此，李老师就一直亲切地叫我“海帆同志”。“文革”以后，他仍这样叫我。我过去叫他李先生，后来他担任校长后，我才和大家一样改叫他李校长。

回顾自己五十年来的成长过程，李老师交给我的一件件任务就像一副副担子压在我的身上，让我在克服困难中得到锻炼，不断前进，终于使我为国家做出了一份贡献。从同济桥梁专业毕业的无数学子都已成长为各部门的技术骨干。他们在中国桥梁的自主建设中都发挥了重要作用。“同济桥梁”已成了知名的品牌，得到国内同行的尊重和赞赏，而且在国际上也有了一定的影响。我们都为曾是李校长的弟子而感到光荣和自豪。李校长不愧是伟大的教育家，从他的学生中已经走出了四位院士。作为同济大学的校长，他为复兴老同济的名校地位倾注了毕生的心血，使同济步入一流大学的行列。

李老师是中国桥梁工程界的泰斗和精神领袖，中国桥梁有今天这样的国际地位，不能忘记他老人家为大桥自主建设奔走呼吁的不朽功绩。他曾不止一次地教导我们："人这一生，无非精神和物质两个方面，中国还不富裕，作为知识分子，在物质上应当简朴，满足于小康；而在精神上应当有高的追求。"我也多次用老师的话勉励自己的学生，要树立高远的目标，保持对科学研究的志趣，警惕"玩物丧志"的诱惑。人生苦短，要珍惜自己宝贵的青春年华，力争做一番有意义的事业。

安息吧，敬爱的老师，学生们一定不会辜负您的殷切期望，把中国的桥梁事业继承下去，以您的爱国、敬业精神为榜样，努力工作、报效国家，为振兴中华贡献自己的一生。我相信，老师将化作天上的一颗星星永远注视着我们，关心着同济的发展，关心着中国一座座新的更大的大桥的建成，关心着伟大祖国日新月异的变化、繁荣和昌盛。

项海帆怀着无尽的思念写下的这篇缅怀文章，很快发表在《同济大学校报》上，继而又填词一曲《痛悼恩师谢世——调寄忆秦娥》。

元宵夜，惊闻噩耗声呜咽，声呜咽。万人心碎，普天哀别。暗施救助消灾厄，潜心教导传学业，传学业。恩泽难忘，巨星长烨。

恩师的音容笑貌，仿佛历历在目，他的每一句话语、每一次指导，都深深地印刻在项海帆的心中。

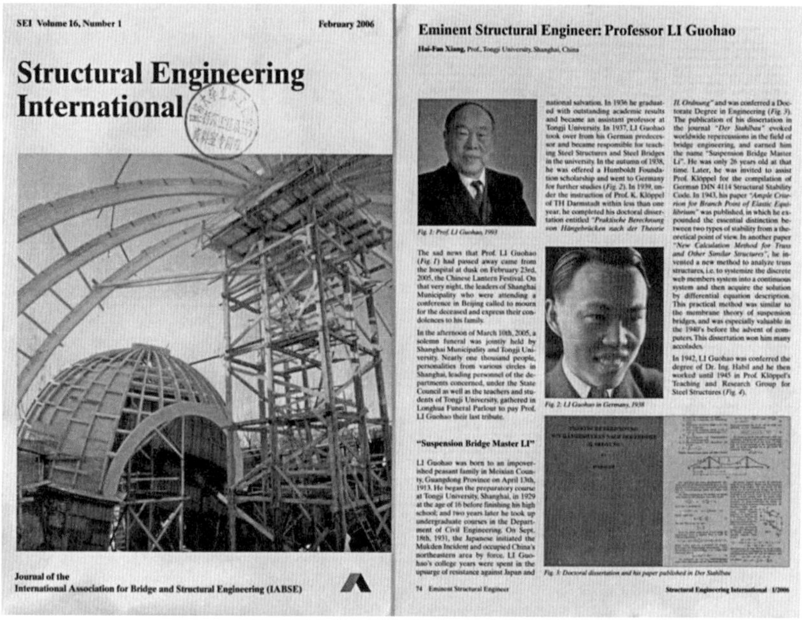

SEI Volume 16, Number 1 February 2006

Structural Engineering International

Journal of the International Association for Bridge and Structural Engineering (IABSE)

Eminent Structural Engineer: Professor LI Guohao

Hai-Fan Xiang, Prof., Tongji University, Shanghai, China

Fig. 1: Prof. LI Guohao, 1993

The sad news that Prof. LI Guohao (Fig. 1) had passed away came from the hospital at dusk on February 23rd, 2005, the Chinese Lantern Festival. On that very night, the leaders of Shanghai Municipality who were attending a conference in Beijing called to mourn for the deceased and express their condolences to his family.

In the afternoon of March 10th, 2005, a solemn funeral was jointly held by Shanghai Municipality and Tongji University. Nearly one thousand people, personalities from various circles in Shanghai, leading personnel of the departments concerned, under the State Council as well as the teachers and students of Tongji University, gathered in Longhua Funeral Parlour to pay Prof. LI Guohao their last tribute.

"Suspension Bridge Master LI"

LI Guohao was born to an impoverished peasant family in Meixian County, Guangdong Province on April 13th, 1913. He began the preparatory course at Tongji University, Shanghai, in 1929 at the age of 16 before finishing his high school; and two years later he took up undergraduate courses in the Department of Civil Engineering. On Sept. 18th, 1931, the Japanese initiated the Mukden Incident and occupied China's northeastern area by force. LI Guohao's college years were spent in the upsurge of resistance against Japan and national salvation. In 1936 he graduated with outstanding academic results and became an assistant professor at Tongji University. In 1937, LI Guohao took over from his German predecessor and became responsible for teaching Steel Structures and Steel Bridges in the university. In the autumn of 1938, he was offered a Humboldt Foundation scholarship and went to Germany for further studies (Fig. 2). In 1939, under the instruction of Prof. K. Klöppel of TH Darmstadt within less than one year, he completed his doctoral dissertation entitled *"Praktische Berechnung von Hängebrücken nach der Theorie II. Ordnung"* and was conferred a Doctorate Degree in Engineering (Fig. 3). The publication of his dissertation in the journal *"Der Stahlbau"* evoked worldwide repercussions in the field of bridge engineering, and earned him the name "Suspension Bridge Master Li". He was only 26 years old at that time. Later, he was invited to assist Prof. Klöppel for the compilation of German DIN 4114 Structural Stability Code. In 1943, his paper *"Ample Criterion for Branch Point of Elastic Equilibrium"* was published, in which he expounded the essential distinction between two types of stability from a theoretical point of view. In another paper *"New Calculation Method for Truss and Other Similar Structures"*, he invented a new method to analyze truss structures, i.e. to systemize the discrete web members system into a continuous system and then acquire the solution by differential equation description. This practical method was similar to the membrane theory of suspension bridges, and was especially valuable in the 1940's before the advent of computers. This dissertation won him many accolades.

In 1942, LI Guohao was conferred the degree of Dr. Ing. Habil and he then worked until 1945 in Prof. Klöppel's Teaching and Research Group for Steel Structures (Fig. 4).

Fig. 2: LI Guohao in Germany, 1938

Fig. 3: Doctoral dissertation and his paper published in Der Stahlbau

74 Eminent Structural Engineer

Structural Engineering International 1/2006

在李国豪逝世一周年之际，项海帆在《国际结构工程》（*Structural Engineering International*）上发表纪念文章，2006年

第四节　中国桥梁的“清醒剂”

进入21世纪，中国桥梁建设迎来了一个新高潮。2003年，上海卢浦大桥犹如一条巨龙横卧黄浦江上，宣告着通车的喜讯；2005年，润扬长江大桥与东海大桥相继屹立，成为中国桥梁史上的又一座巍峨丰碑。在短短25年间，长江之上如雨后春笋般涌现出44座大桥，它们如同44道彩虹，横跨天际，将长江两岸紧密地连接在一起。此外，还有10座大桥正在紧锣密鼓地施工，其中，超千米的斜拉桥苏通长江大桥无疑是最引人注目的明珠。与此同时，杭州湾大桥以其

36千米的雄伟身姿，成为另一项令人瞩目的工程。舟山联岛工程中的西堠门悬索桥，更是展示了中国桥梁建设的卓越技艺。

虽然取得了显著成绩，但中国桥梁界开始滋长了一种盲目自满的情绪。在跨度的排行榜中，中国桥梁的地位愈来愈高，似乎有了骄傲的资本。项海帆感到自己必须保持清醒的头脑，于是，在2002年的第一次交通部高层论坛上，项海帆发表了一篇题为《中国桥梁建设的成就和不足》的文章。他直言不讳地指出中国桥梁在创新、质量和美学三个方面存在的不足。他的言论引起了不小的震动，让许多人开始重新审视中国桥梁建设的现状。

项海帆作为国际桥协的副主席，拥有广阔的视野和清醒的横向比较能力。他深知，现代桥梁技术的许多突破和成就，大多是由发达国家在20世纪60至70年代的高潮期所创造和引领的。中国桥梁建设虽然近年来取得了显著进步，但相较之下，我们仍然在追赶发达国家的脚步，很多时候只是完成了人家在二四十年前早已完成的事情。

项海帆清楚地看到，尽管中国桥梁建设的速度和规模令人瞩目，但在设计和质量方面仍然存在许多不足。许多工程在设计上缺乏创新和独特性，往往只是简单地模仿或复制国外的做法，缺乏真正能够体现中国文化和特色的精品。同时，质量问题也不容忽视，一些工程存在安全隐患，给人民群众的生命财产安全带来了潜在威胁。在国际竞争力方面，他认为中国桥梁界仍存差距。尽管我国已经建设了许多大型桥梁，但能够真正获得国际大奖、代表国家最高水平的杰出工程仍然寥寥无几。这也反映出我们在技术创新、设计水平、施工质量等方面仍有待提高。

于是，在2006年的第三届全国公路科技创新高层论坛上，项海帆再次挺身而出，发表了题为《从桥梁大国到桥梁强国》的报告。他在发言中指出中国桥梁界存在的问题和不足，希望为中国桥梁界注入一针“清醒剂”，让大家从盲目自满和故步自封中走出来。

笔者曾因编辑《上海教育卫生改革创新亲历记1978—1992》中关于“南浦大桥与中国桥梁的自主建设之路”这一发展历程采访过项海帆，他引用孙中山先生在《建国方略》中曾说的“惟发展之权，操之在我则存，操之在人则亡”，认为这是“中国存亡之关键”。谈及中国桥梁的发展，项海帆表示：“今天，我们应当实行开放，吸引外国资本、海外人才和先进技术来建设祖国，振兴中华，但不应放弃主权。”在这次采访中，项海帆谈到了中国桥梁的现状与不足。

> 中国桥梁建设的成就是有目共睹的。我多次说过，即使我们还没有原始创新技术，但能够将西方的先进技术在中国的大桥建设实践中加以改进和拓展也是很了不起的。我们这一代处于追赶的时代。与发达国家相比，我们在材料性能、软件、硬件设备、规范等方面仍有差距；在创新、质量和美学方面仍有不足，要承认这个现实。我们一定要利用大规模建设的有利时机，不断进步，赶超发达国家的最先进水平，成为真正的桥梁强国。要成为桥梁强国必须在与发达国家的竞争中，以技术的先进性、经济性和全寿命期中优良的养护服务等方面取胜，才能使对手信服、业主满意，并为国际桥梁界所公认。桥梁强国决不是自封的，更不能自吹自擂。②

这就是项海帆的真，一个敢于说真话、清醒面对、奋力鞭策、不断前行的学者，一个真正的科学家！尽管一些人对他的报告持有不同意见，但项海帆并没有因此退缩，他坚信，必须要勇敢地站出来，说他看到的、所了解的，中国桥梁才能有更加美好的未来。正因为他的勇气和担当，赢得了许多人的尊重和敬佩。

第五节　共济同舟已百年

2007年，同济大学迎百年校庆。项海帆怀着对母校的深情和热爱，写下了一首《同济百年校庆有感——调寄浣溪沙》。

共济同舟已百年，流亡万里寄云川。回归东海伟名传。古树强枝遭割裂，新花稚叶待回原。何时母校再登巅？！

项海帆自1951年进入同济，在同济学习、工作了半个多世纪，他不仅是同济学生，更是教师、研究者和领导者，他与同济早已融为一体。2007年5月20日，庆祝同济大学建校100周年大会在同济大礼堂举行。海内外同济校友和宾客同聚校园，共庆华诞。中共中央总书记、国家主席胡锦涛发来贺信，向全体师生员工和海内外校友表示热烈的祝贺。吴邦国、温家宝、贾庆林、曾庆红、黄菊、吴官正、李长春、罗干和乔石、朱镕基、李岚清也分别以不同形式向同济大学建校百年表示祝贺。时任上海市委书记习近平于校庆前后6次到访同济，进行考察。

新华社的报道聚焦同济人“攻克大跨桥梁抗震抗风的世界难题；

创新现代交通理论，研发了特大城市智能交通系统；开发海洋资源，主持了中国南海首次大洋钻探科学考察……”展示了同济聚焦国家科技发展战略，主动融入国家创新体系的发展历程。在校庆纪念大会上，万钢校长说：“每逢机遇降临之时，总有一股激情在涌动，使同济的意志坚定，奋勇向前。”这也是项海帆为人、为学、为师的生动写照。

百年校庆期间，项海帆建议在土木学院楼大厅布置一个院史展，并且展出八十岁以上已故和仍健在的老教授的照片，以此来缅怀和纪念那些为同济土木学科做出杰出贡献的前辈们。这一展览既可以体现同济土木学院历史的传承，也能为返校的校友们提供回忆起当年在老师们的培养和教导下度过的青春岁月的契机，无疑会激起他们心中深深的感慨和怀念。

借着校庆契机，项海帆和1955届的校友再度相聚了。第二天，他们还去常州和溧阳天目湖，度过了难忘的校庆聚会，并相约2010

百年校庆，项海帆为女声合唱伴奏，2007年

年世博会时如果身体允许，再来上海相会。

2007年是农历猪年，也是项海帆的本命年。虽然很多人在本命年时都会遵循传统习俗穿红衣“避邪”，但项海帆并不信此。他坚信，人的命运不是由神秘力量决定的，而是由自身的努力和信念塑造的。回顾过去的本命年，1959年他经历了挫折与磨难，重新回到三尺讲台；1995年他当选为中国工程院院士，迎来了事业巅峰。这些都是他用自己的汗水和智慧换来的，与本命年无关。

因为年岁渐长，长期劳神劳力，2007年项海帆遭遇了一连串的健康问题。从7月中旬开始，他的腰痛复发，甚至在洗澡时滑倒在浴缸里，这是他的“第一劫”。之后，他的脚行走也开始感到不适，经过诊断是痛风，但病情反复，住院，出院，复发，这般折腾了整整2个月，直到国庆节后才逐渐康复，这是他的“第二劫”。在这段时间里，他无法正常工作，甚至错过了多个重要会议和活动。年底，在无锡体检后，他感到左手两个手指时常发麻，经检查是颈椎增生压迫神经所致。他听从医生的建议，佩戴颈套，坚持做颈部操，慢慢地症状得到了缓解，这是他的“第三劫”。

年底，项海帆领导的抗风研究团队再次传来喜讯，他们的研究成果荣获了上海市自然科学奖一等奖。东海大桥如卧波长龙，承担着繁忙的运输任务。超大跨度的桥梁如何栉风沐雨？项海帆领衔的同济大学桥梁抗风研究团队历时10多年，博采众长并自主创新，“现代桥梁抗风理论与方法”课题部分研究成果填补了国际空白。在世界最大跨度的10座悬索桥中，中国占了4座；在世界最大跨度的10座斜拉桥中，有7座建在中国。这些都是同济桥梁的功勋章。

项海帆团队首次提出三维桥梁颤振全模态的分析方法，将桥梁抗风分析从近似分析推进到精确分析阶段；首次发现斜风比正交风更不利的事实，并提出斜风影响下大跨度桥梁抖振的分析方法等。创新理论成果应用于包括我国三分之二特大跨度桥梁在内的100多座中外桥梁抗风性能设计与研究中。其中，大部分桥梁经验证安全“放行”；南浦大桥、东海大桥、润扬大桥等少数几座桥梁原设计无法满足抗风要求，经过加裙板、加风嘴、加稳定板等措施改进后也顺利达标，有力保障了桥梁安全。

项海帆在一年中连续获得三个重要奖项，这样的成绩在其学术生涯中并不多见。他上一次取得如此辉煌的成就还要追溯到1994年。这些荣誉激励着他，在我国桥梁工程事业的探索之路上继续前行。

12月上旬，项海帆前往杭州浙大主持教育部科技委工程一部的会议。在繁忙的会议间隙，他特地抽出时间前往杨家牌楼，为已故的父母和岳母上坟献花，表达了对亲人的深深思念。

会议结束后，表弟淳昌热情地邀请项海帆参观杭州中山南路新开辟的南宋时期最繁华的商业街——河坊街。这条古街蕴含着深厚的历史文化底蕴，仿佛穿越时空，将人们带回了那个繁华的时代。项海帆的曾祖父当年任杭嘉湖道钱粮司时，所住的三元坊就在河坊街附近。

街上商铺林立，有名的胡庆余堂药铺、知味观饭店、都锦生丝绸铺的总店也都在那里，还有许多书画和文房四宝的名店。项海帆正想买一幅国画挂在客厅墙上，他选中了一幅浙江美院老师笔名“赏作”的国画。画的题诗是一首七绝：

翠叶纷披花满枝，风前袅袅学低垂；
墙根昨夜开无数，谁说秋来少艳姿。

项海帆家中客厅的国画

他感到这幅画以及诗和自己的人生经历、做人的理念很相近。画中，一对麻雀站在花丛边上唧唧私语，满枝的秋花低垂轻摇，这既是自然景色的描绘，也暗合了项海帆的人生境遇。他就像那曾被遗弃在墙根的小花，虽然起初并不起眼，甚至遭受冷落，但他却凭借自己的努力和坚持，熬过了生活的寒冬，终于在春天绽放出绚丽的光彩。

第六节　笔耕不辍编教材

2003年，项海帆从国家重点实验室主任的职务上退下来以后，他便将更多时间和精力投入到他热爱的学术研究和著书立说之中。没有了行政职务的束缚，他能够更加专注于博士生的指导和自己的写作计划。

2004年，项海帆投入到专著《现代桥梁抗风理论与实践》的编写工作中。他与团队用了半年多的时间，精心梳理了1999—2003年间国家自然科学基金“九五”重大项目等多项主要成果，内容涵盖了风洞试验、理论分析、数值计算和现场实测等各个方面，这部专著将上述宝贵的经验和知识系统地呈现在读者面前。2005年年底，这部专著顺利出版，被誉为“我国现代桥梁抗风理论与实践的一个里程碑式的著作”，获得了“首届中华优秀出版物（图书）奖”，这一奖项在全国范围内仅有60种图书获得，并入选“三个一百”原创出版工程（科学技术类）。

2006年，项海帆牵头组织土木工程学院各系主任共同编写了《土木工程概论》这一重要著作。这部著作对土木工程学科的基础知识和前沿动态进行了深入梳理和整合，旨在为广大读者提供一份全面、系统的土木工程学科入门指南，帮助他们更好地了解这一领域的基础知识和前沿动态。在编写过程中，他们不仅注重理论知识的准确性和完整性，还结合了大量的实际工程案例，以便读者能够更好地理解和应用所学知识。2007年，这部著作顺利出版，为土木工程学科的发展贡献了一份力量。

随后，项海帆又应同济大学出版社之邀，开始撰写《中国桥梁史纲》。为了完成这部著作，他邀请了潘洪萱、张圣城和范立础等专家一同分工合作。经过两年的精心编写和修订，这部著作终于在2009年新中国成立六十周年前夕出版。这部著作介绍了从夏朝直至21世纪四千多年间，中国桥梁从古代、近代到现代的发展历程，并列出了重要的人物和具有代表性的里程碑工程，全面地描绘了中国桥梁的历史纲要和主要框架。此外，此书还对中国桥梁进行了归纳和总结，并对各个时期的桥梁技术特点进行了深入分析，为读者呈现了一幅中国桥梁发展史的壮丽画卷。

该书出版后曾荣获“2007—2009上海图书奖一等奖”，2011年第二届中国大学出版社图书优秀学术著作一等奖，2014年“第二届华文出版物艺术设计大赛”优秀奖等，被列入2022年度中华学术外译推荐选题目录。项海帆等人在写作中融入了历史、人文、哲学、科学和技术情怀，倡导中国桥梁的自主建设和自主创新，给桥梁界同仁以极大的启迪和鼓舞。

然而，项海帆的步伐并没有就此停歇。他没有满足已有的学术成就，反而以更加饱满的热情投身于教学工作的改进中。他深知，教材是传承知识、培养人才的重要载体，2009年以后，他决心带领年轻一代的教授们共同编写两本研究生教材，以推动学科的发展和青年才俊的培养。

在编写教材的过程中，项海帆充分发挥了自己的学术造诣和经验积累，同时也注重吸收年轻一代教授们的创新思想和前沿知识。他亲自审阅每一章节的内容，确保教材的科学性和准确性。与此同时，他还鼓励年轻教授们大胆尝试新的教学方法和手段，使教材更加贴近实际、更加易于理解。经过5年的艰苦努力，终于在2011年出版了《桥梁概念设计》这本教材。该书以全新的视角和理念，深入浅出地介绍了桥梁设计的基本原理和方法，为研究生们提供了宝贵的学习资源。紧接着，在2013年又完成了《高等桥梁结构理论》（第二版）的编写工作，更新了教学内容，使教材更加符合时代发展的需要。

从2004年到2013年的这十年间，项海帆在家里笔耕不辍，几乎将所有业余时间都投入著书立说之中。他这样做，不仅是为了激励后辈们不断努力、追求卓越，更是为了发挥自己的余热，为学科的发展和社会的进步贡献一份力量。每两年出一本书的频率，展现了他惊人的毅力和坚韧不拔的精神。最终，项海帆成功完成了五本著作的出版计划，实现了人生"立德、立功、立言"的价值追求。这些著作不仅为土木工程学科的发展注入了新的活力，也为后来的学者和研究者提供了宝贵的学术财富。

第七节　国际学界的"一席之地"

2008年春天，正在瑞士苏黎世参加国际桥协春季会议的葛耀君给自己的老师带来一个好消息。

拨通那个熟悉的号码时，一向沉稳的葛耀君都难掩激动之情。

"耀君你好，会议进展得如何？"电话那头，传来老师依旧温和而有力的声音。

葛耀君深吸一口气，尽量让自己的声音听起来正常一些："项老师，告诉您一个好消息，刚刚在执委会上得知，您被选为2008年IABSE的ANTON TEDESKO奖得主了！"

ANTON TEDESKO MEDAL，即国际桥梁与结构工程协会的"工程及教育奖"，这一奖项是对他在桥梁工程领域杰出贡献的认可，也标志着他成为该领域的国际领军人物之一。作为第六位获奖者，他的成就与荣誉无疑为同济大学和中国的桥梁工程界增添了光彩。项海帆明白这个奖项的分量。电话那端，葛耀君的声音有些兴奋，

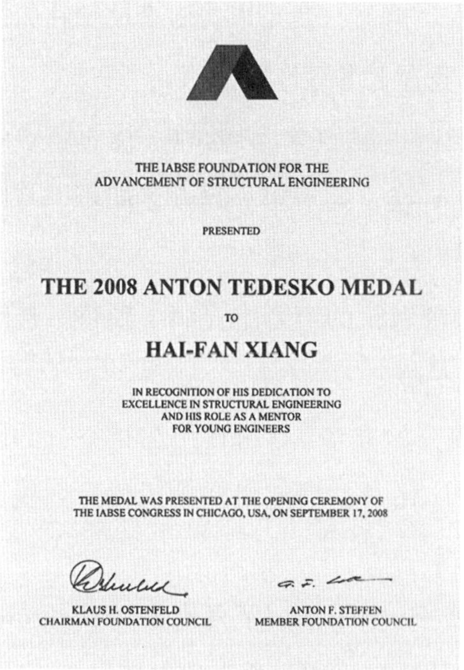
THE IABSE FOUNDATION FOR THE
ADVANCEMENT OF STRUCTURAL ENGINEERING

PRESENTED

THE 2008 ANTON TEDESKO MEDAL

TO

HAI-FAN XIANG

IN RECOGNITION OF HIS DEDICATION TO
EXCELLENCE IN STRUCTURAL ENGINEERING
AND HIS ROLE AS A MENTOR
FOR YOUNG ENGINEERS

THE MEDAL WAS PRESENTED AT THE OPENING CEREMONY OF
THE IABSE CONGRESS IN CHICAGO, USA, ON SEPTEMBER 17, 2008

KLAUS H. OSTENFELD
CHAIRMAN FOUNDATION COUNCIL

ANTON F. STEFFEN
MEMBER FOUNDATION COUNCIL

ANTON TEDESKO奖状与奖章，2008年

但又有些遥远，项海帆一时愣住了。

“老师！恭喜您！颁奖仪式将在9月的芝加哥大会上举行，届时您将亲自上台领奖。”电话那端的葛耀君说着说着，声调都上扬了起来，激动地向老师继续汇报。这是中国桥梁人又一个动人心弦的时刻。

或许是被葛耀君的情绪所感染，项海帆这才回过神来，他非常开心，笑着对葛耀君说：“这真是太好了！耀君，这是我们共同努力的结果，它代表着桥梁工程界对我们国家的认可。”

那一刻，项海帆想起了很多人，对自己寄予了厚望的父母，已逝的恩师，陪在身边相濡以沫一辈子的妻子，他们陪伴自己走过了无数个寒冬，到了这个美好的春天，项海帆想把这个最美的消息与他们分享。

他略带欣慰地对葛耀君说：“耀君，我可以告慰李校长在天之灵了。谢谢你带来这个好消息，我在上海等你回来。”

葛耀君听后，心中不禁涌起一股敬意。“老师，我为您感到骄傲。”葛耀君真诚地说道，“到时候，我陪您一起去芝加哥，共同见证那一时刻。”

“好，那就这么说定了。”项海帆的声音中充满了期待。挂断电话后，项海帆的心中久久不能平静。

怀着期待的心情，项海帆开始准备9月份在芝加哥举行的国际桥梁与结构工程协会年会。8月16日，项海帆和妻子按计划提前一个月去美国探亲，看望女儿一家。

经过长途飞行，他们在第二天中午抵达了阿伦敦（Allentown），女儿全家早已在机场等候多时，一家人团聚的喜悦之情溢于言表。

在机场，项海帆夫妇精心准备了两份特别的礼物——一把小提琴和一个可爱的大熊猫玩具。他们将小提琴送给了外孙成浩（Chris），成浩是一个充满好奇心和求知欲的少年，外孙女成滢（Kacey）则开心地抱起了大熊猫玩具，这是他们盼望已久的礼物。

接下来的一个多月里，项海帆夫妇与女儿一家相处得十分愉快。这应该是夫妇俩跟孙辈生活时间最长的一次，虽然成浩和成滢还不会讲中文，但他们的聪明和可爱让两位老人倍感欣慰。哥哥成浩刚刚小学毕业，成绩优异，在阿伦敦学区评选中脱颖而出，荣获了“总统奖”。这份由小布什总统、宾夕法尼亚州州长和学区学监共同签字的奖状，无疑是对他优秀表现的最好肯定。妹妹成滢虽然刚上小学，但她在幼儿园时就展现出对画画的浓厚兴趣，房间里挂满了她的画作，每一幅都充满了童真和创意。

兄妹俩的关系也非常融洽，成浩总是谦让和照顾妹妹，而成滢也十分尊敬年长五岁的哥哥。看着这两个孩子健康成长，项海帆感到无比欣慰。女儿成家后，一直生活在国外，他自己也忙于工作，两代人大多通过电话和信件沟通，这是他们第一次与女儿一家朝夕相处，他和妻子也非常珍惜。他知道，孩子们的成长背后离不开女儿菲菲的辛勤付出和精心教导。如今看到孩子们的优秀表现，项海帆夫妇也由衷地为他们感到自豪。

有了2004年上海年会因为临时发病住院而错过的遗憾，对于这次来美国领奖，项海帆尤其重视。为了不让自己的身体拖后腿，他格外小心。项海帆每天定时测量血压，确保一切都在掌控之中；腰部也总是贴着膏药，以缓解多年劳累带来的疼痛；甚至脚趾上也涂抹着药膏，预防任何可能的不适，以确保万无一失。

然而，人算不如天算，就在9月7日，离前往芝加哥参加IABSE年会仅剩一周的夜晚，意外发生了。那天晚上，项海帆突然感到一阵恶心，随后便是剧烈的呕吐。他连忙拿起血压计测量，结果显示血压竟然高达189/97 mmHg。这突如其来的不适，让他惊慌失措，连熟睡的女儿也被惊醒了。

女儿看到父亲这段时间为准备参加颁奖仪式，对自己的身体尤为注意，日常生活甚至到了谨小慎微的程度，看到父亲难受，她既担心又紧张。她急忙嘱咐父亲服药，并告诉他如果早上血压还没有降下来，就必须去医院接受打针治疗了。幸运的是，服药以后，项海帆的血压在第二天开始缓慢下降。

此后的一周，更是既期盼又煎熬，生怕再有意外发生。或许是越临近越激动，到了11日，由于晚上失眠，项海帆的血压再次升高，这对他的打击非常大。

12日上午，女儿菲菲看着父亲憔悴的面容，满心担忧。她严肃地对项海帆说："爸爸，您不能再硬撑了。每次血压升高对您的身体都有伤害，您的身体已经经不起这样折腾了。"女儿菲菲觉得父亲的身体无法承受如此的奔波和劳累，她试图说服父亲放弃去领奖："爸爸，您这几十年几乎都投入在工作中，您的贡献已经足够了，再这样下去，风险太大，而收益却微乎其微，太得不偿失了。"在她看来，爸爸血压一直不稳定，经过奔波和会议的辛劳，再加上精神亢奋，万一出现意外，后果不堪设想。

菲菲提出了两个方案：一是，13日不去芝加哥开会，在自己家继续休养一段时间，等身体恢复平稳后再回国；二是，13日去芝加哥，不要参会，第二天就提前直接回国。面对这两个选择，项海帆沉思了许久。他知道，自己的身体难以承受长途奔波和会议的劳累，但他又不愿错过这个重要的机会。

最终，在权衡利弊之后，项海帆决定选择第二个方案。他计划在13日前往芝加哥，并提前预订好14日早晨的班机回国。这个决定虽然有些遗憾，但他知道这是当下最好的选择。他希望能够在有限的时间里完成自己的使命，同时也能够保护好自己的身体。

13日下午，项海帆带着不舍，从阿伦敦出发，飞往芝加哥。葛耀君已经提前抵达，他在机场等候着，准备接项海帆去旅馆。两人相见，葛耀君立刻迎上前去，关切地询问项海帆的身体状况。项海帆微笑着摇摇头，表示自己已无大碍。他们一同前往旅馆，一路上，葛耀君不断宽慰着老师。

抵达芝加哥稍作休息后，当天晚上，项海帆便开始起草获奖感言以及给国际桥协主席Popovich先生的致歉信。虽然自己无法亲自上台领奖，但他一定要表达出自己的感激之情和对这个奖项的尊重。他字斟句酌，认真地写下了每一个字，交给了葛耀君。

葛耀君知道，老师一直期盼着这一天的到来，现在却因为身体原因无法亲自领奖，这无疑是一个巨大的遗憾，葛耀君的心情也有些沉重。他自于同济大学求学和工作以来，就一直在老师的指导下，对项老师的情况再熟悉不过了，他比任何人都清楚老师的身体是因常年为工作奔波劳累而垮掉的。为了让老师宽心，葛耀君一直开解项海帆，表示自己会圆满完成老师托付的重任，代老师向国际桥协的朋友们解释以及问好。

第二天一早，葛耀君订了一辆出租车，送项海帆去机场。吃过早餐后，项海帆感到精神稍微好了一些。在去往机场的路上，项海帆望着窗外疾驰的风景，想到自己年岁已高，可能以后再也不能参加国际桥协的年会了，心中既有不舍，也有释然。

在回国的飞机上，项海帆逐渐安定下来，他闭上眼睛，睡了一觉。醒来后，他感到头胀缓和了很多，心情也轻松多了。经过一番折腾，感觉又渡过了一个难关，接下来的日子，项海帆对自己说："可以好好休养，开始过退休老人的生活了。"

回国后，项海帆的血压逐渐稳定下来，他开始重新服用安眠药，保证良好的睡眠质量。他下定决心，不再过度劳累，好好享受退休后的生活。即将步入七十三岁的关口，是时候放慢脚步，享受人生的美好时光了。

回国调整休养一段时间以后，11月中旬，项海帆夫妻应邀去诸暨老同学周国华家小住了几日。回来后，项海帆便感到心窝处不适。后来又出现了心口不适感加重，心情紧张，血压升高的现象，项海帆急忙去瑞金医院看急诊，值班的年轻医生让项海帆误服药物，致使他血压急剧下降而休克，只得紧急收入病房。幸好后来血压很快恢复正常，没有发生意外。

项海帆刚住进医院，从同济大学校长职位上卸任、先任职教育部副部长后又调去全国人大的吴启迪有急事找他，主要跟他商量学位办学科评议组换届的事。吴启迪得知项海帆住院了，就到瑞金医院的病房看望他。吴启迪在同济任校长时曾因急性胰腺炎在瑞金医院被抢救过来，她跟医院的领导相熟，就拜托院方多加照看项海帆的身体。

这次住院，项海帆做了心、肺、胆、肝、肾的检查，还做了全身血管造影，测了24小时尿量、血压和心电图，折腾了一周，把全身查了个遍。住院十天来，项海帆吃不下，睡不好，精神状态很差，晚上靠吃安眠药入睡，到夜晚十二点就醒了，一直等天亮，一周下来仍不见好转，心情焦虑。中医还说项海帆患了“忧郁症”，许多人来探望他，他也只能点头表示谢意，心态一落千丈。

妻子宁蓓蕾天天在医院和家之间来回奔波，也很辛苦。她在12月15日偷偷给项海帆写了一张字条：没有什么大毛病，要放宽心，一定会好起来的。在妻子的照料和亲友的鼓励下，项海帆决定安下心来，在医院过冬。

然而，第二天他又动摇了。16日晚，病区的三位老年病人同时病危，各楼医生都被召来帮助抢救，折腾了一晚。一位半夜离世，另一位拖到凌晨也走了。这样的情况，对项海帆造成了很大的冲击。

12月17日上午，妻子过来，项海帆和她商量，不能再住院，还是回家养病吃药。当天下午和主管医生商量后，项海帆出院回家了。到19日那天，葛耀君、宋锦忠、朱乐东等人带了菜和蛋糕，到家里为项海帆过生日。但他身体不舒服，没有胃口，精神也不佳，只得勉强应付。整个冬天项海帆就在家里熬着，盼望病情尽快好转。

老友范立础、陆楸等人带了一位经络专家来家里给项海帆讲养生之道。学校的姜富民副书记也联系了老中医颜德馨先生，来他家里问诊，并给项海帆开中药调理。但身体一直不见好转，就这样反反复复，一直到2009年3月初，胃的不适感减轻，睡眠也好了，精神才慢慢恢复。

2009年3月到4月，项海帆的身体状况逐渐好转，看书和看电视都有精神了，接待了许多来访。3月底，毕业季到来，研究生拍毕业照，希望项海帆参加合影，他虽自觉病容憔悴，但还是决定走出家门，去和学生们在一起，鼓励他们走向社会。

此后，虽然告诉自己已经退休，但项海帆还是多次去学校开半天会，或者参加类似卢浦大桥商定奖牌位置这样的半天活动。5月开始，身体情况更好些，项海帆又开始“闲不下来”，他参加了国际桥协上海会议的开幕式和卢浦大桥揭牌仪式。这两次活动，是他病愈以来参加的最为隆重的活动，见到了许多国内外桥梁界的老朋友，非常开心。

5月16日，国际桥协上海春季会议结束，国际桥协主席Combault先生临走时，项海帆在花园饭店宴请他。2009年上海举办的“当代大桥”研讨会办得很出色，大家对负责主要工作的葛耀君印象很好。Combault先生和项海帆在聊天中说起，国际学术界一致认为需要有一位中国学者担任桥协副主席，看来由葛耀君继任项海帆，担任国际桥协副主席的可能性很大。项海帆对此深感欣慰，身心都畅快了不少。

6月份，项海帆和余安东一起去振华重工长兴基地考察旧金山海湾大桥的制造情况。经过两年的磨砺，团队总算通过了美国的检查，成功走出了困境，开始往美国发运首段桥面。7月，项海帆开始安排长途出差事宜，去广州参加港珠澳大桥会议，并为9月参加泰国的桥协会议做体力上的准备。港珠澳大桥会议持续了两天半，这对项海帆的身体来说还是非常有压力的，他的上血压又上升到超过160 mmHg。项海帆自嘲，现在只能做一个闲人，一旦突然开启密集浏览文件、开会讨论的模式，就会不适应。

国际桥协设立的ANTON TEDESKO奖，设有一笔奖金专门用于培养一位来自发展中国家的青年工程师，支持获奖者用半年时间在国际知名的设计院实习，以提高其水平。项海帆从2008年芝加哥会议后就开始物色人选。有三位候选人提出了申请，他们分别来自菲律宾、印度尼西亚和越南。项海帆看了材料，决定选择菲律宾的高级工程师Sabado先生，他有硕士学位，而且已在省立的设计院工作了十年。菲律宾有“千岛之国”之称，今后一定会建设一些连岛桥梁工程，以替代不安全的轮渡交通。

8月初，菲律宾的Sabado夫妇抵达上海，项海帆在同济大学会见了他，商谈了支持计划。工作密集以后，或许操心的事情多了，原本以为逐渐恢复的身体状况又出现反复，后因为胃病复发，项海帆减少了出行，原定的一些出差和旅行计划也都取消了。

因为身体原因，原本计划参加的曼谷国际桥协年会的行程也取消了。9月8日，在上海静养的项海帆，收到葛耀君从会场传来的喜讯。电话那头，葛耀君告诉项海帆，自己已成功当选为国际桥协下届副主席。这一消息驱散了项海帆近期的所有忧虑。

他长长地舒了一口气，心中的石头终于落了地，仿佛真的卸下了千斤重担。这个接力棒，他从恩师李国豪校长手中接过，如今又稳稳地传到了葛耀君的手中。一阵轻松和释然涌上心头，项海帆感到自己的使命已经完成。他可以正式告别这个曾经让他倾注无数心血和汗水的国际舞台了。但告别并不意味着结束，相反，它意味着新的开始。

他望着自己寓所窗外的南浦大桥和卢浦大桥，心中充满了对未来的期待和祝福。这两座桥梁不仅见证了他过去的努力和付出，也将见证中国桥梁事业未来的辉煌和腾飞。他相信，在葛耀君的带领下，中国在国际桥协中的地位将更加稳固，中国桥梁事业将迎来更加美好的明天。

时光飞逝，新中国成立已一个甲子。1949年，项海帆还是未满十四岁的少年，现已过了古稀之年，见证了新中国六十年的风云，也亲历了前三十年的苦难和后三十年的奋起。

2009年项海帆主要在家养病，推掉了几乎所有的出差和应酬，也辞去了大部分兼职和头衔，真正成了一个清闲的老人。在庆祝新中国成立六十周年之际，他创作了一首《七律——国庆六十周年庆》以表达他对国家未来的希望。

进入退而不休阶段的项海帆，内心并未真正平静。他心中还有一个未了的心愿——成立同济桥梁基金，为同济桥梁学科的建设添砖加瓦。他借鉴国外大学的做法，积极联络校友，发起成立同济桥梁基金的倡议。在他的不懈努力下，2010年，同济桥梁工程学科发展基金终于正式成立。

这个基金主要用于设立三个奖项："李国豪桥梁原创技术奖""范立础桥梁优秀图书奖"和"项海帆桥梁杰出青年奖"。这些奖项的设立，旨在激励企业的原创成果，奖励大学老师写出好的教材，鼓励青年一代走向前沿，取得优秀成果，写出国际水平的论文。

项海帆对这三个奖项寄予厚望。他希望通过这些奖项的设立和颁发，能够推动中国桥梁事业的发展，提高中国在国际桥梁界的地位。同时，他也希望这些奖项能够成为同济桥梁学科的一张名片，吸引更多的优秀人才投身到这个领域。基金的成立只是第一步，项海帆希望在今后的运营和管理中，能够充分发挥其作用，取得实效。这也是他对恩师李国豪校长的一种告慰。

步入七十五岁，在项海帆看来，人生已经进入了衰老和疾病的阶段。他望着镜中的自己，银发渐增，皱纹愈深，不禁感慨时光的无情。2010年3月，项海帆应国际学术界友人之约，最后一次去日本参加了风工程会议。由于身体状况的原因，他觉得这应该是他最后一次出现在国际学术的舞台上了。

2010年的上海世博会，作为一场全球性的盛会，吸引了世界各地的目光。在那段时间里，上海成为世界的焦点，各种文化、科技、艺术等方面的交流汇聚于此。7月30日，项海帆应上海市科协和院士中心之邀，在世博会的“相约名人堂”节目中，就交通问题进行了内容深入的演讲。

上海作为中国的经济中心和国际大都市，其交通问题一直备受关注。人口众多、规划不合理、交通量大等问题，使得城市的交通状况异常复杂。尽管地铁等公共交通工具的建设在一定程度上缓解了交通压力，但在高峰时段，地铁车厢内依然人满为患，接驳不畅的问题也时常困扰着市民。在演讲中，项海帆结合新中国成立初期梁思成先生对北京的规划意见，谈了自己对交通问题的见解。

> 浦江博会聚佳宾，霓裳笙歌百巷新。万国争奇排彩馆，中华斗艳矗朱亭。虹桥美态留人影，丽谷娇姿动客心。但愿神州均贫富，城乡共福万家欣。

这首七律，也是他对“城市让生活更美好”的呼唤和期许。

2010年，也是项海帆的又一个丰收年。继2008年被国际桥协授

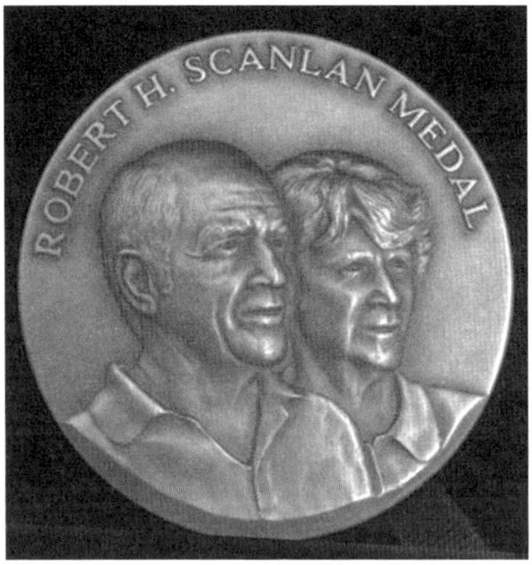

Robert H. Scanlan空气动力学奖奖状与奖章，2010年

予ANTON TEDESKO奖之后，他再度站在了国际学术界的巅峰，被美国土木工程师协会（American Society of Civil Engineers，ASCE）的工程力学分会授予了Robert H. Scanlan奖章（风工程和空气动力学）。这一奖项不仅是对项海帆在风工程和空气动力学领域杰出贡献的认可，更是他作为中国首位获此殊荣的学者，所代表的中国桥梁界和风工程界在国际舞台上广泛影响力的象征。

也是在这一年，葛耀君、朱乐东和项海帆一同荣获了国家自然科学奖二等奖，这无疑是对他们团队工作的最高赞誉。这三个奖项意义重大，是对项海帆30年“奋起”所做的研究、教学以及国际交流工作的认可和表彰，标志着项海帆代表中国的桥梁界和风工程界在国际上占据了一席之地，为国家争了光，也是他对恩师李校长在天之灵的告慰。

项海帆没有辜负李老师的教导和期望，他30年来如一日地勤奋耕耘，终于结出了累累硕果。项海帆已经圆满完成了自己的使命，将目光投向了未来。

中国的桥梁事业就像一条奔腾不息的大河，一个时代的辉煌需

项海帆被授予Robert H. Scanlan奖，2010年

要一代又一代人的传承。青出于蓝而胜于蓝，项海帆寄望于下一代的继任者们，希望他们能够继续发扬中国桥梁人的精神，不断创新和超越，推动中国的桥梁事业更上一层楼。

注释

① 吴国欣著《为同济设计》，上海：同济大学出版社，2013年10月，110页。
② 周黎萍、吕真真《南浦大桥与中国桥梁的自主建设之路》，载自中共上海市教育卫生工作委员会党史办公室编《上海教育卫生改革创新亲历记 1978—1992》，上海：上海浦江教育出版社，2014年8月。

第八章

晚霞满天：

抱朴含真守初心（2010—　）

一个人的价值，应当看他贡献什么，而不应当看他取得什么。

——阿尔伯特·爱因斯坦《论教育》

项海帆被授予Davenport奖，2013年

爱因斯坦曾言："照亮我的道路，并且不断地给我新的勇气，去愉快地正视生活的理想，是善、美和真。"项海帆的人生，便如同这一智慧箴言般绚烂而又不失本真。他的一生，如同彩霞满天，既有风起云涌的波澜壮阔，又有云卷云舒的闲适淡然。

项海帆始终坚守初心，抱朴含真，父母的言传身教为他扣好人生的第一粒扣子，播下真、善、美的种子。在他的世界里，真、善、美不仅仅是人生的信条，更是生活的践行。

"善在身，介然必以自好也"。项海帆的善，不仅在于独善其身，更在于兼济天下。他始终严于律己，不断追求卓越，始终关注社会现实、国家发展与科技进步，用自己的知识和智慧为社会发展贡献力量。

"美都是从灵魂深处发出的"。项海帆的美，不仅体现于外在的成就和风采，更在于他对生活、对学术的热忱与钟爱，以及他如何用一颗美的心灵去发现美、创造美、传播美。在他人生的各个阶段，无论顺境还是逆境，他都善于从生活的点滴中发现美。无论是音乐的旋律、体育的竞技、艺术的创作还是科技的创新，他都能用一颗敏锐的心去感受和欣赏，以积极的心态面对人生的起伏和变化。在工作中，他追求知识的深度和广度，深知学术研究的艰辛和枯燥，但他总能从中找到乐趣和美的价值。他致力于桥梁工程领域的研究，不仅具备科学价值，更展现了人类对美的追求和创造。

"一两重的真诚，等于一吨重的聪明"。项海帆的真，是一生敢说真话，一生坚守真理，一生固守真实。这是他独特的个性，也是他精神的光辉所在。他的真实，不仅体现在言行举止中，更深深地烙印在灵魂深处。对待工作，项海帆始终坚持实事求是的原则，不追求虚名，不盲目跟风，脚踏实地，求真求实。待人接物，项海帆一贯坦诚、直率，从不掩饰自己的观点和想法，敢于提出自己的见解和批评，也乐于接受他人的意见和建议。

项海帆的善、美和真，不仅照亮了他自己的道路，让他的人生充满了色彩和光芒，也给了身边的人无尽的勇气和力量。他的一生，是对爱因斯坦智慧箴言的生动诠释，也是对人生理想的完美践行。

第一节 博学与善思

同济桥梁六十年，欣闻四海盛名传。名师严谨勤培育，弟子聪颖竞比肩。遇水搭桥通天堑，逢山开路跨河渊。后生毋忘千秋业，奋力耕耘永续延。

这首写于2012年的七律，是项海帆为同济大学桥梁专业诞生60周年所作。严谨培育，聪颖比肩，遇水搭桥，逢山开路，这是他善于思考，勇于创新，不断推动中国桥梁事业的发展、永续耕耘的写照。项海帆一直以敏锐的洞察力和深厚的学识指导后辈实践，也始终关注社会现实，以学者的责任感和使命感为社会发展贡献智慧。

2012年正值同济105周年校庆，桥梁系召开了纪念“同济桥梁”学科60周年大会，同时为周念先教授举办百年冥诞追思会。5月传来喜讯，国际桥协执委会将2012年的IABSE Award of Merit in Structural Engineering（功绩奖，也被称为“国际结构工程终身成就奖”）授予项海帆，将在9月韩国首尔的大会上颁发。

THE INTERNATIONAL ASSOCIATION FOR BRIDGE AND STRUCTURAL ENGINEERING

PRESENTED

THE 2012 INTERNATIONAL AWARD OF MERIT
IN STRUCTURAL ENGINEERING

TO

HAI-FAN XIANG

FOR HIS OUTSTANDING CONTRIBUTIONS TO STRUCTURAL ENGINEERING AS A PROFESSOR AND AN ENGINEER, IN PARTICULAR IN THE FIELDS OF LONG-SPAN BRIDGE DESIGN AND WIND RESISTANCE RESEARCH ON BRIDGES AS WELL AS FLEXIBLE STRUCTURES

THE AWARD WAS PRESENTED AT THE IABSE AWARD PRESENTATION CEREMONY IN SEOUL, KOREA, ON SEPTEMBER 19, 2012

PREDRAG L. POPOVIC
PRESIDENT OF IABSE

UELI BRUNNER
EXECUTIVE DIRECTOR OF IABSE

IABSE功绩奖，2012年

这个奖项是两代同济人的传承。1987年，项海帆的恩师李国豪校长作为第一位中国人获得了国际桥协终身成就这一最高奖，25年后，项海帆作为他的学生再度代表中国接受这一荣誉。Merit大奖自1976年设立以来，共有15个国家的36人获奖，基本都是颁予70岁以上的老者，因此也是一项终身成就奖，获奖者是各国土木工程界的领军人物，其中美国有7位，德国、日本各4位，英国、法国各3位，意大利、瑞士、瑞典、印度和中国各有2位。

师恩难忘，2013年是李国豪校长百年诞辰，这是一个极具纪念意义的重要时刻。范立础负责的多点振动台基本建成，为学校的科研实力增添了新的光彩。5月20日校庆当天，项海帆和范立础共同为李国豪校长的铜像揭幕。学校为了纪念李校长，将地震工程馆命名为“李国豪实验室”。李校长的半身铜像安放在实验室进厅大堂中，他的名言“从事工程科学技术研究，一要理论联系实际；二要理论上敢于创新；三要有科学试验或实践结果以检验理论”也被镌刻在大堂墙上，这是对他精神的传承和弘扬。这段话也被镌刻在南昌路科学会堂的墙上，成为对后人的启示和激励。对于同济大学的

李国豪实验室，2014年

李国豪实验室大厅，2014年

后来者和学生来说，这是最好的遗嘱，应当成为他们的座右铭，代代相传。

继1993年和2003年编辑出版了两本《中国桥梁》画册后，2013年，为庆祝李校长百年诞辰，桥梁系决定再编一本《中国桥梁

《中国桥梁》系列画册

2003—2013》。画册将收集100座在21世纪初期建成的中国桥梁，分成跨海长桥、悬索桥、斜拉桥、拱桥、梁式桥以及城市桥六类。这本书仍由项海帆和范立础分别负责编委会和编写组方面工作，以了却两人关于恩师的最后心愿。

项海帆填写了一首词《李校长百年诞辰纪念——调寄金缕曲》，回顾了老师作为“南粤客家崽”，“赴申城，求学同济，寒窗七载。获助‘洪堡’勤苦读，‘悬李’名扬海外。倭寇灭，归华急待。母校颠沛回故院，献新学，游子情豪迈”的人生历程，颂扬了老师“迎复出，奕奕神采。率队长驱‘自主’路，众人随，无愧称宗岱。功盖世，照千代。”的壮志豪情。

老师的精神对项海帆产生了深远影响，激励他克服年龄和身体的束缚，对自己热爱的事业和研究投入更多的热情和精力。在2013

年，他恢复了出差，去长沙主持了湖南大学实验室的学术委员会会议，还去贵阳参加了五七届桥梁的校友聚会。之后，他转至柳州参加柳工集团举行的“院士行”活动。这次活动汇聚了包括周济院长在内的十位院士，大家对柳工集团今后的发展转型进行了深入的诊评。这是一次成功的“院士行”，不仅为柳工集团的发展提供了宝贵的建议，也为中国工程机械装备工业的转型贡献了智慧。

葛耀君也赶来柳州参会，还为项海帆带来了一个惊喜。他带来了一个振奋人心的消息——项海帆当选为2013年度的Davenport奖章获奖者。国际风工程协会（IAWE）在2006年设立了这个奖项，旨在表彰在风工程领域做出杰出贡献的学者。项海帆成为第九位获奖者，这一成就不仅体现了他个人的学术实力，也代表了中国风工程研究在国际上的影响力日益增强。8月份，IAWE主席Tamura教授和IAWE评奖委员会主席Kareem教授亲临同济，为项海帆颁发这一最高风工程奖。

这一时刻，不仅是项海帆学术成就的荣耀，也是他献给恩师和相濡以沫的妻子的最好礼物。这个Davenport奖连同2008年获得的ANTON TEDESKO奖、2010年获得的美国土木工程学会Scanlan奖

International Association for Wind Engineering
International Association for Wind Engineering
THIS IS TO CERTIFY THAT
Haifan Xiang
HAS BEEN AWARDED THE
ALAN G. DAVENPORT MEDAL
For his many contributions to bridge aerodynamics, development of super long bridges and leadership in wind engineering
2013
By Authorization of The IAWE Executive Board
Ahsan Kareem
Awards Committee Chair
Yukio Tamura
President

Davenport奖奖状、奖章，2013年

以及2012年获得的国际桥协功绩奖，一起为项海帆的科研生涯画上了一个圆满的句号，标志着他跨入了国际桥梁与结构工程界的名人堂。

第二节　知音与孝心

“我热爱贝多芬的音乐，因为他安慰不幸者，鼓舞奋起者，歌颂为人民献身的英雄。他的音乐陪伴我度过求学、蒙难、奋起和暮年壮心不已的一生。即使到了天堂，我仍愿作他的知音。”（摘自《无悔人生——项海帆回忆录》之“我的人生格言”）除了父母和恩师，贝多芬可以说是对项海帆影响最大的人之一。

项海帆的一生都与贝多芬的音乐紧密相连，仿佛那激昂的旋律已经融入了他的血液，成为他生命中不可或缺的一部分。项海帆从小学二年级在上音乐课学唱《菩提树》时就爱上了贝多芬，后来学习弹琴，弹了《月光曲》，又听了他的小提琴曲和钢琴协奏曲，就更崇拜他了。项海帆深深地热爱着这位音乐伟人，将其视为灵魂的导师。

项海帆书房里的贝多芬石膏像

在项海帆的书房里，最引人注目的莫过于一尊石膏头像，那正是贝多芬的化身。这尊头像雕刻得栩栩如生，仿佛贝多芬的灵魂依然在其间徘徊。每当项海帆疲惫或迷茫时，从贝多芬的旋律中，他能汲取到无尽的智慧和力量。当面对命运的不公时，有贝多芬的音乐予以抚慰；在孤独迷茫时，《命运交响曲》驱散他心中的困惑；爱情甜蜜时，《田园交响曲》带来暴风雨后天晴的喜悦；毫无头绪时，《第九交响曲》的"欢乐颂"催人奋起；疾病缠绕时，《月光鸣奏曲》让人平静安详……那些激昂、欢乐、悲壮、自由，都深深烙印在项海帆的心中。

2017年是贝多芬逝世190周年，项海帆写了一首《七律——贝多芬逝世190年祭》。

世道纷纭苦难频，乐音抚慰受屈心。疾风"命运"驱迷惑，暴雨"田园"盼放晴。奋起常聆"欢乐颂"，休闲更喜"月光"声。此生最爱"英雄"赞，拜会天堂永誌恩。

伟大的"乐圣"贝多芬是他一生的陪伴和怀念。

除了贝多芬之外，孔子、孟子、马克思、恩格斯、康有为、梁启超、毛泽东、周恩来、胡耀邦等人都对项海帆产生过或多或少的影响。2015年是胡耀邦100周年诞辰，中央举行了纪念会，习近平总书记发表了热情的讲话，高度赞颂了耀邦同志献身革命的光辉一生。胡耀邦坚守信仰，心系人民，实事求是，勇于担当，公道正派，廉洁自律。在项海帆看来，胡耀邦下决心平反冤案，才有了他后来的实现报国之志的机会。

双目清，两袖清，矢志耀邦为国人。心纯主义真。
旧政平，冤案平，百万微民获再生。长留青史名。

项海帆母亲慈容

项海帆岳母慈容

一首《怀念胡耀邦同志——调寄长相思》抒发了项海帆的感恩之情。他还记得多年前去江西共青城胡耀邦同志的墓园时，看到了墓道旁陈列着他的语录，有一种百感交集，肃然起敬的心情。

项海帆也一直关注其他领域的科技发展，推崇自主创新和科技自强。他还曾写过一首七律，表示对华为总裁任正非的敬重之意。

“中华有为”志恢宏，砥砺攀登“五代峰”。美帝毒谋逞霸气，神州善意共兴隆。英豪万众艰辛业，壮士十年“正非”雄。余冀神州多任帅，堪同“两弹一星”功。

他期望中国能涌现出更多像任正非这样的科技领军人物，为国家的科技进步和产业发展做出更大贡献。

如果说对贝多芬是神往，对胡耀邦是感激和感恩，那么对父母便是深爱与怀念，他们项海帆一生的牵挂。每年父母和岳母的忌日和生辰日，他都会无限怀思。母亲是项海帆的启蒙老师，她对项海帆“德智体须并重”“待人如待己”“与人为善”的教育，以及她对家里六个孩子的平等、和睦友爱的教育对项海帆的健康成长影响极大。父亲作为民族企业家，爱国敬业、诚信经营的信念深深影响着项海帆。《解放日报》有一篇报道《一条“国民床单”，串起历史记忆》，刊登了项海帆的父亲项立民于1935年创办民光织物，致力做好一条“民族被单”，发扬“民族之光”，打败日本“铁锚牌”被单的历史。

在双亲110周年冥诞时，项海帆写下了一首五律以深情缅怀。

慈亲仙逝去，常念梦中人。身教积德事，言传爱国情。求学嘱奋勉，遇难励洁诚。我愿长陪伺，天国尽孝心。

项海帆继承了父亲敏捷、果断和爱国的情怀，也深受母亲勤劳、稳重和助人为乐品格的感染。

他无比怀念和感激的还有自己的岳母。在爱情到来的时候，面对重重阻隔，如果不是岳母的宽容和仁慈，加上妻子的坚持，项海帆自觉在当时的社会形势下很难被妻子的家人接受。“滴水之恩当涌泉相报”，在夫妻常年分居、自己受到各种冲击而感到十分渺茫之时，是岳母用爱去照顾他们的小家庭，为他和妻女提供了一个温暖的避风港。甚至岳母去世时，项海帆因为忙于桥梁系的工作、南浦大桥动工、土木工程防灾国家重点实验室建设等事务，出差在外都没有赶得及回来送终，抱憾终身。

岳母仁慈惜早逝，无暇回报涌泉恩。蒙冤不弃姻缘事，遭难未闻怨叹声。斗室哺婴伤弱体，灶房吸雾染疾根。余当永誌成全惠，拜见天堂补孝心。

这首七律，承载着他对岳母铭记于心的感恩之情。

第三节　耄耋与金婚

项海帆说：“我喜欢蓝色，因为那是天空和海洋的颜色。仰望天空，使人有理想，热爱大自然，富有想象力；怀抱大海，使人有爱心，有胸襟，能海纳百川，扬帆远航。”（摘自《无悔人生——项海帆回忆录》之“我的人生格言”）项海帆一生最大的幸运，便是如沈从文那般“行过许多地方的桥，看过许多次的云，喝过许多种类的酒，却只爱过一个正当最好年龄的人”。在校园里最纯净的蓝色天空下萌生的爱情，那个拥有海一般胸襟、水一般柔情的女孩，陪他从青春年少到耄耋之年。他们携手走过金婚岁月，共同见证了彼此的成长和变化。

“4”是项海帆的幸运数：1954年，他成为同济大学首批“三好学生”；1964年，他迎娶了自己心爱的姑娘；1974年，他的妻子宁蓓蕾调回上海，一家人得以团圆相聚；1984年，教育部特批他晋升为正教授和博导；1994年，参与评选中国工程院院士；2004年，成功举办了国际桥协上海会议；2014年，这一年是项海帆和妻子的金婚纪念，项海帆已八十虚岁，开始步入耄耋之年。最美的姑娘，最好的爱情，最爱的那个人，宁蓓蕾和项海帆相濡以沫，他们的婚姻生活充满了相互扶持和包容，是爱情与亲情的完美结合。在晚年时光里，他们更是相互陪伴、相濡以沫，共同享受着生活的美好。

项海帆的妻子，是他身后那位默默付出、贤惠辅佐的伴侣。她用自己的方式，为项海帆的学术事业提供了坚实的后盾。在项海帆潜心于科研和学术的日日夜夜里，她承担起家庭的重担，照顾着孩子和老人，让项海帆能够全身心地投入工作。她的理解和支持，是项海帆能够不断前行、攀登学术高峰的重要动力。

2014年2月5日（正月初六），是项海帆和妻子的金婚纪念日，项海帆怀着对妻子的挚爱和深情，写下了一首《七律——八十述怀暨金婚纪念》。

> 负笈同济逾甲子，历尽劫波苦与甘。矢志桥梁察万水，兼程风雨历千山。春风和暖追欧美，秋实充盈报轩辕。幸有贤妻同偕老，相濡耄耋共延年。

那天中午，夫妻二人邀请范立础、陆宗林、陆楸和潘洪萱几位好友来家叙谈，而后去附近一家餐厅聚餐，庆祝金婚纪念。他们戴上了一对新买的铂金婚戒，回忆这难忘的五十年风雨历程，感慨万千。遗憾的是，女儿宇菲一家远在美国，不能和他们共享天伦之乐，只能在电话中庆祝这人生难得的重要节日。项海帆希望外孙们能茁壮成长，不要忘记自己的中国根，将来能为中美友好关系的发展贡献力量。

在农历九月初七，五里桥街道趁国庆节和重阳节之际举办了一场为金婚老人庆祝的聚会。街道下属的20多个居委会各自推选了一对金婚夫妇作为代表，瑞南新苑居委会选择了项海帆和宁蓓蕾，并为他们定制了中式绣花夹袄，男士的为深色带大红，女士的为浅红带小花，显得十分庄重和喜庆。那天早晨，居委会支部书记和主任陪夫妻二人乘车去黄浦江边的一家专办婚事的会所，拍摄了很多照，又在小礼堂举行了祝福仪式，还拍摄了集体照。中午时分，大家又乘车到斜土路的一家大酒店聚餐，夫妻二人在二楼大堂外排好队，又在婚礼进行曲的乐声中步入大堂就座。回忆50多年前，项海帆和宁蓓蕾最初在“南楼天堂”的约会，十年分居和“文革”经历，女儿菲菲的诞生，恢复党籍和名誉后的奋起直追，又勇挑重担的事业腾飞，夫妻二人也是思绪万千。

在妻子八十岁华诞之际，项海帆回忆起两人几十年相濡以沫的情谊，写下了一首《调寄诉衷情》。

忆昔约会聚南楼，今日共白头。虽经屈辱忧苦，爱恋永长流。得昭雪，志已酬。憾无留。乐音相伴，情意相投，欢度金秋。

街道举办金婚纪念活动留影，2014年

庆祝中华人民共和国成立70周年纪念章，2019年

2019年，中华人民共和国成立70周年，天安门广场举行了盛大的阅兵仪式和群众游行。党中央发放了一批勋章、奖章和纪念章，表扬为新中国做出贡献的各界人士。项海帆将他获得的纪念章送给了挚爱的妻子，以报答她的温情。这枚纪念章，如同他们共同度过的岁月，充满了艰辛又饱含甜蜜。在妻子的呵护和鼓励下，项海帆这只曾经受伤的鹰，重新振翅高飞，飞向了更广阔的天空。“一切过去的已经过去，终于过去了，你给了我力量、勇气和信心。你的含泪微笑着的眼睛是一座炼狱，你的晶莹的泪光焚冶着我的灵魂，我将在彩云般的烈焰中飞腾，口中喷出痛苦而又欢乐的歌声……”[②]妻子的支持与陪伴，点亮了他生命的明灯，成为他一生的温暖与灼热。

第四节　壮心与桃李

项海帆一生致力于教育事业，培养了大批优秀的桥梁工程人才。他怀着壮心不已的热情，不断追求教育的高境界和新发展。他的学生们如同桃李满天下，遍布世界各地，为桥梁事业的发展贡献着自己的力量。项海帆以他的言传身教和无私奉献，赢得了学生们的尊敬和爱戴。

2014年5月的大连，阳光洒在海面上，波光粼粼，与岸边的桥梁相映成趣。在这座美丽的海滨城市，第21届全国桥梁年会隆重举行，汇聚了来自世界各地的桥梁工程领域的专家学者。在这个重要的时刻，桥梁分会迎来了一次重要的交接。

在这次会议上，项海帆的十二年任期已满，即将卸任理事长一职，担任名誉理事长，由葛耀君接任理事长一职，成为桥梁分会的第四任领军人物。回顾过去，1979年，正是在李校长的牵头下，桥梁分会应运而生。那是一个充满希望和机遇的时代，李校长以他的远见卓识和坚定信念，为桥梁分会的发展奠定了坚实的基础。1990年，范立础接任理事长一职，继续推动着桥梁分会的蓬勃发展。2002年，项海帆继任理事长，他带领桥梁分会走过了辉煌的12年。葛耀君作为同济桥梁的领军人物，做事稳重周到，深受大家的信赖和尊敬。项海帆对他充满了信心，相信他能够带领桥梁分会继续前行，创造更加辉煌的未来。

项海帆心中感慨道："35年过去了，桥梁分会从无到有，从小到大，如今已经发展成为国际知名的学术组织。我很荣幸能够成为其中的一员，并为它的发展贡献自己的力量。现在，将这个重任交给葛耀君，他将肩负着新的使命和责任，带领桥梁分会迎接新的挑战和机遇，我也可安心交班了。"

2014年同时也是同济土木工程学科成立100周年。1914年第一次世界大战爆发，原在青岛的"德华高等专门学堂"被迫解散，该校土木科师生并入同济德文德工学堂，成为同济土木学科创立之始。从新中国成立以来，经过院系调整，同济成为培养土木、建筑类人才的大学。改革开放以来，在李国豪校长的带领下，同济土木抓住

院史馆前合影，2014年

新中国建设、全国交通建设高潮和争取国家重点实验室的机遇，壮大了队伍，成立了独立的学院，不仅为中国改革开放的基础设施建设做出了贡献，也在国内外赢得了声誉，成为中国土木工程的领军学校，培养了数代土木工程学子，使他们成长为中国土木工程界的栋梁之材。

为了纪念同济土木的百年诞辰，项海帆写了一首《调寄菩萨蛮》以表庆贺。

百年土木齐欢庆，良师代代培才俊。四海赞奇香，同舟植栋梁。欲现强国梦，务识陈规痛。吾望后生隆，齐心攀峭峰。

2014年11月6日，学院举行了院史馆开馆和授予项海帆名誉院长的仪式。“院史馆”三个字由项海帆题写，门外的墙上，陈列着百年来历任系主任和院长的照片，进厅中的前言和“百年土木，继往开来”八个大字传达了悠久的历史和传承以及未来的使命。“历史长廊”分八个时期展示了各阶段的重要事件，内馆中则陈列了一些实物和模型，用以展示同济土木在教学、科研和社会服务三方面的卓越成就。还有一个屏幕播放着百年中的珍贵图像和场景，让后辈师生能形象地了解同济土木的百年光辉历程。

11月8日，在学校大礼堂举行了正式的庆祝大会。项海帆以名誉院长的身份回顾了自己在同济63年的感想和对后辈的希望。他表示将持续发挥名誉院长的作用，让同济土木继续发扬光大，无愧于中国土木工程的领军团队，希望能率先实现这一领域的强国梦。

2014年10月，是项海帆的母校晋元中学（华童公学）110周年校庆，学校定于11月28日举行庆典，邀请何友声、翁史烈和项海帆三位院士校友出席。庆典上三位携手上台接受献花，并都作了简短的发言。

回母校晋元中学参加活动，2010年

项海帆一直关心青少年的成长与成才，除了祝贺校庆，感谢母校的培养外，他还希望晋元学子继续发扬报国和创新精神，为实现中华民族的强国梦共同努力。在这次校庆典礼上，很多老照片出现在屏幕上，项海帆的一张1946年的入学照片也放出来了，使他很感动。将近70年过去了，母校的恩泽难忘，他表示会继续支持晋元中学办好结构创新实验室，希望有更多的学生报

向晋元中学的学生讲解风洞试验模型，2010年

在晋元中学结构创新设计实验室与学生合影，2013年

考同济大学，为建设美丽中国贡献力量。

项海帆八十华诞（虚岁）之际，桥梁系举办了一次茶话会，同时出版了两本纪念文集：一本是由学生们写的论文集，名为《桃李集》；另一本是他在新世纪写的一些短文，汇集成《壮心集》，送给

八十寿辰纪念文集，2014年

学生们留作纪念。这两本文集都由同济大学出版社出版，是他60年科教生涯的一个总结，对他的学生们也是一种激励，希望他们为实现中国梦继续努力。

那年师生欢聚一堂，在常熟沙家浜某宾馆举行了祝寿活动。风洞试验室的全体同仁和部分学生共计50余人齐聚一堂，其中不乏远道而来的学子，他们带着对项海帆的深深敬意和祝福，共同为这位杰出的学者庆祝寿辰。

每一次的相聚都充满了回忆。在答词中，项海帆首先提及了李校长对他的影响。他深情地讲述了李校长的严谨治学态度、敬业精神和报国情怀，并表示自己一直以李校长为榜样，努力完成他交代的任务，不辜负他的期望。

项海帆以孔子的人生“三立”——立德、立功、立言，以及孟子“三乐”中的“得天下英才而教之，一乐也”为引，勉励在座的同仁潜心教书育人。他强调，作为大学教师，责任重大，不仅要传授知识，更要培养学生的品德和能力，为国家的未来发展贡献力量。

2015年是项海帆从教60年。这一年，他的研究成果“大跨度桥

八十寿辰纪念活动合影，2014年

梁结构和行车抗风安全的气动控制技术”获得国家技术发明奖二等奖，对他而言，是60年执教生涯的最好回馈。古人云，“人生七十古来稀”，如今则是“六十小弟弟，七十多来西，八十不稀奇”，步入耄耋之年，即将成为“资深院士”的项海帆自觉年岁不饶人。但他心系国家自然科学基金重大研究计划项目和科技部“973”计划项目的结题，以及国际桥协广州会议等，希望能继续发挥自己的光和热。

2015年4月，我国交通运输部第一次举行了以桥梁科技为主题的“香山会议”。项海帆应邀担任主席团成员，主持第一天的开幕式。虽然由于身体不适没有赴会，但项海帆作了书面发言。他希望这次30余人的小型高层会议能讲真话，认真分析存在的问题和文化障碍，解决制度性弊端，真正激发出年轻一代的创造力，为尽早实现桥梁强国梦营造一个健康向上的环境。他还建议会议纪要仿照“中国制造业2025”，也提出一个“中国桥梁2025”计划，使其能成为今后十年中国桥梁的发展纲要和指导性文件。

6月底，在巴西里约第十四届风工程大会传来喜讯，中国申请主办2019年第十五届国际风工程大会（北京）获得IAWE执委会批准，了却了已故北大孙天风先生的遗愿和项海帆的心愿。这将是中国成为风工程强国的标志。

2015年也是项海帆这一届1955届毕业60周年之际，当时他虽然是研究生，但已和助教一样佩戴了红校徽，到现在也可以算是从教60年了。“得天下英才而教之，一乐也”，项海帆特赋诗一首《从教60年感怀——调寄西江月》。

有幸毕生从教，莘莘弟子盈堂。而今桃李满八方，我自心花怒放。“同济”声名卓著，“桥梁”成就远扬。后生代代竞争光，不负先辈厚望。

教师是一个崇高而神圣的职业，李国豪一直教导项海帆：“人这一生，无非精神和物质两个方面，中国还不富裕，在物质上应当简朴，满足于小康，而在精神上应当有高的追求。”作为一名教师，项海帆时刻不忘思考如何潜心教书育人，而不应追求物质上的过度享受。

项海帆一直牢记两位名人的格言。陈寅恪先生说：“坚持独立精神和自由思想，中国才能有真正的学术和创新，才能自立于世界之林。”这也就是蔡元培先生所倡导的大学精神。爱因斯坦先生说：“学校的目标应当是培养有独立行动和独立思考能力的人。”他所坚守的人道与仁爱、正义与责任、独立与自由、实际与理性、质疑与批判、兼蓄与宽容、优重与进取等思想精华，都是项海帆作为教育工作者秉持的指导思想。

2015年12月19日，项海帆年满八十周岁，成为资深院士。回想1980年出国时，看到莱茵河上的许多美丽桥梁和两岸的高速公路和铁路，他确实有过实现中国现代化交通建设的梦想。除了少年时的出国留学梦外，到八十岁时，可以说这第二个梦想也已成真了。

三十五年过去了，项海帆从四十五岁的中年人变成了八十岁的耄耋老人。2023年中国已建成了18.4万千米高速公路和4.5万千米高速铁路，基本实现了县县通高速公路，市市通高铁。长江上的桥从仅有四座发展到八十座以上，平均几十千米就有一座跨江大桥。“跨海大桥已起步，波澜壮阔展新篇”，项海帆衷心希望更年轻一代桥梁工作者能在21世纪中叶的国际竞争中崭露头角，率先实现中国桥梁界的强国梦。

第五节　大学与大师

2020年2月29日，《大百科全书》“总论　人物篇”确立，土木工程领域仅有三位完全符合三项严苛的入选条件：较早入选院士、曾获得国际重要奖励、在国际学术组织任副主席以上职务，自动入选，获得载入史册的殊荣。项海帆的名字赫然在列。项海帆站在大师的肩膀上，成为大师。

作为一位杰出的学者和教育家，项海帆在大学校园里度过了大部分的时光。他与大学紧密相连，共同见证了大学的成长和发展。同时，他也以大师的风范和学识，引领着大学学术的方向和潮流。

早在2001年，项海帆在《同济报》发表了一篇署名文章《正确定位，保持特色，建设新同济》，他写道：“我在同济学习和工作已近半个世纪，对同济怀有深厚的感情。我衷心希望年轻一代的同济责任教授们能在这一历史的转折，认清自己的使命，排除杂念，潜心教学和科研工作。做到‘明确目标，组织起来’，迎接新世纪的机遇和挑战，为关系到同济命运的学科建设贡献自己的毕生精力。”①

身在大学，身为大师，项海帆没有忘记自己的初心与抱负。2016年，是项海帆入党60周年。回忆起60年前的那个荣耀时刻，他与恩师李国豪教授一同站在党旗下，庄严宣誓，那份激动与自豪至今仍深深烙印在他的心中。

马恩宏论感纯心，烈士忠魂励献身。蒙难不渝途正道，复籍奋起立功名。官风奢侈争贪懒，民意忧急盼革新。圆梦仍需“德、赛、李”，甘当公仆侍人民。

这首七律表达了项海帆作为一名老共产党员的初心与志向，里

“光荣在党50年”纪念章，2021年

面有他对马恩理论的深厚感情，对烈士忠魂的敬仰，更展现了他面对困境不屈不挠、奋发向前的精神风貌。他坚信，只有坚持共产主义的理念，才能真正实现民族复兴的梦想，而他自己也甘愿为人民服务，甘当公仆。

60年前庄严宣誓时，项海帆曾郑重许下“为共产主义事业奋斗终身”的誓言。这不仅仅是一句话，更是他一生坚守的信念和追求。60年来，他始终以此为目标，不断努力、不断前行，用自己的实际行动诠释着一名共产党员的责任和担当。2021年7月，建党一百周年，项海帆作为一名有65年党龄的老党员，在支部组织生活上发表感言。他跟大家说，最根本的还是“为人民服务”的初心。

项海帆很欣慰，他的初心与责任有继任者在担当。2018年9月，从法国南特的国际桥协年会传来喜讯，葛耀君首轮选举即过半数，当选国际桥协下任主席。

这是从李国豪校长，到项海帆和范立础两位院士，到葛耀君，同济桥梁系三代人努力的结果。李校长坚定的自主建设桥梁的决心，以及此后三代同济人的不懈努力，为中国桥梁建设结出了丰硕的果实。随着“一带一路”倡议的深入推进，中国桥梁建设走向世界，为“一带一路”共建国家的基础设施建设贡献了中国智慧和中国力量。葛耀君顺利当选国际桥协主席，是他个人才华和能力的充分体现，更是对中国桥梁建设成就的认可和赞誉。他在担任国际桥协副主席的8年里，凭借卓越的专业素养和领导才能，赢得了国际学术界的广泛支持和认可。他的当选，不仅为中国桥梁界争得了荣誉，也为中国在国际桥梁界的话语权和影响力注入了新的动力。

近二十年来，中国的桥梁建设取得了举世瞩目的成就，全国各地的桥梁如雨后春笋般涌现，不仅数量众多，而且在技术水平和设计理念上都达到了国际先进水平，得到了外国特别是英美等桥梁强国的认可和赞赏，充分展示了中国桥梁建设的实力和影响力。

项海帆依稀记得，2001年自己在马耳他当选国际桥协副主席，那也是中国桥梁的一个高光时刻，此后经过18年的努力，葛耀君当选国际桥协主席，将中国桥梁的世界影响力带到了顶峰。这是两代人对李校长的告慰。项海帆希望可以看到，更年轻的一代，让桥梁成为实现中国强国梦的排头兵。

在中国风工程界学者们数十年的期盼中，2019年9月，备受瞩目的国际第十五届风工程大会在北京隆重召开。这一刻，不仅标志着中国风工程研究领域得到世界的认可，更实现了北京大学孙天风教授30年前的愿望，他的梦想和期望终于成真。此次大会吸引了来自世界各地的500多名风工程界学者，盛况空前，是中国学术界面向世界的一次实力展示。由于出差不便，项海帆无法亲临现场参与这一盛事。但是，他的热情和祝福并没有因此而缺席，他怀着激动而又澎湃的心情，录制了一段英文致词视频，向来自世界各地的风工程界学者表达自己的欢迎与祝福。

港珠澳大桥的建设，是项海帆参与的最后一座大桥。作为顾问委员会的中方首席桥梁专家，他十分关心大桥的建设，除了多次亲临现场，时刻关注着大桥的每一个建设细节，还以他深厚的专业知识和丰富经验为大桥的建设提供了有力的支持。

项海帆用一生的热爱，写下了一段对祖国大桥的赞歌。从1982年回国，接受南浦大桥可行性研究任务算起，到2018年参与的最后一座大桥（港珠澳大桥）通车，项海帆一直与中国的桥梁事业紧密相连。36年间，作为长期从事桥梁结构稳定与振动研究的学者，项海帆带着团队承担了国内绝大部分大跨度桥梁的抗风研究，他所领导的同济桥梁抗风研究机构已成为全国桥梁抗风研究中心，先后完成了“黄浦江黄浦、杨浦大桥抗风性能研究”“东方明珠广播电视塔塔体结构风振研究”等项目，以及江阴长江大桥、珠江虎门大桥、珠海伶仃洋跨海大桥等重大工程的抗风研究……见证了中国桥梁从学习、跟踪、提高到创新的辉煌历程。他亲身经历了中国桥梁技术的飞速发展，也见证了中国桥梁建设从追赶世界水平到引领世界潮流的壮丽转变。对于项海帆来说，每一座大桥都是他心中的一份抱负。他用自己的智慧和汗水，为祖国的大桥建设写下了浓墨重彩的一笔。光阴似箭，项海帆自1951年9月进入同济，一直与同济同心同行。他曾在2021年写过一首《七十载“同济人”感怀——调寄水调歌头》。

> 同济七十载，历尽苦与甘。忆昔少小负笈，今已耄耋年。“三好”位居首列，入党力邀难却，立志为民先。“丁酉”不测祸，错案获平冤。恩师荐，贤妻励，奋向前。誓将华夏旧地，衰貌换新颜。城乡万里通达，千桥四海名扬，梦想已周全。但愿人长久，相濡并蒂莲。

生命不息，奋斗不止，项海帆对自己最大的要求是无悔，无悔父母的养育，无悔恩师的教导，无悔大学的滋养，无悔科学的精神，无悔生活的美好……人生的脚步可能有急有缓，人生的风景可能有起有伏，项海帆唯一没有停止的是，思考与求索。时好时坏的身体，是年岁的附赠，但清醒的头脑、深刻的思考和坚韧的意志是陪伴他一生的财富。2022年，在项海帆虚岁米寿之际，他写下了一首《临江仙词》：

项海帆八十八岁米寿夫妻合影，2022年

双八虚龄祝米寿，余生已届残年。莘莘学子奋超前。桥梁扬四海，母校美名传。祈愿中华迎盛世，红墙气正风廉。工农商教据前沿。五洲同喜乐，宇宙共家园。

跨入“八十五岁”以后，项海帆仍在不断将他的思考与求索整理结集，以启示后来者。2020年他主审出版了本科生桥梁工程教材《现代桥梁工程》；2021年，他主持编著的《高等桥梁结构理论》(第二版)，荣获全国优秀教材一等奖；2022年牵头的“土木工程专业世界一流人才培养的系统实践”课程荣获高等教育（本科）国家级教学成果奖一等奖；2023年编辑出版了纪念李校长诞辰110周年画册《中国桥梁2013—2023》，2024年编辑出版了中华人民共和国成立75周年纪念画册《中国桥梁1949—2024》……

忆南楼，念南楼，甲子钻婚爱永流。相拥慰白头。伉俪遊，四海遊，期颐居家赏晚秋。余生共乐悠。

项海帆宁蓓蕾钻石婚合影，2024年

这首写于项海帆夫妻钻石婚纪念之际的《长相思词》，是他对妻子60年相濡以沫的深情，也是他自己一生为学为国、从师从教的回望。

“所谓大学者，非谓有大楼之谓也，有大师之谓也。”项海帆是桥梁之师，也是大学之师，“严谨、求实、团结、创新”的校风已经融进了他的血脉，他是“同济精神”最好的诠释者，是“与祖国同行，以科教济世”最坚定的践行者，是中国桥梁最虔诚的守护者。

“百年同济逐梦行，海帆高挂展豪情。少时负笈求知路，老来犹怀赤子心。历尽沧桑终不悔，自强不息志凌云。功成名就身犹健，笑看人间几度春。”在他的身上，我们看到了一个真正的学者、一位矢志不渝的院士的风采。

注释

①《同济报》，2001年2月20日。

② 引自曾卓《有赠》。

代跋　“风桥诗乐”，情系家国

海阔天空风满帆，潮急涛湧桥如磐。情怀家国诗言志，击浪搏风乐伴安。

——题记

一、三次邂逅幸识君

承蒙项海帆院士之信任，有幸成为本院士传记的作者之一。那是2023年春，我忽然接到葛耀君教授带来其导师项先生想邀我主笔中国工程院资深院士传记写作的口信。葛教授告诉我，项老师原先一直拒绝他人为其作传的要求，认为自己只是在努力完成李国豪校长交办的几件大事中做了一些贡献而已，何需立传？而这次实在是因中国工程院的唐海英副局长亲自登门拜访之盛情难却，才总算答应再行考虑……这就是发出此邀约之缘由。

项院士在我心目中一直是一位严谨博学，不苟言笑的专业精英、科技大家，受此信任实有如肩重担之感，毕竟我俩专业相距甚远，何以能担当此工程院院士的学术传记写作之职呀？

忐忑之际，搜索记忆，往事并不如烟。初识或准确地说第一次近距离接触项老师，是在20世纪90年代的那场规模空前、风起云涌的中国高教体制大改革之际。1995年初，年轻的海归学者吴启迪教授经民主推荐出任同济大学校长（因被媒体渲染为大陆高校第一位“民选校长”而尤为引人瞩目），其时正值国家紧锣密鼓推出面向21

世纪的百所一流大学建设（简称“211工程”）的关键时期，为争取同济大学能进入国家中央财政支持的这一跨世纪工程行列，年轻的校长为此殚精竭虑，甚至直接赶赴机场守堵经沪返京的国家教委主任以当面力争。而笔者年前刚结束德国波鸿鲁尔大学哲学所的访问学者归来，收到校长邀约到校长办公室兼职以协助做好迎评国家教委的“文明校园”检查、“211工程”预审及“央地共建两校并入”三件大事，只得暂搁原拟的解释学（诠释学）中西比较研究的学术计划而赴任之。

正是在陪同国家教委“211工程”预审专家组参观土木工程防灾国家重点实验室时，第一次近距离接触到了久闻大名的项海帆院士（早已听闻这位李国豪老校长亲炙的大弟子虽曾冤遭“丁酉之难”被打入另册，但在恩师的庇护下得以埋头于桥梁结构稳定与振动研究，历经30多年而终成大家。中国第一座自主设计建造的大跨度斜拉桥南浦大桥正是由项老师代表同济大学桥梁系直接致信时任上海市长江泽民而促成最终决策的。该年初，在新成立的中国工程院首次公开增补院士中已光荣当选院士）。那天，在风工程馆，西装革履潇洒倜傥的项院士以震撼世界的美国塔科马大桥因风坍塌的录像短片开场，向专家组作了一个简明扼要的桥梁风洞实验之重要性的简介，令人耳目一新，俨然表现出了一位治学严谨、视野广阔的专业精英人士的睿智与风采，至今历历在目。

第二次的难忘印象大约是在两年后的一次校长办公会上，当一议题因是否合规而久议难决之际，以时任土木学院院长身份出席会议的项老师突然发声插话，以其在德国波鸿鲁尔大学当客座教授时的亲历为例，提议上会议题均应先提供合法性审核说明以提高效率、精简冗会，虽缓缓道来却直击依法治校之关键所在，言简意赅却令人有清风扑面、茅塞顿开之感，也见识了其高屋建瓴、处事干练的行政才能和管理风格。

第三次印象深刻的直接接触是2007年中在上海科学会堂的一次小型座谈会上，时任上海市科协主席的沈文庆院士受正在国外出差的杨福家院士委托，召集了在沪的部分院士、大学校长及个别企业界的科技精英讨论如何应答“钱学森之问”以复信温家宝总理。笔者作为一名高教研究者被特邀与会（或许是因笔者自2003年起频频发声于“创新人才的培养何以可能”的言论文章？更或许是刚在上海的报纸杂志上发表过听温总理在同济谈“仰望星空”的随感？）从而得以再次亲聆项海帆院士铮铮直言，他在发言中冷静质疑要在2020年建成创新型国家口号的不切实际性，呼吁学界当力戒好大喜功的浮夸之风。谆谆之诫凸显拳拳之心。人们不仅看到了一位科学家的清醒冷静的理性精神和坚持自由思想的独立人格，更感到了一个已有数十年党龄的老党员知无不言言无不尽的耿耿忠心和情真意切的家国情怀。

正是这三次的邂逅接触，使我对项先生的风采、风格和风骨印象至深，视以为我同济人所倡导的“知识－能力－人格”（KAP）三位一体协调发展的人才模式之楷模。而后在我主持李国豪教育思想研究期间亦曾数次向项院士请教切磋，渐成为亦师亦友之知己。更难忘的是，当他收到我敬请指教的拙作《我心目中的教育大师李国豪》一书后，亲自来电给予肯定勉励，并将其列入校图书馆“院士荐书”书目中，还在回赠我的《壮心集》的扉页上郑重其事地题上“仁彪兄惠存”，如此高抬，深感受宠若惊！……想到这些，我再也无法婉拒作传之邀了呀！经考虑再三我决定接受邀请，但请允我改“主笔”为“主持”，并推荐了我校中文系研究生毕业留校、曾参与校史研究也采访过项先生的周黎萍老师执笔传记的写作。

而后的一年多来，借助网络时代之微信通联，我们和项先生通过频繁的沟通交流，得以进一步地走近乃至“走进”这位享誉国际桥梁与结构工程界杰出科技大家、中国大桥抗风研究奠基人的历经跌宕起伏，却敢于担当、不负使命的心路沧桑。

二、“无悔人生”自强曲

在拿到周黎萍老师完成的《扬帆自强：项海帆传》初稿后，欣慰之余就心心念念于如何遵传主之嘱，写好前言与后记，此亦不可小觑，因为不少读者一卷在手往往会先读前言后记，以觅得全书“导航图”为快。所以经反复推敲斟酌，按照工程院对院士传记的要求——以凸显学术贡献为重中之重，决定选用曾任国际桥协主席的葛耀君教授为工程院撰写的《项海帆传》之“摘要”为“引子”主体，以求更为科学客观准确稳妥——这不正是项先生一生为人处世之基本原则吗？而这也是本传记的整体结构与叙事路径基本参照传主自撰的回忆录《无悔人生》，内容素材也大都采撷自该回忆录之缘由。因为作为一名严肃的工程科学家，项院士把“回忆录”的写作也完全当成是一个规划完整、设计严谨、施工严格、精益求精的“大工程”来做的。项先生自己回忆：

> 自2005年元宵节李校长溘然逝世后我就开始酝酿回忆录的写作，先拟定了一个计划写一百个小故事的大纲，分为四个时期以概括少年勤学、青年蒙难、中年奋起和老年壮心不已的坎

坷人生。2006年春节后开始动笔，到年底一气呵成初稿，2009年修改补充增加些故事细节后形成二稿。2013年春节又调整了目录中的篇章，增加了“绪篇”并配上诗词和照片以求图文并茂，2017年身体欠佳赶紧抱病写出最后一章“落日晚霞”5节，终于完成原定一百个故事的写作计划，共22章100节计二十余万言。为此在最后一节“结语”中欣慰地写道：“回忆录主要写了一生中一些值得记载的大事、趣事，给后辈留个纪念。涉及业务方面的内容不多，我认为自己也没有什么大的功绩，够不上立传的资格，只是努力做好李校长交办的事，得到国际同行的褒奖。写回忆录是李校长嘱咐的，在天堂相会时应该可以向恩师交差了。”

然而，在休息一段时间感觉身体有所好转后，“只要一息尚存，我不会放下手中的笔”的项先生，从2018年下半年起，又再次提笔续写了回忆录第23章“夕阳余晖”5节，直至2022年底虚岁米寿才搁笔，并最后赋《临江仙》一首以表达对母校与祖国未来的衷心祝愿之情。

双八虚龄祝米寿，余生已届残年。莘莘学子奋超前。桥梁扬四海，母校美名传。

祈愿中华迎盛世，红墙气正风廉。工农商教据前沿。五洲同喜乐，宇宙共家园。

从家世溯源的首章“家史”到最后一章的最后一节“尾声”，回忆录总计23章105节，真是一个历时逾17年的大工程！呕心沥血忆人生，嘈嘈切切吟春秋。在我看来，项先生的这本回忆录也可谓是整整一代中国知识分子心路历程的缩影。

因此，本传记各章节的标题与时间分期在尽力与传主回忆录相对应的同时，也按工程院对院士传记的要求做了一些调整取舍，增加了传主的学术贡献介绍（直接引用了葛耀君教授的《项海帆传》正文中的不少文字），改回忆录的四个时期为传记的上下两篇、八章结构，并通过查核历史资料和采访有关同事亲友等（在此特别致谢同济大学档案馆馆长邹晓磊及其同事提供的支持和帮助，也在此致谢项院士团队全程参与并提供了大量的资料，进行了收集、整理、核实等技术性服务），予以补充回忆录之旨仅在给后辈留个纪念，而“涉及业务方面的内容不多”的不足，从而完整再现传主跌宕起伏、栉风沐雨的人生经历——

“葆纶堂项”，求知少年敏于学，故乡钱塘萌桥梦；
风华正茂，热血青年险折翅，逆风“桥魂”庇英才；
忍辱负重，卧薪尝胆苦钻研，蓄势待发夯根基；
恩师筑梦，洪堡基金助负笈，破茧成蝶重展翼；
西行东归，世界视野本土情，浦江桥歌遂志向；
四海扬帆，御“风”破浪任重远，国际桥协中国声；
关山飞渡，老骥奋蹄激后浪，桃李芬芳颂“风伯”；
晚霞满天，抱朴含真守初心，家国情怀热泪吟……

呜呼！人生无悔：几多风雨几多彩，常念感恩心安宁。笔者本欲仿纪念李国豪百年诞辰时的拙作《“同济之魂”赋：国之英豪，校之魂魄》，再续一阕《传承桥魂壮桥筋——“护桥风伯”海帆赋》，以志传记完稿暨迎传主九秩大寿。但蓦然想起项先生一直念兹在兹的不可将其与恩师李校长相提并论之至嘱，只得恭敬不如从命，故集本传记各章目联句而诵之，聊胜于无以致敬意。

三、“风桥诗乐”伴终身

在修改审校传记期间，笔者又反复参照阅读了项先生的论文集《壮心集》和未公开出版的回忆录，欣赏着贝多芬《命运交响曲》的不朽旋律，回望传主历经的“春风的温暖和欢乐，夏日的酷暑和煎熬，秋意的豪爽和丰收以及冬天的阳光和幸福”之几多风雨……掩卷之际，颔首轻抚回忆录封面的“无悔人生”四个大字，不禁浮想联翩，传主为回忆录自取的这个书名，不只表达了作者对自我生命经历的回顾体悟以自勉自强，更内含着深刻的历史经验与教训的总结反思。而传记作为“他者”的视角又当何以将其波谲云诡的多舛命运与多彩人生概而括之？为此冥思苦想多日，真有“山穷水尽疑无路”“为伊消得人憔悴”之惑……记得有天清晨醒得很早，黎明即起，推窗换气，晨曦中夜色未尽，万籁俱寂，但又隐隐似闻远处有“夜半钟声”之袅袅徐徐？“枫桥夜泊”！蓦然间，脑海中跃然荡漾起“风－桥－诗－乐”四字——

“海阔天空风满帆，潮急涛涌桥如磐。情怀家国诗言志，激浪搏风乐伴安。”

项海帆院士出生的1935年12月，正值中华民族内忧外患风雨飘摇的多难时刻，“华北之大已放不下一张安静的课桌”，有志于闯荡大上海实业救国的父亲为其取名“海帆”想必是希冀这个与自己创立的“民光织物社”同年诞生的儿子能有“长风破浪会有时，直挂云帆济沧海”之壮阔人生和远大前程。岂料儿子未来的人生少有风平浪静之顺畅，却几多风霜雪雨之坎坷，更未料终身与“风”搏斗、以“桥”为业的儿子，竟又会几经风雨见彩虹，传承“桥魂”壮桥魄，成为享誉世界的“护桥风伯”，真是“败也萧何成也萧何”！

纵观项院士的一生，学有所长，以“桥”为业。少年一次故乡行，钱塘江边悼残桥，即已在六和塔旁萌发造桥梦。在以“同等学力”提前报考被录取同济土木系后，特别仰慕有“悬索桥李”美誉的桥梁大师李国豪，专业选择时毅然决然以桥隧为业。本科毕业品学兼优即被李国豪选留为首位“副博士研究生”，并被赞为“科技新星”，真可谓是“春风得意马蹄疾，一日看尽长安花”。然突遭“丁酉之难”，但幸得恩师庇佑得以最轻处分“留校察看”，首批“摘帽”后被安排为科研助手避风躲雨于南楼“天堂”，且喜获“琴音缔美缘”之浪漫爱情，尽管蒙辱二十二春秋，逆风千里举步艰，但矢志不渝继桥魂。而机会总是垂青有准备的头脑。随着改革开放新时代“科学的春天”到来，得李国豪先生推荐，获入选首批“洪堡学者”负笈欧洲良机，客座德国波鸿鲁尔大学教授，接轨学科前沿，完成博士后研究，学成归来，在完成李校长交付的三件大事中崭露头角，接棒恩师，入选国际桥协，有幸成为中国桥梁扬眉吐气、走向世界之“桥”，呕心沥血精育桃李，亦成为同济土木承前启后登顶学界之“桥”。而其术有专攻，御“风”有道，专注于现代桥梁的抗风研究逾30年，建成包括位居世界第二位的边界层风洞的“风洞集群”，荣获国家重点实验室建设的“金牛奖”，并因改进了Scanlan的颤振理论，发现了多振型耦合颤振现象，建立了斜拉桥的颤振理论，而荣获了空气动力学的Scanlan Medal并成为国际风工程协会

Davenport Medal的首位中国得主、桥梁与结构工程专家及享誉世界风工程界之翘楚。“风”与“桥”是项先生科教报国的教研对象，却又何尝不是他壮心不已的人生象征？真是“海阔风满帆，浪高桥如磐”。

而“诗词抒情志，美乐伴四季”则可谓项先生一身正气、潇洒昂扬的“无悔人生”的又一种写照。项先生不仅是一位思维缜密、逻辑严谨的工程科技专家，同时也一直是一名德智体美全面发展的俊彦精英。童年时其家父虽为民族品牌振国威，创业艰难商战频，但也始终关心着大家庭中6位后辈的健康成长，常以共同背诵唐诗宋词以熏陶孩子，而其小学教师出身的慈母则更是无微不至地呵护着孩子们的德智体美全面发展。靠着从小打下的国学基础，几近而立之年、收获爱情之际开始的诗词习作既严守格律平仄，又充满高雅情志，时而温情脉脉，爱意绵绵，时而激情澎湃，喷涌磅礴，中间虽因全力以赴于专业领域的攻坚克难而停笔多年，但一生赋诗填词已逾百篇。本传记中不吝篇幅引用多篇，以供读者从中一窥工程科学家的诗人才气和家国情怀。如其本人所言：“虽然我的诗词水平不高，但却是我真诚的心声”，“其中有的是含着热泪写的”。是啊，言为心声，诚如古人所曰，“诗言志，歌咏言，声依永，律和声”(《尚书·尧典》)。人无真情不可交，诗失真诚怎卒读？传主直面历史鉴往寄来，呕心沥血情真意切，读来既感壮怀激烈，更启人掩卷长思……可谓道出了诗词音乐同源同功之精要。

而音乐在传主的风雨人生中一直是最重要的精神依托与灵魂伴侣，“乐者，天地之和也”，“乐者敦和，率神而从天”(《礼记·乐记》)。受大家庭中兄姐琴音绕梁之熏陶，项海帆从小就显示出了不凡的音乐天赋，又经小学老师施以古典音乐为主的声乐启蒙培养，打下了少的基础。我曾在微信中请教音乐素养与创新思维的关系，他谦虚地说："你能从哲学的高度看音乐，我没有这个水平。我小学从古典歌曲启蒙，初中时跟姐姐学一点初级的钢琴，在哥哥带领下听了一些古典音乐，到大学时自学手风琴主要是苏联歌曲和手风琴曲。真正热爱西洋乐曲是1979年初我恢复党籍后买了一台收录机听录电台放的交响曲和协奏曲等大型作品。1982年回国后又买了音响和碟片，成了我热爱的伴侣。2001年搬到瑞南新苑后，又常和蓓蕾去大剧院听音乐会，买了不少DVD一起在家欣赏。我最崇拜的还是贝多芬，其次是莫扎特，舒伯特和老柴，百听不厌，有了感情，成了生活的伴侣和导师。"在微信中，项院士频频推荐他所崇拜的这些音乐大师的古典音乐演奏精品视频供欣赏，成为我们紧张的传记写作期间的一种愉悦的思维瑜伽和美妙的精神享受。他曾多次提到贝多芬的音乐作品对其人生的影响与启迪。如今年5月17日晨："今晨醒得早，又听了贝多芬的悲怆奏鸣曲，我深感我的一生和贝多芬的四个奏鸣曲十分吻合：求学篇和《春天奏鸣曲》，蒙难篇和《悲怆奏鸣曲》，奋起篇和《热情奏鸣曲》，最后壮心篇和《月光奏鸣曲》。其中《悲怆奏鸣曲》的第一乐章对应'反右'，第二乐章慢板则对应'南楼天堂和蓓蕾的缘分'，而第三乐章则对应十年'文革'。"

他还在微信中告诉我："我也曾想用贝多芬的四首交响曲，即第六田园，第五命运，第三英雄和第九合唱来对应我回忆录的四个时期。后觉得交响曲太深奥博大，不能用来对应我这样的小人物……"可见其对乐圣作品的一往情深。而自称"小人物"则是与其拒绝立传的理由一以贯之。他曾说，自己只不过是恩师"十年树木，百年树人"辛勤培育的一个桥梁科技小专家而已。真是谦谦君子温如玉，功成不居仰恩师，"风伯"神韵继桥魂，高风亮节启后思！

所以笔者以为"风桥诗乐"不仅是解读项院士"无悔人生"最

具代表性的四个“关键词”，也是其积极向上，踔厉奋发的人生态度和人格魅力的形象象征，示范、辐射、影响着他的周边环境和同事学子。据曾担任同济大学土木工程国家重点实验室办公室主任的周伟民回忆：“在项老师直接领导下工作，是我一生的幸运。”“项老师不仅在工作中敬业、富于创新，我也感觉到项老师是位热爱生活的人，他爱好运动……也是位古典音乐爱好者。与项老师平时的接触中，耳濡目染，我自觉受益匪浅。在工作处事中，我逐步培养自己的严谨、理性、效率；受项老师的影响，我也喜欢上了古典音乐。”可见项老师积极的人生态度和人格魅力特具感染力。

四、壮心报国业为志

由于工程院为资深院士立传之重点在于凸显专业学术贡献，以弘扬科学精神，引领工程科技创新。而这正是项院士终生反复思考和奋斗的目标。对此他也有自己的思考，项先生曾专门作文分析何谓“科学精神”：“关于‘科学精神’据说有50多种解读，如追求真理、尊重事实、独立思考、富有想象、勇于质疑、批判和修正错误等，其中独立思考、自由思想和质疑批判应当是科学精神的最核心的内涵。”他认为，科技创新源于强大的科学精神和科学思想。但中国科技创新必须克服涉及价值观念、传统文化、心理习惯等多方面的障碍。2015年，在《对科技创新和“钱学森之问”的再思考》一文中，项先生辨析了“创新不同于创业”“创意设计和技术创新的区别”，重申“中国需核心技术的自主创新”“改变传统思维模式、培养创新人才”等观点，最后再次强调“中国的出路在全面教育改革”。所以在项院士已近七十春秋的科教生涯中，恪尽职守做好“人类灵魂工程师”始终是他的人生第一志业。晚年的他一直对“强国必先强教”坚信不疑，念念不忘，时不时会再论“钱学森之问”与中国一流大学建设之道。在他的回忆录扉页中除了三条“我的人生格言”外，还特录有三段“我最喜欢的名言”，都系论大学与教育的，即陈寅恪关于独立之精神和自由之思想的大学精神，爱因斯坦关于学校目的应是培养有独立行动和独立思考能力的个人的教育观，以及苏格拉底所主张的教育不是灌输，而是点燃火焰的理念。这三句名言彰显了项先生情系教书育人之本的不变信念，亦可视为回答“钱学森之问”的几个关键。作为多年关注大学之道研究与教育哲学反思的笔者，对此可谓是灵犀相通、心心相印。

与同济大学相依相伴一生的项先生还有着一种常人难以理解的同济情结。前述原国家重点实验室办公室主任周伟民后来在调任同济设计院副院长后，负责校内各院系专业教师的设计管理工作，在他的印象中，项老师具有严谨的治学精神，一丝不苟的科学精神，且对世界前沿学术研究具有深入的了解。他积极推动科研成果转化，迅速提高了我国桥梁界科研、桥梁设计的水平，也提高了中国在世界桥梁学术界的地位（项先生曾兼任过桥梁设计分院院长）。周伟民特别提出：“这一切我认为源于项老师强烈的爱国情怀，同时也源于他非常深厚的同济情结。”他在接受笔者的采访时还特别回忆到，21世纪初项老师受吴启迪校长委托兼任过两届同济大学建筑设计研究院（集团）有限公司董事长，他本人作为董事会监事和公司副总裁，印象最深刻的是，项董事长在坚持抓好做强科技和做大市场两手时始终反复强调的是，作为同济大学控股的集团公司一定要把做强科技创新置于首位，绝不容许有任何有损同济大学声誉的单纯的市场牟利行为，足见其同济情结之深厚。

退下行政岗位后的项先生一如既往地关心着母校的事业发展和同济精神的传承，他为学校成立“国豪书院”、设立“国豪讲坛”等击掌称赞。记得十余年前笔者担任同济大学校务委员会委员暨文化建设咨询委主任期间，曾与时任设计创意学院院长娄永琪教授共同策划过一个关于大学文化建设中的校园环境设计项目，受到一直重视大学文化研究的时任校党委书记、校务委员会主任周祖翼教授的关注，他特别提议召开一次相关的专题咨询会加以讨论，并通知校务委员会成员可自由选择参加与否。那天我到会场时吃惊地看到已近耄耋之年的项院士竟也风尘仆仆赶来了，还准备了一个认真的发言，再三强调大学的根本任务是培养人，校园环境建设要凸显大学文化的精神理念，重点是学术环境文化的建设，以吸引最优秀的人才近悦远来。他以李校长的爱国敬业精神为范，再次强调李校长生前的教导：人生无非两件事，一个物质，一个精神，究竟是追求精神财富，还是追求物质财富？二者兼得恐怕不易，真正的人才是以事业为重，不会过于追求物质财富……他还谈到大学的课堂文化问题，做老师要研究如何启发培养学生的创新思维，针对大学理工科教师中约10%的老师开有公司、上课时有分心的现象，他提出要约法三章，不能假公济私，同时也呼吁大学要努力改变教师待遇太低的问题以保证老师集中精力于教书育人和科学研究……这也是项先生一直坚持鼓与呼的老话题。

项院士作为一名具有近70年党龄的老共产党员，始终不忘初心，尽管因遭遇“丁酉之难”后自戒“远离政治，专注业务”，但自少年家乡晋谒岳庙时那“精忠报国”四个大字即已刻骨铭心，故“苟利国家生死以，岂因祸福避趋之！”的精神始终浸润于心。在他晚年的阅读思考中，最为突出的正是他的家国情怀与信仰忠诚，“马恩宏论感纯心，烈士忠魂励献身。……圆梦仍需‘德赛李’，甘当公仆侍人民。”项先生在入党六十年感怀中所感所愿者，亦是其回忆录最后两章“落日晚霞”与“夕阳余晖”中一直殷殷于怀的重要主题，也成为我们微信交流中谈得最多的话题之一。我俩还曾经交换过在德国参观特里尔的马克思故居博物馆和波恩的贝多芬故居时的感想，也讨论过何为共产党人的“信仰与忠诚”。项先生曾从对“共产主义”英语的词根分析引出共同富裕，人民当家作主，人人自由平等、命运与共的人类共同理想。我谈了我所理解的科学共产主义的真谛应该是“社会生产力的最高度发展与人的最全面的自由发展的统一”，故曾在马克思故居的留言是“马克思的科学精神与人道关怀永远活在人类的理想追求之中”。项院士在表示赞同的同时还就此谈了自己对马克思主义与人类文明关系的看法，他认为，欧洲古典音乐是人类文明进展的瑰宝，如贝多芬的音乐是永恒的，也永远是音乐殿堂中最神圣和崇高的珍宝，他的《欢乐颂》采用席勒的长诗，歌颂的世界大同和人类和平的理想，这和马克思主义也是相通的。项先生还谈到对中国民主革命先驱孙中山先生提倡的“天下为公”以及“民族、民权、民生”的民主社会主义思想的赏析，认为其“民生主义”与马克思的共产主义理想和中国特色社会主义的“共同富裕”乃至“命运共同体”的理念都是相通的。同时他也十分关心执政党所面临的“自我革命”的挑战，思考何以加速推进反腐治贪、脱贫倡廉、富民强国（含强军强教等）历史使命的早日完成。项先生认真反思历史经验与教训，真诚期待通由“民主、科学、法治”三管齐下，以达中华复兴伟业之早日实现。胸怀大者方为大贤，自谓“小人物”，实乃真正“大先生”也！

五、博学不怠思无涯

除此以外，有感于话语投机，惺惺相惜，话题扩展，兴之所至时几乎无话不谈，而文理之间对话，终难免触及探讨科学与哲学(如钱学森构思的“大成智慧”哲学)的关系，乃至“间于”二者的各种新老“玄学”与“神学”等“剪不断理还乱”的相互关系，也沟通对国内外时事变化以及“量子纠缠”“AI革命”等科技创新与蜕变中涉及的观点与方法的“唯物唯心”“主观客观”等的再思考。尽管我们在某些问题上会有不同的分析视角，如有一次看到微信中流转的一篇题为《量子纠缠的能量》讲“天人感应”的奇文，我读后随感戏言之：“量子纠缠，唯心唯物？心想事成，唯识唯念？科学玄学，蹈实探虚？知也无涯，学思何殆？”项先生认真回应，说自己奋斗四十年所做的桥梁抗风研究，就是为了避免1940年美国塔科马海峡大桥的风毁事故，是用偏微分方程求解临界风速和参与振型，并通过全模型风洞试验证明的科学而绝非玄学。“量子纠缠，我不懂，听起来很玄，我想也一定是实在的科学，可以实证的。”于是我们就有过一段科学与哲学的跨学科聊天。我谈了我理解的哲学已不再只是教科书所泛泛而谈的“世界观与方法论”，其根本问题实际上是如何认识和处置人和世界的关系问题，而所谓唯心唯物也只是在传统的哲学本体存在论意义上的“归根结底”而言(中文中的“心物之争”是始于隋唐佛学传入后)，西方语言中的“唯心主义”则首先系理想主义之意，而“唯物主义”则亦有物质主义、实利主义乃至物欲主义之谓，并非正确与错误的唯一分野。而现代科学发展亦在挑战和打破传统的客观性与主观性、理性逻辑与感悟直觉截然二分法的思维路径，从牛顿的万有引力到爱因斯坦的相对论时空，再到量子力学中的玻尔强调波粒二象性的互补原理、海森堡的测不准原理乃至“薛定谔的猫”，以及20世纪生命科学发展背景下的普里高津的“耗散结构论”等生命自组织理论，乃至混沌学、概率论等复杂科学对传统实证科学因果律的挑战层出不穷，还有当下人工智能革命中对图灵实验及“钵中之脑”等的再思考。所以主观客观皆为人之所“观”，难免有“人设”与人择之影响。所以正如项先生所说，“量子纠缠”也应是可实证的科学，现量子计算、量子通信的应用不就是证明吗？而从哲学上看，“量子纠缠”的整体相关性特征的发现也可视为是对我们熟悉的辩证哲学命题“世界是普通联系和永恒发展的过程”的又一次证明吗？诚如通由诸多中介“风马牛可相及”，而本文尝试的“风－桥－诗－乐”之逻辑不也如此吗？

在这些讨论中，作为工程科学家的项院士，对各种问题的思考分析始终保持着的科学家探索未知的高度敏感性和工程师解决问题的缜密严谨性，令人印象极深。同时，他的大气谦和、虚怀若谷及好学勤思、踔厉蹈新精神也感人至深。如他常会转发来一些网上流传的哲学新论说以求“疑义相与析”，但又直言“我的哲学根底很浅”，“只在读研时学过一点”，“这个方面的知识我不懂”等，还每时每有“请予指正”“请指教”之类的谦词，令我汗颜，更感肃然起敬。哲学和科学本同源于人类“仰望星空（泰勒斯)”及对万物和谐（毕达哥拉斯）的追问与“惊愕”，哲学是一种基于已有知识为对象的形而上之思，而翻开项先生的论文集《壮心集》之目录，即可见多篇围绕桥梁科技专业自主创新所发文章都标以“思考”“再思考”“反思”“再谈”“之问”“警示”等为题：如《“桥梁大国”距离“桥梁强国”有多远》《关于中国桥梁界追求“之最”和“第一”的反思》等，以及反复诘问中国桥梁在设计美学、经济效益、工程质量等的“短板”问题，都充满哲理无不可见其中闪烁出辩证哲学思维的睿智之光（其实早在研究李国豪教育思想时我就注意到项先生关于李校长的理论贡献之精要概述中体现出的科技哲学素养）。

为此我曾发微信说：“重读了你《壮心集》中的《桥梁美学设计》及对创新型国家等的冷静分析与展望等，深感你有很强的哲学思辨力。科学基于对客观实然世界的发现和发明（通过技术科学）及改造（经由工程科学），而人文哲学则更凸显人类智情意（主观世界）对真善美的感知与发散（激发与弥散）及期望（应然之期许）。”由此我不禁联起在连任两届教育部高校文化素质教指委委员时，曾与主任杨叔子院士及同仁一起多次讨论的现代高教何以实现“科学（技）教育与人文教育的协调发展理念”问题，杨院士的教育是“育人”而非“制器”之说给我留下深刻印象。也联想到在受邀担任清华大学工程教育研究中心特聘校外学术委员期间曾建议的，工程教育更要关注培养造就兼有科技创新思维能力与人文关怀的“科技人文主义者”问题，引导学生常常反思控制创始人维纳之名言“人有人的用处”之深意。个人认为，这或将是现代科技革命时代的最重要的科学与哲学话题之一。而项先生本人不就是这样一位“以业为志，由技入道，转识成智，化性为德”的“科技人文主义者”的杰出代表吗？而他反复挂在嘴边的诸多“谦词”，不也正是《论语·子罕》所云之“子绝四：毋意，毋必，毋固，毋我”精神的现代传承吗？我想此亦是项先生终身学而不厌、思而不怠所秉承坚守之严谨求实、探索创新与独立思考、批判质疑相结合的科学精神之所在。

或许此也正合本人多年主修哲学之最重要体会：“自知无知乃为智”，即“知之为知之，不知为不知，是知也”，而万万不能“强不知（而自）以为知”。自20世纪90年代初笔者赴德研读当代哲学解释学（Hermeneutics，又称诠释学）时，最重要收获之一即德国现代哲学家伽达默尔力图破解局部解释与全文理解、“本文”的“前结构”与“情境”之间理解与解释的“解释学循环”之名言：“没有偏见就是最大的偏见（德语 Vorurteil 又为先入之见，成见)”，我以为这几乎可与苏格拉底之“认识你自己”相媲美。亦如荀子《解蔽》所言，任何有所“见”（见仁见智）者同时也难免有所“蔽”（蔽于一曲），故任何“己见”都必有“偏见/成见”，自知者明。因任何“已知”都囿于时空之限而难逃“未知”无垠之困惑，所以须警惕种种以“真理”之名绑架思维的迷误，始终保持思者（thinker）头脑的清醒。项先生就是这么一位时时不忘“自知其无知”的好学勤思的贤智之“醒客（思者)”，我有此同道知己、人生良师实为至荣至幸也！

六、君子厚德善无声

传记写作期间，年轮飞转又值“四”，恰逢传主喜福年（参见本书第八章第三节）：今年（2024）2月5日乃是项宁喜结连理60周年纪念日，年前即悉因疫情阻隔多年未回国的女儿将于年初回国公差并度假省亲，有望能届时现场庆贺父母钻婚，以弥补十年前因分身无术错失金婚大喜之憾，项先生夫妇为此甚为振奋翘首盼之。为此笔者特提前一天于立春日一早就发上“诗魔”白居易的那首题为《立春日酬钱员外曲江同行见赠》的五言诗：“下直遇春日，垂鞭出禁闱。两人携手语，十里看山归。柳色早黄浅，水文新绿微。风光向晚好，车马近南稀。机尽笑相顾，不惊鸥鹭飞。”借花献佛以祝福耄耋伉俪“风光向晚好”：“相携已一甲，钻婚恒久远，晚霞无限好，青山夕照明”。不料项先生当即回谢并告知正在填一曲《长相思》以纪念钻婚，“初稿已成，尚待修改，过几日奉告指正”，但随即就发来了修改中的初稿“指教”，将强调系步2016年贺爱妻八十华诞所作“诉衷情”同韵而作。不谙平仄只求意蕴的我“受命难违”就试着改了几句，建议将“对白头”“渡剩秋”“合墓悠”等词改为“抚(慰) 白头”“赏晚秋”“同乐悠”。不料我的“乱弹琴”竟被其伉俪俩认真推敲反复斟酌五易其稿，直到第二天的钻婚日上午发来了第六稿：

忆南楼，念南楼，甲子钻婚爱永流。相拥慰白头。

伉俪遊，四海遊，期颐居家赏晚秋。余生同乐悠。

项先生说，“我每写一首诗词一般要一周的时间修改多次才定稿”(果不其然一周后又告知再改一字，换“同乐悠”为“共乐悠”以更合平仄)，足显其一丝不苟之严谨学风。为能在短短36字中用上“忆、念、爱、慰、悠”5个关键字都从“心”，项先生甚感满意，其用心之专，寄情至深，令人叹为观止！我不禁由衷点赞：“伉俪情深，相濡期颐，鹤寿童心，敬之羡之……”

当晚项先生就发来了他们与女儿一起拍摄的喜庆钻石婚合影彩照，哇塞，这可是我近年来所见之最为神采奕奕、笑逐颜开的项先生哟！真是人逢喜事精神爽，妻女偎依左右的天伦之乐，绝对是最能滋润满满的爱与幸福感的甘泉佳醪哟！

几天后，项先生的女儿宇菲应约邀我到其所入住的酒店共进早餐，以聊聊“女儿眼中的父亲”。聊起既是严父又是慈亲的爸爸，菲菲最难忘的是父亲当年负笈欧洲期间几乎每周都能收到的家信，间或还附有专给女儿的信笺，谆谆嘱咐要勤学尊师爱友，要追求真善美……字里行间充溢的是满满的关爱，那时刚进中学正值豆蔻年华的她初尝“家书抵万金”之甜蜜，反复阅读中更感受到外严内慈的父爱如山慎又缜的深切，于是悄悄将“父示”手迹珍藏身边，并于十多年后携之远渡重洋留学北美。她说，父亲的性格脾气经洪堡之旅的德国文化熏染而愈显严肃严谨，做人做事都追求完美，要求甚高，一丝不苟是父亲一贯的待人处事风格，疾恶如仇批评人时不讲情面，但历来是对事不对人……

菲菲返美后遍寻家信未得，并特补发简要文字总结道：“爸爸的诚实坦荡对我最有影响，做人做事都是这样，受用一生；爸爸的爱国情怀给我印象最深，这也是这些年我选择助力中国公司走向海外的主要原因。”真是“知父莫若女”，在我与一些也认识项先生的同事朋友谈及项院士时，不论相交深浅他们都谈到了对项先生的人品之诚实坦荡、助人为乐以及报国情怀印象最深。

如曾经长期服役在于四川绵阳风洞试验室的空气动力学专家施宗城的女儿在应邀发我的短文《我爸施宗城》中告诉我，其父转业时是经项老师联系引进到同济担任风洞试验室的运行指挥的，项老师一直非常关心他们结束长期分居后在上海的生活状况，“爸爸在同济工作时，项老师十分关心我们。他多次来过我们家，看到住房条件困难，在同济新村临时借给我家一套小户型，一度缓解了我家住房紧张问题。后来，也是在项老师的直接关心下，学校分给我们一套二室一厅的房子。我家住六楼，吴启迪校长就住四楼……”的确，项先生之外表英俊严肃，“风度翩翩”，令人徒生敬畏，但内心细腻缜密，善解人意，助人为乐，润物无声。

而另一位也是从外地调入同济的楼梦麟教授也通过微信告诉了我一件对他个人影响甚大的往事。尽管他是在成为土木工程防灾国家重点实验室的一名新兵后才结识项老师的，但项老师却为他争取了一个由国家基金委组织的到美国学习的重点实验室负责人培训班的名额，为期一个月的培训，除了学习理论知识外，还有机会参观了很多美国国家实验室以及大型企业，印象深刻，受益匪浅。后来在继任重点实验室主任时曾借鉴提出了一个改革管理体制机制的大胆设想，受到项院士等的肯定支持，虽然最终未能实施，但他始终由衷感激项院士对他的关怀帮助和信任支持。

无独有偶，远在德国的同济大学顾问教授、德国同济校友会名誉会长余安东这一曾因20世纪80年代与项先生合作准备竞争国家重点实验室的申请报告而相识的“战友”，应笔者之邀专写了一篇《我所认识的海帆》，在介绍他俩相识相知的历历往事后如斯说：“海帆和我几十年的交情，我从他那里学到很多。海帆为人正直不阿。他见到不正确的事，直抒己见，疾恶如仇。对专业上的问题，非常敏感，高瞻远瞩，有时不惜力排众议。海帆尊师爱友，他把功劳都归于李校长，而对后进和学生，耳提面命，善意提携。尽管海帆成为院士后，名声地位很高，但他一如既往，对我们这些老友毫无架子，还是亲切、诚恳。在同行中能做到专业成绩与处事待人都好，确实难得。我在此遥祝他健康长寿！”

是啊，古人曰“士不可不弘毅”，从小摹写文天祥《正气歌》“天地有正气，杂然赋流形……于人曰浩然，沛乎塞苍冥……”已深深地镌刻在心田，俨然成为项先生安身立命之根基。虽说大丈夫能屈能伸，但养浩然正气于各种不同时代巨变中，始终坚持“贫贱不能移，富贵不能淫，威武不能屈”之大丈夫精神，此乃中华民族自立于世界民族之林逾五千年文化传承之核心，也形塑了千千万万华夏优秀儿女及历代志士仁人共同的气质之所在。项先生刚正坚毅，既不对上阿谀奉承、曲意迎合，亦从不对下颐指气使、盛气凌人，实可谓真正身体力行了大丈夫之浩然正气，因而即使在遭遇暴风骤雨之突袭的最艰难时刻，依然能独善其身，拒绝举报“甩锅”嫁祸于人，从而“保持了心灵的纯洁和人格的尊严”。真是君子温如玉，待人如待己，厚德以载物，笃行乃致远。

七、山高水长拾余墨

记得为传记之事，我俩在葛耀君和项先生秘书徐乐陪同下第一次赴项先生家拜访，当时稍生疑惑的是，项先生伉俪俩年近古稀时何以会选择这么高的楼层（32楼）以养老赏晚秋？原来是这里的阳台上可以直接眺望如盘龙卧虎踞于浦江上的南浦、卢浦两座大桥！这不正合于项先生终身不渝的“大桥情怀”吗？而一眼瞥见那置放于书柜上的“乐圣”贝多芬的石膏头像，令我马上想到在波恩莱茵河畔草地上的那个满是用音符构成的硕大石雕头像，乐圣那神采飞扬之“酷”态不是恰与我们风度翩翩的传主形象颇多神似吗？那天结束访问时推窗远望，春光明媚中，但见南浦大桥和卢浦大桥犹如两架巨型竖琴，一竖一横跨立江上，纤长的桥索在阳光下熠熠发光，似闻风拨琴弦传天籁，不禁想起项先生专门发表过的关于桥梁美学的演讲，我曾赞其文章对相关哲学史知识的娴熟运用，项先生谦虚地说这只是读了前人的几本著述的一点体会而已，不足为训……一如既往的风轻云淡。但我却突然想起18世纪德国哲学家谢林的《艺术哲学》中的那句名言“建筑是凝固的音乐”。这是视觉与听觉的对话共振，是基于共同的美学原则的艺术创作，通过比例与结构的契合创造和谐与美感，通过重复与韵律传达和激发情志。为此，笔者曾与一位留学德国的同济校友，职业建筑师兼自由音乐人探讨过建筑与音乐的美学共通性，她认为建筑的三要素是实用、美观、坚固（我的理解是建筑设计中的功能、外形与结构？），而音乐三要素是旋律、和声、节奏。它们之间存在某种若即若离的对应关系（基于某种数学的逻辑共性？）。相对于建筑，桥梁的坚固性更为重要，其造型是基于结构的要求而设计的。合理的结构产生韵律美，就像音乐中以和声与节奏为基础，创造出美好的旋律……是耶非耶？我似懂非懂，“子非鱼，安知鱼之乐”？我特请教项先生指点，他告诉我，与建筑美学有所不同，桥梁概念设计主要是考虑实用、经济、美观、耐久这八字方针……而眼前的大桥在我看来似乎更像是一串串流动的音符在跳动淌漾：桥上车水马龙川流不息，桥下江水滔滔逝者如斯……脑海中猛然跳出一句：桥梁或许可称为最具流动性的建筑吧？

然而，面对建筑与音乐这两种空间艺术与时间艺术的交集，或更感值得思考的恰是其中的“时－空”跨接与交融（抑或也有压缩与延宕？），我国首部获得国际科幻协会雨果奖的小说《三体》中虚构有一个神秘的“科学边界”组织，在面临“量子纠缠”之不解之谜时发出了“物理学不存在了”的惊呼，但是时空依然存在，中文的“天－地”“世－界”“宇－宙”乃至“存－在”不都是“时－空”之指代吗？人类的科学无止尽，创新无边界，哲学的思辨亦无休，苏格拉底说，“未经审视的人生是不值得过的。”……记得印象派画家高更谈起那幅作于塔希提岛的极具张力的《生命之问》“我从哪里来？我是谁？我到哪里去？”时说：“……我再也画不出更好的有同样价值的画了。……我已把自己的全部精力都投入这幅画中了。……这里，我的眼睛看得多么真切而且未经校正……它们看见的就是生活本身……”呵，生活总是既有阳光灿烂又有阴霾遮月的时空交集！过去未去，未来已来，生活仍在继续……所有科学艺术乃至工程技术本是生活之映射，更是生命之闪烁与创造……呵，项先生无惧风雨的无悔人生，厚德载物之扬帆自强，不亦为后辈学人之榜样与楷模吗？

参与传记写作乃为本人首次尝试，亦为继研究李国豪教育思想之后本人又一次跨界更大的“阅读大师”之旅。“后记”本是作者记录写作过程经历及感想体会以与读者进一步交流为旨，既是作者手留玫香之分享，亦为抛砖引玉以求余音绕梁徐徐袅袅益智启思……当然此类文字往往更多一些主观感悟的发散性，借以再现作者对自

项海帆宁蓓蕾钻石婚全家合影，2024年

己心目中的传主形象之素描。因本文涉猎之杂，篇幅之长，业已远超出一般后记所限，故还是改称“代跋”较妥。思接千里，落笔万言，虚也实也，疑义相析，或亦可为一对传主的简要“评传”？以此答谢传主之信任与诚邀。不为假意唱赞歌，只欲真心抒己见。但愿不是画蛇添足，狗尾续貂。文中所言，如有失实（传主常言忌“高抬”），文责自负，知我罪我两由之。

眼前再次浮现出在项先生家客厅道别之际的那一幕，望着先生那饱经沧桑略显清瘦但仍精神矍铄淡定从容的脸庞，心中突然冒出《菜根谭》里的那句名言：“宠辱不惊，看庭前花开花落；去留无意，望天上云卷云舒。”先生退休未敢忘忧国，忧国忧民忧天下，历尽风霜志不渝，报国“纯心”励后辈。让我们伴随乐圣贝多芬《第九交响曲》舒展欢愉之旋律：“欢乐女神圣洁美丽，灿烂光芒照大地。我们心中充满热情……”衷心祝愿我们的传主项海帆院士与爱妻“期颐居家赏晚秋”，伉俪双双共乐悠，恰似墙上挂的那张两只小雀悠然于繁花下的“秋艳”花鸟图……

搁笔之际重温传主的人生格言：“中国知识分子应当继承清高而不媚俗，傲骨而不屈从权贵之正气；还要保持忧患意识，并发扬求真、求实和批判质疑之精神。”（摘引自《无悔人生——项海帆回忆录》之扉页）读之不禁感慨万千……抬望眼，极目远眺，耳畔似闻天籁悠悠：“云山苍苍，江水泱泱，先生之风，山高水长……”

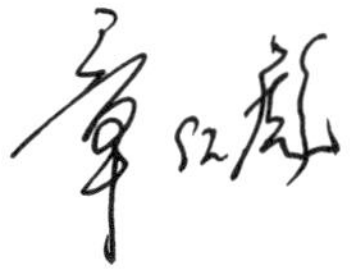

（章仁彪）

甲辰仲夏於沪根云间

2024年7月24日

附录一　项海帆大事年谱

1935年12月19日	出生于上海西门妇孺医院（红房子医院）。其父民光织物社厂长项立民为其取名海帆。
1939年2月	入读静安区工部局延平路小学附设幼稚园小班。一年后跳级升入延平路小学一年级（春季班）。
1941年2月	转学至工部局荆州路小学二年级春季班，1942年获评为“优良学生”。次年因参与抵制日语课受警告处分。
1945年2月	随家迁居西摩路“西新别墅”新居，转学至工部局西摩路小学六年级。
9月	抗战胜利后开学后任班长。
1946年1月	毕业于西摩路小学。
2月	以全校第一名考入市立晋元中学（原工部局华童公学）初一（春季班）。
1949年2月	毕业于晋元中学，并直升高中（全校共三名）。
1951年7月	同等学力（高三仅学了半年）参加高考，被同济大学土木工程系录取。
1952年5月	在同济大学思想改造运动中加入共青团（16岁）。
9月	进入同济大学桥梁与隧道专业二年级。
1953年8月	参加上海高校夏令营后加入校文工团手风琴社。
10月	全国举行第一次人大代表选举，因尚不满18岁，担任学校总监票人。
1954年5月	获同济大学校运会跳高第三名（成绩1.64米），入选校田径队。
10月	当选首届三好学生。
1955年7月	毕业留校同济大学，在李国豪老师指导下攻读副博士研究生（学制四年）。
1956年2月	当选全校研究生独立团支部书记，并任团委青年教师工作部委员。

5月 路桥系教师支部书记动员申请入党，并正式加入中国共产党。

1957年7月 在整风运动中，被定为右派分子。

1958年3月 公布处分决定（属于第四类，较轻）被开除团籍、党籍和研究生学籍，留校察看，送校耐火砖厂（为大炼钢铁小高炉所用）劳动改造。

1959年9月 首批获摘掉右派分子帽子，获李国豪邀请担任“桥梁稳定与振动”课程辅导教师，开始参加教学工作，并应邀加入教工文工团。

1960年3月 应邀为学生文工团排练“春天来到了扬子江”，担任手风琴伴奏，在此期间结识文工团小提琴手宁蓓蕾。

1961年9月起 在南楼办公室开始编写李国豪主编的《桥梁结构稳定与振动》教材。

1963年3月 “留校察看”期满，定职助教，成为正式教师编制。

1964年2月 与宁蓓蕾结婚。通过教师外语过关考试。

4月 宁蓓蕾赴北京工作，开始十年两地分居生活。

1966年10月 陕西路的家被抄，他居住的三楼被封。

1967年9月 女儿项宇菲出生。

1968年2月 再次被赶入牛棚。

1969年4月 中共九大后第一批从牛棚被释放，获准回到教研室参加活动。

1970年2月 首批去安徽歙县五七干校劳动，因腰伤复发，不能挑担，加入耕地组兼食堂帮厨。

1971年9月 结束五七干校劳动，回校为首批入学的工农兵学员编写拱桥教材。并去长沙、广州调研。

1972年9月 临危受命为工农兵学员上拱桥设计课并得到认可。

1974年5月 妻子宁蓓蕾调回上海民用设计院工作。搬入巨鹿路800号新居生活，开始过上家庭团聚生活。

9月 女儿项宇菲入读常熟路小学。

1977年2月 晋升为讲师

李国豪复出担任同济大学校长。

1979年1月 党总支宣布改正错划右派通知，并恢复其党籍，通知参加支部组织生活。

2月 被选入英语班，准备出国进修。

1980年2月 申请德国洪堡研究（博士后）奖学金。

8月 获批。

9月 晋升副教授。

12月 赴德国波鸿鲁尔大学留学。

1981年9月 从德国赴英国伦敦帝国理工学院首次参加国际桥协年会，由洪堡基金会资助其旅费。

1982年2月 父亲谢世，享年74岁。

5月 完成博士后研究报告（用德文写作，并用德文作报告），按期回国。

8月 协助孙钧主任出任结构工程系副主任，分管科研、研究生、外事和青年教师出国进修事项。

9月 “多孔连拱的实用抗震计算方法研究”获同济大学科研成果二等奖（排名1）。

《工程结构抗震动力学》获同济大学科研成果一等奖（排名6）。

1983年3月 获同济大学补发研究生毕业证书。

8月 完成市科委下达的南浦大桥方案研究咨询报告。

9月 作为副导师协助指导李国豪第一届博士研究生谢霁明的研究。招收第一届硕士研究生陈德伟和葛耀君。

在此期间，其研究课题“拱桥横向抗震的实用计算方法”获同济大学科研成果二等奖（排名1）。

1984年5月 教育部特批为正教授和博士生导师（全校四人）。

8月 第一次赴美国旧金山参加国际地震工程大会。

1985年5月 获得1984年度同济大学教学科研管理结合特等奖。

“桥梁抗震理论”获同济大学科研成果一等奖。

7月 申请教育部“土木工程防灾国家重点实验室”，任筹备组副组长。

9月 北京“土木工程防灾国家重点实验室”答辩成功，获准建设。

1986年4月 获“中青年‘国家级专家’称号”，连升三级工资。

5月 “桥梁抗震理论”获国家教委科技进步奖一等奖（排名2）。

11月 同夏威夷大学合作研究电视塔风工程，同时访问美国著名大学的风洞试验室。

1987年1月 回国途中访问日本东京大学及筑波大风洞。得悉上海市政府已委托做南浦大桥的初步设计，立即向李国豪汇报。

8月 江泽民市长来访并了解同济为南浦大桥所做的可行性研究工作。代表桥梁研究室以“人民来信”方式向江市长表示自主建设的意愿和决心。

9月 在结构工程学院下设立桥梁工程系，出任首届系主任。

9月22日 江市长在信上批示，决定自主设计建设南浦大桥。

1988年3月 岳母谢世，享年76岁。

5月 《斜张桥稳定分析的实用计算方法》获中国土木工程学会桥梁及结构工程分会第八届全国桥梁学术会议优秀论文（排名2）。

9月 接替李国豪出任国际桥协常务委员会中国代表。

南浦大桥动工建设，跨江主桥采用李国豪的结合梁斜拉桥方案，交由上海市政工程设计院主持设计，同济大学担任科研总承包和浦东引桥设计任务。

1989年6月 发生了政治风波，筹备了多年的北京亚太风工程会议遭抵制而失败。

7月 “上海地区台风特性及其对高耸结构的作用”获国家教委科技进步奖一等奖（排名2）。

1990年1月 应邀赴日本横滨会议中心参加伊藤学教授60周岁荣休仪式，作大会报告。

4月 中国土木工程学会桥梁及结构工程分会换届，出任分会秘书长。

9月 获同济大学先进工作者。

编写出版《拱结构的振动与稳定》(人民交通出版社)。

出任同济大学土木工程防灾国家重点实验室常务副主任。

1991年4月 在上海虹桥宾馆成功举办第三届亚太结构工程会议(EASEC-3)，任秘书长。

5月 获“七五”广东省交通建设先进个人。

9月 苏联解体后赴俄罗斯参加国际桥协列宁格勒年会。

10月 获国务院“为发展我国高等教育事业作出突出贡献”奖。

12月 因“上海南浦大桥工程建设中成绩卓著”获同济大学先进个人。

1992年2月 中德联合培养博士生中期检查与指导，赴德国访问。

任广东虎门大桥顾问委员会委员。

1993年4月 为庆祝李国豪80寿辰，编辑出版了《中国大桥》画册。

7月 妈妈谢世，享年85岁。

9月 因“培养优秀青年教师工作中成绩显著”获上海市高等教育局荣誉称号。

10月 “斜拉桥施工控制及其在宁波甬江大桥中的应用”获上海市科技进步奖三等奖（排名1)。

11月 因“发展中华民族科学技术事业成绩显著”获1993年度光华科技基金会奖三等奖。

为联合申请美国家基金项目，去美国东西部多处大学和城市访问。

1994年2月 获同济大学研究生院“1993年研究生教学奖”。

3月 《中国桥梁》获上海市新闻出版局“上海市优秀图书奖(91-93)”一等奖（排名1)。

4月 “黄浦江南浦、杨浦大桥抗风性能研究”获上海市政工程管理局科技进步奖一等奖（排名1)。

9月 女儿项宇菲获全额奖学金赴美留学。

12月 “黄浦江南浦、杨浦大桥抗风性能研究”获上海市科技进步奖一等奖（排名1)。

“国家重点实验室建设十周年表彰大会”获先进工作者(金牛奖)。

1995年2月　“上海广播电视塔风工程试验研究”获上海市科技进步奖三等奖（排名5）。

获同济大学长毂川集团奖教金理事会1994年度科研奖。

5月　当选中国工程院院士。荣获上海市劳动模范称号。

“上海市重点建设工程”获上海市科委、建委“科技明星提名奖”。

“大跨桥梁风致振动及控制理论研究”获国家教委科技进步奖一等奖（排名1）。

6月　“上海内环线高架道路关键技术研究”获上海市政工程管理局科技进步奖二等奖（排名2）。

11月　“上海内环线高架道路关键技术研究”获上海市科技进步奖三等奖（排名2）

接替孙钧出任中国土木工程学会副理事长，同时辞去桥梁与结构工程分会秘书长。

12月　“上海南浦大桥工程”获国家科技进步奖一等奖（排名3）。

“大跨桥梁风致振动及控制理论研究”获国家自然科学奖四等奖（排名1）。

1996年1月　获同济大学科学技术奖一等奖。

“水箱制震理论在工程结构抗风设计中的应用”获国家教委科技进步奖三等奖（排名4）。

《桥梁结构与稳定》获全国优秀图书奖一等奖（排名2）。

主编出版《公路桥梁抗风设计指南》（人民交通出版社）。

5月　出任同济大学土木工程防灾国家重点实验室主任。

1997年9月　同济大学成立土木工程学院，出任首任院长。

任国务院学位委员会第四届学科评议组土木工程组召集人。

1998年　主持国家自然科学基金重大项目“大型复杂结构体系的关键科学问题及设计理论研究”。

1999年12月　赴加拿大参加程韶红博士答辩会，会后去美国休士顿访问。

2000年3—9月	应邀作为香港昂船洲大桥国际设计竞赛评委三次赴香港参加评审会。
12月	“公路桥梁抗风设计指南”获上海市科技进步奖三等奖(排名1)。
	任中国风工程学会首席顾问。
2001年5月	在马耳他年会上当选国际桥协副主席。
	“重大土木工程安全性与耐久性的基础研究”获中国高校科技进步奖二等奖（排名7)。
6月	获同济大学优秀共产党员称号、上海市教育系统优秀共产党员称号。
9月	中国申办2004年上海年会得到批准。
	主编出版《高等桥梁结构理论》(人民交通出版社)。
12月	“江阴长江公路大桥建设关键技术研究”获江苏省科技进步奖一等奖（排名3)。
2002年11月	接替范立础出任中国土木工程学会桥梁及结构工程分会理事长。
2003年4月	主编出版纪念李国豪90寿辰《中国大桥》(人民交通出版社)。
10月	“上海卢浦大桥设计关键技术研究”获上海市科技进步奖一等奖（排名7)。
	任苏通长江公路大桥技术顾问及技术专家组成员。
2004年9月	成功召开国际桥协上海年会（锦江饭店)。
10月22日	召开实验室学术委员会会议换届，项老师任实验室名誉主任。
11月	国家重点实验室计划二十周年纪念大会上获国家重点实验室计划先进个人（金牛奖)。任同济大学土木工程防灾国家重点实验室名誉主任。
12月	“大跨径桥梁上部结构体系及力学性能研究”获上海市科技进步奖二等奖（排名1)。
	风洞试验室在昆山举办70寿辰庆祝会。
2005年元宵节	李国豪谢世，享年91岁。同济大学举行了隆重的追悼

大会。

7月　接替李国豪担任上海欧美同学会洪堡联谊会会长。

11月　主编出版《现代桥梁抗风理论与实践》(人民交通出版社)。该书2006年2月获首届中华优秀出版物（图书）奖、首届中国出版政府奖图书奖提名奖（排名1）；2007年2月获新闻出版总署图书出版管理司颁发的“首届三个一百原创出版工程（排名1）；5月获得全国优秀图书奖，全国共50本，理工类12本。

2006年4月　“现代桥梁抗风理论与方法”获上海市自然科学奖一等奖（排名1）。

“东海大桥斜拉桥抗风性能及颤振控制研究”获上海市科技进步奖二等奖（排名3）。

“大跨度桥梁体系，静力分析理论研究与程序系统开发”获上海市自然科学奖二等奖（排名1）。

《悬索桥跨径的空气动力极限》获中国土木工程学会第七届优秀论文一等奖（排名1）。

2007年5月　同济大学百年校庆，授予荣誉资深教授（Professor Emeritus）证书。

主编出版《土木工程概论》(人民交通出版社)。

2008年9月　获国际桥梁与结构工程协会（IABSE）工程及教育奖(Anton Tedesko Medal)

2009年9月　主编出版《中国桥梁史纲》作为国庆60周年献礼书出版，获上海市优秀图书奖。

“大跨度拱桥抗风设计理论及其工程应用”上海市科技进步奖一等奖（排名2）。

2010年5月　上海世博会开幕。

8月　获美国土木工程师学会（ASCE）R. Scanlan风工程和空气动力学奖章。

“特大桥梁颤振和抖振精细化理论”获国家自然科学二等奖（排名3）。

2011年11月　主编出版《桥梁概念设计》(人民交通出版社)。

2012年4月	获国际桥协功绩奖（IABSE Merit），是继1987年李国豪后第二位中国获奖者。
2013年3月	为纪念李国豪百年诞辰，主编出版《中国桥梁（2003—2013）》（人民交通出版社）。主编出版《高等桥梁结构理论（新版）》（人民交通出版社）。
	“特大跨悬索桥结构与行车的抗风安全及控制”获上海市科技进步奖一等奖（排名4）。
8月	获国际风工程协会（IAWE）2013年度Davenport奖章。
2014年2月	在“上海一号”举行“金婚”聚会。
5月	全国桥梁年会大连会议，中国土木工程学会桥梁及结构工程分会换届，由葛耀君继任理事长，担任名誉理事长。
11月	举行同济土木百年庆典，题写“院史馆”馆名。并被授予土木工程学院名誉院长证书。
2015年4月	中国交通运输部第一次举行以桥梁为主题的“香山会议”，作为主席团成员作了书面发言。
12月	中国工程院祝贺80寿辰，成为资深院士。
	“大跨度桥梁结构和行车抗风安全的气动控制技术”获国家技术发明奖二等奖（排名3）。
2016年5月	《致青春——同济大学学生文工团》一书首发式。
2019年9月	国际风工程大会首次在中国北京举行，视频致开幕词。
10月	获颁新中国成立70周年纪念章。
2020年3月	大百科全书定稿，入选人物篇。
2021年3月	新版主审“现代桥梁工程”出版（人民交通出版社）。
7月	建党100周年庆，获颁在党50年纪念章。
	“铸魂、强基、实践、引领——同济特色桥梁工程人才培养模式与四十年实践”获2021同济大学教学成果奖特等奖（排名1）和2022年上海市优秀教学成果（本科教育）一等奖（排名1）。
2023年5月	“土木工程专业世界一流人才培养的系统实践”获国家级教学成果奖一等奖（排名3）。

附录二　项海帆主要论著

著作和教材：

1. 李国豪主编. 徐值信，俞载道，郑大同，朱伯龙，项海帆. 工程结构抗震动力学. 上海：上海科学技术出版社，1980.
2. 项海帆译. 钢筋混凝土及预应力混凝土桥建筑原理（译著：德文），F. 莱昂哈特著. 北京：人民交通出版社，1988.
3. 项海帆译. 钢桥的疲劳和断裂（实例研究）（译著：英文），（美）费希尔（Fisher，J. W.）著. 北京：中国铁道出版社，1989.
4. 项海帆，刘光栋. 拱结构的稳定与振动. 北京：人民交通出版社，1991.
5. 刘尚培，项海帆，谢霁明等译. 风对结构的作用——风工程导论（译著：英文），（美）E. Simi著. 上海：同济大学出版社，1992.
6. 项海帆主编. 中国桥梁. 上海：同济大学出版社，1993.
7. 李国豪主编. 项海帆，沈祖炎，范立础，石洞，黄东洲. 桥梁结构稳定与振动. 北京：中国铁道出版社，1996.
8. 项海帆主编. 公路桥梁抗风设计指南. 北京：人民交通出版社，1996.
9. 万明坤，项海帆，秦顺全，罗玲. 桥梁漫笔. 北京：中国铁道出版社，1997.
10. 项海帆主编，姚玲森主审. 高等桥梁结构理论. 北京：人民交通出版社，2000.
11. 项海帆主编. 中国大桥. 北京：人民交通出版社，2003.
12. 项海帆，葛耀君主编. IABSE 2004年大会论文集——大都市人居环境与基础设施. 北京：人民交通出版社，2004.
13. 项海帆等著. 现代桥梁抗风理论与实践. 北京：人民交通出版社，2005.
14. 项海帆主编. 中国优秀桥梁. 北京：人民交通出版社，2006.
15. 项海帆. 桥梁结构理论与实践——项海帆教授论文选集. 上海：同济大学出版社，2007.
16. 项海帆，沈祖炎，范立础主编. 土木工程概论. 北京：人民交通出版社，2007.
17. 项海帆，潘洪萱，张圣城，范立础编著. 中国桥梁史纲. 上海：同济大学出版社，2009.

18. 项海帆，徐利平，魏红一，肖汝诚，石雪飞，葛耀君，韩振勇. 桥梁概念设计. 北京：人民交通出版社，2011.
19. 项海帆主编. 中国桥梁（2003—2013）. 北京：人民交通出版社，2013.
20. 项海帆，吴定俊，石雪飞，李国平，徐栋，吴冲，陈惟珍，刘玉擎，肖汝诚，贾丽君，石雪飞，陈德伟，葛耀君编著. 范立础主审. 高等桥梁结构理论（第二版），人民交通出版社，2013.
21. 石雪飞，李国平，李建中主编. 项海帆，葛耀君主审. 现代桥梁工程. 北京：人民交通出版社，2021.
22. 项海帆主编. 中国桥梁（2013—2023）. 北京：人民交通出版社，2023.

论文：

1. 项海帆. 关于单孔拱桥的实用抗震计算方. 同济大学学报，1978，6(4)：21-31.
2. 项海帆，胡世德. 多孔连拱的实用抗震计算方法. 同济大学学报，1980，8(1)：14-32.
3. 项海帆，陆宗林，陈国强. 斜张桥的风致振动及其风洞试验研究. 土木工程学报，1982（1)：1-13.
4. 项海帆. 斜张桥在行波作用下的地震反应分析. 同济大学学报，1983，11(2)：1-9.
5. 项海帆. Earthquake analysis of cable-stayed bridges under the action of traveling waves. Proc. of 8th world conf. on Earthquake Eng.，Vol. 7，1984.
6. 项海帆. A shaking table test of Yonghe cable-stayed bridge in Tianjin，China. Proc. of Inter. Workshop on earthquake eng.，Shanghai，Mar 1984. B-13-1. B-13-12.
7. 项海帆，李瑞霖，杨昌众. 悬浮体系斜张桥的近似抗震计算. 结构工程师，1985（1)：64-70.
8. 谢霁明，项海帆. 桥梁三维颤振分析的状态空间法. 同济大学学报，1985，13(3)：1-13.
9. 项海帆，陈国强. 规范化的人工地震波. 同济大学学报，1985，13(4)：1-12.
10. 项海帆，胡世德. 拱桥横向抗震的实用计算方法. 土木工程学报，1985

(1): 47-62.
11. 谢霁明，项海帆. State-space method for 3-D flutter analysis of bridge structures. Aisa pacific symposium on wind engineering，University of Roorkee，Roorkee，India，Dec. 5-7，1985. 269-276.
12. 谢霁明，项海帆. 桥梁抗风设计的新概念——多振型耦合颤振. 土木工程学报，1987.5，20(2): 35-45.
13. 项海帆，薛慧莲. An outline of study on wind hazard prevention of structures in China. Proc. of US-ASIA conference on engineering for mitigating natural hazards damage，Bangkok Thailand，Dec. 14-18，1987. A4-1. A4-12.
14. 项海帆，谢霁明，林志兴. Aerodynamic study on a proposed cable-stayed bridge in Shanghai，China. Proc. of ICWE-7，Aachen，Germany，July 1987. Journal of Wind Engineering and Industrial Aerodynamics 1988，29: 303-311.
15. 李国豪，项海帆. 大跨悬吊桥梁的风激振动问题. 中国科学技术协会1988年学术年会.
16. 杨昌众，项海帆. 按全过程法确定Clough模型参数的非线性地震反应分析. 同济大学学报，1988.6，16(2): 201-210.
17. 项海帆，胡世德. A practical calculation method for transverse earthquake resistance of arch bridges. Proc. of civil engineering in China，Publication of ASCE，June 1988.
18. 项海帆. Wind tunnel test of the Shanghai television tower. Project performed under the auspices of U. S. -China cooperative research: Wind effects on structure，July，1988.
19. 项海帆，毛清华. 车辆荷载作用下简支梁桥振动的研究. 同济大学学报，1989.12，17(4): 457-465.
20. 钱莲萍，项海帆. 空间拱桥结构侧倾稳定性的实用计算. 同济大学学报，1989.6，17(2): 161-172.
21. 项海帆. Developments in flutter analysis of cable-stayed bridges. Proc. of the second Asia-pacific symposium on wind engineering，Beijing，July，26-29，1989.
22. 项海帆，毛清华. Highway bridge vibration due to vehicular loads. Proc. of the second east Asia-pacific conference on structural engineering &

construction，Chiang Mai，Thailand，Jan. 11-13. 942-947.

23. 杨昌众，项海帆，范立础. Seismic response analysis for bridges with pile foundation. Proc. of the second east Asia-pacific conference on structural engineering & construction，Chiang Mai，Thailand，Jan. 11-13. 1659-1668.
24. 毛清华，项海帆. 公路桥梁车辆振动的理论和试验研究. 土木工程学报，1990.5，23(2)：61-67.
25. 项海帆，李国平. Composite beam finite element method considering shear-lag effect. IABSE Symposium Brussels，Belgium 1990：335-340.
26. 顾明，项海帆. 斜拉桥桥塔的驰振响应分析. 空气动力学学报，1991.12，9(4)：488-494.
27. 项海帆. 环境，灾害和力学. 力学和实践，1991.10，13(5)：1-6.
28. 毛清华，项海帆. 公路桥梁车辆振动的数值分析方法. 同济大学学报，1991.12，19（增刊)：45-56.
29. 阎贵平，项海帆. 钢筋混凝土桥墩弹塑性动力特性的试验研究. 同济大学学报，1991.12，19（增刊)：143-155.
30. 项海帆. Cable-stayed bridges in China. Proc. of the seminar，Yokohama，Japan，Dec. 10-11，1991 Cable-stayed bridges recent developments and their future. 317-339.
31. 阎贵平，项海帆. A simplified method for bridge aseismic design considering the ductile property. The third east Asia-pacific conference on structural engineering & construction，Shanghai，Apr. 23-26，1991. 811-816.
32. 顾明，项海帆. TMD对高耸工程结构的驰振临界风速的作用的研究. 同济大学学报，1992.12，20（增刊)：9-15.
33. 顾明，项海帆. Optimization of TMD for suppressing buffeting response of long-span bridges. J. of Wind Engineering and Industrial Aerodynamics，1992，41-44，1381-1392.
34. 项海帆，Z. Zhao，朱乐东. Flutter pattern of cable-stayed bridge and a numerical method for flutter analysis. J. of Wind Engineering and Industrial Aerodynamics，1992，41-44，1291.
35. 顾明，项海帆. 杨浦大桥抖振及控制分析. 同济大学学报，1993.9，21(3)：307-314.

36. 顾明，项海帆. 被动TMD对大跨斜拉桥风致抖振的控制. 土木工程学报，1993.12，26(6)：64-69.
37. 阎贵平，项海帆. 具有单排桩基梁式桥墩的实用延性抗震验算方法研究. 土木工程学报，1993.4，26(2)：48-57.
38. 瞿伟廉，项海帆. An Analysis Method for Buffeting Responses of Flexible Bridge with Aerodynamic Coupling Between modes. Proc. of Third Asia-Pacific Symposium on Wind Engineering，Hong Kong，December 13-15，1993. 181-185.
39. 项海帆，朱乐东. Triple-girder model for dynamic analysis of cable-stayed brides. Proc. of the fourth east Asia-pacific conference on structural engineering & construction. Seoul，South Korea，Sep. 20-22，1993. 49-54.
40. 陈艾荣，项海帆，顾明. Vortex-Excited Vibration Control of Bridges using TMD. Third Asia-Pacific Symposium on Wind Engineering，Hong Kong，December 13-15，1993. 235-240.
41. 项海帆，林志兴，宋锦忠. Study on Aerodynamic selection of cross section for suspension bridges in China. Third Asia-pacific symposium on wind engineering，Hong Kong，Dec. 13-15，1993. 101. 106.
42. 顾明，项海帆. Buffeting-Based Selection for Long-span Bridges. Selected Papers of Tongji Univ.，1994. 103-108.
43. 项海帆，陈伟，顾明. Practical Calculation Method for Buffeting Response Spectrum of Long-span Bridges. Selected Papers of Tongji Univ.，1994. 27-34.
44. 顾明，项海帆. 几种矩形二维柱体节段模型上脉动力的测量. 空气动力学学报，1994.3，12(1)：115-119.
45. 顾明，项海帆. 大跨悬吊桥梁抖振选型的一个实用方法. 同济大学学报（结构，桥梁版），1994.5，22（增刊）：11-16.
46. 刘春华，项海帆，顾明. 多个互相关随机过程的计算机模拟及其应用. 同济大学学报（结构，桥梁版），1994.5，22（增刊）：61-68.
47. 陈伟，项海帆，顾明. 大跨桥梁的侧向水平抖振分析. 同济大学学报（结构，桥梁版），1994.5，22（增刊）：121-126.
48. 项海帆，林志兴. 大跨度桥梁颤振稳定性的简化判别. 同济大学学报，1994，22(4)：409-414.

49. 项海帆，刘春华. 大跨度桥梁耦合抖振响应的时域分析. 同济大学学报，1994，22(4)：451-456.
50. 顾明，项海帆，陈伟，陈艾荣. 广东汕头海湾大桥全桥气动弹性模型风洞试验研究. 同济大学学报，1994.12，22(4)：439-443.
51. 陈艾荣，项海帆. 斜拉桥涡激扭转振动的被动控制. 同济大学学报，1994.12，22(4)：487-492.
52. 项海帆，陈艾荣，顾明. 调质阻尼器（TMD）对桥梁涡激共振的抑制. 同济大学学报，1994.6，22(2)：159-164.
53. 项海帆. 风工程力学和大跨度桥梁的空气动力学问题. 中国科学基金，1994.8，8(3)：232-234.
54. 顾明，项海帆，陈艾荣. A Practical Method of Passive TMD for Suppressing Wind-induced Vertical Buffeting of Long-span Cable-stayed Bridge and its Application. J. of Wind Engineering and Industrial Aerodynamics，Vol. 51，1994. 203-213.
55. 朱乐东，项海帆. 考虑全桥整体振动的悬吊桥颤振简化分析法. 上海力学，1995.12，16(4). 275-281.
56. 项海帆，陈伟，顾明. 桥梁抖振反应谱的实用计算方法. 土木工程学报，1995.06，26(3)：3-8.
57. 顾明，项海帆，宋锦忠. Wind-resistant Design for the Shantou Bay Bridge. 9th ICWE，New Delhi，India，1995. 871-880.
58. 项海帆，刘春华，顾明. Time-domain Analysis for Coupled Buffeting Response of Long Span Bridge. 9th ICWE，New Delhi，India，1995. 881-892.
59. 项海帆. Buffeting Response Analysis and Control of Long-span Bridges. 9th ICWE，New Delhi，India，January 1995. 295-319.
60. 刘春华，项海帆. Nonlinear Time-domain Buffeting Analysis for Long Span Bridges. Bridges into the 21st Century，Hong Kong，December 2-5，1995. 1017-1024.
61. 项海帆. Wind-Resistant Study on Suspension Bridges in China. Bridges into the 21st Century，Hong Kong，December 2-5，1995. 713-720.
62. 刘春华，项海帆，顾明. 大跨度桥梁抖振响应的空间非线性时程分析法. 同济大学学报，1996，24(4)：380-385.
63. 项海帆，钱冬. 三维平板颤振实用公式的精确拟合. 振动与冲击，1996，

15(3): 1-6.
64. 项海帆. 结构风工程研究的现状和展望. 中国振动工程学会报告，1997.4. 19-21. 振动工程学报，1997.9，10(3): 258-263.
65. 项海帆，方明山. 超大跨度桥梁结构体系的演变及发展趋势. 同济大学学报，1997.4，25（增刊）: 33-38.
66. 项海帆. 世界桥梁工程的回顾和展望. 科学 1997 49(3): 10-13.
67. 吴晓琰，项海帆，陈伟. 悬索桥主梁在风载作用下的测向弯矩研究. 同济大学学报，1997.4，25（增刊）: 111-115.
68. 史家钧，项海帆，许俊. 确保大型桥梁安全性与耐久性的综合检测系统. 同济大学学报，1997.4，25（增刊）: 71-76.
69. 项海帆. 大跨高耸柔性结构的风致振动. 振动与冲击，1997，16(4): 1-5.
70. 项海帆，陈艾荣，林志兴. An Introduction to the Chinese Wind-Resistant Design Guideline for Highway Bridges. Proceedings of the 2nd European & African Conference on Wind Engineering，Genova，Italy，June 22-26，1997. 1569-1576.
71. 陈艾荣，项海帆，宋锦忠. Wind Resistant Researches on Tigergate Suspension Bridge in Typhoo-prone Area. Proceedings of the 2nd European & African Conference on Wind Engineering，Genova，Italy，1997: 1-18.
72. 顾明，项海帆，陈礼忠. 风作用下杨浦大桥的疲劳寿命估算方法. 国际安全，有效，可靠性工程会议，1997.11，日本高松.
73. 项海帆. 21世纪的桥梁之梦. 上海科坛. 19-21.
74. 项海帆. 桥梁空气动力学的未来. 国际学术动态. 1998.
75. 肖汝诚，项海帆. 大跨径悬索桥结构分析理论及其专用程序系统的研究. 中国公路学报. 1998，11(4): 42-50.
76. 陈艾荣，项海帆. 悬臂施工中的刚构桥梁的风荷载计算方法. 公路. 1998，3: 7-10.
77. 陈艾荣，项海帆. 多重调质阻尼器的制振性能及对斜拉桥抖振的控制. 同济大学学报. 1998，26(2): 125-129.
78. 陈艾荣，黄鹏，项海帆. 桥梁阵风风速系数研究. 同济大学学报. 1998，26(3): 241-244.
79. 毛鸿银，项海帆. 悬索桥施工猫道的动力特性分析. 同济大学学报. 1998 26(4): 372-376.

80. 曹丰产，项海帆．低雷诺数下方柱和圆柱涡致振动的数值分析．同济大学学报．1998，26(4)：282- 286.
81. 曹映泓，项海帆，周颖．大跨度桥梁随机风场的模拟．土木工程学报．1998，31(3)：72-79.
82. 项海帆．现代公路交通的一道彩虹——公路的大跨径桥梁（章节）．《科学的丰碑——20世纪重大科技成就纵览》．788-791.
83. 项海帆．土木工程的过去，现在和未来．现代土木工程新发展．
84. 项海帆，陈艾荣．21st century long-span bridges in China. 国际桥梁空气动力学进展研讨会，1998.5，丹麦哥本哈根，Bridge Aerodynamics（Proc. of the international symposium on advances in bridge aerodynamics)，10-13 May，1998，Copenhagen，Denmark. 175-186.
85. 项海帆．21世纪中国大桥工程及抗风对策．国际桥协98年会及学术会议——大跨与高耸结构，日本，神户，1998.9.
86. 项海帆，陈艾荣，宋锦忠．On wind resistant properties of Tiger Gate Suspension Bridge. Wind and Structures. 1998，1(1)：67-75.
87. 项海帆．风工程和力学．上海振动工程学会报，上海力学学会40周年征文，《21世纪工程技术发展对力学的挑战》. 1-9.
88. 项海帆．进入21世纪的中国大桥工程及抗风研究．中国科协首届学术年会．
89. 徐栋，项海帆，黄鼎业，周玉生，刘仲训，倪立群．装配式无粘结预应力混凝土盖梁模型试验．结构工程师，1999(1)：29-32.
90. 项海帆．21世纪世界桥梁工程的宏伟发展前景．院士展望21世纪．1-6.
91. 徐栋，项海帆．体外预应力桥梁的力学性能及其影响因素分析．桥梁建设．1999(3)：1-4.
92. 肖汝诚，项海帆．拉吊协作桥的施工控制与中索疲劳控制研究．同济大学学报．1999，27(2)：234-238.
93. 曹丰产，项海帆，陈艾荣．薄平板气动导数的数值计算．同济大学学报．1999，27(2)：131-135.
94. 朱乐东，项海帆．悬索桥施工阶段全过程动力特性分析．土木工程学报．1999，32(3)：11-16.
95. 葛耀君，项海帆．桥梁颤振的随机有限元分析．土木工程学报．1999，32(4)：27-32.

96. 项海帆，瞿伟廉．高层建筑风振控制基于规范的实用设计方法．振动工程学报．1999，12(2)：151-156.
97. 陈艾荣，项海帆．大跨钢构桥梁气动弹性试验及分析．振动工程学报．1999，12(4)：535-539.
98. 方明山，项海帆，肖汝诚．超大跨径悬索桥非线性空气静力行为分析．重庆交通学院学报．1999，18(2)．1-8.
99. 方明山，项海帆，肖汝诚．超大跨径复合材料悬索桥静风稳定性研究．重庆交通学院学报．1999，18(3)．1-6.
100. 项海帆．Retrospect & prospect of cable stayed bridges in China. Cable-stayed bridges past，present and future，IABSE Conference Malmō. June 12-13，1999.
101. 项海帆，张若雪．On mechanism of flutter and unified flutter theory of Bridge. Wind engineering into the 21st century—10th ICWE（10th International conference on wind engineering，Copenhagen，Denmark，June，1999）. 1069-1074.
102. 葛耀君，项海帆，Hirodhi Tanaka. Reliability Analysis of Bridge Flutter under Extreme Winds. Wind engineering into the 21st century—10th ICWE（10th International conference on wind engineering，Copenhagen，Denmark，June，1999）. 879-884.
103. 葛耀君，H. Tanaka，项海帆．First Passage Probability in Buffeting Responses of Long Span Bridges，J. of Engineering Mechanics Division，ASCE.
104. 项海帆，曹丰产，陈艾荣．数值风洞及其在桥梁空气动力学中的应用．国家自然科学基金“九五”重大项目——大型复杂结构的关键科学问题及设计理论研究1999年论文集．
105. 项海帆．我国大跨度缆索承重桥梁的空气动力性能研究．力学季刊，2000，21(4)：393-400.
106. 徐栋，项海帆．体外预应力混凝土桥梁非线性分析．同济大学学报，2000，28(4)：402-406.
107. 方明山，项海帆，肖汝诚．大跨径缆索承重桥梁非线性空气静力稳定理论．土木工程学报，2000，33(2)：73-79.
108. 项海帆．21世纪世界桥梁工程的展望．土木工程学报，2000，33(3)：1-6.
109. 曹丰产，项海帆，陈艾荣．桥梁断面的气动导数和颤振临界风速的数值计算.空气动力学学报.2000，18(1)：26-33.

110. 项海帆.Health monitoring status of long-span bridges in China（特邀报告）：Workshop on Research and Monitoring of Long-span Bridges，26-28 April，2000，Hong Kong. 24-31.

111. 葛耀君，T. Tanaka，项海帆.Probabilistic assessment of buffeting response in long-span bridges. Advances in Structural Dynamics，Vol. II，13-15. Dec.，2000，Hong Kong. 1471-1478.

112. 项海帆，陈艾荣.Aerodynamic studies of long-span cable-supported bridges in China（特邀报告）：Advances in Structural Dynamics，Vol. I，13-15. Dec.，2000，Hong Kong. 121-132.

113. 项海帆，陈艾荣，张新军.Aerodynamic analysis of long-span suspension bridges considering non-linear wind-structure interactions. First International Symposium on Wind and Structures for 21st Century，26-28. Jan.，Cheju，South Korea. 461-470.

114. 陈艾荣，项海帆，刘志刚.Practical formulas for estimating equivalent wind loads of suspension bridges. First International Symposium on Wind and Structures for 21st Century，26-28. Jan.，Cheju，South Korea. 445-452.

115. 葛耀君，T. Tanaka，项海帆.3D flutter analysis of long-span cable-supported bridges with full-mode techniques. First International Symposium on Wind and Structures for the 21st Century，26-28. Jan.，Cheju，South Korea. 453-459.

116. 项海帆.China major bridge projects facing 21st century. Proc. of international conference on engineering and technological sciences，session 5：Civil Engineering in the 21st century，Oct. 11-13，2000，Beijing. 160-167.

117. 葛耀君，项海帆，H. Tanaka. Application of a reliability analysis model to bridge flutter under extreme wind. J. of Wind Engineering and Industrial Aerodynamics，2000，86(2-3)：155-167.

118. 顾明，张若雪，项海帆.Identification of Flutter Derivatives of Bridge Decks. J. of Wind Engineering and Industrial Aerodynamics，2000，84(2)：151-162.

119. 朱乐东，项海帆，徐幼麟.Triple-girder model for modal analysis of cable-stayed bridges with warping effect. Engineering Structures，2000.

22(10)：1313-1323.
120. 项海帆，陈艾荣，何宪飞，丁泉顺. 桥梁断面18个颤振导数识别的试验研究. 大型复杂结构体系的关键问题及设计理论研究论文集（2000）. 142-150.
121. 项海帆，陈艾荣.《公路桥梁抗风设计规范》概要及大跨桥梁的抗风对策(特邀报告)，中国土木工程学会桥梁及结构工程学会第十四届年会论文集.
122. 项海帆. 进入21世纪的桥梁风工程研究（特邀报告）. 第十届全国结构风工程学术会议论文集（广西龙胜）. 17-21.
123. 项海帆. 斜拉桥的拉索体系及其振动控制. 中国工程院赴柳州市建筑机械总厂"企业技术创新院士行"学术报告汇编. 1-8.
124. 项海帆，陈新，郑皆连. 我国桥梁工程设计中存在的主要问题与对策建议. 工程院院士建议，2001，14. 1-4.
125. 曹丰产，项海帆. 圆柱非定常绕流及涡致振动的数值计算. 水动力学研究与进展. 2001，16(1). 111-118.
126. 项海帆，吴定俊. 我国铁路桥梁的现状和展望. 铁道建筑技术. 2001，(2). 1-5.
127. 石雪飞，项海帆. 斜拉桥施工控制方法的分类分析. 同济大学学报. 2001，29(1). 55-59.
128. 徐栋，项海帆. 轻轨建设高新技术产业化的设计施工方法. 同济大学学报. 2001，29(1). 114-117.
129. 葛耀君，项海帆. 桥梁结构颤振稳定的概率性评价. 同济大学学报. 2001，29(1). 70-74.
130. 葛耀君，项海帆. Statistical Study for Mean Wind Velocity in Shanghai Area. The fifth Asia-Pacific Conference on Wind Engineering，APCWE V Kyoto，Japan，Oct. 21-24. J. of Wind Engineering，2001，89. 409-412.
131. 朱乐东，项海帆，徐幼麟. Wind Tunnel Study on Flutter Derivatives of Tsing Ma Bridge Deck under Skew Wind. The fifth Asia-Pacific Conference on Wind Engineering，APCWE V Kyoto，Japan，Oct. 21-24. J. of Wind Engineering，2001，89. 465-468.
132. 项海帆，葛耀君. Refinements on Aerodynamic Stability Analysis of Super Long-Span Bridges. APCWE V（The fifth Asia-Pacific Conference on

Wind Engineering) Kyoto, Japan, Oct. 21-24. J. of Wind Engineering and Industrial Aerodynamics. 65-72.

133. 项海帆. 进入21世纪的桥梁风工程研究，同济大学学报. 2002. 30(5).
134. 项海帆. 桥梁的美学思考. 科学. 2002.
135. 项海帆，范立础，王君杰. 船撞桥设计理论的现状与需进一步研究的问题. 同济大学学报. 2002. 30(4).
136. 张新军，项海帆，孙炳楠. Nonlinear aerostatic and aerodynamic analysis of long-span suspension bridges considering wind-structure interactions. Journal of Wind Engineering and Industrial Aerodynamics, Vol. 90, 2002.
137. 朱乐东，徐幼麟，项海帆. Tsing Ma bridge deck under skew winds-Part II: Flutter derivatives. J. of Wind Engineering and Industrial Aerodynamics, Vol. 90, No. 7, 2002.
138. 丁泉顺，陈艾荣，项海帆. A state space method for coupled flutter analysis of long-span bridges. Structural Engineering and Mechanics Vol. 14, 2002.
139. 项海帆，陈艾荣. 特大跨度桥梁抗风研究的新进展. 土木工程学报，Vol. 36, No. 4, pp. 1-8.
140. 项海帆. 我的强国之梦（院士思维—中国工程院院士卷. 卷四）2003.
141. 项海帆. 在德国的博士后研究经历（《旅德追忆》p. 418-425，季羡林等著）2003.
142. 项海帆，朱照宏，方守恩. "沿海高等级公路（同三线）的跨海工程建设"研究报告，2003（中国工程院"'十一五'重大工程建设"咨询项目交通组5.2课题的研究报告）.
143. 项海帆. 世界桥梁发展中的主要技术创新. 广西交通科技，Vol. 28, No. 5, pp. 1.
144. 葛耀君，项海帆，H. Tanaka. 随机风荷载作用下的桥梁颤振可靠性分析. 土木工程学报，Vol. 36, No. 6, pp. 42.
145. 靳欣华，项海帆，陈艾荣. 平板气动导纳识别理论及测量. 同济大学学报，Vol. 31, No. 10, pp. 1169.
146. 项海帆，葛耀君. On Aerodynamic Limit to Suspension Bridges. Proceedings of the 11th International Conference of Wind Engineering, Lubbock,

Texas, USA, June 2-5, 2003.

147. 曹映泓，项海帆，周颖. Combined Flutter and Buffeting Analysis in Time Domain for Long-span Bridges. Proceedings of the 11th International Conference of Wind Engineering, Lubbock, Texas, USA, June 2-5, 2003.

148. 项海帆，葛耀君. IABSE 2004年大会论文集——大都市人居环境与基础设施. IABSE，人民交通出版社，北京.

149. 项海帆. 同济土木工程学科的90年历程. 同济大学学报，Vol. 32，No. 10.

150. 项海帆. 中国桥梁史话. 地图，No. 5，pp. 16-20.

151. 项海帆. 我国公路桥梁建设的成就与不足. 中国公路建设市场专刊，No. 8，pp. 11-13.

152. 葛耀君，项海帆. Recent development of bridge aerodynamics in China. Proceedings of the 5th International Colloquium on Bluff Body Aerodynamics and Applications-BBAA V, Ottawa, Canada, July 11-15, 2004.

153. 项海帆. Recent Structures and Bridges in China: an Introduction. Structural Engineering International (IABSE), Vol. 14, No. 1, pp. 6.

154. 项海帆，葛耀君. 悬索桥跨径的空气动力极限. 土木工程学报，Vol. 38，No. 1，pp. 60-70.

155. 项海帆. 桥梁的美学思考. 公路运输文摘·桥梁，No. 1，pp. 72-75.

156. 项海帆，楼梦麟. 大型复杂结构工程应用基础研究的新进展.《中国科学前沿》(中国工程院版)，2004.12.

157. 项海帆. 桥梁风工程研究的未来. 第十二届全国结构风工程学术会议. 2005.10.

158. 项海帆. 土木工程学科前沿综述，2005.8.

159. 项海帆. 中国大桥自主建设的成功经验，2005.2.

160. 葛耀君，项海帆. Long-span bridges and extreme wind effects. Proceedings of the IABSE Symposium on Structures and Extreme Events in Lisbon 2005, Lisbon, Portugal, September 14-17, 2005.

161. 项海帆，葛耀君. State-of-the-art on long-span bridge aerodynamics in China. Structural Engineering International, Vol. 15, No. 4, pp. 240-247.

162. 项海帆. 从桥梁大国走向桥梁强国. 中国公路. No. 8，pp. 44-48.

163. 项海帆. 走出误区，实现赶超. 桥梁. No. 2，pp. 15-19.

164. 项海帆. 科技进步与自主创新. 桥梁. No. 3，卷首语.
165. 葛耀君，项海帆. Current and Future Trends in Long-Span Bridge Design in China. Proceedings of the Tenth East Asia-Pacific Conference on Structural Engineering & Construction（EASEC-10），Bangkok，Thailand，2006.8.3-5.
166. 葛耀君，项海帆. Retrospect and prospect on computational methods for aerodynamic bridge flutter. The Fourth International Symposium on Computational Wind Engineering（CWE），Yokohama，Japan. 2006.7.16-19.
167. 葛耀君，项海帆. Outstanding Chinese Steel Bridges under Construction. The 6th International Symposium on Steel Bridges，Prague，Czech，2006.5.31-6.2.
168. 葛耀君，项海帆. Tomorrow's Challenge in Bridge Span Length. IABSE Symposium Budapest 2006，Budapest，Hungary，2006.9.13-15.
169. 葛耀君，项海帆. Aerodynamic Flutter Stabilization for the East Sea Bridge. The International Conference on Bridge Engineering，HongKong，2006.11.1-3.
170. 陈艾荣，周志勇，项海帆. On the mechanism of vertical stabilizer plates for improving aerodynamic stability of bridges. Wind & Structure，2006，Vol. 9，No. 1，pp. 59-74.
171. 丁泉顺，朱乐东，项海帆. Simulation of stationary Gaussian stochastic wind velocity field. Wind & Structures，2006，Vol. 9，No. 3，pp. 231-244.
172. 项海帆，范立础. 中国桥梁五十年回眸. 供建设部.
173. 项海帆. 中外新建桥梁中的技术创新比较（2006年重庆桥梁会议）. 2006.
174. 项海帆. 改革工程教育培育创新人才.《工程师的科学思想和方法》. 2007.
175. 项海帆. 走自主创新的强国之路（苏通大桥建设技术顾问和技术专家组第五次会议专家论坛专辑）. 2007.
176. 杨詠昕，葛耀君，项海帆. Flutter control effect and mechanism of central-slotting for long-span bridges. Frontiers of Architecture and Civil Engineering in China，Vol. 1，No. 3，pp. 298-304，2007.
177. 项海帆，葛耀君. 现代桥梁抗风理论及其应用. 力学与实践，2007，Vol. 29，No. 1，pp. 1-13.

178. 项海帆. 长江水道通航等级及桥梁跨度之我见. 桥梁. 2007，No. 2，pp. 12-13.
179. 项海帆. 改革工程教育 培育创新人才. 高等工程教育研究. 2007，No. 5.
180. 项海帆. “桥梁大国”距离“桥梁强国”有多远. 科技中国. 2007，No. 9，pp. 83-83.
181. 葛耀君，项海帆. Great Demand and Various Challenges—Chinese Major Bridge Projects under Construction for Improving Traffic Infrastructure Nationwide. IABSE Symposium 2007，Weimar，Germany，2007.9.19-21.
182. 葛耀君，项海帆. Longest Chinese Steel Bridges under Construction. 中日钢桥和组合结构桥梁学术会议，同济大学，2007.1.16.
183. 葛耀君，项海帆. 大跨度桥梁风致振动及其气动控制研究. 全球华人风工程论坛，台湾，2007.4.2-3.
184. 项海帆，葛耀君. Aerodynamic challenges in span length of suspension bridges. Frontiers of Architecture and Civil Engineering in China. 2007.
185. 项海帆，葛耀君. State-of-the-art of long-span bridge engineering in China. Frontiers of Architecture and Civil Engineering in China，2007，Vol. 1，No. 4，pp. 379-388.
186. 杨詠昕，葛耀君，项海帆. Investigation on flutter mechanism of long-span bridges with 2d-3DOF method. Wind & Structures，2007，Vol. 10，No. 5，pp. 421-435.
187. 葛耀君，杨詠昕，庞加斌，项海帆. Wind-induced Damages to a Three-span，Continuous，Concrete Arch Bridge under Construction. Structure Engineering International，2007，Vol. 17，No. 2，pp. 141-150.
188. 项海帆. Cultivating Innovative Talents through Reforming Engineering Education. Structural Engineering International，2007，Vol. 17，No. 3，pp. 209.
189. 杨詠昕，葛耀君，项海帆. Flutter Control Effect and Mechanism of Central-slotting for Long-span Bridges. Frontiers of Architecture and Civil Engineering in China，2007，Vol. 1，No. 3，pp. 298-304.
190. 葛耀君，项海帆. Recent development of bridge aerodynamics in China. Journal of Wind Engineering and Industrial Aerodynamics. 2008，96(6-7): 736-768.
191. 赵林，葛耀君，项海帆. 大跨度斜拉桥随机有限元抖振概率评价. 同济大学学报，2008，9：36.

192. 葛耀君，项海帆. Computational models and methods for aerodynamic flutter of long-span bridges. Journal of Wind Engineering and Industrial Aerodynamics. 2008，96(10-11)：1912-1924.

193. 葛耀君，项海帆. 大跨度桥梁气动稳定性数值计算模型与方法. 土木工程学报. 2008，41(2)：86-93.

194. 葛耀君，项海帆. Probabilistic Criteria for Assessment of Aerodynamic Instability of Long-Span Bridges. IABSE Congress 2008. Chicago，USA. 2008，9：17-19.

195. 葛耀君，项海帆. Bluff Body Aerodynamics Application in Challenging Bridge Span Length. International Colloquium on Bluff Bodies Aerodynamics & Applications. Milano，Italy. 2008，7：20-24.

196. 罗喜恒，肖汝诚，项海帆. 悬索桥理想恒载状态的计算方法研究. 桥梁建设，2008(4)：5.

197. 项海帆，肖汝诚. 现代桥梁工程六十年，第十八届全国桥梁学术会议论文集（上册）[M]. 中国土木工程学会，2008.5.

198. 项海帆. 中国大桥自主建设50周年（1958—2008）回望（中国工程院《工程科技的实践者》第二集征文）2008.

199. 许志豪，周志勇，陈艾荣，项海帆. The effect of Reynolds numbers on the steady state aerodynamic force coefficients of the Stonecutters bridge deck section. Wind and Structures，An International Journal，2008，11(3)：179-192.

200. 许志豪，Larsen A，项海帆. Wind turbulence characteristics study at the Stonecutters Bridge site：Part II：Wind power spectra，integral length scales and coherences. Journal of Wind Engineering and Industrial Aerodynamics. 2009，Vol. 97，No. 1，pp. 48-59.

201. 许志豪，Larsen A，项海帆. Wind turbulence characteristics study at the Stonecutters Bridge site：Part I-Mean wind and turbulence intensities. Journal of Wind Engineering and Industrial Aerodynamics. 2009，Vol. 97，No. 1，pp. 22-36.

202. 葛耀君，项海帆. Towards Sustainable Development of Bridge Engineering：Chinese Lessons and Experiences. IABSE Symposium 2009. Bangkok，

Tailand. 2009.9：9-11.
203. 陈斌，葛耀君，项海帆. 非流线型截面气动导纳识别的零点分离法. 同济大学学报（自然科学版）. Vol. 37，No. 2，2009：P155-158.
204. 余华，吴定俊，项海帆. 移动荷载过桥的精细计算. 振动与冲击，2009，28(5)：5.
205. 孙智，Hou N，项海帆. Safety and serviceability assessment for high-rise tower crane to turbulent winds. Frontiers of Architecture and Civil Engineering in China，2009，3(1)：18-24.
206. 余华，吴定俊，项海帆. Precise computation for dynamic response of bridge under moving loads. Journal of Vibration and Shock，2009，28(5)：17-21.
207. 葛耀君，项海帆. Aerodynamic stabilization for box-girder suspension bridges with super-long span. 5th European and African Conference on Wind Engineering，EACWE 5，Proceedings. 2009.
208. 葛耀君，项海帆. Aerodynamic Challenges in Major Chinese Bridges. Recent Major Bridges. 2009：142-164.
209. 项海帆. 中国桥梁的耐久性问题（《桥梁》）2009.
210. 项海帆. 再谈桥梁自主创新的强国之路（《桥梁》杂志2009年10月编委会），2009，8.
211. 丁泉顺，周志勇，朱乐东，项海帆. Identification of flutter derivatives of bridge decks with free vibration technique. Journal of Wind Engineering and Industrial Aerodynamics，2010，98(12)：911-918.
212. 项海帆，林志兴，葛耀君. 中国结构风工程学科发展三十年回顾. 中国结构风工程研究30周年纪念大会论文集. 2010.
213. 项海帆，范立础. 桥梁工程学科的现状及前沿发展方向，2010.11.
214. 项海帆. 中国桥梁产业的现状及其发展之路（为“桥梁·产业资讯”杂志而作），2010.11.
215. 葛耀君，项海帆. 桥梁工程可持续发展的理念与使命. 全国桥梁学术会议. 2010.
216. 项海帆. 对“自锚式悬索桥”热的一点反思（《桥梁》）. 2010.
217. 项海帆. 对中国桥梁经济性问题的反思（《桥梁》）. 2010.
218. 项海帆. 对跨海工程建设中“桥隧之争”的思考（2010年桥梁年会，《桥梁》）2010.

219. 葛耀君，项海帆. Extension of bridging capacity of cable-supported bridges using double main spans or twin parallel decks solutions. Journal of Structure and Infrastructure Engineering，2011，No. 1.
220. 杨德灿，葛耀君，项海帆，Ma Zhongguo John. 3D flutter analysis of cable supported bridges including aeroelastic effects of cables，Journal of Advances in Structural Engineering，2011，No. 6.
221. 葛耀君，项海帆. Concept and requirements of sustainable development in bridge engineering[J]. Frontiers of Architecture and Civil Engineering in China，2011，5(4)：432-450.
222. 丁泉顺，朱乐东，项海帆. An efficient ergodic simulation of multivariate stochastic processes with spectral representation. Probabilistic Engineering Mechanics，2011，26(2)：350-356.
223. 项海帆，葛耀君，朱乐东. 特大桥梁颤振和抖振精细化理论. 第十五届全国结构风工程学术会议暨第一届全国风工程研究生论坛. 2011.
224. 葛耀君，项海帆. 桥梁结构的耐久性和安全性思考. 预应力技术，2011(1)：8.
225. 项海帆，葛耀君. 大跨度桥梁抗风技术挑战与基础研究. 中国工程科学. 2011，No. 5.
226. 项海帆. 对台湾海峡工程桥梁方案的初步思考，(《桥梁》) 2011.
227. 项海帆. 对中国科技落后原因和创新障碍的思考，2011.
228. 项海帆. 中国科技创新的障碍（《科技导报》卷首语）2011.
229. 项海帆. 对中国桥梁工程质量问题的再提醒（《桥梁》）2011.
230. 项海帆. 关于中国桥梁界追求“之最”和“第一”的反思（《桥梁》）2011.
231. 姜洋，肖汝诚，李扬，项海帆. 多塔悬索桥主缆与鞍座滑动失稳临界跨径. 同济大学学报，2012，40(3)：331-337.
232. 杨德灿，葛耀君，项海帆. Influences of local vibrations of cables on flutter behaviors of cable-stayed bridges. The Seventh International Colloquium on Bluff Body Aerodynamics and Applications（BBAA7），Shanghai，September 2-6. 2012.
233. 项海帆. 世界大桥的未来趋势——2011年伦敦国际桥协会议的启示（桥梁年会大会报告），2012.

234. 项海帆. 中国悬索桥的梦想，热潮和误区（《桥梁》），2012.
235. 肖汝诚，姜洋，项海帆. 缆索承重桥的体系比选. 同济大学学报，2013，41(2)：179-185，207.
236. 项海帆. 中国内河通航标准之问（《桥梁》）2013.
237. 项海帆. 宜居城市的绿色交通体系及发展对策研究概述. 2013年中国工程院土建水利学部咨询项目.
238. 项海帆. 2013年中国工程院土建水利学部咨询项目“宜居城市的绿色交通体系及发展对策研究”前言（第二次会议发言稿）2013.4.26.
239. 项海帆. 韩国桥梁科技的跃进——2012年国际桥协首尔大会的警示（《桥梁》），2013.
240. 项海帆. 2013年中国工程院土建水利学部咨询项目“宜居城市的绿色交通体系及发展对策研究”结论（第三次会议发言稿），2013.7.26.
241. 徐栋，徐方圆，赵瑜，项海帆. 箱梁结构完整验算应力和空间网格模型. 土木工程学报，2014，47(5)：46-55.
242. 项海帆. 中国桥梁自主建设成功之路和存在问题，桥梁，2014.
243. 肖汝诚，项海帆. 跨海工程中桥梁与隧道的优缺点比较，桥梁，2014.
244. 项海帆. 中国离桥梁强国有多远. 中国公路，2014，17：63-65.
245. 项海帆. 对中国桥梁走向世界的一点期望，桥梁，2015.10.
246. 项海帆. 对科技创新和“钱学森之问”的再思考，桥梁，2015.12.
247. 项海帆. 中国桥梁：期待高性能材料，桥梁，2016.
248. 葛耀君，项海帆. Span Evolution and Aerodynamic Challenge of Suspension Bridges. IABSE Symposium Istanbul，Türkiye，2023：376-383.

附录三　参考书目

1. 项海帆著，项海帆回忆录（内部资料，未出版）.
2. 同济大学土木工程学院桥梁工程系编，同济大学土木工程学院桥梁工程志（未出版）.
3. 同济大学桥梁工程系编，同济桥梁最新研究论文选集：献给项海帆院士和范立础院士从事教学和科研工作五十周年（未出版）.
4.《同济大学志》编辑部．同济大学志：1907—2000[M]. 上海：同济大学出版社，2002.
5. 同济大学桥梁工程系．桥梁结构理论与实践：项海帆教授论文选集（中英文本）[M]. 上海：同济大学出版社，2007.
6. 程国政．李国豪与同济大学[M]. 上海：同济大学出版社，2007.
7. 刘琼．范立础传[M]. 宁波：宁波出版社，2011.
8. 王伯鲁，刘大椿．桥梁大师：辉煌业绩与创新方法[M]. 北京：中国科学技术出版社，2012.
9.《李国豪纪念文集》编委会．学之师表　国之英豪：纪念李国豪诞辰100周年文集[M]. 上海：同济大学出版社，2013.
10.《纪念论文集》编辑委员会．桃李集：项海帆院士80寿辰纪念论文集[M]. 上海：同济大学出版社，2014.
11. 项海帆．壮心集：项海帆论文集（2000—2014）[M]. 上海：同济大学出版社，2014.
12. 中共上海市教育卫生工作委员会党史办公室．上海教育卫生改革创新亲历记 1978—1992[M]. 上海：上海浦江教育出版社，2014.
13. 章仁彪，江鸿波．我心目中的教育大师李国豪[M]. 上海：同济大学出版社，2019.